U0824385

欧福永　陈　科／主编

国际货物销售合同法律风险防控指南

（第二版）

The Legal Risk Prevention Guidelines on Contracts for International Sale of Goods

(Second Edition)

法律出版社
LAW PRESS·CHINA
北京

图书在版编目(CIP)数据

国际货物销售合同法律风险防控指南 / 欧福永，陈科主编. -- 2 版. -- 北京 : 法律出版社，2022
ISBN 978 - 7 - 5197 - 6906 - 2

Ⅰ. ①国… Ⅱ. ①欧… ②陈… Ⅲ. ①国际贸易－贸易合同－指南 Ⅳ. ①D996.1 - 62

中国版本图书馆 CIP 数据核字(2022)第 126378 号

国际货物销售合同法律风险防控指南(第二版)
GUOJI HUOWU XIAOSHOU HETONG FALÜ FENGXIAN FANGKONG ZHINAN(DI - ER BAN)

欧福永　陈　科　主编

责任编辑 许　睿　朱颖超
装帧设计 汪奇峰

出版发行 法律出版社
编辑统筹 司法实务出版分社
责任校对 王　丰　郭艳萍　王语童
责任印制 胡晓雅
经　　销 新华书店

开本 710 毫米×1000 毫米　1/16
印张 23.25　　**字数** 418 千
版本 2022 年 11 月第 2 版
印次 2022 年 11 月第 1 次印刷
印刷 三河市兴达印务有限公司

地址:北京市丰台区莲花池西里 7 号(100073)
网址:www.lawpress.com.cn
投稿邮箱:info@lawpress.com.cn
举报盗版邮箱:jbwq@lawpress.com.cn

销售电话:010 - 83938349
客服电话:010 - 83938350
咨询电话:010 - 63939796
版权所有·侵权必究

书号:ISBN 978 - 7 - 5197 - 6906 - 2
定价:98.00 元
凡购买本社图书,如有印装错误,我社负责退换。电话:010 - 83938349

《国际货物销售合同法律风险防控指南(第二版)》

编委会名单

主　任　喻霞元

副主任　肖北庚　赵向东　罗业健

委　员　欧福永　张跃云　陈　科

主　编　欧福永　陈　科

编　者　张伟华　姜　妍　张沙莎　王伊莎
欧昌佳　罗依凯　黄蔚萌　胡　杨
蔡林君　马玉婷　张　婷　唐　圣
刘雨卿　吴伊能

编者简介

欧福永　1975年生，湖南永州人，法学院副院长、三级教授、博士生导师和博士后合作导师，法律硕士专业学位点负责人，法学博士、博士后，校学术委员会委员、《时代法学》编委会副主任。湖南省法官检察官遴选委员会专家库专家和湖南省法学法律专家库首批专家、中共长沙市委法律专家库专家、长沙市人大常委会立法咨询专家、长沙和衡阳仲裁委员会专家咨询委员会专家，中国国际经济贸易仲裁委员会、北京、上海、深圳、广州、武汉、长沙、沈阳、青岛、北海、温州、衡阳、永州等仲裁委员会仲裁员，兼职律师，中国自贸试验区和自贸港法治智库联盟专家，中国贸促会/中国国际商会湖南调解中心调解员、长沙市涉案企业合规第三方监督评估组织专家，湖南省国资委外部董事人才库入选者；湖南省新世纪121人才工程入选者、湖南青年社科研究人才“百人工程”学者，QS全球学术调查和软科中国学科排名评审专家，国家社科基金项目和教育部项目同行评议专家，司法部部级课题、中国博士后科学基金项目、中国法学会部级课题和湖南省社科基金课题及社科成果奖评审专家，湖南省高级职称评审专家，长沙市法学会副会长、长沙市法学会法治政府研究会[中国(湖南)自由贸易试验区长沙片区法治研究中心]副会长、中国国际私法学会和中国国际经济法学会常务理事、中国世界贸易组织(WTO)法研究会和中国仲裁法学会理事，加拿大戴尔豪斯大学访问学者和英国埃塞克斯大学访问研究员(国家公派各一年)。曾任第十届全国青联委员，第九届湖南省青联委员、湖南省律协涉外法律事务专业委员会副主任。

现主要从事国际私法、国际经济法、法学方法论和法学论文写作的教研工作，主持《欧洲联盟反补贴立法与实践研究》《“一带一路”沿线东南亚若干国家国际民商事争议解决制度研究》等国家社科基金项目3项、《WTO补贴规则及我国相关产业政策调整研究》等省部级项目8项，以及湖南省法学会重大项目《“一带一部”战略下湖南企业“走出去”的法律对策研究》和中国国际贸易促进委员会长沙支会项目《企业国际货物贸易合同法律风险防范》等横向项目4项；著作有《英国民商事管辖权制度研究》(独著)、《国际民事诉讼中的禁诉令》(独著)、《国际补贴与反补贴立法与实践比较研究》(排名1)、《加拿大反补贴立法与实践研究》(排名1)、《欧盟反补贴立法与实践研究》(排名1)、《美国反补贴立法与实践研究》(排名1)、《世贸组织的法律制度》(合著)、《国际民商事诉讼程序导论》(主编)、《国际私法》["十一五"国家级规划教材(2022年第6版,主编,居当当网和京东商城上同类教材销量第一)和全国高教自考教材(2005年版和2018年版)]、《国际私法教学案例》(主编)、《法学概论》["十一五"和"十二五"国家级规划教材(2021年已出第14版)和全国高教自考教材,合编]、《国际民事诉讼法概论》(三人合著,教育部推荐的研究生教材)、《国际私法教学参考资料选编》(主编,上中下册,320万字)等30余部;在《中国法学》、International Insolvency Review(SSCI)等刊物发表论文、译文80余篇,多篇被人大复印资料《国际法学》全文转载或被《中国社会科学文摘》《高等学校文科学术文摘》转摘。

有扎实的法学理论功底和丰富的民商法及国际法实务经验。成果获湖南省教学成果一等奖、教育部精品教材奖、司法部二等奖、湖南省哲学社科优秀成果三等奖、商务部全国商务发展研究成果优秀奖、中国WTO法研究会优秀论文三等奖(3次)、"湖南青年五四奖章"提名奖(被省政府记三等功)等奖誉。相关成果得到中央全面依法治国委员会办公室、商务部等有关政府部门、实务界、企业界和高等学校的广泛采纳或应用。

陈　科　长沙市贸促会副会长兼法律部长,中国贸促会(长株潭)法律服务中心主任(兼)。先后被授予"中国贸促会商事法律服务中心特聘法律顾问"、"中国国际商会湖南调解中心调解员"、中国贸促会商事认证中心"签证师"等资格。先后被长沙市直工委、市青工委等单位授予优秀共产党员、我身边的雷锋榜、长沙市青年岗位能手等荣誉称号。

张伟华　中南财经政法大学在读博士生,研究方向为国际经济法,参与2019年湖南省法学会课题"一带一部"战略下湖南企业"走出去"的法律对策研究,参与编写《"一带一路"国家投资贸易指南》(第一、二册)、《国际货物买卖合同法律风险防范指南》(第一版、第二版)、《高等院校重要党内法规学习汇编》等书籍。

姜　妍　湖南师范大学法律硕士,美国威廉玛丽学院法律硕士。律回网络技术有限公司(律回网)执行总裁,中国国际商会调解员,湘融国际商事法律服务中心理事,参与编写《"一带一路"国家投资贸易指南》(第一、二册)、《国际货物买卖合同法律风险防范指南》(第一版、第二版)。

张沙莎 国家开放大学行政管理学士,就职于长沙市贸促会法律事务部。

王伊莎 国防科技大学经贸英语专业学士,英语专业八级。就职于长沙市贸促会法律事务部。参与编写《"一带一路"国家投资贸易指南》(第一、二册)、《国际货物买卖合同法律风险防范指南》(第一版、第二版)。

欧昌佳 中国政法大学法学学士,北京金诚同达律师事务所合伙人。执业领域:公司设立与合规、并购与重组、证券与资本市场、私募与风险投资。

罗依凯 湖南工商大学法学院教师,湖南师范大学国际法学博士,研究方向为国际经济法,先后在《国际贸易》《河北法学》《时代法学》等刊物发表论文数篇。

黄蔚萌 湖南师范大学国际法学硕士,云南万青律师事务所律师。

胡　杨 湖南师范大学国际法学硕士,就职于湖南省郴州市嘉禾县人民法院。

蔡林君 湖南师范大学国际法学硕士,北京金诚同达(深圳)律师事务所律师。

马玉婷 四川师范大学宪法学和行政法学硕士,就职于律回(湖南)网络技术有限公司。

张　婷 武汉大学资源与环境科学学院环境科学学士,就职于律回(湖南)网络技术有限公司。

唐　圣 上海海事大学国际法学硕士,就职于律回(湖南)网络技术有限公司。

刘雨卿 湖南师范大学法律硕士,就职于律回(湖南)网络技术有限公司。

吴伊能 中国政法大学法学学士,就职于律回(湖南)网络技术有限公司。

前言

法者，定分止争也。坚持统筹推进国内法治和涉外法治，是习近平法治思想的重要内容，是在维护国家主权与根本利益的基础上积极参与全球治理，推动构建人类命运共同体规则体系的重大战略。统筹国内国际两个大局是我们党治国理政的基本理念和基本经验，统筹推进国内法治和涉外法治即是这一理念和经验在法治领域的体现。

当前，随着世界格局的加速演变，保护主义、单边主义抬头，经济全球化遭遇更大的逆风和回头浪，国际经贸摩擦与争端日趋加剧，严重影响了我国的对外经贸活动。同时，我国正在构建的“以国内大循环为主体、国内国际双循环相互促进”的新发展格局，也需要更高水平的制度型开放。这一切，都需要我们在国内法治和涉外法治中做到“两手抓，两手都要硬”，不断完善对外贸易和外商投资相关法律体系，将懂法用法作为于危机中育新机、于变局中开新局的有力武器。

长沙作为“一带一路”、长江经济带的重要节点城市，一直在发展更高水平开放型经济方面大步前进。“十三五”期间，长沙外贸规模由106亿美元增长到340亿美元，外贸依存度从7.8%上升至19.3%。现在，长沙更是有了打造“十四五”全国重要增长极的新目标、内陆地区改革开放高地的新定位、湖南自贸区长沙片区的新平台，进入了一个千载难逢的开放发展历史机遇期，预计“十四五”期间，全市外贸规模将达到700亿～800亿美元。高质量的开放型经济离不开高质量的法治环境，在涉外商事法律服务方面，长沙一直走在全国前列。在市贸促会的努力下，自2018年开始，长沙市连续举办四届国际商事法律合作论坛，引入全国唯一的国际商事法律服务平台律回网，设立为外贸企业提供法律咨询服务的平台——长株潭法律服务中心，全市涉外商事服务产业蓬勃发展，正朝着打造“全国涉外商事法律之都”奋力前进。希望市贸促会继续努力，用好涉外商事法律服务这一“独门武器”，立足“三高四新”战略找准服务对外开放的发力点、主攻点，为树立长沙品牌国际形象、提升全球市场竞争力提供坚实的法律保障。

不困在于早虑,不穷在于早豫。面对外贸市场的风云变幻,预防是最好的风险管理方式。为了帮助长沙外向型企业强化法治意识、做到合规经营,精准研判、妥善应对国际货物贸易中的法律纠纷,建立更加完善的国际贸易合同风险防控体系,中国国际贸易促进委员会长沙支会(中国国际商会长沙商会)联合湖南师范大学法学院,对《国际货物销售合同法律风险防控指南》进行了修订,全面梳理了国际货物贸易合同的各个环节,针对国内国际规则的新发展,新型冠状病毒肺炎疫情、中美贸易摩擦、中国加入区域全面经济伙伴关系协定等新情况进行了内容调整和更新。新修订的《国际货物销售合同法律风险防控指南》分为 18 章,既有企业国际经贸纠纷的典型案例,又有对国际货物贸易合同 100 余个风险点的系统剖析;既有国内法律依据,又有国际规则详解,案例鲜活、分析细致、措施有效,以期为相关部门和市场主体提供有益参考。

《国际货物销售合同法律风险防控指南》编委会

2022 年 10 月

目　录

导　论

国际货物贸易属跨国交易，其市场环境、交易对象、交易贸易做法以及所涉及的法律、惯例等方面的问题，都有别于国内贸易。国际货物贸易具有如下几个基本特点：含有涉外因素，政策性强；线长面广，情况复杂；变化多端，风险极大；贸易摩擦频繁发生，市场竞争异常激烈。上述特点表明，从事国际货物贸易不仅存在较高的难度，而且风险比较大。若在商务活动中判断失误，工作出现差错，或稍有不慎，就可能使企业和国家遭受经济损失，或者受骗上当，导致无法挽回的严重后果。由此可见，国际经贸人员应首先了解国际货物贸易的特点，认真谈判，起草好合同，明确约定双方的权利义务，预防争议发生并在争议发生时妥善解决争议。

当事人按照程序订立合同，意思表示一致，便形成合同条款，构成了法律意义上的合同的内容。合同条款固定了当事人各方的权利义务，成为法律关系意义上的合同的内容。依据不同的标准，合同条款可以进行不同的分类。例如，以是否为行为规范为标准，法律规定的合同条款可分为提示性条款（倡导性条款）与主要（必备）条款；以合同如果不具备某些条款就不能成立为标准，合同的条款可分为主要条款和非主要条款；以是否采取了格式条款的形式为标准，合同的条款可分为格式条款和个别商议条款（个别协议条款）；以是否具有免责的功能为标准，合同的条款可分为免责条款和非免责条款。

为了说明较为完备的合同条款，我国《民法典》第470条规定了合同的提示性条款。《民法典》第470条规定："合同的内容由当事人约定，一般包括下列条款：（一）当事人的姓名或者名称和住所；（二）标的；（三）数量；（四）质量；（五）价款或者报酬；（六）履行期限、地点和方式；（七）违约责任；（八）解决争议的方法。当事人可以参照各类合同的示范文本订立合同。"

合同的主要条款，是合同必须具备的条款，一旦欠缺，合同就不成立。合同的主要条款，有的是由法律直接规定的，有的是由合同的性质决定的，有的则由当事人的约定产生的。前两种主要条款决定了合同的类型，确定了当事人各方权利义务的内容。但由当事人约定而形成的主要条款,一般不能决定合同的类型。《民法典》第470条规定的合同条款中,当事人条款和标的条款是合同的主要条款。首先,合同的主要条款,有时是法律直接规定的。在法律直接规定某种特定合同应当具备某些条款时,这些条款就是主要条款。例如,《民法典》要求借款合同应有借款币种的条款(第668条第2款),那么币种条款就属于借款合同的主要条款。其次,合同的主要条款有时是由合同的类型和性质决定的。根据合同的类型和性质的要求,应当具备的条款,就是合同的主要条款。例如,价款条款是买卖合同的主要条款,却不是赠与合同的主要条款。最后,合同的主要条款也可以由当事人约定。例如,买卖合同中关于交货地点的条款,如果一方提出必须就该条款达成协议,那么它就是主要条款;若双方均未提出必须在某地交货,则该条款就不是主要条款。

合同的普通条款,是指合同主要条款以外的条款。它包括以下类型:(1)法律未直接规定,亦非合同的类型和性质要求必须具备的,当事人无意使之成为主要条款的合同条款。例如,关于包装物返还的约定和免责条款均属此类。(2)当事人未写入合同中,甚至从未协商过,但是基于当事人的行为,或基于合同的明示条款,或基于法律的规定,理应存在的合同条款。英美合同法称之为默示条款。(3)特意待定条款。这是当事人有意将某些合同条款留待以后谈判商定,或由第三人确定,或根据具体情况予以确定。在它不影响合同的确定性时,不妨碍合同成立。倘若特意待定条款过多,致使合同的条件欠缺,则合同没有成立。①

本书的目的并不是给相关企业一个万能的合同版本,而是结合法学理论与比较典型的案例,为当事人签订合同提供参考和给出风险提示,使企业能够了解完善的国际货物销售合同应当包括哪些条款,如何约定对买方或卖方有利,这些条款所涉及的问题可能存在哪些风险以及作为买方或卖方应当如何预防和降低风险。

① 崔建远主编:《合同法》(第7版),法律出版社2021年版,第52~53页。

第一章

合同交易主体法律风险防控

在国际贸易中,由于交易双方信息的不对称性和贸易流程的复杂性,出口企业面临着很多不可预知的风险和陷阱。其中,合同交易主体选择是否恰当对于合同的效力及顺利履行具有重大影响。合同交易主体是合同权利义务的最终承担者,交易主体的身份和信用状况是保障交易安全、防范交易风险的重要因素。

第一节　交易主体涉及的主要法律规则

交易主体涉及的主要法律规则有:《民法典》《公司法》《民事诉讼法》《对外贸易法》《外国(地区)企业在中国境内从事生产经营活动登记管理办法》;《联合国国际货物销售合同公约》;等等。

一、中国法律规则

(一)《民法典》

第 532 条　合同生效后,当事人不得因姓名、名称的变更或者法定代表人、负责人、承办人的变动而不履行合同义务。

第 543 条　当事人协商一致,可以变更合同。

第 683 条　机关法人不得为保证人,但是经国务院批准为使用外国政府或者国际经济组织贷款进行转贷的除外。

以公益为目的的非营利法人、非法人组织不得为保证人。

(二)《公司法》

第 10 条　公司以其主要办事机构所在地为住所。

第 14 条 公司可以设立分公司。设立分公司,应当向公司登记机关申请登记,领取营业执照。分公司不具有法人资格,其民事责任由公司承担。

公司可以设立子公司,子公司具有法人资格,依法独立承担民事责任。

(三)《民事诉讼法》

第 24 条 因合同纠纷提起的诉讼,由被告住所地或者合同履行地人民法院管辖。

第 25 条 因保险合同纠纷提起的诉讼,由被告住所地或者保险标的物所在地人民法院管辖。

(四)《对外贸易法》

第 8 条 本法所称对外贸易经营者,是指依法办理工商登记或者其他执业手续,依照本法和其他有关法律、行政法规的规定从事对外贸易经营活动的法人、其他组织或者个人。

第 9 条 从事货物进出口或者技术进出口的对外贸易经营者,应当向国务院对外贸易主管部门或者其委托的机构办理备案登记;但是,法律、行政法规和国务院对外贸易主管部门规定不需要备案登记的除外。备案登记的具体办法由国务院对外贸易主管部门规定。对外贸易经营者未按照规定办理备案登记的,海关不予办理进出口货物的报关验放手续。

第 10 条 从事国际服务贸易,应当遵守本法和其他有关法律、行政法规的规定。

从事对外劳务合作的单位,应当具备相应的资质。具体办法由国务院规定。

第 11 条 国家可以对部分货物的进出口实行国营贸易管理。实行国营贸易管理货物的进出口业务只能由经授权的企业经营;但是,国家允许部分数量的国营贸易管理货物的进出口业务由非授权企业经营的除外。

实行国营贸易管理的货物和经授权经营企业的目录,由国务院对外贸易主管部门会同国务院其他有关部门确定、调整并公布。

违反本条第一款规定,擅自进出口实行国营贸易管理的货物的,海关不予放行。

第 12 条 对外贸易经营者可以接受他人的委托,在经营范围内代为办理对外贸易业务。

第 13 条　对外贸易经营者应当按照国务院对外贸易主管部门或者国务院其他有关部门依法作出的规定，向有关部门提交与其对外贸易经营活动有关的文件及资料。有关部门应当为提供者保守商业秘密。

(五)《外国(地区)企业在中国境内从事生产经营活动登记管理办法》

第 2 条　根据国家有关法律、法规的规定，经国务院及国务院授权的主管机关(以下简称审批机关)批准，在中国境内从事生产经营活动的外国企业，应向省级市场监督管理部门(以下简称登记主管机关)申请登记注册。外国企业经登记主管机关核准登记注册，领取营业执照后，方可开展生产经营活动。未经审批机关批准和登记主管机关核准登记注册，外国企业不得在中国境内从事生产经营活动。

二、《联合国国际货物销售合同公约》

1. 第 1 条的规定

第 1 条　(1)本公约适用于营业地在不同国家的当事人之间所订立的货物销售合同：(a)如果这些国家是缔约国；或(b)如果国际私法规则导致适用某一缔约国的法律。(2)当事人营业地在不同国家的事实，如果从合同或从订立合同前任何时候或订立合同时，当事人之间的任何交易或当事人透露的情报均看不出，应不予考虑。(3)在确定本公约的适用时，当事人的国籍和当事人或合同的民事或商业性质，应不予考虑。

需要注意的是，公约对合同当事人不具有强制性。(缔约国的)合同双方当事人可以约定不适用公约，或在第 12 条规定的条件下，可减损公约的任何规定或改变其效力(第 6 条)。

2. 公约对中国的适用

自 1988 年 1 月 1 日起，公约对中国生效。截至 2022 年 4 月 15 日，公约有 94 个成员，具体成员见本书附录 2。中国在签字和批准时提出了两项保留声明：其一，是对公约第 1 条第 1 款(b)项提出了保留；其二，是对公约第 11 条(合同的形式)提出了保留(已于 2013 年 1 月申请撤回该项保留，撤回从当年 8 月 1 日起生效)。此外，原对外贸易经济合作部 1987 年《关于执行〈联合国国际货物销售合同公约〉应注意的几个问题》指出：

自 1988 年 1 月 1 日起，中国各公司与其他受公约约束的国家的公司达成的货物买卖合同如不另做法律选择,则合同规定事项将自动适用公约的有关规定,发生纠纷或诉讼亦须依据公约处理。故各公司对一般的货物买卖合同应考虑适用公约,但公司亦可根据交易的性质、产品的特性以及国别等具体因素,与外商达成与公约规定不一致的合同条款,或在合同中明确排除适用公约,转而选择某一国的内国法为合同的适用法。2021 年最高人民法院《全国法院涉外商事海事审判工作座谈会会议纪要》第 19 条【《联合国国际货物销售合同公约》的适用】中指出:营业地位于《联合国国际货物销售合同公约》不同缔约国的当事人缔结的国际货物销售合同应当自动适用该公约的规定,但当事人明确约定排除适用该公约的除外。人民法院应当在法庭辩论终结前向当事人询问关于适用该公约的具体意见。

由于公约未对解决合同纠纷的所有法律都作出规定,中国的公司应根据具体情况,对公约未予规定的问题,或在合同中作出明确规定,或选择一国内国法作为应适用的法律。

第二节　法律风险提示

一、合同相对方的履约能力不足

合同相对方的履约能力不足可能会导致合同无法履行,合同目的不能实现。企业在签约前可以通过资信调查审查合同相对方的履约能力。

二、合同相对方有意混淆自身与名称相近公司或合同主体名称表述不准确

1. 合同相对方有意混淆自身与名称相近公司是指:合同一方在订立合同过程中,利用关联公司的中英文名称等较为接近的名称蒙蔽对方当事人或存在其他混同行为,逃避买卖合同项下的义务。因此,企业在签订合同时,需要认真核实合同中对方企业的名称(包括英文)。

2. 如果合同中主体的名称表述不准确,企业在日后履行合同时可能会被误导,进而使合同目的无法实现,给双方带来损失。所以我们在审核合同时,必须审核合同中的主体名称是否明确具体,有无错漏。

三、忽视对合同主体的调查

忽视对合同主体的调查,是指合同一方在签订合同时,未对另一方做好足够

的尽职调查，未能了解对方的真实意图，使企业失去更多利益或遭受损失。因此，我们在签订合同前，有必要调查清楚合同相对方的实际控制者，了解并掌握对方签订合同的真实意图。

四、合同相对方利用主体的法律特点欺诈

其常见方式是以离岸公司[①]为合同主体进行欺诈。

离岸法域对离岸公司的设立和运营的法律限制很少，政府当局对离岸公司的监管基本处于“真空”状态，这在给离岸公司运作带来巨大便利的同时，也给离岸法域的经济安全带来了威胁。因此，为了保障离岸法域的经济安全，离岸法域的离岸公司法一般禁止离岸公司在本地区开展经营活动。因而，离岸公司具有完全的非本土化的特点。离岸公司在注册地、资本来源、法律依据、经营范围等方面的特点，使其在世界经济体系中扮演了一个“幽灵”的角色。离岸公司的投资者来源于离岸法域之外，离岸公司根据离岸法域的离岸公司法或者普通公司法中的特别条款设立，因而具有离岸法域的国籍身份，这使离岸公司脱离其投资来源国的监管，游离于母公司所在国的法律体系之外。离岸公司在离岸法域注册，享有离岸法域高度宽松的法律环境所带来的实惠，受离岸法域公司法的全面保护；离岸公司拥有离岸法域的国籍，却由于其非本土化的特点，在离岸法域之外运营，这使离岸公司在脱离母公司宗主国法律监管，极少受离岸法域束缚的情况下，运行在世界经济法律体系的真空之中。离岸公司挑战着离岸公司宗主国金融、投资、税收、外汇等多方面的法律规范，给国际社会的联合法律监管提出了更高的要求。

第三节　合同相对方履约能力不足案情回顾及风险防控

一、合同相对方履约能力不足的典型案例

中国A公司（进口商）与英国B公司（出口商）签订某设备贸易合同，B公司称其为英国同行业的领先大公司，曾向多个国家出口相关设备，商业信誉高，并提供了相关证明资料。后B公司多次延期交货，并要求提高合同价格，在A公司不

---

① 离岸公司是泛指在离岸法区内依据其离岸公司法规范成立的有限责任公司或股份有限公司。当地政府对这类公司没有任何税收，只收取少量的年度管理费，同时，所有的国际大银行都承认这类公司，为其设立银行账号及财务运作提供方便。它具有高度的保密性、减免税务负担、无外汇管制三大特点。参见张诗伟：《离岸公司法：理论、制度与实务》，法律出版社2004年版，第5页。

同意其要求后,B 公司停止发货。A 公司遂向法院起诉,经调查,B 公司所提供的相关资料均系伪造,B 公司实际上是私人公司,资信等级为 C3,这个信用等级在 B 公司所在地是非常低的。后 A 公司委托律师向 B 公司所在地警署以该公司涉嫌合同诈骗为由进行报案,警方最终认定 B 公司涉嫌合同诈骗。

二、合同相对方履约能力不足法律风险解析

造成这种情况的原因有两个。

1. 合同相对方经济困难,不具备履约能力,伪造材料进行欺骗。即在订立合同时对方经济困难,根本不具备履约能力或已进入破产程序,虚构主体,或冒充具有某种资格。通过制作假材料进行欺骗,收到货款后就联系不上或宣告破产,从而给对方当事人造成经济损失。

2. 企业在签订合同时未核实对方的资信状况。企业进行资信调查的意识薄弱,让对方有机可乘,从而让企业遭受损失。

三、合同相对方履约能力不足风险防控措施

企业应认真审查合同主体的履约能力。合同主体的履约能力,关系合同目的是否能够实现。因此,在谈判、签约时必须注意审查对方的履约能力。

1. 在签订合同前审查对方的资信状况,审查范围主要有:企业的组织机构情况、资信情况(包括企业的注册资本、财产、资产负债情况、经营作风以及商业信誉等)、经营范围、经营能力。这些情况可以通过我国驻外机构、国外的工商团体、银行或者在实际业务中获得的客户材料进行调查。① 对于分支机构还需要审查其总公司的相关情况。

2. 对客户的资信状况进行分析,迅速采取应对措施,减少损失。

3. 建立信用销售政策,制定信用标准,判断是否给予客户信用销售,同时可与付款方式和时间进行关联分析和管理。②

4. 对于信誉不高的客户,可以在合同中加入担保条款。最常用的如提供银行保函,以银行的信用进行担保,这样可以有效规避新客户、履约能力不足的客户以及资信状况不理想的客户的欺诈及违约风险。

---

① 武亮、赵永秀主编:《国际贸易风险防范》(图解版),人民邮电出版社 2016 年版,第 67 页。

② 武亮、赵永秀主编:《国际贸易风险防范》(图解版),人民邮电出版社 2016 年版,第 64 ~ 65 页。

第四节 合同相对方有意混淆自身与名称相近公司案情回顾及风险防控

一、合同相对方有意混淆自身与名称相近公司的典型案例

阿拉伯A公司与青岛B公司先后就某货物的购销事宜签订了三份FOB买卖合同。合同签订后，A公司依约向B公司支付了三笔合同项下20%的预付款，并于2012年6月26日安排船舶到达青岛港装货。该货物在起运港通关时的装箱单和船舶出口载货仓单上显示：上海C公司为该货物的托运人。但货物在装船过程中，因B公司、C公司违反海关相关规定，被青岛海关予以查扣。随后，A公司诉至青岛市中级人民法院，请求被告B公司返还预付货款，被告C公司承担连带责任。对此，被告B公司认为，A公司诉讼的主体错误，其与诉状中所列的英文名称的B公司不是同一个公司，其并未与A公司签订过买卖合同，故不应当承担法律责任。C公司则认为，其与A公司不存在任何商业或合同关系，且从未收到过A公司支付的任何款项，其仅依据委托代理协议为B公司代理过两次货物的出口，但没有证据显示该两票出口货物与A公司有关，A公司无权向其提出索赔。

法院查明，A公司关于B公司系买卖合同卖方的主张有事实依据，B公司系本案的适格被告。A公司向B公司支付了预付款，B公司未能履行交货义务，应当返还预付款。C公司受B公司的委托，但C公司与A公司之间并无合同关系，根据买卖合同的相对性原则，不予支持A公司对于C公司的诉讼请求。据此，青岛市中级人民法院判决：被告B公司赔偿原告A公司货款损失，驳回A公司的其他诉讼请求。

二、合同相对方有意混淆自身与名称相近公司法律风险解析

一方在订立合同过程中，利用关联公司的中英文名称等较为接近的名称蒙蔽对方当事人或存在其他混同行为，逃避买卖合同项下义务的不诚信现象屡有发生，该行为违反了诚实信用和公平原则，损害了债权人的利益。

三、合同相对方有意混淆自身与名称相近公司法律风险防控措施

企业应认真审查合同中相对方的名称（包括英文）与实际签约人是否一致。如果合同中当事方的名称与实际签约人不一致，对方可借机逃避合同项下义务，

由此给企业造成的损失也难以追回。因此,在审查合同时必须认真审查合同中当事人的具体名称。

1. 对方为自然人时,要求对方提供身份证明,审核人证是否一致。

2. 对方为法人或非法人组织时,要求对方提供注册证书(含注册地址)、营业执照等,审核合同中的中英文名称是否有错。

3. 对方是代理机构的,应审查被代理人签发的授权委托书以确定其代理身份和代理资格,必要时应要求对授权文件进行公证。

第五节　忽视对合同主体的调查案情回顾及风险防控

一、忽视对合同主体的调查的典型案例

A 公司旗下的 TA 公司(台北)在国外多个国家和地区分别注册了 IBOOK 商标。A 公司旗下的 IA 公司(深圳)在中国大陆注册了 IBOOK 商标的两种类别。此后,TA 公司将 10 个商标的全部权益转让给英国 IB 公司。协议签署后,IB 公司向 TA 公司支付了 3.5 万英镑的商标转让费,随后 IB 公司以 10 万英镑的价格,将上述 10 个 IBOOK 商标所有权转让给了 B 公司。(IA 公司、TA 公司为 A 公司的子公司,IB 公司为 B 公司的子公司。)

后来,B 公司向中国法院请求判决“IBOOK”商标的所有权归其所有,并向 IA 索赔相关费用(因 IA 公司在中国大陆注册了 IBOOK 商标的两种类别)。B 公司认为其控股公司 IB 公司已经合法购买了 A 公司及其各子公司拥有的 10 项 IBOOK 商标,其中包括 IA 公司于大陆注册的该商标的两种类别。但实际上,IA 公司作为其中两项商标的所有权人并没有在 IB 公司和 TA 公司之间的商标转让合同中签章,并且 B 公司的证据也不足以证明 TA 公司与 IA 公司之间构成表见代理。经审理,法院判决驳回 B 公司的全部诉讼请求,并判决由 B 公司承担案件受理费。不难发现,B 公司的疏忽之处在于没有查清涉案的两项 IBOOK 商标的权属,签约主体漏掉了 IA 公司。最终,B 公司以向 IA 公司支付商标使用费的方式解决了 IBOOK 商标纠纷。

二、忽视对合同主体的调查法律风险解析

在国际贸易中,合同的当事人在签订合同前容易出现如下几种疏忽。

1. 签订合同时未对合同相对方的实际控制者进行全面调查,没有全面了解对

方，无法了解对方真实意图，最终遭受损失。

2. 签订合同时没有对合同相对方是否是合格的合同主体做尽职调查，未发现合同另一方可能对第三方的财产无权处分，导致合同目的无法实现，当事方亦可能会陷入诉讼纠纷。

三、忽视对合同主体调查的法律风险防控措施

国际贸易中的陷阱不胜枚举，因忽视对合同主体的调查而招致的纠纷频频发生。因此，我们在签订涉外合同前，应注意以下几点。

1. 必须在合同中注明合同主体的名称、地址、联系方式以及法定代表人或负责人的相关信息，同时应将签约主体的身份证明、营业执照、签约代表的相关授权委托书和签约代表的身份证明作为合同的附件。

2. 在开展国际贸易时，为降低法律风险，可以聘请律师做详细的尽职调查，全面了解签约对方的情况。

3. 在合同中可以通过“承诺与保证”条款，约定双方均保证具备签订本合同的资质、资格，对合同标的物具有合法处分权利且免于被第三方追究任何违约、侵权等法律责任。

第六节　利用主体的法律特点进行欺诈案情回顾及风险防控

一、利用主体的法律特点进行欺诈的典型案例

美国 A 公司为国际知名大企业，其主要经营范围为大型机器设备的生产和销售，英国 B 公司系 A 公司的子公司。2012 年，根据 A 公司的指示，B 公司与中国 C 公司签订了供货合同。

交易持续两年后，C 公司获悉 B 公司以经营状况恶化为由申请破产，而此时 C 公司仍有大额货款尚未收回。C 公司通过调查获悉，B 公司实为 A 公司在英国注册的离岸公司，本身并不进行实体经营，不具有偿付能力，即便 C 公司起诉 B 公司获得胜诉也难以追回巨额欠款。

二、利用主体的法律特点进行欺诈法律风险解析

离岸公司为非当地投资者在离岸法域依当地离岸公司法成立的仅能在离岸

区以外区域进行营业活动的公司。世界上著名的离岸公司注册地有中国香港、维尔京群岛、开曼群岛、百慕大群岛、巴哈马等。它们都具有以下特点:注册手续简便、无外汇管制、减免税务负担、保密性好等。基于这些特性,利用离岸公司进行欺诈的现象就产生了,主要表现在以下几个方面。

第一,由于离岸公司具有严格的保密制度,导致难以知悉公司的真实财务情况。

第二,由于注册地对离岸公司实行宽松的管理制度,导致对其资信能力调查困难。其资信情况往往只显示“无实体经营,资信状况不详”。

第三,对于离岸公司来说,法人人格滥用风险更为突出。离岸公司作为独立的法人承担经营中的一切风险,因而难以追究实际控制人的责任,且离岸公司往往作为资金的中转站,由于资金转移而导致执行困难。

三、利用主体的法律特点欺诈法律风险防控

防范离岸公司法律风险,企业可从以下两方面着手。

1. 对其进行资信状况进行严格审查。可以通过调取实际控制人的资信报告了解该离岸公司的有效信息;也可以通过相关机构查询离岸公司的有效信息。比如,在百慕大群岛注册的离岸公司,可通过当地的税务机构查询该离岸公司的财务审计报告。

2. 应尽可能要求离岸公司提供担保。离岸公司的风险之一就是追责困难,因此可要求离岸公司提供一定的担保。一旦风险发生,可追究担保方的责任,以便保障债权人的合法权益。

第七节　合同条款示例

国际货物买卖合同
Contract for International Sales of Goods

合同号(Contract Number):

合同签订地点(Place of Signing of Contract):

合同签订时间(Date of Signing of Contract):

买方 Buyer：

住所 Domicile：

联系人（姓名、职务）Contact Person（surname and first name, position）：

联系地址 Contact Address：

电话 Tel：

传真 Fax：

电子邮箱 E－mail：

卖方 Seller：

住所 Domicile：

联系人（姓名、职务）Contact Person（surname and first name, position）：

联系地址 Contact Address：

电话 Tel：

传真 Fax：

电子邮箱 E－mail：

本国际货物买卖合同（以下简称"本合同"）由以下买卖双方于________年____月____日在____________签署：

This International Contracts For the Sales of Goods（hereinafter referred to as "this Contract"）is signed in ________, on ________（date）by and between：

买方：×××××××××公司，一家按（国家名称）法律组建成立并续存、住所在________________的公司；

The Buyer：×××××××××Co.，Ltd.，a company incorporated and existing under （name of country） law and domiciled in __________；

卖方：×××××××××公司，一家按（国家名称）法律组建成立并续存、住所在________________的公司。

The Seller：×××××××××Co.，Ltd.，a company incorporated and existing under （name of country）law and domiciled in ______ .

（买方和卖方单称"一方"，合称"各方"。）

（The Buyer and The Seller are called "party" individually and "parties" collectively.）

卖方银行账号信息 Information about Seller' Account：
账户名 Account Name：
账户 Account. No.：
银行国际代码 SWIFT Code：
收款银行 Bank：
地址 Address：

第八节　本章小结

在选择交易对象时,警惕交易主体风险是第一步,也是最重要的一步。我们在签订合同之前以及履约过程中应注意从以下方面努力甄别和防范主体风险。

第一,不能忽视对合同主体的调查,应该通过资信调查了解对方的履约能力。可以聘请律师做详细的尽职调查,全面了解签约对手。

第二,在签订合同前,应首先审查合同中的主体名称(包括英文)是否正确、一致,有无错漏,要做到逐字核对,避免出错;并且应在合同末尾由当事人签字、盖章。

第三,必须在合同中注明合同主体的名称、地址、联系方式以及法定代表人或负责人的相关信息,并且应将签约主体的身份证明、营业执照、签约代表的相关授权委托书和签约代表的身份证明作为合同的附件。

第二章

合同标的物法律风险防控

标的是合同权利义务指向的对象。合同不约定标的,就会失去目的,失去意义。可见,标的是一切合同的主要条款,也是买卖双方交接货物的重要依据。目前,多数说认为合同关系的标的为给付行为,我国《民法典》第470条所规定的标的,时常不是学说所指的标的,而是标的物,于是才有所谓标的的质量、标的的数量等用语。所以,对于《民法典》及有关司法解释所称的标的,时常需要按标的物理解。①

合同标的物条款必须清楚地写明标的的名称,以使标的特定化,能够明确当事人对标的物的品名、品质、数量、包装等的约定。合同标的物条款关系到是否符合履约要求,如果出口方所发货物不符合合同约定,进口方有权拒收全部或部分的货物,所以在进出口贸易中签订合同时应重视对标的物的描述,减少因标的物条款约定不当导致的风险。

第一节　合同标的物涉及的主要法律规则

合同标的物涉及的主要法律规则有:《民法典》、《对外贸易法》、《进出口货物原产地条例》、《海关进出口货物优惠原产地管理规定》、《包装储运图示标志》(GB/T 191－2008),《药品包装管理办法》、《农产品包装和标识管理办法》、《林木种子包装和标签管理办法》、《进境货物木质包装检疫监管办法》、《出境货物木质包装检疫处理管理办法》、《联合国国际货物销售合同公约》、《跟单信用证统一惯例》(UCP 600);等等。

---

① 崔建远:《合同法》(第7版),法律出版社2021年版,第51页。

一、中国法律规则

(一)《民法典》

第470条 合同的内容由当事人约定,一般包括下列条款:(一)当事人的姓名或者名称和住所;(二)标的;(三)数量;(四)质量;(五)价款或者报酬;(六)履行期限、地点和方式;(七)违约责任;(八)解决争议的方法。当事人可以参照各类合同的示范文本订立合同。

第488条 承诺的内容应当与要约的内容一致。受要约人对要约的内容作出实质性变更的,为新要约。有关合同标的、数量、质量、价款或者报酬、履行期限、履行地点和方式、违约责任和解决争议方法等的变更,是对要约内容的实质性变更。

第515条 标的有多项而债务人只需履行其中一项的,债务人享有选择权;但是,法律另有规定、当事人另有约定或者另有交易习惯的除外。

享有选择权的当事人在约定期限内或者履行期限届满未作选择,经催告后在合理期限内仍未选择的,选择权转移至对方。

第516条 当事人行使选择权应当及时通知对方,通知到达对方时,标的确定。标的确定后不得变更,但是经对方同意的除外。

可选择的标的发生不能履行情形的,享有选择权的当事人不得选择不能履行的标的,但是该不能履行的情形是由对方造成的除外。

(二)《对外贸易法》

第16条 国家基于下列原因,可以限制或者禁止有关货物、技术的进口或者出口:

(一)为维护国家安全、社会公共利益或者公共道德,需要限制或者禁止进口或者出口的;

(二)为保护人的健康或者安全,保护动物、植物的生命或者健康,保护环境,需要限制或者禁止进口或者出口的;

(三)为实施与黄金或者白银进出口有关的措施,需要限制或者禁止进口或者出口的;

(四)国内供应短缺或者为有效保护可能用竭的自然资源,需要限制或者禁止出口的;

（五）输往国家或者地区的市场容量有限，需要限制出口的；

（六）出口经营秩序出现严重混乱，需要限制出口的；

（七）为建立或者加快建立国内特定产业，需要限制进口的；

（八）对任何形式的农业、牧业、渔业产品有必要限制进口的；

（九）为保障国家国际金融地位和国际收支平衡，需要限制进口的；

（十）依照法律、行政法规的规定，其他需要限制或者禁止进口或者出口的；

（十一）根据我国缔结或者参加的国际条约、协定的规定，其他需要限制或者禁止进口或者出口的。

第 18 条 国务院对外贸易主管部门会同国务院其他有关部门，依照本法第十六条和第十七条的规定，制定、调整并公布限制或者禁止进出口的货物、技术目录。

国务院对外贸易主管部门或者由其会同国务院其他有关部门，经国务院批准，可以在本法第十六条和第十七条规定的范围内，临时决定限制或者禁止前款规定目录以外的特定货物、技术的进口或者出口。

第 21 条 国家实行统一的商品合格评定制度，根据有关法律、行政法规的规定，对进出口商品进行认证、检验、检疫。

第 22 条 国家对进出口货物进行原产地管理。具体办法由国务院规定。

第 23 条 对文物和野生动物、植物及其产品等，其他法律、行政法规有禁止或者限制进出口规定的，依照有关法律、行政法规的规定执行。

（三）《进出口货物原产地条例》

该条例适用于实施最惠国待遇、反倾销和反补贴、保障措施、原产地标记管理、国别数量限制、关税配额等非优惠性贸易措施以及进行政府采购、贸易统计等活动对进出口货物原产地的确定。

（四）《海关进出口货物优惠原产地管理规定》

该规定适用于海关对优惠贸易协定项下进出口货物原产地管理。其第 3 条规定："从优惠贸易协定成员国或者地区（以下简称成员国或者地区）直接运输进口的货物，符合下列情形之一的，其原产地为该成员国或者地区，适用《中华人民共和国进出口税则》中相应优惠贸易协定对应的协定税率或者特惠税率（以下简称协定税率或者特惠税率）：（一）完全在该成员国或者地区获得或者生产的；

(二)非完全在该成员国或者地区获得或者生产,但符合本规定第五条、第六条规定的。”

二、国际法律规则

(一)《联合国国际货物销售合同公约》

第14条 (1)向一个或一个以上特定的人提出的订立合同的建议,如果十分确定并且表明发价人在得到接受时承受约束的意旨,即构成发价。一个建议如果写明货物并且明示或暗示地规定数量和价格或规定如何确定数量和价格,即为十分确定。(2)非向一个或一个以上特定的人提出的建议,仅应视为邀请做出发价,除非提出建议的人明确地表示相反的意向。

第35条 (1)卖方交付的货物必须与合同所规定的数量、质量和规格相符,并须按照合同所规定的方式装箱或包装。(2)除双方当事人业已另有协议外,货物除非符合以下规定,否则即为与合同不符:(a)货物适用于同一规格货物通常使用的目的;(b)货物适用于订立合同时曾明示或默示地通知卖方的任何特定目的,除非情况表明买方并不依赖卖方的技能和判断力,或者这种依赖对他是不合理的;(c)货物的质量与卖方向买方提供的货物样品或样式相同;(d)货物按照同类货物通用的方式装箱或包装,如果没有此种通用方式,则按照足以保全和保护货物的方式装箱或包装。(3)如果买方在订立合同时知道或者不可能不知道货物不符合同,卖方就无须按上一款(a)项至(d)项负有此种不符合同的责任。

(二)《跟单信用证统一惯例》(UCP 600)

第5条 单据与货物、服务或履约行为

银行处理的是单据,而不是单据可能涉及的货物、服务或履约行为。

第14条 单据审核标准

a. 按指定行事的指定银行、保兑行(如果有的话)及开证行须审核交单,并仅基于单据本身确定其是否在表面上构成相符交单。

b. 按指定行事的指定银行、保兑行(如有的话)及开证行各有从交单次日起的至多五个银行工作日用以确定交单是否相符。这一期限不因在交单日当天或之后信用证截止日或最迟交单日届至而受到缩减或影响。

c. 如果单据中包含一份或多份受第十九、二十、二十一、二十二、二十三、二十

四或二十五条规制的正本运输单据，则须由受益人或其代表在不迟于本惯例所指的发运日之后的二十一个日历日内交单，但是在任何情况下都不得迟于信用证的截止日。

d. 单据中的数据，在与信用证、单据本身以及国际标准银行实务参照解读时，无须与该单据本身中的数据、其他要求的单据或信用证中的数据等同一致，但不得矛盾。

e. 除商业发票外，其他单据中的货物、服务或履约行为的描述，如果有的话，可使用与信用证中的描述不矛盾的概括性用语。

f. 如果信用证要求提交运输单据、保险单据或者商业发票之外的单据，却未规定出单人或其数据内容，则只要提交的单据内容看似满足所要求单据的功能，且其他方面符合第十四条 d 款，银行将接受该单据。

g. 提交的非信用证所要求的单据将被不予理会，并可被退还给交单人。

h. 如果信用证含有一项条件，但未规定用以表明该条件得到满足的单据，银行将视为未作规定并不予理会。

i. 单据日期可以早于信用证的开立日期，但不得晚于交单日期。

j. 当受益人和申请人的地址出现在任何规定的单据中时，无须与信用证或其他规定单据中所载相同，但必须与信用证中规定的相应地址同在一国。联络细节（传真、电话、电子邮件及类似细节）作为受益人和申请人地址的一部分时将被不予理会。然而，如果申请人的地址和联络细节为第十九、二十、二十一、二十二、二十三、二十四或二十五条规定的运输单据上的收货人或通知方细节的一部分时，应与信用证规定的相同。

k. 在任何单据中注明的托运人或发货人无须为信用证的受益人。

l. 运输单据可以由任何人出具，无须为承运人、船东、船长或租船人，只要其符合第十九、二十、二十一、二十二、二十三或二十四条的要求。

第 30 条　信用证金额、数量与单价的伸缩度

a. “约”或“大约”用于信用证金额或信用证规定的数量或单价时，应解释为允许有关金额或数量或单价有不超过百分之十的增减幅度。

b. 在信用证未以包装单位件数或货物自身件数的方式规定货物数量时，货物数量允许有百分之五的增减幅度，只要总支取金额不超过信用证金额。

c. 如果信用证规定了货物数量，而该数量已全部发运，及如果信用证规定了单价，而该单价又未降低，或当第三十条 b 款不适用时，则即使不允许部分装运，

也允许支取的金额有百分之五的减幅。若信用证规定有特定的增减幅度或使用第三十条 a 款提到的用语限定数量,则该减幅不适用。

第二节 法律风险提示

一、商品名称条款

1. 商品名称描述不明确造成当事人利益受损

如果商品名称描述不明确,有可能会出现双方当事人对商品名称的理解有歧义的情况,进而使当事人利益受损,特别是进口商。对于进口商来说,其可能遭受的损失和风险是:因交付产品不符交易相对方对其构成违约;因实际进口货物与报关货物不符而受到行政处罚;关税与运费增加。所以我们在约定商品名称时,要明确、具体,避免泛泛而谈。

2. 商品名称不准确导致信用证遭到拒付

在国际贸易中,买卖双方经常采用信用证结算方式。因为信用证为纯单据业务,《跟单信用证统一惯例》(UCP 600)第 5 条规定:“银行处理的是单据,而不是单据可能涉及的货物、服务或履约行为。”第 14 条 a 款的规定:“按指定行事的指定银行、保兑行(如果有的话)以及开证行须对提示的单据进行审核,并仅以单据为基础,以决定单据在表面上看来是否构成相符提示。”因此,单据的“表面一致”是银行审核单据的标准,与货物无关。如果国际货物买卖合同中的商品名称与信用证上的商品名称不符,就会造成单据表面不符,进而导致信用证遭到拒付。因此,我们要注意合同中的商品名称是否与信用证上的商品名称一致。

二、商品质量条款

1. 凭样品成交存在的合同风险

在国际交易中,表示合同货物品质大致有为凭样品表示与凭文字说明表示两种方法。对于一些难以用文字描述其品质的出口产品如工艺品、服装、铸铁件等产品,通常采用凭样品表示其品质,即买卖双方约定以样品作为交货品质的依据。具体又可按性质分为凭卖方样品买卖(sales by seller's sample)和凭买方样品买卖(sales by buyer's sample)两种方法。凭样品成交的合同大多是一方提供样品,另一方予以确认而订立的合同。凭样品买卖的合同看似简单,但在实际履约过程中却经常出现复杂的问题。在贸易实践中,因样品问题产生纠纷的合同并不少见,所以说,凭样品成交的合同可能存在诸多方面的潜在风险。

凭卖方样品买卖时,卖方所提交的样品应该具有代表性。对于“代表性”的理解通常存在误区。卖方为了能使买方确认所提交的样品,往往倾向于选择货物中较好的产品作为样品寄出。这样,就很可能给以后的纠纷设下障碍。日后大批量交货时,很可能因批量生产达不到样品的品质水平而招致买方索赔。虽然合同签订了,但不能顺利履约,卖方还是不能收汇,有时还要承担违约责任;但如果卖方过于担心被索赔,提交的样品品质过低,又有可能不符合买方的要求,难以达成合同。即使达成合同,价格也会被买方压得过低。因此,正常理解样品的代表性应该是挑选中等品质的货物作为样品。

凭买方样品买卖称作“来样成交”或“来样制作”,以这种方法成交的合同对卖方来说要求较高,甚至可能存在着潜在风险。卖方在确认买方提交的样品之前,要充分考虑生产此种样品所需要的设备、原料、生产技术与生产时间。如果考虑不周,就有可能给日后的交货造成困难,甚至出现违约的后果。因为是以买方提交的样品作为最后的交货依据,买方有可能会在一些细小的、难以观察到的产品环节上故意制造“不符点”,使卖方提交的产品与样品不符而造成违约。由于国际贸易大多是远期交割,签约与交货相隔时间较长,在此期间,一旦市场价格发生变化,买方就会恶意索赔,以交货与样品不符为由向卖方提出索赔要求。所以,在买方提供样品时,卖方可以根据该样品制作新样品,并将新样品寄交给买方确认,若买方确认,则可以以该新样品为合同样品。

2. 合同品质条款欺诈

国际货物贸易合同品质条款欺诈,是指合同一方在合同货物品质条款中作虚假陈述,或者隐瞒事实真相,使另一方基于错误认识而与之订立合同的欺骗行为。[①] 为了防范合同欺诈,我们在订立合同前,在做好市场调查的同时,对我们的交易对象也要做一个背景调查和信用评价。

三、商品包装条款

合同应该对商品的包装作出明确的约定。包装条款约定不明可能导致的风险有:货物包装的形式和规格、外包装的材质要求和规格与货物的运输要求不符;因为唛头标志不清导致货物在运输过程中遭到损毁、灭失;在产品进口时,因货物

① 武亮、赵永秀主编:《国际贸易风险防范》(图解版),人民邮电出版社2016年版,第96页。

包装不符合进口国要求致使货物被退运、销毁或当事人受到行政处罚。所以在设置货物包装条款时要注意:包装要“适货”“适航”;应根据货物属性约定唛头标志;包装条款应遵守进口国的法律和政策。

四、商品数量条款

商品数量条款直接关系到合同金额和货物运输。在国际货物买卖合同中,特别是在大宗货物贸易中,产品数量或重量可能受到各种因素的影响,如产品生锈、潮湿或短量等,导致与合同约定的数量或重量不符。于是,溢短装数量条款应运而生。由于溢短装数量条款影响价款支付,在此基础上,合同双方当事人很容易产生争议。所以,我们应恰当使用溢短装条款:明确约定浮动比例、把握溢短装选择权、明确溢短装部分的计价方法。

五、货物原产地

货物的原产地,是指货物的来源地,即指某特定产品的生产地、制造地。本书所称原产地,是指国际贸易领域货物的原产地,即作为商品进入国际贸易流通的货物的原产国家或(实施独立关税制度的)地区。虽然原产地条款的设置与否并不会对买卖双方的权利义务造成实质性影响,但是,进口货物时申报原产地是我国任何一个进口企业都要履行的法定义务,确定进口合同中的货物原产地对于进口企业及进口国政府都具有重要意义。我国《进出口货物原产地条例》第2条第1款规定:“本条例适用于实施最惠国待遇、反倾销和反补贴、保障措施、原产地标记管理、国别数量限制、关税配额等非优惠性贸易措施以及进行政府采购、贸易统计等活动对进出口货物原产地的确定。”由此可见,对于进口国政府来说,原产地不仅是统计本国进出口贸易国别的依据,还是贸易政策和贸易管理的手段,因为来自不同国家和地区的商品,享有的关税优惠或者受到的贸易限制是不同的。①

---

① 张淑珍、王燕:《企业常用合同范本——国际货物买卖合同》,北京大学出版社2013年版,第34~35页。

第三节　商品名称描述不明确造成当事人利益受损案情回顾及风险防控

一、商品名称描述不明确造成当事人利益受损的典型案例

中国甲公司意欲从英国购买商品 A，但 A 商品包括 A1 和 A2 两个种类。而甲公司想要购买的是 A1，但乙公司只能提供 A2。在签订合同时，双方当事人都未注意到该事项，并且合同中只将商品名称笼统地表述为 A。后来，买方发现，卖方交付的货物 A2，并不是买方需要的 A1。

表面上看来，卖方提供的商品 A2 属于商品 A 的一种，所以卖方并未构成违约，买方应当接受货物 A2。但实际上，在此交易中，买方买到的并不是其所需要的商品，如果买方无法将商品 A2 退货或转手，那么他将会遭受损失。

二、商品名称描述不明确造成当事人利益受损法律风险解析

如上案件中，甲公司可能遭受的损失和风险主要包括：

1. 国际贸易合同，特别是进口贸易合同，可能会涉及几个前后相继的买卖合同。例如，甲公司在签订进口合同后，通常会在收到货物之前与国内的另一买家订立一个国内买卖合同。在本案中，如果甲公司的买家不接受商品 A2，那么甲公司也将会对其买家构成违约。

2. 在本案中，因为甲公司的实际进口货物与其报关货物不符，甲公司可能会面临中国海关的行政处罚。

3. 因 A1 与 A2 为两类不同货物，其关税、运费的计算方式可能会有所不同，商品 A2 关税、运费等费用可能会比商品 A1 多，从而导致甲公司的成本增加。

三、商品名称描述不明确造成当事人利益受损法律风险防控措施

我们在国际贸易合同中约定商品名称时应注意以下几点。

1. 商品名称要明确、具体地反映货物的特质，避免笼统和宽泛。

2. 使用国际上通用的名称，中英文一致。有些商品的名称，各地称呼不一，为了避免误解，应尽可能使用国际通用的名称。国际上为了在对商品的统计征税时有共同的分类标准，早在 1950 年，就由联合国经济社会理事会发布了《国际贸易标准分类》（SITC，截至 2006 年，该标准分类经历了 4 次修改）。其后，世界各主要

贸易国又在比利时布鲁塞尔签订了《海关合作理事会商品分类目录》(CCCN),又称《布鲁塞尔海关商品分类目录》(BTN)。CCCN 和 SITC 对商品分类有所不同,为了避免采用不同目录分类在关税和贸易、运输中产生分歧,在上述两个规则的基础上,海关合作理事会 1983 年主持制定了《商品名称协调及编码制度》(The Harmonized Commodity Description and Coding System,简称 H. S. 编码制度),该制度于 1988 年 1 月 1 日起正式实施,一般每 4 ~ 6 年全面修订一次。我国 1992 年 1 月 1 日起采用该制度,目前大多数国家的海关统计,普惠制待遇等都按 H. S. 编码制度进行。所以,我国的企业在使用商品名称时,应尽量与 H. S. 编码制度规定的品名统一。[①] 2017 年版《商品名称及编码协调制度》已于 2017 年在全球各有关国家和地区陆续实施,中国海关已完成对基于协调制度制定的《中华人民共和国进出口税则》的相关税号调整等转版工作,并于 2017 年正式发布且开始实施新版税则。

3. 确定合同标的是卖方能依法提供的特定物,不是禁止或限制进出口的。

4. 不同的商品名称描述可能被列入不同的海关税则分类,导致税率不同。

5. 如果是法定检验商品,要符合出入境检疫机构和海关报关的要求。

第四节 商品名称不准确导致信用证遭到拒付案情回顾及风险防控

一、商品名称不准确导致信用证遭到拒付的典型案例

我国甲公司作为出口方向英国乙公司销售某货物,在该份出口合同中,商品名称为“Barinpowers”,但甲公司收到的信用证中规定的商品名称为“Barinpower”,少了一个“s”。在通常情况下,“Barinpowers”与“Barinpower”是可以通用的,甲公司按照合同约定的商品名称缮制发票,并以此向开证行索偿,但却遭到拒付,其理由是开证申请人不接受“商品的描述与信用证的品名不同”的发票。但实际情况是,在该批货物装运时,欧洲关于该货物的价格有较大幅度的下降。后几经争取,甲公司被迫同意降价,乙公司才同意付款,甲公司遭受了一大笔损失。[②]

① 卓小苏主编:《国际贸易风险与防范》,中国纺织出版社 2007 年版,第 64 页。

② 卓小苏主编:《国际贸易风险与防范》,中国纺织出版社 2007 年版,第 60 页。

二、商品名称不准确导致信用证遭到拒付法律风险解析

如前所述，根据《跟单信用证统一惯例》(UCP 600)第5条和第14条a款的规定，如果国际货物买卖合同中的商品名称与信用证上的商品名称不符，造成单据表面不符，那么就会发生信用证被拒付的情况。

三、商品名称不准确导致信用证遭到拒付法律风险防控措施

在拟订合同时，需要使合同中的商品名称与信用证中商品名称完全一致(包括其译文、品种、型号、规格等)。若各地对商品的称呼不一致，最好使用国际上通用的名称。若使用地方称呼，双方应就商品的含义达成协议，以防日后产生争议。

第五节　凭样品成交存在的合同风险案情回顾及风险防控

一、凭样品成交存在的合同风险的典型案例

我国甲公司向马来西亚乙公司出口大豆，合同中关于商品的品质条款列明："水分14%以下，杂质2.5%以下。"在订立合同前，甲公司曾向乙公司寄过样品。订立合同后，甲公司又通过电子邮件告知乙公司成交货物与样品相似。乙公司未作任何表示，但在收到货物后，乙公司以甲公司所交货物与样品不符为由向甲公司提出索赔，并出示了相关的检验证书，向甲公司索赔1万多美元的赔偿金。

二、凭样品成交存在的合同风险法律风险解析

本案中，在订立合同时双方用文字对商品质量作了描述，在订立合同后卖方又告知对方货物与样品相似，那么对方就有理由认为货物既应符合合同中的文字表述，又应与样品一致，即双重标准。若货物与其中任何一个标准不符，买方就会向卖方提出索赔。

三、凭样品成交存在的合同风险法律风险防控措施

在凭样品买卖中，合同中的品质条款应标明："以样品作为交货依据。"如果像在本案中，已经用文字在合同中对商品质量作了表述，又在订立合同后告知对方以样品作为交货依据的，无异于给自己设了双重限制。如果双方约定合同是凭买

方样品成交的,那么在买方寄送样品之后,卖方可以对照样品制作或选择一份新样品,该新样品被称为“对等样品”。[①] 并将该新样品寄交给买方确认,若买方同意,则可以以该新样品为合同样品。卖方在寄送该新样品前应向检验或公证部门申请铅封样品一式三份,其中自留一份并封存,以备交验货物或解决品质争议之用。卖方对所交货物的品质无绝对把握时,应在合同的品质条款中订明“品质与样品大致一致”,以减轻卖方的责任。

第六节　合同品质条款欺诈案情回顾及风险防控

一、合同品质条款欺诈的典型案例

我国甲公司同美国乙公司签订合同,出口一批童装。订立合同过程中,乙公司看过甲公司提供的样品,同意以此作为交货的品质标准。但是在出口合同的品质条款中只简单表述了商品的规格、用料和颜色。商检条款为“货到港 30 天后外商有复检权”。乙公司在收到货物后,提出“颜色不正、缝制工艺粗糙”,并且提交了当地一家检验机构的检验证书作为依据要求退货和赔偿。甲公司提出,货物是凭样品成交,样品经乙公司确认过,且纺织品一般都会存在色差问题。乙公司指出,合同中并没有写明“凭样品成交”字样,并且甲公司没有封存样品作为证物,以及其合同的品质条款中没有说明甲公司所交货物会有色差。甲公司认为乙公司所找的检验机构不具权威性,并且未征得甲公司的同意。乙公司认为,合同约定只有乙公司才有复检权,并没有约定检验机构的选择必须经由甲公司同意。基于此,若将争议提交第三方机构解决,甲公司也无法提供有力证据,只能答应乙公司的要求降低商品价格,挽回了小部分损失。

二、合同品质条款欺诈法律风险解析

国际货物贸易合同品质条款欺诈,是指合同一方在合同货物品质条款中作虚假陈述,或者隐瞒事实真相,使另一方基于错误认识而与之订立合同的欺骗行为。[②] 按照《联合国国际货物销售合同公约》的规定,卖方交付货物必须与合同所规定的数量、质量和规格相符;如果所交货物与合同不符,即构成根本违反合同。

---

① 武亮、赵永秀主编:《国际贸易风险防范》(图解版),人民邮电出版社 2016 年版,第 98 页。

② 武亮、赵永秀主编:《国际贸易风险防范》(图解版),人民邮电出版社 2016 年版,第 96 页。

主要的欺诈形式包括:对方以名牌产品为噱头推销自身的假冒伪劣产品;订立合同时提供质量好的样品,实际上提供的是质量差的产品。

三、合同品质条款欺诈法律风险防控措施

为预防遭受合同诈骗,在订立合同前,我们应当做好产品的市场行情调查,例如产品的价格、质量等。在进行市场调查的同时,可以对交易对象进行审查,包括对方的主体资格、履约能力以及商业信誉等。

第七节　商品包装条款约定不明案情回顾及风险防控

一、商品包装条款约定不明的典型案例

中国甲公司从加拿大乙公司处购买了一批医疗用品。该医疗用品必须在2℃~8℃温度条件下储存,不能冷冻,否则会变质不能使用。但甲公司与乙公司的买卖合同中并没有一个清晰明确的货物包装条款。该批货物的外包装为纸箱包装,纸箱上印刷了“禁止冰冻”(DO NOT FREEZE)的标志。该批货物的实际承运人为丙航空公司,丙的航空货运代理人丁公司将该批货物从乙处用卡车装运运往温哥华机场交付丙,同时将该批医疗用品的保存温度要求告知丙。在未告知托运人甲公司的情况下,丙航空公司将货物从加拿大温哥华运至北京首都机场。货物到达后通知甲公司提货,甲公司提货时发现包装该批医疗用品的纸箱箱体大部分有冰冻潮湿的痕迹,运回公司拆包测试后,结果是该批医疗用品全部冻损报废。甲公司遂以承运人没有按照其指示的温度条件存储货物为由向航空承运人丙索赔,丙以航空货运单即主运单上没有货物存储温度要求为由拒绝赔偿,甲遂起诉丙公司,要求赔偿全部货损。甲公司认为,虽然主运单上没有温度要求,但是在货物交付时,丙公司的代理人丁已经明确告知丙该货物需要在2℃~8℃条件下存储,丁公司向甲公司签发了航空货运分运单,分运单上对此进行了明确标注,分运单是与主运单一起的随机文件,丙公司有义务按照分运单上的指示要求存储其承运的货物,而且,货物外包装上有足以引起注意的“禁止冰冻”的标志,丙公司的工作人员仍然将货物放于当时已经处于零摄氏度以下的常温仓库,丙公司对甲公司货损的发生构成轻率的不作为,依据我国《民用航空法》的相关规定,不能适用航

空承运人赔偿责任限制,应当全额赔偿甲公司货损。一审法院支持了甲公司的请求。[①]

二、商品包装条款约定不明法律风险解析

包装条款约定不明可能导致的风险有:货物包装的形式和规格、外包装的材质要求和规格与货物的运输要求不符,也可能会因为唛头标志不清导致货物在运输过程中损毁、灭失。或者在进口商品贸易中,因货物包装不符合进口国要求致使货物被退运、销毁或当事人接受行政处罚。

三、商品包装条款约定不明法律风险防控措施

我们在订立货物包装条款时应注意以下几点:

1. 货物包装要与货物本身的属性相符合,特别是对温度和环境有特别要求的货物;
2. 货物包装要与其所采用的运输方式相适应;
3. 根据进口国的要求设置相应的包装条款;
4. 包装条款应明确、具体。

第八节 溢短装数量条款影响价款支付案情回顾及风险防控

一、溢短装数量条款影响价款支付的典型案例

中国内地甲公司向中国香港乙公司购买2500公吨的货物,合同约定:货物共包括3个规格,尺寸为1.1mm×12.5mm的货物1000公吨,每公吨398美元;1.4mm×12.5mm的货物500公吨,每公吨381美元;1.5mm×12.5mm的货物1000公吨,每公吨378美元,合同总金额为980000美元。总数量允许5%的溢短装率,每一个规格尺寸货物的数量允许10%的溢短装率。乙将合同货物装船后从美国某港口运往中国张家港,甲公司开立以乙公司为受益人的不可撤销信用证(Irrevocable letter of credit),金额为980000美元,同时规定信用证金可以在+5%/

① 张淑珍、王燕:《企业常用合同范本——国际货物买卖合同》,北京大学出版社2013年版,第29~30页。

-5%比例内浮动，总数量和总金额在+5%/-5%比例内浮动是可以接受的。乙公司实际交付的货物数量为：1.1mm×12.5mm的货物917.187公吨；1.4mm×12.5m的货物500.504公吨；1.5mm×12.5mm的货物959.625公吨，总计2377.316公吨。根据其实际交付的货物数量，乙公司签发了总金额为928072.70美元的商业发票，并将该发票连同其他单据一起提交开证行议付928072.70美元货款。但开证行以发票金额构成不符为由拒付，甲公司以乙公司交付货物金额与合同不符点构成违约为由拒收货物并拒付货款。后来，乙公司与甲公司协商，要求甲公司修改信用证消除不符点或者通知银行接受不符点付款并接收货物，甲公司没有回应。后乙公司将货物转卖第三人，然后根据合同约定的争议解决条款，向国际商会仲裁院提起仲裁，要求甲公司赔偿其因拒收货物导致的损失，包括转卖货物的价差、利息及额外的港口堆存费等。仲裁中，甲公司主张经乙公司确认的信用证条款修改了合同条款，因此实际履行的货物价款金额有最低限制，即不能低于合同金额的95%，乙公司交付了价值928072.70美元的货物，低于合同金额980000美元的95%，构成违约。乙公司主张，信用证与基础合同是两个不同的法律关系，要分别、独立地对待，虽然信用证下构成交单不符，但是不构成对合同的违反。基于此，甲乙两公司产生了争议。①

二、溢短装数量条款影响价款支付法律风险解析

国际货物贸易经常会涉及多种商品，商品不同，买方的需求量也不同。当买卖双方约定了合同总数量及每种商品数量两种溢短装率时，就比较麻烦。因为二者的浮动幅度是不一样的，而每种商品的单价却不总是一样的，所以货物总数量与总金额一般不会发生同比例变动。双方当事人会因此产生争议，影响货物价款的支付。

三、溢短装数量条款影响价款支付法律风险防控措施

当事人在国际货物贸易合同中约定溢短装条款时，一定要明确约定浮动比例，不能使用“大概”“大约”等不明确的词汇。根据《跟单信用证统一惯例（UCP600）》第30条a款的规定：“‘约’或‘大约’用于信用证金额或信用证规定

---

① 张淑珍、王燕：《企业常用合同范本——国际货物买卖合同》，北京大学出版社2013年版，第41~42页。

的数量或单价时,应解释为允许有关金额或数量或单价有不超过百分之十的增减幅度。”根据该款规定,若对方只履行了合同义务的 90% 就能议付到货款,那我们就难以确定货物数量以及索赔的相关问题。①

第九节　信用证货物原产地标注错误导致索赔不利案情回顾及风险防控

一、信用证货物原产地标注错误导致索赔不利的典型案例

中国甲公司向英国国乙公司出售了一批货物,然后乙公司将该货物转卖给了乌兹别克斯坦的丙公司。乙公同与丙公司并没有订立买卖合同,而是由丙直接申请开立以乙为受益人的信用证,信用证上原产地为俄罗斯。乙收到银行转来的信用证后发现原产地标注错误,通知丙修改信用证,丙回复乙,他们知道这批货物原产地是中国而非俄罗斯,但是由于货物数量较少、金额较低,改证还需要费用,而他们并不太在意货物的原产地,因此与乙协商不修改信用证了。乙同意,为保证与信用证规定的一致,在之后的包括提单在内的议付单据里全部标注的原产地为俄罗斯。在乙公司将货物运至乌兹别克斯坦后,丙公司检验发现货物质量不符合乙丙间合同约定的标准,遂拒收并向乙索赔。乙在赔付丙后向甲索赔,但遭到甲公司拒绝。后乙公司向中国法院起诉,要求甲赔偿乙支付给丙的索赔款及运费等相关损失。经法庭调查后,甲公司确实提供了与合同约定质量标准不符的货物,但因为甲将货物交付乙的航空货运单上注明的原产地是中国,而乙将货物交付丙的提单上注明的货物原产地是俄罗斯,乙无法证明其转卖给丙的货物与其从甲处进口的货物为同批货物,于是法院驳回乙的诉讼请求。②

二、信用证货物原产地标注错误导致索赔不利法律风险解析

在一笔国际货物贸易中,可能会涉及几个前后相继的买卖合同。进口方把从卖方处买来的一批货物转卖给第三人,但第三人开立的信用证上原产地标注错误,而因更改信用证需要费用,第三人没有修改信用证,后第三人发现货物质量不

① 卓小苏主编:《国际贸易风险与防范》,中国纺织出版社 2007 年版,第 84 页。

② 参见张淑珍、王燕:《企业常用合同范本——国际货物买卖合同》,北京大学出版社 2013 年版,第 35 ~ 36 页。

符合第三人所在地的标准，遂向进口方索赔。进口方在赔偿后向卖方索赔，但因其货物原产地不同，进口方无法证明两笔交易中的货物为同一批，导致进口方的损失无法得到赔偿。

三、信用证货物原产地标注错误导致索赔不利法律风险防控措施

为了防范以上风险，当事人要重视货物原产地条款，不要为了节省费用而忽略货物原产地问题。首先，当事人可以根据我国相关法规①拟定进口货物的原产地条款，了解我国与其他国家是否存在双边或多边优惠贸易协定，了解进口国对我国此类货物的进口是否存在反补贴、反倾销、减税、免税等政策。其次，要查明货物的进口是否会因原产地受到限制或其他不利影响。最后，要保证信用证、提单等相关单证上的原产地一致。

第十节　合同条款示例

示例一

1. 商品名称 Commodity Name

双方同意在本合同规定的交货期限内按本合同的条款规定，由卖方向买方提供下列商品：

Seller agrees to sell to buyer, and buyer agrees to purchase from seller, during delivery period hereinafter provided, upon the terms and conditions hereinafter stated, the following material or materials:

2. 商品规格 Specification

卖方商品装运时的规格标准：

Seller's standard specification for the material or material effect at the time of shipment:

3. 商品数量 Quantity

4. 价格 Price

示例二

产品及价格 Products & Prices

---

① 例如，我国《进出口货物原产地条例》《海关进出口优惠原产地管理规定》。

(1)卖方所提供的货物必须按买方审批合格的报批文件及买方相关要求制造。

The goods provided by the Seller must be in accordance withthe approval documents approved by the buyer and the related requirements of the Buyer.

(2)本合同中规定的货物价格是双方约定的固定价格,不受合同期限的延长和/或卖方完成现场服务的影响。

The prices set forth herein are fixed and firm not subject to escalation for the duration of the Contract and /or completion of the Seller's on – site services.

(3)合同价格是综合报价,包括一切可能存在的买方为履行本合同而产生的材料、人力、制造、检验、包装、交货前运输及保险、相应的文件费用以及代理费用;卖方所报价格应包含增值税和中国国家法律范围内要求的其他税款。

The Contract Price shall be comprehensive and include all and any possible expenses in connection with materials, manpower, manufacture, test and inspection, export packing, transportation and insurance before delivery, documentation, and all and any agent fees for the Buyer to provide the Goods under the Contract. The Prices quoted by the Seller shall also include Value – added tax, and other taxes in accordance with the tax laws in effect in China.

第十一节　本章小结

合同标的物条款是国际贸易合同中的重要一环,我们在拟定合同标的物条款时,需要做到以下几点:

1. 商品名称要明确、具体地反映货物的特质,使用国际上通用的名称,中英文一致,确定合同标的是卖方能依法提供的特定物,不是禁止或限制进出口的。如果是法定检验商品,要符合出入境检疫机构和海关报关的要求。

2. 在拟订合同时,需要注意合同中的商品名称是否与信用证中的商品名称完全一致(包括其译文、品种、型号、规格等)。若使用地方称谓,双方应就商品的含义达成协议,以防日后产生争议。

3. 如果双方的合同是凭买方样品成交的,那么在买方寄送样品之后,卖方可以对照样品制作或选择一份新样品,并将该新样品寄交给买方确认,经买方同意以后该新样品为合同样品。卖方在寄送该新样品前应向检验或公证部门申请铅封样品一式三份,其中自留一份并封存,以备交验货物或解决品质争议之用。在对所交货物的品质无绝对把握时,应在合同的品质条款中订明“品质与样品大致一致”,如此可以减轻卖方的责任。

4. 为预防遭受合同诈骗,在订立合同前,在进行市场调查的同时,可以对交易对象进行审查,包括对方的主体资格、履行能力以及商业信誉等。

5. 货物包装要“适货”“适航”,可以根据进口国的要求设置相应的包装条款,包装条款要明确、具体。

6. 在国际货物贸易合同中约定溢短装条款时,一定要明确约定浮动比例,不能使用“大概”“大约”等不明确的词汇。

7. 重视货物原产地条款,了解进口国对我国此类货物的进口是否存在反补贴、反倾销、减税、免税等政策。

第三章

价格条款法律风险防控

价格条款是合同中的核心条款。在国际货物贸易中,如何确定成交价格和约定合同中的价格条款,是买卖双方都极为关心的重要问题。价格条款与使用的贸易术语和合同中的其他交易条件密切相关,有不可分割的内在联系。在约定价格条件时,要同时考虑与价格有关的其他交易条件,而约定合同的其他交易条件时,也往往会涉及与价格有关的问题。

贸易术语在进出口业务中的地位就如同大厦的基石,它规定了买卖双方的权利与义务,选择不同的贸易术语对进出口商而言意味着其需要承担不同的义务和风险。目前,大多数国家采用国际商会(ICC)制订的贸易术语,其中使用频率最高的有三个:FOB、CIF、CFR。并且,2019 年 9 月 10 日,国际商会官方已正式对外发布了《国际贸易术语解释通则 2020》(Incoterms® 2020),定于 2020 年 1 月 1 日正式实施。

第一节　价格条款涉及的主要法律规则

贸易术语涉及的主要法律规则有:《民法典》、《联合国国际货物销售合同公约》、《1932 年华沙—牛津规则》(Warsaw – Oxford Rules 1932)、《1990 年美国对外贸易定义修订本》(Revised American Foreign Trade Definitions 1990)、《国际贸易术语解释通则》(ICC Rules for the Use of Domestic and International Trade Terms)。

一、中国法律规则

《民法典》

第 470 条　合同的内容由当事人约定,一般包括下列条款:(一)当事人的姓名或者名称和住所;(二)标的;(三)数量;(四)质量;(五)价款或者报酬;(六)履行期限、地点和方式;(七)违约责任;(八)解决争议的方法。当事人可以参照各类合同的示范文本订立合同。

第511条 当事人就有关合同内容约定不明确,依据前条规定仍不能确定的,适用下列规定:

(一)质量要求不明确的,按照强制性国家标准履行;没有强制性国家标准的,按照推荐性国家标准履行;没有推荐性国家标准的,按照行业标准履行;没有国家标准、行业标准的,按照通常标准或者符合合同目的的特定标准履行。

(二)价款或者报酬不明确的,按照订立合同时履行地的市场价格履行;依法应当执行政府定价或者政府指导价的,依照规定履行。

(三)履行地点不明确,给付货币的,在接受货币一方所在地履行;交付不动产的,在不动产所在地履行;其他标的,在履行义务一方所在地履行。

(四)履行期限不明确的,债务人可以随时履行,债权人也可以随时请求履行,但是应当给对方必要的准备时间。

(五)履行方式不明确的,按照有利于实现合同目的的方式履行。

(六)履行费用的负担不明确的,由履行义务一方负担;因债权人原因增加的履行费用,由债权人负担。

第595条 买卖合同是出卖人转移标的物的所有权于买受人,买受人支付价款的合同。

第626条 买受人应当按照约定的数额和支付方式支付价款。对价款的数额和支付方式没有约定或者约定不明确的,适用本法第五百一十条、第五百一十一条第二项和第五项的规定。

二、国际法律规则

(一)《联合国国际货物销售合同公约》

第14条 (1)向一个或一个以上特定的人提出的订立合同的建议,如果十分确定并且表明发价人在得到接受时承受约束的意旨,即构成发价。一个建议如果写明货物并且明示或暗示地规定数量和价格或规定如何确定数量和价格,即为十分确定。(2)非向一个或一个以上特定的人提出的建议,仅应视为邀请做出发价,除非提出建议的人明确地表示相反的意向。

第54条 买方支付价款的义务包括根据合同或任何有关法律和规章规定的

步骤和手续,以便支付价款。

第55条 如果合同已有效的订立,但没有明示或暗示地规定价格或规定如何确定价格,在没有任何相反表示的情况下,双方当事人应视为已默示地引用订立合同时此种货物在有关贸易的类似情况下销售的通常价格。

(二)《1932年华沙—牛津规则》

它是国际法协会专门为解释CIF合同而制定的。19世纪中叶,CIF贸易术语开始在国际贸易中得到广泛采用,然而对使用这一术语时买卖双方各自承担的具体义务,并没有统一的规定和解释。对此,国际法协会于1928年在波兰首都华沙开会,制定了关于CIF买卖合同的统一规则,称为《1928年华沙规则》,共包括22条。其后,在1930年的纽约会议、1931年的巴黎会议和1932年的牛津会议上,将此规则修订为21条,并更名为《1932年华沙—牛津规则》,沿用至今。这一规则对于CIF的性质、买卖双方所承担的风险、责任和费用的划分以及所有权转移的方式等进行了规定。

(三)《1990年美国对外贸易定义修订本》

1919年美国9个商业团体联合制订了《美国出口报价及其缩写条例》。1941年美国第27届对外贸易会议对该条例进行了修订,定名为1941年《修订美国对外贸易定义》。1990年,根据形势发展的需要,该定义被再次修订,并被命名为《1990年美国对外贸易定义修订本》,它所解释的贸易术语共有六种,分别为:(1)EXW(Ex Works)(产地交货);(2)FOB(Free on Board)(在运输工具上交货);(3)FAS(Free Along Side)(在运输工具旁边交货);(4)CFR(Cost and Freight)(成本加运费);(5)CIF(Cost, Insurance, Freight)(成本、保险费、运费);(6)DEQ(Delivered Ex Quay)(目的港码头交货)。

该定义主要在美洲一些国家适用。它对贸易术语的解释,特别是对第2种和第3种术语的解释与《国际贸易术语解释通则》有明显的差异,例如它将FOB术语分为六种类型,除了FOB Vessel以外的其他五种类型的定义与国际贸易中一般使用的FOB的解释完全不同。所以,在同美洲国家的企业进行贸易交易时应特别注意。

(四)《国际贸易术语解释通则》

1936年,国际商会在巴黎集会,制定了《国际贸易术语解释通则》,简写为

Incoterms®(为 international commercial terms 的缩写)。该通则先后在 1953 年、1967 年、1976 年、1980 年、1990 年、2000 年、2010 年及 2020 年进行了 8 次修订和补充。2019 年 9 月 10 日,国际商会在巴黎推出 Incoterms® 2020,它于 2020 年 1 月 1 日正式生效。

1. Incoterms® 2020 的术语分类

Incoterms® 2020 术语的数量依然是 11 种,根据运输模式划分可以分为以下两种:

(1)适用于任一或多种运输方式的规则

E 组:EXW/Ex Works(工厂交货)。

F 组:FCA/Free Carrier(货交承运人)。

C 组:CPT/Carriage Paid To(运费付至),CIP/Carriage and Insurance Paid To(运费和保险费付至)。

D 组:DAP/Delivered at Place(目的地交货),DPU/Delivered at Place Unloaded(目的地卸货后交货),DDP/ Delivered Duty Paid(完税后交货)。

(2)只适用于海运和内河水运的运输

F 组:FAS/Free Alongside Ship(船边交货),FOB/Free On Board(船上交货)。

C 组:CFR/Cost and Freight(成本加运费),CIF/Cost Insurance and Freight(成本、保险费加运费)。

2. 适用《国际贸易术语解释通则》时的注意事项

(1)谨记 Incoterms 并没有给当事人提供一份完整的销售合同

Incoterms 确有阐述销售合同中当事人的特定义务,即当卖方将货物运至买方时,办理运输和保险义务的承担。然而,Incoterms 并没有任何关于付款价格或付款方式的规定,或是货物所有权的转移、违约的后果等的规定。这些问题通常是通过销售合同的明示条款和适用的法律的规定来解决。当事人需要注意的是,当地强制适用的法律有可能优先于销售合同的内容,包括所选择的 Incoterms 规则。

(2)当事人可以约定适用贸易术语的版本

在不熟悉新规则的情况下,可以选择适用旧版本的 Incoterms。Incoterms 作为国际惯例,不存在新规定完全代替旧规定的问题,新旧版本完全可以并行,当事人有选择适用哪个版本解释合同贸易术语的权利。目前,大家对 Incoterms® 2020 知之甚少,为了使交易顺畅进行,律师建议企业尽量选择适用 2010 年版,待理论界和实务界对 Incoterms® 2020 研究或运用得比较熟练后,再选择适用新版本。

（3）当事人要选择恰当的贸易术语

在国际贸易中，贸易术语是确定合同性质、决定交货条件的重要因素，选定适当的贸易术语对促进合同的订立和履行，提高企业的经济效益具有重要的意义。当事人应当根据运输方式、双方协商的费用分担等具体情况选择一个适合双方交易的贸易术语。作为交易的当事人，在选择贸易术语时主要应考虑以下因素。①

①考虑运输条件。买卖双方采用何种贸易术语，首先应考虑采用何种运输方式运送。在本身有足够的运输能力或安排运输无困难，而且经济上又合算的情况下，可争取按由自身安排运输的条件成交（如按 FCA、FAS 或 FOB 进口，按 CFR、CIF、CPT 或 CIP 出口）；否则，应酌情争取按由对方安排运输的条件成交（如按 FCA、FAS 或 FOB 出口，按 CFR、CIF、CPT 或 CIP 进口）。

②考虑货源情况。国际贸易中的货物品种很多，不同类别的货物具有不同的特点，它们在运输方面各有不同要求，故安排运输的难易程度不同，运费开支大小也有差异。这是选用贸易术语应考虑的因素。此外，成交量的大小，也直接涉及安排运输是否有困难和经济上是否合算的问题。在成交量太小，又无班轮通航的情况下，负责安排运输的一方势必会增加运输成本，故选用贸易术语时可以考虑由对方安排运输。

③考虑运费因素。运费是货价构成因素之一，在选用贸易术语时，应考虑货物经由路线的运费收取情况和运价变动趋势。一般来说，当运价看涨时，为了避免承担运价上涨的风险，可以选用由对方安排运输的贸易术语成交，如按 CFR、CIF、CPT 或 CIP 进口，按 FCA、FAS 或 FOB 术语出口。在运价看涨的情况下，如由于某种原因不得不采用按由自身安排运输的条件成交，则应将运价上涨的风险体现在货价中，以免遭受运价变动的损失。

④考虑运输途中的风险。在国际贸易中，交易的商品一般需要通过长途运输，货物在运输过程中可能遇到各种自然灾害、意外事故等风险，特别是在遇到战争或正常的国际贸易遭到人为障碍与破坏的时期和地区，则运输途中的风险更大。因此，买卖双方洽商交易时，必须根据不同时期、不同地区、不同运输路线和运输方式的风险情况，并结合购销意图选用适当的贸易术语。

⑤考虑办理进出口货物结关手续有无困难。在国际贸易中，关于进出口货物

---

① 黎孝先、王健主编：《国际贸易实务》（第 7 版），对外经济贸易大学出版社 2020 年版，第 50 ~ 51 页。

的结关手续,有些国家规定只能由结关所在国的当事人安排或代为办理,有些国家则无此项限制。因此,如果按照某出口国政府的规定,买方不能直接或间接办理出口结关手续,则不宜按 EXW 条件成交,而应选用 FCA 条件成交;若按照进口国当局的规定,卖方不能直接或间接办理进口结关手续,此时则不宜采用 DDP 条件成交,而应选用其他贸易术语成交。

(4)当事人可以修改贸易术语①

①熟悉贸易术语的解释规则,明确修改的必要性,这是对外签署买卖合同最起码的要求。了解贸易术语的价格构成是不够的,还必须熟悉 Incoterms 这个广泛使用的贸易术语解释规则对该贸易术语条件下买卖双方义务的规定。然后根据交易的具体情况,明确修改贸易术语解释规则某项规定的必要性。如果 Incoterms 已经在某方面给予买方足够的保障,就没有修改的必要,如果买方认为 Incoterms 不能给予充分保障,可以对某一个交易条件提出高于 Incoterms 规定的标准和要求。

②修改贸易术语要适度。其他合同条款对贸易术语的修改要把握一定的"度"。例如,如果将 CIF 术语下运费和保险费的承担义务修改为买方承担,整个价格构成发生了实质性的变化,CIF 也就不称其为 CIF 了,因此,这个术语的约定就没有丝毫意义。

③用清晰明确的语言修改风险责任的划分点。

④在不熟悉运输、保险等相关情况时,最安全的做法就是直接选择适用 Incoterms 并遵循其规定,因为 Incoterms 要求卖方承担该批货物通常的、必要的运输、保险、检验等义务。

3.《国际贸易术语解释通则 2020 决策清单和流程图》

它(Incoterms® 2020 Checklist and Flowcharts)由国际商会于2022 年发布,②概述了买方和卖方在 Incoterms® 2020 规则下的义务、成本和风险,并从买方和卖方的观点出发详述如何选择正确贸易术语,为相关实务提供了有益指导。其主要内容如下。

---

① 张淑珍、王燕:《企业常用合同范本——国际货物买卖合同》,北京大学出版社 2013 年版,第 84 页。

② http://116.62.78.71/upload/cms/pdf/8c60e59f - 3b51 - 4e7a - 92dd - 8a7c33f9a0f0. pdf. 本部分内容参考了国际商会中国国家委员会组织专家翻译的决策清单和流程图,特此感谢! 决策清单和流程图详见 http://www. ccoic. cn/cms/content/36151#_Toc113527081, 最后访问日期:2022 年 10 月 8 日。

（1）如何选择正确的 Incoterms®规则：决策清单

如何选择 Incoterms®规则以及如何知道交易对手选择的规则是否对自己有利，这不仅是初级出口商或进口商面临的关键问题，也是经验丰富的贸易商所面临的重要问题。每当贸易商遇到新的销售形式、陌生的交易对手、不熟悉的承运人或其他不定因素时，都需要明智地考虑 Incoterms®规则的选择。在所有国际销售谈判中，总体的商业背景和相对的谈判话语权决定了 Incoterms®规则涵盖的许多问题。下面是一些值得注意的基本原则（"经验法则"）和常见观点（但这些绝不是唯一的成本考量因素）：

①许多争议产生于装卸费的支付、运输终端货物的处理费用、集装箱的租赁费和/或清关费用。因为在有些情况下，Incoterms®规则的规定非常笼统。因此可将这些潜在的、可能出现的问题列一个清单，并与交易对手核对清楚。如果有必要，除了选定 Incoterms®规则，还应确定合同语言，以便有更加详细的、特定的、权责分配方案（例如"FOB 巴尔的摩港，理舱和平舱"）。

②许多小型或刚入行的出口商喜欢选用 EXW（Ex Works），因为他们认为该术语要求的出口手续知识最少，工作量最小。这种认知基本上是准确的，但在国际交易中选择 EXW 是有一些问题的（见 Incoterms® 2020 规则文本中 EXW 的用户解释说明［国际商会第 723E 号出版物］）。如果一定要使用 EXW 的话，建议出口商仅在国内贸易中使用。此外，在销售中，如果一个出口商把自己局限于仅使用一种 Incoterms®规则，那么他或她就可能会因为买方坚持选用其他诸如 FCA、CIP 或 DAP 的术语，而失去交易机会。因此，即使是小型出口商，也应该了解全部的 Incoterms®规则。以上想法同样适用于那些只选择 DDP 的小型进口商，因为 DDP 要求他们承担的义务最少。

③Incoterms®规则的选用主要取决于是卖方还是买方安排主要运输。因此，第一个实操问题是：谁来负责运输？谁能获得最便宜运输费率？从经济角度考虑，应把大部分运输职责分配给能够获得最低运费或最高效运输服务的交易方。

④下一个需要考虑的实操问题是风险从卖方转移给买方的节点。如果您是卖方，您希望尽快转移风险；您可以通过选择 EXW、FCA、FOB、CFR、CIF、CPT 和 CIP 等，在一定程度上达到这个目的，具体取决于您选择哪个节点为指定交货点。相反，如果您是买方，您可能希望在安全获得货物之前不承担任何风险；那么您可以选择 Incoterms®规则中的 D 组术语，即 DAP、DPU 和 DDP。同样，实际选择得看总体商业背景和当事人的利益考量及其在谈判中的话语权。

⑤选定的 Incoterms®规则是否要求您负责在外国办理海关手续或缴纳关税？如果是，您最好核查一下以确保自己清楚自己所有的责任。建议您在合同中订立如下条款：如果通关遇到问题，允许您延长合同履行期限或以不可抗力终止合同履行。

⑥作为出口商，您是否想赚取运输服务的佣金？如果是，您可以选择卖方承担主要运输义务的 Incoterms®规则（如“C”和“D”组规则）。即便您没想在运输方面赚钱，但您能够找到或安排比您的买方或竞争对手更实惠的运输方式，则选择“C”或“D”组规则对您更有利，因为您的总体报价会更便宜、更具价格上的竞争力。

⑦在当事人履行合同义务时，除商业发票外，可能还需要其他形式的电子或纸质文件。当选择诸如信用证或跟单托收等付款方式时，承运人的选择及其产生的运输单据也是重要的考量因素。Incoterms® 2020 版本中的 FCA 提供了一种可能的解决方案，以弥合在船舶装运时，信用证经常要求的交付和船上运输单据之间的差异。

（2）Incoterms® 2020 决策流程图

该决策流程示例（详见图 3－1、图 3－2）十分概括，仅应作为初步参考，在任何特定的现实交易中，当事人最终决定选择哪条规则，需要考虑该交易涉及的若干特殊情况，仅一份决策流程图无法提供全部答案。

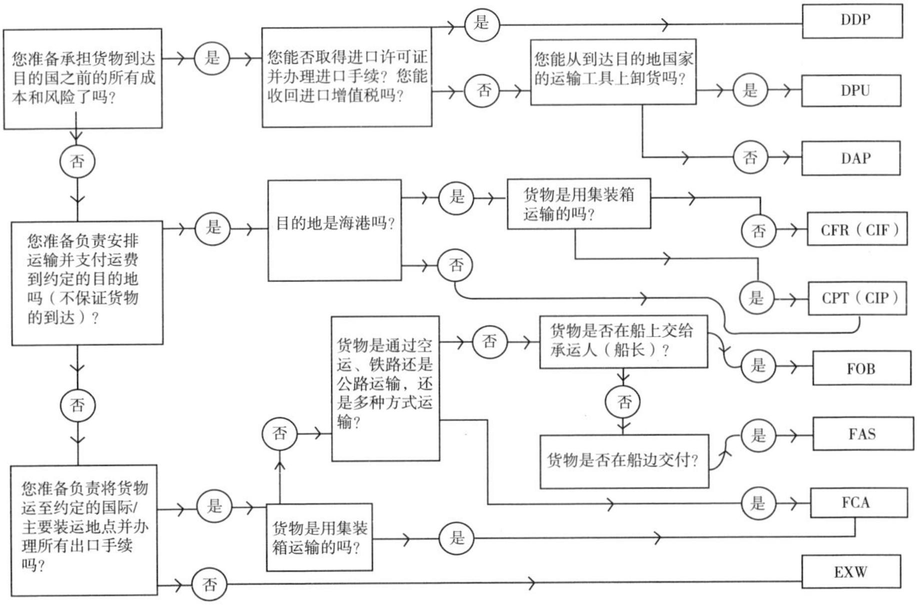

图 3－1　Incoterms® 2020 决策流程图——卖方视角

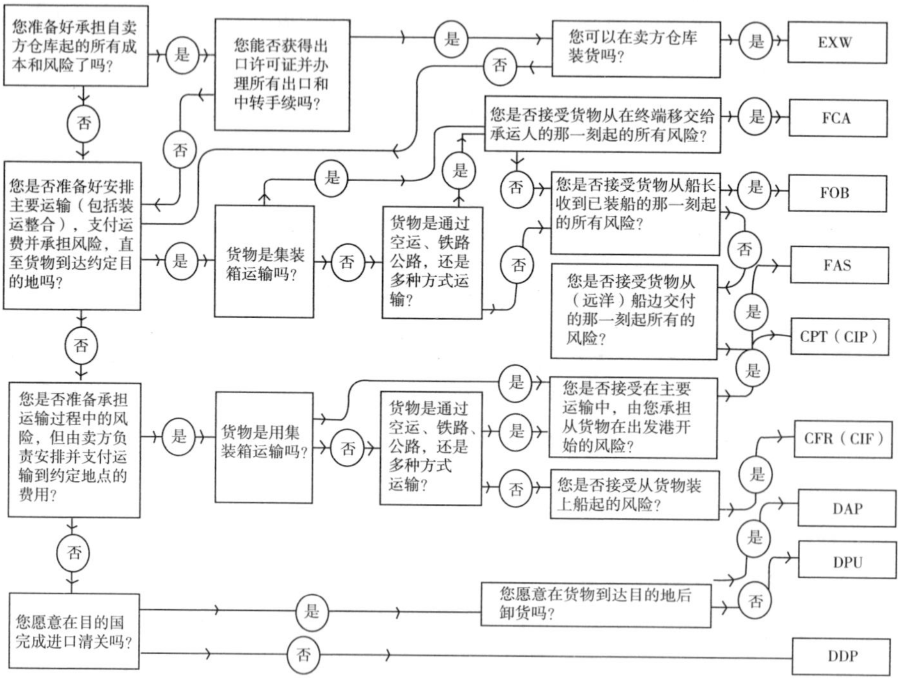

图 3-2 Incoterms® 2020 决策流程图——买方视角

4. Incoterms® 2020 中常用的术语

(1)FOB 术语

①FOB 术语的含义

FOB 的中文意思是船上交货(填入指定装运港),其后应注明国际贸易术语解释通则 2020 或 INCOTERMS® 2020。

FOB 习惯称为装运港船上交货。装运港船上交货是国际贸易中常用的贸易术语之一。在 FOB 项下,卖方要在合同中约定的日期或期限内,将货物运到合同规定的装运港口,并交到买方指派的船只上,即完成其交货义务。另外,卖方要提交商业发票以及合同要求的其他单证。

②关于买卖双方义务的规定

采用 FOB 术语时,主要问题可概括如下。

A. 风险转移问题。

卖方在装运港将货物交到买方所派的船只上时,货物损坏或灭失的风险由卖方转移给买方。

B. 通关手续问题。

a. 卖方自负风险和费用,取得出口许可证或其他官方批准证件,并且办理货物出口所需的一切海关手续。

b. 买方自负风险和费用,取得进口许可证或其他官方批准证件,并且办理货物进口和从第三国过境运输所需的一切海关手续。

C. 运输合同和保险合同。

a. 卖方对买方无订立运输合同的义务。但是,应买方要求并由其承担风险和费用时,卖方必须向买方提供卖方拥有的买方为了安排运输所需要的任何信息,包括与运输有关的安全要求。如果买方有要求,或按照商业习惯,在买方承担风险和费用的情况下,卖方也可以按照通常条件订立运输合同。

b. 卖方对买方无订立保险合同的义务。但应买方的要求,并在买方承担风险和费用的情况下,卖方必须向买方提供其办理保险所需的信息。

D. 主要费用的划分。

a. 卖方承担交货前所涉及的各项费用,包括办理货物出口所应交纳的关税和其他费用。

b. 买方承担交货后所涉及的各项费用,包括从装运港到目的港的运费,以及办理进口手续时所应交纳的关税和其他费用。

E. 适用的运输方式。

FOB 术语适用于海运和内河水上运输方式。FOB 与 FAS 相比较,两者都是在装运港交货,都只适用于水上运输方式。主要区别在于 FAS 是在装运港船边完成交货,FOB 则是在船上完成交货。

(2)CFR 术语

①CFR 术语的含义

CFR 的中文意思是成本加运费(填入指定目的港),其后应注明国际贸易术语解释通则 2020 或 INCOTERMS® 2020。

成本加运费,又称运费在内价,也是国际贸易中常用的贸易术语之一。在 CFR 项下,卖方要在合同中约定的日期或期限内,将货物运到合同规定的装运港口,并交到自己安排的船只上,或者以取得货物已装船证明的方式完成其交货义务。另外,卖方要提交商业发票以及合同要求的其他单证。

②关于买卖双方义务的规定

采用 CFR 术语时,主要问题可概括如下。

A. 风险转移问题。

卖方在装运港完成其交货义务时,货物损坏或灭失的风险由卖方转移给买方。

B. 通关手续问题。

a. 卖方自负风险和费用,取得出口许可证或其他官方批准证件,并且办理货物出口所需的一切海关手续。

b. 买方自负风险和费用,取得进口许可证或其他官方批准证件,并且办理货物进口和从第三国过境运输所需的一切海关手续。

C. 运输合同和保险合同。

a. 卖方必须按照通常条件订立或取得运输合同,将货物运到合同约定的目的港。

b. 卖方对买方无订立保险合同的义务。但应买方的要求,并在买方承担风险和费用的情况下,卖方必须向买方提供其办理保险所需的信息。

D. 主要费用的划分。

a. 卖方承担交货前所涉及的各项费用,包括办理出口手续时所应交纳的关税和其他费用。卖方还要支付从装运港到目的港的运费和相关费用。

b. 买方承担交货后所涉及的各项费用,包括办理进口手续时所应交纳的关税和其他费用。

E. 适用的运输方式。

CFR 术语适合于海运和内河水上运输方式。

(3)CIF 术语

①CIF 术语的含义

CIF 的中文意思是成本加保险费、运费(填入指定目的港)。其后应注明国际贸易术语解释通则 2020 或 INCOTERMS® 2020。

CIF 又称运费保险费在内价,也是国际贸易中常用的贸易术语之一。在 CIF 项下,卖方要在合同中约定的日期或期限内,将货物运到合同约定的装运港口,并交到自己安排的船只上,或者以取得货物已装船证明的方式完成其交货义务。另外,卖方还要为买方办理海运货物保险。此外,卖方要提交商业发票以及合同要求的其他单证。

②关于买卖双方义务的规定

采用 CIF 术语时,主要问题可概括如下。

A. 风险转移问题。

卖方在装运港完成其交货义务时,货物损坏或灭失的风险由卖方转移给买方。

B. 通关手续问题。

a. 卖方自负风险和费用,取得出口许可证或其他官方批准证件,并且办理货物出口所需的一切海关手续。

b. 买方自负风险和费用,取得进口许可证或其他官方批准证件,并且办理货物进口和从第三国过境运输所需的一切海关手续。

C. 运输合同和保险合同。

a. 卖方必须按照通常条件订立或取得运输合同,将货物运到合同约定的目的港。

b. 卖方对买方有签订保险合同的义务。保险合同应与信誉良好的保险公司订立,使买方或其他对货物有可保利益者有权直接向保险人索赔。

D. 主要费用的划分。

a. 卖方承担交货前所涉及的各项费用,包括办理出口手续时所应交纳的关税和其他费用。卖方还要支付从装运港到目的港的运费和相关费用,并且承担办理水上运输保险的费用。

b. 买方承担交货后所涉及的各项费用,包括办理进口手续时所应交纳的关税和其他费用。

E. 适用的运输方式。

CIF 术语适合于海运和内河水上运输方式。

第二节　成交价格的确定和价格条款的约定

一、成交价格的掌握

确定进出口商品的成交价格是一项复杂且重要的工作,为了做好此项工作,必须正确贯彻我国进出口商品的作价原则,根据国际市场价格变动趋势,充分考虑影响价格的各种因素,在核算成本和“货比三家”的基础上,根据自身经营意图,确定适当的价格,并切实了解价格构成因素和掌握价格换算方法。

影响价格的具体因素主要有:商品的质量和档次;运输距离;交货地点和交货条件;季节性需求的变化;成交数量;支付条件和汇率变动的风险;其他因素,如交货期的长短、市场贸易习惯和消费者的爱好等因素,也对确定价格有一定程度的影响。

在国际贸易中,贸易术语通常是进出口商品价格的组成部分,不同的贸易术语表示其价格构成因素不同,即包括不同的从属费用。例如,FOB 术语中不包括从装运港至目的港的运费和保险费。下面以 FOB、CFR 和 CIF 为例说明贸易术语的价格构成:它们的价格构成包括进货成本、各项费用开支和净利润三方面内容,其中费用开支包括国内费用开支和国外费用开支两部分。(1)国内费用:其项目较多,主要包括加工整理费、包装费、保险费、国内运费、装船费、检验费、公证费、产地证费、领事签证费、许可证费、报关单费、邮电费、贴现利息和手续费,以及预计损耗等。(2)国外费用:主要包括从装运港至目的港的运输费用和海上货物运输保险费用,如有中间商,还应包括付给中间代理商的佣金。就 CIF 价格构成而言,CIF 价格 = 进货成本价 + 国内费用 + 国外运费 + 国外保险费 + 净利润。①

二、进出口商品的定价办法

在国际货物贸易中,定价方法多种多样,由交易双方当事人磋商确定,一般来说,通常采用的定价办法,可归纳为下列几种。

(一)固定价格

固定价格是指交易双方在协商一致的基础上,对合同价格予以明确、具体的规定。采用固定价格,是国际上较常见的做法。在我国的进出口业务中,一般多采用这种定价方法。例如"每公吨 500 欧元,CIF 鹿特丹",如合同中无其他规定,被认为是固定价格。

(二)非固定价格

在国际货物贸易中,为了减少价格变动的风险、促成交易和提高履约率,在合同价格的规定方面,往往采用一些灵活变通的做法,即按非固定价格成交,这类定价方法又可分为下述几种。

1. 待定价格

此种定价办法,又可细分为下列两种具体做法:(1)明确约定定价时间与定价方法。以海运进出口合同为例,如采用此种定价办法,可在价格条款中一并规定

---

① 黎孝先、王健主编:《国际贸易实务》(第 7 版),对外经济贸易大学出版社 2020 年版,第 147 ~ 151 页。

定价时间与定价方法。例如,“在装船月份前 45 天,参照当地及国际市场价格水平,协商议定正式价格”;或“按提单日期的国际市场价格计算”。(2)只约定定价时间。在进出口合同价格条款中,只约定定价时间,例如“由双方在 20××年××月××日协商确定价格”。这种方式一般只适用于双方有长期交往并已形成比较固定的交易习惯的合同。

2. 暂定价格

在合同中先约定一个初步价格,作为开立信用证和初步付款的依据,待双方确定最终价格后,再进行最后清算,多退少补。例如:“单价暂定 CIP 神户,每公吨 1000 美元,定价方法:以××交易所 3 个月期货,按装船月份月平均价加 5 美元计算。买方按合同规定的暂定价开立信用证。”

3. 部分固定价格,部分非固定价格

买方为了照顾双方的利益,对交货期近的货物的价格,在订约时固定下来,其余货物在交货前一定期限内定价。非固定价格是一种变通做法,在行情变动剧烈或双方未能就全部货物的价格取得一致意见时采用,便于达成协议。

(三)价格调整条款

在国际货物贸易中,有的合同除规定具体价格外,还规定了价格调整条款。例如“如卖方对其他客户的成交价高于或低于合同价格的 5%,对本合同未执行的数量,双方协商调整价格”。这种做法的目的是,把价格变动的风险限定在一定范围之内,以提高客户经营的信心。值得注意的是,在国际上,随着某些国家通货膨胀的加剧,有些商品合同,特别是加工周期较长的机器设备合同,都普遍采用所谓“价格调整条款”[price adjustment(revision) clause],要求在签约时只规定初步价格(initial price),同时规定,如原料价格、工资发生变化,卖方保留调整价格的权利。①

三、计价货币的选择

计价货币(money of account),是指买卖双方约定用来计算价格的货币。如在计价货币之外,还约定了用其他货币(如欧元)支付,则这种指定的货币欧元就

① 黎孝先、王健主编:《国际贸易实务》(第 7 版),对外经济贸易大学出版社 2020 年版,第 153 ~156 页。

是支付货币。在一般的国际货物买卖合同中,价格都表现为一定量的特定货币(如每公吨为300美元),通常不再规定支付货币。由于目前各种货币在国际市场上的地位和发展趋势不同,要尽可能争取将发展趋势于己有利的货币作为计价货币。如果为了达成交易而不得不采用于己不利的货币成交,则可采用下述两种补救措施:(1)根据该种货币今后可能的变动幅度,相应调整对外报价。(2)在可能的条件下,争取订立保值条款。交易双方签订买卖合同时,可以约定合同货币与其他一种货币的汇率。付款时,若汇率发生变动,即按比例调整合同价格,以避免计价货币汇率变动的风险。

四、佣金与折扣的运用

(一)佣金

在进出口合同的价格条款中,有时会涉及佣金与折扣的运用。价格条款中所规定的价格,可分为包含有佣金或折扣的价格和不包含这类因素的净价(net price)。包含有佣金的价格,在实际业务中,通常称为"含佣价"。

在国际货物贸易中,有些交易是通过中间代理商进行的。中间代理商因介绍生意或代买代卖而需收取一定的酬金,此项酬金叫佣金(commission),它具有劳务费的性质。佣金是市场经济发展的必然产物,中间代理商的作用日益明显。

在价格条款中,对于佣金的规定,有下列几种方法:(1)凡价格中包含佣金的,即为"含佣价"。例如,每公吨1000美元,CIF香港,包含佣金3%。(2)用英文字母"C"代表佣金,并注明佣金的百分比。例如,每公吨1000美元,CIFC 3%,香港。(3)佣金也可以用绝对数表示。例如,每公吨支付佣金50美元。

买卖双方在洽谈交易时,如果将佣金明确表示出来并写入价格条款中,称为"明佣"。如果交易双方对佣金虽然已经达成协议,但约定不在合同中表示出来,约定的佣金由一方当事人按约定另行支付,则称为"暗佣"。国外中间商为了赚取"双头佣"(中间商从买卖双方都获取佣金),或为了达到逃汇或逃税的目的等,往往要求采取"暗佣"的做法。

计算佣金有不同的方法,最常见的是以买卖双方的成交额或发票金额为基础计算。

(二)折扣

折扣(Discount,Rebate,Allowance)是指卖方给予买方一定的价格减让。折扣直接关系到商品的价格，在货价中是否包括折扣和折扣率的大小，都会影响商品价格。

在国际货物贸易中，折扣通常在约定价格条款时用文字明确表示出来。折扣有"明扣"和"暗扣"之分。凡在价格条款中明确规定折扣率的，称为"明扣"；凡交易双方就折扣问题已达成协议，而在价格条款中不明示折扣率的，称为"暗扣"。关于明示的折扣，可酌情采取适当的规定办法。例如，"CIF 伦敦每公吨 200 美元，折扣 3%"（USD 200 per metrie ton CIF London including 3% discount）。本例还可这样表示："CIF 伦敦每公吨 200 美元，减 3% 折扣。"（USD 200 per metric ton CIF London less 3% discount）此外，折扣也可以用绝对数表示，例如，"每公吨折扣 6 美元"。

折扣一般是在买方支付货款时预先予以扣除。也有的折扣金额不直接从货价中扣除，而按双方当事人暗中达成的协议，由卖方以给"暗扣"或"回扣"的方式另行支给买方。这种做法在实际业务中也常被采用。①

五、价格条款的约定

（一）价格条款的基本内容

在国际货物买卖中，商品价格的表述与国内贸易不同。进出口商品的单价，通常包括下列四个组成部分：一是计量单位，如每公吨或每件等；二是单位价格金额，如 100 或 1000 等；三是计价货币名称，如美元或欧元等；四是贸易术语，如 FOB 上海或 CIF 伦敦等。现将这四个部分内容组成的商品单价举例表述如下：例如，每公吨 100 美元 FOB 上海（USD 100 per metric ton FOB Shanghai）；又如，每件 200 英镑 CIF 伦敦（£ 200 per piece CIF London）。

商品单价与成交商品数量的乘积，即为商品的总值。上述商品单价和商品总值是商品价格条款的基本内容。

（二）约定价格条款的注意事项

为了约定好合同中的价格条款，外贸从业人员对外洽商价格和约定价格条款时，要注意如下事项：第一，应在充分调查研究的基础上，合理约定适当的成交价格。第二，应根据运输市场情况、运价水平，并结合自身条件和经营意图，酌情选

---

① 黎孝先、王健主编：《国际贸易实务》（第 7 版），对外经济贸易大学出版社 2020 年版，第 157 ~ 159 页。

择于己有利的贸易术语。第三,争取选择于己有利的计价货币,以免遭受币值变动带来的风险与损失。第四,根据成交商品的品种、数量、交货期限和市场行情变化等因素,灵活运用各种不同的定价方法,力争择优适用。第五,参照国际贸易的习惯做法,注意佣金与折扣的合理运用,以便有效地利用中间代理商的购销渠道和扩大交易。第六,若在买卖合同中,对交货品质、数量规定了机动幅度,即约定了品质增减价条款、数量增减条款(或称溢短装条款),则应一并表明其机动部分的作价,以利于履行合同。第七,若交易双方商定商品的包装材料和包装费另行计价,则其计价办法也应一并在买卖合同中具体约定。第八,鉴于合同中的价格条款是一项核心条款,它与其他相关条款有着内在联系,故价格条款的内容与其他相关条款的规定,应当彼此衔接,不能互相矛盾。①

第三节 Incoterms® 2020 与 Incoterms® 2010 之间的主要区别②

Incoterms® 2020 对 Incoterms® 2010 主要进行了七个方面的修改:已装船批注提单和 FCA Incoterms 规则;费用(如列出);CIF 和 CIP 中保险险别的不同级别;在 FCA、DAP、DPU 和 DDP 中,使用卖方或买方自己的运输工具安排运输;将 DAT 三个字母的缩写改为 DPU;在运输义务和费用中列入与安全有关的要求;用户解释说明。

一、FCA 术语中关于提单的签发

在 FOB 术语下,卖方其实承担了较大的风险。若使用 FOB 术语,货物用集装箱运输,在集装箱到达装运港后,卖方就失去了对集装箱的控制。但在集装箱装船之前,卖方仍然对集装箱负有责任,这使卖方面临的成本和风险增大。为保护自己的利益,卖方一般会坚持使用 FCA。而在一般的国际贸易合同中,卖方常常希望使用信用证这一付款方式,但信用证通常要求出示提单。然而,在 FCA 术语下,在货物装船之前,交货即已完成,根据运输合同,承运人只能在货物实际装船

---

① 黎孝先、王健主编:《国际贸易实务》(第 7 版),对外经济贸易大学出版社 2020 年版,第 159 ~ 160 页。

② 中国国际商会/国际商会中国国家委员会译:《国际贸易术语解释通则 2020》,对外经贸大学出版社 2020 年版,第 14 ~ 20 页。

后签发已装船批注提单,因此,卖方能从承运人处获取已装船批注提单的可能性较小。因此,为解决这一问题,Incoterms® 2020 的 FCA 术语中的 A6/B6 提供了一个附加选项:“买方和卖方可以约定,买方将指示其承运人在货物装船后向卖方签发已装船提单,然后卖方有义务,通常通过银行,向买方提交该提单。”但应注意,在此种情况下,卖方也不承担运输合同中的义务。

二、进一步明确费用

买卖双方的费用划分得到了明确和改进。在 Incoterms® 2020 规则条款的新排序中,费用显示在每条 Incoterms 规则的 A9/B9 中。目前,关于费用分配的争议越来越多,该变化的目的是向使用者提供“一站式”费用清单,以便卖方或买方可以在一个地方找到其在 Incoterms 规则特定术语下将负责的所有费用。

三、CIF 和 CIP 中保险险别的调整

CIP(运费和保险费付至)是指卖方向承运人交付货物,并支付到指定目的地的运费和保险费。CIF(成本、保险费加运费)和 CIP 一样,区别在于 CIF 只能用于海运(交货在船上,目的地为港口)。根据 Incoterms ®2010,在 CIP 和 CIF 术语中,卖方有义务为买方提供至少符合《协会货物条款》(Institute Cargo Clauses,简称 ICC,Lloyd’s Market Association and the International Underwriting Association. LMA/IUA,劳合社市场协会/伦敦保险人协会)C 条款或类似的最低险别的条款的保险。该保险属于基本的保险水平,通常适用于大宗商品货物,但不适用于制成品。

在 Incoterms® 2020 规则商谈期间,为提高卖方为买方利益所取得的险别,有人提出把 CIF 及 CIP 中的《协会货物保险条款》C 条款转为《协会货物保险条款》A 款的建议,而参与大宗商品海运贸易的人则提出要继续维持《协会货物保险条款》C 款的建议。考虑到 CIF 更多地用于海运大宗商品贸易,而 CIP 作为多式联运方式多运用于制成品,所以在 Incoterms® 2020 中,CIF 保持之前的保险水平不变(《协会货物保险条款》C 条款),但将 CIP 的保险要求变更为《协会货物保险条款》A 条款,但是双方仍然可以自行约定更低的险别。CIF 中的保险需要至少符合《协会货物保险条款》C 条款或类似的最低险别的条款,但是双方仍然可以自行约定更高的险别;《协会货物保险条款》A 条款则为承保“一切险”。

四、在 FCA、DAP、DPU、DDP 中卖方或买方使用自己的运输工具

Incoterms® 2010 始终设定在货物由卖方运往买方的情况下,卖方和买方之间

的货物运输将由第三方承运人进行,但从未考虑过货物可以在不雇佣任何第三方承运人的情况下进行运输。Incoterms® 2020 现在明确了这一问题,允许卖方或买方安排必要的运输,即使用卖方或买方自己的运输工具。例如,Incoterms 2020® 的 FCA 要求买方"除非买方根据 A4 订立运输合同,否则,买方必须自付费用订立运输合同或安排从指定交货地点开始的货物运输"(contract or arrange at its own cost for the carriage of the goods from the named place of delivery, except when the contract of carriage is made by the seller as provided for in A4.)。

五、将 DAT 三个首字母缩写改为 DPU

在 Incoterms ®2010 中,DAT(运输终端交货)是指当货物从到达的运输工具卸载到"运输终端"时,卖方即完成即交货。Incoterms ®2010 规则中的 DAT 使用说明,将"运输终端"一词宽泛地定义为包括"任何地点,而不论该地点是否有遮盖……";但使用者也可能想在运输终端以外的场所交付货物。因此,国际商会决定将 DAT 规则的名称改为 DPU(Delivered at Place Unloaded),即目的地可以是任何地方,而不只是"运输终端"。应注意,如果目的地不是运输终端,卖方应核实其打算交付货物的地点是能够卸货的地点。

六、在运输义务和费用中加入与安全有关的要求

21 世纪初,与安全相关的问题变得越来越普遍,运输安全(如对集装箱进行强制性检查)要求也越来越多。这些要求增加了成本,如若不满足这些要求,运输就存在延误的风险。Incoterms® 2010 规则中与安全有关的要求列在 A2/B2 和 A10/B10 中。Incoterms ®2020 与安全相关的义务已添加到每个 Incoterms 规则的 A4 和 A7 中,使安保义务更加明确。不仅如此,这些要求产生的费用也列在 A9/B9 的费用条款中。

第四节　法律风险提示

一、选用 FOB 对出口商风险较大

选用 FOB 贸易术语对出口商而言容易造成以下风险。

1. 无单放货的风险

卖方一旦将货物交付承运人,便丧失了对货物的控制,易造成无单放货。

2. 风险划分界限的变更

在 Incoterms ®2000 及以前版本的通则中都规定，FOB 是以装运港船舷作为划分风险的界限。“船舷为界”表明货物在装船时越过船舷之前的风险，包括在装船时货物跌落码头或海中所造成的损失，均由卖方承担。货物越过船舷装上船之后，包括在起航前和在运输过程中所发生的损坏或灭失，则由买方承担。但考虑到在现代的装运作业中，货物由起重机械吊装上船的比例逐渐减少，以及“链式销售”——如卖方出售的是业已装上船或在途运输的货物的情况不断增加，Incoterms ®2010 中关于 FOB 条件下风险划分的界限问题，不再规定以“船舷为界”，而规定以货物装到船上，风险才由卖方转移给买方。在 Incoterms ®2020 中继续沿用了这一规定。这需要当事人予以注意。

3. 船货衔接不当

按照 FOB 术语成交的合同属于装运合同，这类合同中卖方的一项基本义务是在规定的时间和地点完成装运。然而由于 FOB 条件下是由买方负责安排运输工具，即买方负责租船订舱，所以，这就存在一个船货衔接的问题。如果处理不当，自然会影响到合同的顺利执行。根据有关法律和惯例，如果买方未能按时派船，这包括未经对方同意提前和延迟将船派到装运港，卖方都有权拒绝交货，而且由此产生的各种损失，如空舱费（dead freight）、滞期费（demurrage）及卖方增加的仓储费等，均由买方负担。如果买方指派的船只按时到达装运港，而卖方却未能备妥货物，那么，由此产生的上述费用则由卖方承担。有时双方按 FOB 价格成交，而后来买方又委托卖方办理租船订舱，卖方也可酌情接受。但这属于代办性质，其风险和费用仍由买方承担，就是说运费和手续费由买方支付。而且如果卖方租不到船，他不承担后果，买方无权撤销合同或索赔。总之，按 FOB 术语成交，对于装运期和装运港要慎重约定，签约之后，有关备货和派船事宜，也要加强联系，密切配合，确保船货的衔接。

4. 卖方与提单相关的货物无关的风险

在使用 FOB 术语的情况下，由买方负责签订运输合同，那么在提单的托运栏中往往会注明托运人即买方的名称，在此提单上也没有任何关于卖方的信息。那么，就会造成与该提单相关的货物与卖方没有任何关联，一旦出现问题，卖方难以向运输方索赔。

5. 个别国家对 FOB 的不同解释

不同的国家和不同的惯例对 FOB 的解释并不完全统一，它们之间的差异在有关交货的地点、风险划分界限以及卖方承担的责任、义务等方面的规定上都可体现出来。例如,在北美国家采用的《1990 年美国对外贸易定义修订本》中,将 FOB 概括为 6 种,其中前三种是在出口国内陆发货地点的内陆运输工具上交货,第四种是在出口地点的内陆运输工具上交货,第五种是在装运港船上交货,第六种是在进口国指定内陆地点交货。(上述第四种和第五种在使用时应加以注意。因为这两种术语在交货地点上有可能相同,如都是在旧金山交货,如果买方要求在装运港口的船上交货,则应在 FOB 和港名之间加上“Vessel”字样,变成“FOB Vessel San Francisco”,否则,卖方有可能按第四种情况在旧金山市的内陆运输工具上交货。)

另外,在办理出口手续问题上也存在分歧。按照 Incoterms ®2020 的解释,FOB 条件下,卖方义务之一是自负风险及费用,取得出口许可证或其他官方批准证件,并办理货物出口所必需的一切海关手续。但是,按照《1990 年美国对外贸易定义修订本》的解释,卖方只是“在买方请求并由其负担费用的情况下,协助买方取得由原产地及或装运地国家签发的,为货物出口或在目的地进口所需的各种证件”。

二、使用 CIF 术语的法律风险

1. 风险转移滞后与实际控制权转移的风险

在采用 CIF 贸易术语时,卖方要承担风险转移滞后与实际控制权转移的风险。因为在 CIF 术语中,是卖方与运输公司签订运输合同。从交货到货物装上船之前的一切风险和损失要由卖方承担。

2. 注意承保的保险险别

CIF 术语的货价中包括了保险费,从卖方的责任讲,他要负责办理货运保险。办理保险须明确险别,不同险别,保险人承担的责任范围不同,收取的保险费率也不同。按 CIF 术语成交,一般在签订买卖合同时,在合同的保险条款中,明确约定保险险别、保险金额等内容,这样,卖方就应按照合同的约定办理投保。但如果合同中未就保险险别等问题作出具体约定,那么就根据有关惯例处理。涉及 CIF 术语的国际贸易惯例有国际商会的 Incoterms、《1990 年美国对外贸易定义修订本》和《1932 年华沙—牛津规则》。按照 Incoterms ®2020 对 CIF 的解释,“该保险需符合《协会货物保险条款》的 C 款(Clause C)或任何适于货物运输方式的类似条款”。但在买方要求时,并由买方承担费用的情况下,可加保任何附加险别。按照

《1990年美国对外贸易定义修订本》的解释,“对于保险险别,双方应共同明确是投保水渍险或平安险以及属于特定行业应保的其他险别,或是买方需要获得单独保障的险别”。关于战争险,是在买方负担费用的情况下,由卖方代为投保,或经卖方同意,由买方自行投保。根据《1932年华沙—牛津规则》的规定,卖方应“按照特定行业惯例或在规定航线上应投保的一切风险”办理投保手续。一般情况下,卖方不负责投保战争险,除非合同中有投保战争险的约定,或者买方有要求,并由买方承担费用时,卖方才可加保战争险。

3. 船舶订舱问题

采用CIF术语成交,卖方的基本义务之一是租船订舱,办理从装运港至目的港的运输事项。关于运输问题,各个惯例的规定也不尽相同。Incoterms ®2020的解释是,运输合同必须按照惯常条款订立,由卖方承担费用,经由通常路线,用通常用于运输该类合同货物的船只(或适当的内河运输船只)装运至指定目的港。《1990年美国对外贸易定义修订本》中只是笼统地规定卖方“负责安排货物运至指定目的地的运输事宜,并支付其费用”。《1932年华沙—牛津规则》中对于这一问题的规定较为详细,在其第8条中规定:“(1)在买卖合同约定由特定船只装运,或者一般地应由卖方租赁全部或部分船只,并承担将货物装船的情况下,非经买方同意,卖方不得随意改用其他船只代替。买方也不应不合理地拒绝同意。(2)如果买卖合同约定用蒸汽船装运(未指定船名),卖方在其他条件相同的情况下,可用蒸汽船或内燃机船运给买方。(3)如果买卖合同未约定运输船只的种类,或者合同内使用‘船只’这样的笼统名词,除依照特定行业惯例外,卖方有权使用通常在此路线上装运类似货物的船只来装运。”以上规定有详有略,其基本点是相同的,即如果没有相反的约定,卖方只是负责按通常条件和惯驶航线,租用适当船舶将货物运往目的港。因此,对于在业务中有时买方提出的关于限制船舶的国籍、船型、船龄、船级以及指定装载某班轮公司的船只等项要求,卖方均有权拒绝接受。但卖方也可放弃这一权利,可根据具体情况给予通融。也就是说,对于买方提出的上述要求,如果卖方能办到又不会增加额外开支,也可以接受。一旦在合同中作出明确约定,就必须严格照办。

4. 象征性交货问题

从交货方式来看,CIF是一种典型的象征性交货(symbolic delivery)。所谓象征性交货是针对实际交货(physical delivery)而言。前者指卖方只要按期在约定地点完成装运,并向买方提交合同约定的包括物权凭证在内的有关单证,就算完成了交货义务,而无须保证到货。后者则是指卖方要在约定的时间和地点,将符合合同约定的货物提交给买方或其指定人,而不能以交单代替交货。可见,在象征性交货方式下,卖方是凭单交货,买方是凭单付款,只要卖方如期向买方提交了合同约定的全套合格单据(名称、内容和份数相符的单据),即使货物在运输途中损坏或灭失,买方也必须履行付款义务。反之,如果卖方提交的单据不符合要求,即使货物完好无损地运达目的地,买方仍有权拒绝付款。但是,必须指出,按 CIF 术语成交,卖方履行其交单义务,只是得到买方付款的前提条件,除此之外,他还必须履行交货义务。如果卖方提交的货物不符合要求,买方即使已经付款,仍然可以根据合同的约定向卖方提出索赔。[①]

三、使用 CFR 术语的法律风险

1. 注意 CFR 与 FOB 的异同点

CFR 与 FOB 术语相比,它们都是在装运港交货,风险划分均以货物在装运港装上船为界,都适用于水上运输方式,都是由卖方负责办理出口手续,买方负责办理进口手续。它们的主要区别在于承担从装运港至目的港的运输责任和费用的承担方不同。FOB 条件下,由买方订立运输合同并承担相关费用;而在 CFR 条件下,则由卖方订立运输合同并承担相关费用。

2. 需要明确合理地约定装运港、目的港和装运期

采用 CFR 贸易术语成交时,卖方要承担将货物由装运港运往目的港的义务,因此,当事人应当在合同中尽可能精确地约定目的港。同时,Incoterms 也建议在合同中明确约定装运港,因为,风险是在装运港船上转移的。

另外,为了保证能按时完成在装运港交货的义务,卖方应合理地确定装运期(time of shipment)。装运期是指在买卖合同中约定的卖方在起运地装运货物的期限,其主要约定方法有:(1)明确约定具体的装运期。例如,"Latest date of shipment: Sept. 30, 20××."(最迟装运期:20××年9月30日);"Shipment: on or before May. 31,20××."(装运期:在20××年5月31日或之前)。以上规定方法对卖方非常有利,因为特别灵活,其有足够的时间装运;"Shipment: During Dec., 2017 and Jan., 2018."(装运期:在2017年12月至2018年1月之间)。(2)约定

① 黎孝先、王健主编:《国际贸易实务》(第7版),对外经济贸易大学出版社2020年版,第46~47页。

收到信用证后若干天内装运：例如，“Shipment to be effected within 45 days upon receipt of the relativeL/C.”（卖方在收到信用证后45天之内装运货物）。需要注意的是，这里的装运期与租船合同中船东与承租人之间约定的“装卸时间（lay time）”（约定的允许租船人完成装卸的时间，一般以“天数”或“小时”为单位）完全不是一回事情，一定要注意把二者严格区别开。

在象征性交货方式下，例如，在FAS、FOB、CFR、CIF、FCA、CPT以及CIP等贸易术语下，“装运期”也可以叫作“交货期”（Time of Delivery）。交货期包含两层含义：(1)指卖方把合同货物交给承运人，并将货运风险转移给买方的最后期限。这是指在“象征性交货”方式下的“交货”。在这一层含义上，“交货”与“装运”同义。(2)指卖方实际把合同货物交给买方控制的最后期限，同时，货物的风险责任也在交付货物时连同货物所有权一起转移给买方。这是指在“实际交货”方式下的“交货”，如在EXW、DAT、DAP和DDP等贸易术语下“交货”。因此，在实际交货方式下，“装运”和“交货”并不是同一层含义，通常是卖方装运在先，而交货在后。

确定装运期的注意事项：(1)充分考虑货源情况。如果货源充足，装运期就可以定得早一些；如果货源紧张，工厂资金短缺、融资困难，或者原材料难以采购等，装运期就应该适当定得晚一点。(2)装运期规定明确、具体、规范，力戒诸如“11/07/12”、“Immediate shipment”（立即装运）、“Prompt Shipment”（迅速装运）、“Shipment to be made as soon as possible”（尽快装运）一类模棱两可的规定方法。另外，国际标准化组织（ISO）曾经建议使用诸如“2017－10－15”（2017年10月15日）一类的年月日书写方法，但迄今在国际商务领域里，响应的人并不多。例如，国际商会（ICC）在2013年新修订的国际标准银行实务（ISBP745）第A16段就规定，单据的日期可以以任何不同的格式表示，如“15. 10. 17”“10. 15. 17”“12. 10. 15”等。但这些日期的表示方法都很不明确，读者很容易误读。为了避免买卖双方因为认识不统一而造成不必要的误会和麻烦，我们还是提倡使用诸如“Oct. 15，2017”一类规范的、大家都不会误解的日期表达方式。(3)装运期不可定得太短，以免货源、商检、出口通关等方面的筹备工作过于仓促；装运期也不宜定得太长，以免行情变化、合同落空。(4)装运期不能定得太死。例如，“Shipment：Oct. 15，20××.”（20××年10月15日装运）。像这种没有弹性、不留回旋余地、作茧自缚似的装运条款是很难执行的，万一期间情况发生变故，例如，工厂在生产的节骨眼上停电、偶尔出现机器故障、汽车在赶送货物的途中抛锚，或者海关的电脑在报关过程中遭病毒袭击停摆等,这一天就肯定无法装运了。所以,“装运期”一定不能是某一个时间点,而必须是一个时间段。(5)装运期尽量避开热门节假日。①

装运期一经确定,卖方就应及时租船订舱和备货,并按约定的期限发运货物。按照《联合国国际货物销售合同公约》的规定,卖方延迟装运或者提前装运都是违反合同的行为,并要承担违约的责任。买方有权根据具体情况拒收货物或提出索赔。

3. 卖方的装船通知义务问题

按照 CFR 条件达成的交易,卖方需要特别注意的问题是,货物装船后必须及时向买方发出装船通知,以便买方收取货物和办理投保手续。根据 Incoterms ®2020,CFR 术语下,出口商要在装船后及时向进口商发出装船通知,以使进口商办理投保手续。如果货物运输途中遭遇损失或灭失,由于出口商未发出装船通知而使进口商漏保,那么出口商要承担相应的责任与后果。由此可见,尽管在 CIF 条件下,卖方装船后也应向买方发出通知,但 CFR 条件下的装船通知,具有更为重要的意义。

四、其他关于贸易术语的常见风险

1. 港口约定不明之风险。FOB、CFR 和 CIF 都只适用于海运或内河航运,后面必须加港口名称。约定内陆城市如 FOB 乌鲁木齐,CIF 张家界,都是无效的。

2. 注意同名港口的问题。

3. 修改术语的风险。无论选择哪种贸易术语成交的合同,对于买卖双方承担的责任和义务、运输中相应的风险和费用,合同约定与贸易术语不一致的,以合同约定为准。

第五节　FOB 术语案情回顾及风险防控

一、FOB 术语典型案例②

中国 A 公司(出口商)向美国 B 公司出口 1 万吨货物,价值 40 万美元,FOB

① 田运银主编:《国际贸易实务精讲》(第 7 版),中国海关出版社 2018 年版,第 104 ~ 105 页。

② 卓小苏主编:《国际贸易风险与防范》,中国纺织出版社 2007 年版,第 32 ~ 33 页。

术语成交,由美国 B 公司租用老挝籍货轮将整船货物从宁波港运至美国某港口,支付方式为即期信用证。后因国内货源紧张,A 公司请求 B 公司延迟派船,B 公司同意,但信用证不展期,付款方式按随证托收办理,A 公司对此未表示反对。在信用证过期后,买方船到,A 公司装货后取得船长签发的提单并随附其他要求的单据送中国银行某分行向美国 B 公司办理随证托收,但待单据寄至美国开证行后,因提单日期晚于信用证规定日期,单证不符,信用证已失去银行担保作用,美国银行只能向 B 公司按 D/P 方式代收货款。但此时,B 公司借故拒不付款赎单,并声称货已失踪。经中国 A 公司调查,B 公司在无提单情况下早已从船方手中提走了货物,而该船从此再也未来过中国港口,A 公司也不能据此申请法院采取扣船拍卖等补救措施,给 A 公司带来了重大损失。

二、FOB 术语法律风险解析

FOB 贸易术语对出口商来说,蕴藏着比较大的风险,主要包括以下几个方面。

1. 易造成无单放货。不难看出,在该案例中,因为中国 A 公司疏于对运输货物的船舶进行资信调查,最终在 A 公司不知情的情况下,老挝货轮无单放货,造成 A 公司财货两空。在买卖合同中使用 FOB 术语时,A 公司应注意调查买方和运输船舶的资信状况,最好是在中国设有长期代理机构的公司,在买卖合同中也应明确写明船舶的相关信息,并调查核实。

2. 船货衔接不当。如果进口商延迟派船或由于各种原因导致装船期延迟或变更船名,货物则无法按时装船。出口商备货延迟或由于其他原因未能在指定日期将货物装上指定的船只,也会造成额外的费用如空舱费、滞期费。当市场情况发生变化时,进口商拒绝派船,以致信用证过期,出口商货物积压。

3. 卖方与货物无关的风险。详见本章第四节第一目第四点的阐述。

三、FOB 术语法律风险防控措施

1. 可选择 CFR 或 CIF 术语。为避免出现无单放货、船货衔接不当等情形,特别是在经营易腐易烂的商品时,卖方应尽力争取选择 CFR 或 CIF 术语,由卖方负责订立运输合同,将货物运到合同约定的目的港。

2. 从提单内容下手,避免无单放货的风险。因为在一些国家,记名提单的收货人只要凭身份证明而不凭提单就可以提货,因此提单实际上已经失去了货权的作用。因此,在没有收款保障的情况下,一定要求承运人不签发记名提单而签发指示提单,在提单的“consignee”一栏,填“to order”,由卖方自己决定将货物放给谁。①

3. 对买方及运输货物的船舶公司进行资信调查。对不知底细、信誉不良的货代公司或船公司要严格把关,核准信息,谨防受骗。对信誉良好、经常合作的公司也不能掉以轻心,要时刻关注对方动向。

4. 尽量采用境内的船公司而不是货代公司。因为船公司大多有着良好的信誉和雄厚的实力,其信誉度远高于货代公司。② 如果不得不采用货代公司,就必须要调查该货代公司的资信状况,严格把关。

5. 投保“短期出口信用险”来规避并转化此类风险。中国人民保险公司建立了一套信用调查体系和风险追偿体系,卖方投保“短期出口信用险”后,保险公司可以协助调查海外公司的资信状况并追偿损失。

第六节　CIF 术语案情回顾及风险防控

一、CIF 术语典型案例③

英国 A 贸易公司从中国 B 公司购买一批货物,价格条件为 CIF,支付条件为不可撤销的跟单信用证,信用证中规定 B 公司需要提供清洁已装船提单等有效单证。B 公司随后与 C 运输公司签订运输合同。B 公司将货物备齐,装上 C 公司派来的货车。途中由于驾驶员的过失发生了车祸,错过了信用证规定的装船日期。最终 B 公司做出让步,受震荡的两箱货物降价 25%,其余降价 1.5%,为此受到的损失共计 15 万美元。事后,B 公司向 C 公司就有关损失提出索赔。对此,C 公司只愿承担有关仓储费用和两箱震荡货物的损失,对于货价损失不予赔偿,认为这是由于 B 公司单方面与 A 公司的约定所致,与 C 公司无关。B 公司却认为货物降价及利息损失的根本原因都在于 C 公司的过失,坚持要求其全部赔偿。经多方协商,C 公司最终赔偿各方面损失共计 5.5 万美元。B 公司实际损失 9.5 万美元。

二、CIF 术语法律风险解析

在采用 CIF 贸易术语时,卖方要承担风险转移滞后与实际控制权转移的风

① 武亮、赵永秀主编:《国际贸易风险防范》(图解版),人民邮电出版社 2016 年版,第 157 页。

② 卓小苏主编:《国际贸易风险与防范》,中国纺织出版社 2007 年版,第 34 页。

③ 武亮、赵永秀主编:《国际贸易风险防范》(图解版),人民邮电出版社 2016 年版,第 147 页。

险。因为在 CIF 术语中,是卖方与运输公司签订运输合同。从交货到货物越过船舷或装上船之前的一切风险和损失要由卖方承担。在此期间,若货物发生毁损,则由卖方向买方承担责任。而卖方只能依据运输合同再向承运人索赔,挽回其损失。但有时因为涉及协商或诉讼等问题,卖方可能会得不偿失。

三、CIF 术语法律风险防控措施

1. 可选择 CIP 术语。CIP 贸易术语适用于多种运输方式。在采用 CIP 贸易术语的合同中,货物交付承运人时即风险转移,卖方责任到货交第一承运人处置时止,合同下的交货义务即时完成,此后发生的一切损失均与卖方无关。[①] 且根据 Incoterms® 2020,CIP 术语的保险要求变更为《协会货物保险条款》A 条款,险别责任范围宽于 CIF 贸易术语的险别责任范围。可见,选择 CIP 术语有较大优势。

2. 做好单证工作。CIF 是一种象征性交货方式,卖方凭单交货,买方凭单付款。在这种交货方式下,装运单据是一个具有重要意义的凭证,卖方在此过程中应做好单证工作,另可在交货前自行购买货物装卸和运输的相关保险,避免此类风险。

第七节 CFR 术语案情回顾及风险防控

一、CFR 术语典型案例

2012 年,我国某公司按 CFR 术语向美国客户出口货物,合同约定保险由进口商自理。我方于当年 8 月 1 日凌晨 2 点装船完毕,受载货轮于当日下午起航。但我方未及时向进口商发出装船通知。我方 5 日上班收到进口商急电称:货轮于 4 日下午 4 时遇难沉没,货物灭失,要求我方赔偿全部损失。

二、CFR 术语法律风险解析

CFR 术语下,由于进口方负责购买运输保险,其除了存在与 CIF 中同样的风险之外,还存在卖方的装船通知义务问题。根据 Incoterms® 2010 和 Incoterms® 2020,CFR 术语下,出口商要在装船后及时向进口商发出装船通知,以使进口商办理投保手续。如果货物运输途中遭遇损失或灭失,由于出口商未发出装船通知而

---

① 武亮、赵永秀主编:《国际贸易风险防范》(图解版),人民邮电出版社 2016 年版,第 159 页。

使进口商漏保，那么出口商要承担相应的责任与后果。

三、CFR 术语法律风险防控措施

其实，FOB、CFR、CIF 三种贸易术语都涉及出口商的装船通知，CIF 术语下出口商负责海上运输及保险，所以出口商的装船通知时间不太紧迫。而以 FOB 和 CFR 成交的合同，进口商需要安排接货、备款和购买保险，因此，出口商要特别注意在装船后立即向进口商发出装船通知。

第八节　港口约定不当案情回顾及风险防控

一、港口约定不当的典型案例

我国某公司向巴西出口一批货物，约定了 CIF 巴西马瑙斯。该港口实际是内陆港口，中方公司未作详细了解，以为是沿海港口便同意了，该公司在办理运输时才知道这一情况。货物运往该港需要经过亚马孙河 1000 公里的航程才能到达。向进口商提出更改时，进口商不同意，我国公司最终只得按照合同的约定租船运输。因为内河运输的不便，为此我国公司承担了高昂的费用，比预算多支出了近 1 倍。

二、港口约定不当法律风险解析

FOB、CFR 和 CIF 都只适用于海运或内河航运，后面必须标注港口名称。约定内陆城市如 FOB 乌鲁木齐，CIF 张家界，都是无效的。要注意查询和了解目的港的情况，以利于正确和适当地报价。另外，还要注意不同国家或一个国家内存在同名港的问题。

三、港口约定不当法律风险防控措施

出口商需要确认目的港和运输费用。出口到国外特别是内陆国家时要清楚目的港的情况，选择己方能够安排运输的港口，充分考虑运输是否方便、大约需要多少费用等因素。

不同国家有同名港的，要注明港口所属国的名称。同一国家内部有同名港的，要明确港口的位置，标注清楚，掌握具体的航程与费用。

有关单证上目的港的写法应保持一致。在采用信用证结算方式支付货款时，银行只在单证、单单都相符的情况下才会付款，而进口商往往就是利用受害人的

工作疏忽导致的单证的差错实施欺诈。

在签订合同时应与客户确认港口及运输信息，严格规范关于港口运输的条款，同时加强合同管理，建立合同登记制度，随时跟踪，及时检查。

第九节　修改贸易术语问题案情回顾及风险防控

一、修改贸易术语问题的典型案例①

中国A公司与国外B公司签订了货物买卖合同，贸易术语为FOB，信用证方式支付。A公司交付货物后，因为提交的货物品质证书不符合信用证的要求而被银行拒付。B公司则以货物品质与合同和信用证的约定不符为由拒绝接受货物。为使合同能够继续履行，A公司同意与B公司协商新的支付方式。就在此时，由于运输船只遭遇海难，货物濒临灭失危险。A公司害怕出现货、款两失的情况，遂答应B公司货到后验货付款的要求，这实际上是将货损风险的转移点由货物装运上船推迟到卸货下船，最大限度减少了买方的风险。最终，货物迟延到达卸货港，检验后B公司按照合同约定支付货款。

二、修改贸易术语问题法律风险解析

该案中，当事人通过修改合同支付的方式从而导致了贸易术语规定的风险转移点的改变。对贸易术语进行修改一般会引发一定的争议。无论选择哪种贸易术语成交的合同，对于买卖双方承担的责任和义务、运输中相应的风险和费用，合同约定与贸易术语不一致的，均以合同约定为准。

三、修改贸易术语问题法律风险防控措施

1. 选择合适的贸易术语。CIF、FOB适用于水运方式，CIP、FCA适用于铁路、公路运输方式。

2. 熟悉各种版本的《国际贸易术语解释通则》，确定修改术语的必要性。

3. 可以在合同中明确约定风险转移的时间节点。

---

①　张淑贞、王燕：《企业常用合同范本——国际货物买卖合同》，北京大学出版社2013年版，第83页。

第十节　合同条款示例

示例一

交货时间、地点 Delivery Date and Place

本合同第 1 条描述的所有货物必须在 ××××年 ××月 ××日前依贸易术语 FCA 天津新港(Incoterms® 2020)交至买方指定的承运人处。

All goods described in Article 1 of the Contract shall be delivered completely to the Carrier nominated by the Buyer by terms of FCA Tianjin Xingang Port (Incoterms® 2020) no later than ____ .

示例二

交货贸易术语 Delivery Terms

贸易术语(依照《2020 年国际贸易术语解释通则》)

Trade Terms (according to Incoterms® 2020):

工厂交货(指定地点:__________)　Ex Works(named place ____).

第十一节　本 章 小 结

价格条款是涉及买卖双方利害关系的一项核心条款,在国际货物买卖合同中起着至关重要的作用,所以我们在合同中洽谈价格条款时,应注意以下问题。

第一,价格条款包括定价原则的贯彻、成交价格与定价办法的确定、贸易术语的使用、计价货币的选择以及佣金与折扣的合理运用等多方面内容。特别是在价格确定问题上,更需要权衡利弊,通盘考虑。具体地说,要求根据市场供求状况与价格变动趋势、自身经营意图、成交商品质量的优劣与数量的多少、交货时间与地点的不同,并结合其他各有关交易条件的具体规定,相应确定适当的价格,以体现品质差价、数量差价、季节性差价、地区差价和公平合理的原则。

第二,谨记 Incoterms 并没有给当事人提供一份完整的销售合同。Incoterms 没有规定的,当事人需要通过销售合同的明示条款和适用的准据法来解决。

第三,FOB、CFR 或 CIF 三种贸易术语对于出口商而言交货责任都是在装运港完成。

第四,确认贸易术语后的地址是否为港口,根据港口合理核算成本,合理报价。

第五,租船运输时要对卸货责任和滞期费等费用进行明确约定。

第六,及时发出装船通知。

第七,当事人可以约定适用贸易术语的版本,可以修改贸易术语条件,但应注意核对贸易术语与合同的出入,警惕对术语的修改所产生的风险。

第四章

货物运输法律风险防控

在国际货物贸易中，货物运输是连接买卖双方，串联贸易流程以促成整个贸易完成的重要一环。货物运输过程中，潜藏着诸多风险。当事人无法预知漫长运输途中的全部风险，无法阻止自然灾害和不可抗力的侵害，却可以通过谨慎选择适合自身交易特性的运输方式等途径，有效地规避可控制的风险，更好地保障交易的进行，维护自身权益。

第一节　货物运输条款涉及的主要法律规则

根据运输方式的不同，国际货物运输涉及的主要法律规则：《民法典》《海商法》《民用航空法》；海运方面的《统一提单的若干法律规则的国际公约》(《海牙规则》)、《维斯比规则》、《汉堡规则》、《鹿特丹规则》；空运方面的《关于统一国际航空运输某些规则的公约》(《华沙公约》)、《海牙议定书》(《华沙公约修改本》)、《蒙特利尔公约》等；铁路运输方面的《国际铁路运输公约》、《国际铁路货物联运协定》、《联合国国际货物销售合同公约》、《跟单信用证统一惯例》(UCP 600)；等等。

一、中国法律规则

(一)《民法典》

第 603 条　出卖人应当按照约定的地点交付标的物。

当事人没有约定交付地点或者约定不明确，依据本法第五百一十条的规定仍不能确定的，适用下列规定：

(一)标的物需要运输的，出卖人应当将标的物交付给第一承运人以运交给买受人；

（二）标的物不需要运输，出卖人和买受人订立合同时知道标的物在某一地点的，出卖人应当在该地点交付标的物；不知道标的物在某一地点的，应当在出卖人订立合同时的营业地交付标的物。

第606条 出卖人出卖交由承运人运输的在途标的物，除当事人另有约定外，毁损、灭失的风险自合同成立时起由买受人承担。

第607条 出卖人按照约定将标的物运送至买受人指定地点并交付给承运人后，标的物毁损、灭失的风险由买受人承担。

当事人没有约定交付地点或者约定不明确，依据本法第六百零三条第二款第一项的规定标的物需要运输的，出卖人将标的物交付给第一承运人后，标的物毁损、灭失的风险由买受人承担。

（二）《海商法》

《海商法》第四章为海上货物运输合同，分为八节：一般规定、承运人的责任、托运人的责任、运输单证、货物交付、合同的解除、航次租船合同的特别规定和多式联运合同的特别规定。

（三）《民用航空法》

《民用航空法》第九章为公共航空运输，分为四节：一般规定、运输凭证、承运人的责任和实际承运人履行航空运输的特别规定。

二、国际法律规则

（一）海运国际公约

调整提单的国际法，目前主要有4个国际公约，即1924年《统一提单的若干法律规则的国际公约》（又称1924年《海牙规则》，The Hague Rules）、1968年修改1924年8月25日在布鲁塞尔签订的《统一提单的若干法律规则的国际公约的议定书》（又称1968年《维斯比规则》，The Visby Rules）和1978年《联合国海上货物运输公约》（又称1978年《汉堡规则》，The Hamburg Rules），以及2008年《联合国全程或部分海上国际货物运输合同公约》（又称《鹿特丹规则》，The Rotterdam Rules）。截至2016年12月，《海牙规则》共有79个成员，《维斯比规则》共有31

个成员;[①]截至2021年10月,《汉堡规则》共有35个成员。[②]

《海牙规则》的突出特点是偏重保护承运人的利益,有利于航运业发达的国家。《海牙规则》于1931年6月生效。它所确立的原则,已成为各国有关海运提单立法和各航运组织格式提单的内容。后经航运业发展较慢的国家要求,国际海事委员会1968年通过了《维斯比规则》。但《维斯比规则》主要是扩大了《海牙规则》的适用范围,提高了承运人的赔偿限额,对《海牙规则》进行的修改和补充并未触及其基本制度。《汉堡规则》是对《海牙规则》的重大变革,其突出特点是加重了承运人的责任。

在全球范围内,还没有一个国际海上运输公约可以得到大部分国家的认可,影响了国际贸易的顺利进行。因此国际海事委员会起草了运输法框架的最终文本草案,后来运输法制定工作转交给联合国国际贸易法委员会继续进行,2008年12月11日,《鹿特丹规则》获得通过。《鹿特丹规则》是当前国际海上货物运输规则之集大成者,公约共18章96条,包括:总则,适用范围,电子运输记录,承运人的义务,承运人对灭失、损坏或者迟延所负的赔偿责任,有关特定运输阶段的补充条款,托运人向承运人履行的义务,运输单证和电子运输记录,货物交付,控制方的权利,权利转让,赔偿责任限额,时效,管辖权,仲裁,合同条款的有效性,本公约不管辖的事项,最后条款。截至2021年10月,有26个国家签署了公约,其中5个国家已经批准,公约尚未生效。

中国没有参加上述4个公约,中国香港是《海牙规则》《维斯比规则》的成员,中国澳门是《海牙规则》的成员。但中国《海商法》关于承运人责任的规定基本上采用了《海牙规则》,中国航运公司的提单条款也与《海牙规则》的规定相似。

(二)空运国际公约

目前,调整国际航空货物运输的国际公约主要有:1929年《华沙公约》、1955年《海牙议定书》、1961年《瓜达拉哈拉公约》;此外还有修改1929年《华沙公约》的1971年《危地马拉议定书》和4个蒙特利尔附加议定书,从而形成了包括《华沙公约》在内的8个文件,它们总称为"华沙体系"。值得注意的是,1999年国际民航组织缔约国大会在蒙特利尔通过了旨在取代"华沙体系"的、全新的《统一国际

---

① www. comitemaritime. org/Yearbooks/0,2714,11432,00. html, visited on November 11,2021.

② https://uncitral. un. org/zh/texts/transportgoods/conventions/hamburg_rules/status, visited on November 11,2021.

航空运输某些规则的公约》(以下简称1999年《蒙特利尔公约》)。

《华沙公约》的全称是1929年《统一国际航空运输某些规则的公约》。该公约于1929年在华沙签订,1933年2月13日生效。目前已有152个国家和地区加入公约,中国于1958年正式加入。《海牙议定书》的全称是《修改1929年10月12日在华沙签订的统一国际航空运输某些规则的公约的议定书》。该议定书于1955年在海牙签订,1963年8月1日生效,至今已有137个成员,中国于1975年加入该议定书。《海牙议定书》主要是在航行过失免责、责任限制、运输单证的项目以及索赔事项等方面对《华沙公约》作了修改,以使之适应国际航空货物运输发展的需要。《瓜达拉哈拉公约》的全称是《统一非缔约承运人所办国际航空运输某些规则以补充华沙公约的公约》。该公约于1961年在墨西哥的瓜达拉哈拉签订,1964年5月1日生效,目前已有86个成员,中国尚未加入该公约,但公约适用于中国香港地区。《瓜达拉哈拉公约》旨在弥补上述两个公约之不足,把《华沙公约》中有关承运人的各项规定扩大适用于非运输合同承运人,即所谓"实际承运人"。

上述三个主要公约在效力上是各自独立的。对一个国家而言,可以只加入其中一个公约或两个公约,也可以同时加入三个公约。1999年的《蒙特利尔公约》不是对1929年《华沙公约》的修订,而是一部全新的条约。其第55条特别说明,它在适用效力上优先于《华沙公约》及其议定书以及承运人之间的特别协定。《蒙特利尔公约》以中文、英文、阿拉伯文、法文、俄文和西班牙文6种语言为同等生效文本。2003年11月4日,公约正式生效。2005年6月1日,中国交存了批准书。同年7月31日,该公约对中国生效并已扩展适用于我国香港和澳门特别行政区。①

(三)铁路运输国际公约

关于国际铁路货物运输的国际条约目前主要有两个:

一个是1980年《国际铁路运输公约》(the Convention Concerning International Carriage by Rail),它于1999年被修正。该公约有7个附件,其中附件A是《关于国际铁路旅客运输合同的统一规则》(Uniform Rules Concerning the Contract of International Carriage of Passengers by Rail);附件B是1890年10月14日在伯尔尼

① 上述4个公约的成员情况详见 http://www.icao.int/secretariat/legal/Lists/Current%20lists%20of%20parties/AllItems.aspx, visited on November 28, 2021。

签订的《关于国际铁路货物运输合同的统一规则》(Uniform Rules Concerning the Contract of International Carriage of Goods by Rail,1893 年 1 月 1 日生效,后经多次修订)。目前它已有 50 个成员,主要为欧洲、北非和西亚的国家,如奥地利、法国、德国、比利时、波兰等。[①] 中国尚未参加该公约。

另一个是《国际铁路货物联运协定》(以下简称《国际货协》)。1951 年由苏联、保加利亚、匈牙利、原民主德国、波兰、罗马尼亚、阿尔巴尼亚、原捷克斯洛伐克 8 国签订,后有中国、朝鲜、蒙古和越南等国加入。它已经过多次修订,目前施行的是 2020 年 7 月 1 日生效的修订本,[②]共有 25 个成员。《国际货协》总体上是一个统一实体法公约,但也包括一些冲突规范。其第 5 条(国内法律的适用)规定,如本协定中无相关规定,则适用权利人行使权利时所在国的国内法律。

如果国际铁路货物运输合同的当事人所属国之间没有共同强制适用的国际公约,或者对国际公约未规定的事项,当事人一般可以选择适用合同的法律,没有选择的,适用与合同有最密切联系的国家的法律。

(四)《联合国国际货物销售合同公约》

第 31 条 如果卖方没有义务要在任何其他特定地点交付货物,他的交货义务如下:(a)如果销售合同涉及货物的运输,卖方应把货物移交给第一承运人,以运交给买方;(b)在不属于上款规定的情况下,如果合同指的是特定货物或从特定存货中提取的或尚待制造或生产的未经特定化的货物,而双方当事人在订立合同时已知道这些货物是在某一特定地点,或将在某一特定地点制造或生产,卖方应在该地点把货物交给买方处置;(c)在其他情况下,卖方应在他于订立合同时的营业地把货物交给买方处置。

第 32 条 (1)如果卖方按照合同或本公约的规定将货物交付给承运人,但货物没有以货物上加标记、或以装运单据或其他方式清楚地注明有关合同,卖方必须向买方发出列明货物的发货通知。(2)如果卖方有义务安排货物的运输,他必须订立必要的合同,以按照通常运输条件,用适合情况的运输工具,把货物运到指定地点。(3)如果卖方没有义务对货物的运输办理保险,他必须在买方提出要求时,向买方提供一切现有的必要资料,使他能够办理这种保险。

---

① http://otif.org/en/? page_id = 172, visited on November 11,2021.

② 该修订本下载网址:http://www.nra.gov.cn/jgzf/yxjg/zcfg/202004/t20200426_107508.shtml,最后访问日期:2021 年 11 月 10 日。协定管理方铁路合作组织的官方网:https://zh.osjd.org/。

第67条　(1)如果销售合同涉及货物的运输,但卖方没有义务在某一特定地点交付货物,自货物按照销售合同交付给第一承运人以转交给买方时起,风险就移转到买方承担。如果卖方有义务在某一特定地点把货物交付给承运人,在货物于该地点交付给承运人以前,风险不移转到买方承担。卖方受权保留控制货物处置权的单据,并不影响风险的移转。(2)但是,在货物以货物上加标记、或以装运单据、或向买方发出通知或其他方式清楚地注明有关合同以前,风险不移转到买方承担。

第68条　对于在运输途中销售的货物,从订立合同时起,风险就移转到买方承担。但是,如果情况表明有此需要,从货物交付给签发载有运输合同单据的承运人时起,风险就由买方承担。尽管如此,如果卖方在订立合同时已知道或理应知道货物已经遗失或损坏,而他又不将这一事实告之买方,则这种遗失或损坏应由卖方负责。

(五)《跟单信用证统一惯例》(UCP 600)

《跟单信用证统一惯例》(UCP 600)与运输有关的规定主要有:第19条涵盖至少两种不同运输方式的运输单据,第20条提单,第21条不可转让的海运单,第22条租船合同提单,第23条空运单据,第24条公路、铁路或内陆水运单据,第25条快递收据、邮政收据或投邮证明,第26条"货装舱面"、"托运人装载和计数"、"内容据托运人报称"及运费之外的费用,第27条清洁运输单据,第31条部分支款或部分发运,第32条分期支款或分期发运。

第二节　法律风险提示

一、提单流转后货物索赔权发生转移风险

货到目的港之后,如提货时发现货损,托运人有可能会面临因提单流转而丧失主张货损赔偿权的风险。为防范此类风险,托运人可购买货物运输保险,或与进口商协商由进口商自己或授权出口商进行追责。

二、无单放货风险

在一些国家实行记名提单(指规定将货物运给记名人并在抬头中标明收货人信息的提单)"凭身份证明放货"政策。此种情形下使用记名提单,存在钱货两空的风

险。为应对此种情形,出口商要重视资信调查,选择资信好的交易伙伴。对于货代,出口商应当在交通与运输部门网站上核实其是否具有无船承运人资质及其信誉,避免被“黑货代”侵权,并谨慎使用记名提单,预防记名提单项下无单放货的风险。

三、货物退运风险

在“到付”的情况下,当货物由于各种原因需要退运时,一般货代或者船公司会先要求出口方结清运费及滞箱费,再去办理退运。此时本应由进口方承担的损失就转移给了出口方,加大了出口商的负担和风险。

四、因承运人免责而承担风险

根据我国《海商法》,承运人有12种免责的情形,为应对这些风险,托运人应购买货物运输保险,对货物进行封样,随船处理,并明确约定货物装卸、储存与运输的标准。

五、出口方和承运人存在欺诈

有些时候,出口商为了使船期符合信用证上约定的船期,指示签发其提单的承运人在提单签发时间上进行欺诈,导致进口商错过了较好的市场时机。所以,我们在签订货物运输条款时,应明确各方的责任,尽可能为便于索赔而考虑。此外,在符合条件的情况下当事人也可以在议付行向出口方正式支付货款之前,向法院申请停止支付信用证项下的款项。

六、承运人选择不当风险

企业作为托运人,应对承运人做充分的了解,若不谨慎地选择承运人,将给企业带来风险。我们需要充分了解承运人资质,即对方是否具备承运资格,信誉是否良好,知己知彼才能百战不殆。

第三节　提单流转后货物索赔权发生转移
案情回顾及风险防控

一、提单流转后货物索赔权发生转移的典型案例

威海E水产公司与美国F贸易公司签订了一份扇贝的买卖合同,价格为

CIF,付款方式为30%预付+70% D/P,由威海G公司安排出运。

G公司接收货物后向E公司签发了以自身为抬头的指示提单,载明货物的运输温度为零下18度。货物运输至目的港美国波士顿港后F贸易公司向G公司提交了正本提单提货。在开箱时,F公司发现货物有融化和复冻的情况。于是立即安排进行商检,商检结论为:在运输过程中,由于冷冻集装箱温度未保持在零下18度,导致货物融化,温度再次下降时又导致了复冻。根据美国的水产品HACCP的规定,该批货物在美国市场不具有销售价值。

据此,F公司请求E公司返还已付货款和检验费、销毁费等,并在货物的尾款中将货款和损失全部予以抵扣。E水产公司遭受了约200万元的损失。为维护自身的合法权益,E公司以G公司为被告向青岛海事法院提起了诉讼(见图4-1)。

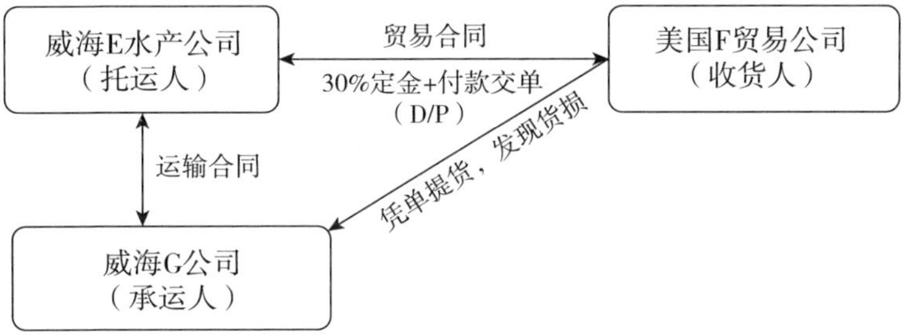

图4-1 提单流转后货物索赔权发生转移的案件法律关系图

庭审过程中,G公司抗辩提单已从E公司流转至F公司,因此,E公司不再享有本案的诉权。E公司则认为,提单是海上运输合同的证明,提单的流转仅转让了提货权,作为托运人其仍旧享有运输合同下的诉权。本案经一审、二审审理后,法院最终判定E公司不享有本案的索赔权,驳回了E公司的诉讼请求。

二、提单流转后货物索赔权发生转移法律风险解析

提单流转后货物索赔权发生转移的表现形式为:货到目的港之后,如提货时发现货损,托运人有可能会面临提单流转而丧失主张货损赔偿权的风险。

三、提单流转后货物索赔权发生转移法律风险防控措施

如果在目的港出现货损情形,对于托运人来讲,应当做好以下工作。

1. 第一时间与收货人进行友好沟通;
2. 如果已经投保货物运输险,则首先与收货人协商走保险理赔程序;

3. 如未投保运输险,则说服收货人以其自身的名义向承运人提起诉讼;

4. 如收货人拒绝向承运人提起诉讼,则建议托运人要求收货人向其出具一份索赔权转让书,以确保托运人能够获得诉权。

第四节 无单放货案情回顾及风险防控

一、无单放货的典型案例

中国A公司(出口商)与美国B公司(进口商)签订了一份纺织品出口合同,对方开来信用证要求出具记名提单,并指定美国C船公司为承运人。

货物出运后全套单据经通知行寄开证行,但是结汇时间过了之后货款一直未到账。之后,A公司收到开证行的电报,称单据有一处不符点,全套单据由开证行暂为保管。A公司赶快查寻货物的下落,C船公司告知货物已被提走。

A公司提出三份正本提单仍在银行,也并无放货指令,船公司凭什么放货?C船公司告知,记名提单可不凭正本提单,仅凭收货人的身份证明即可放货,船公司没有责任。不久三份正本提单连同其他单据被开证行退回,中国A公司面临手持正本提单却货、款两空的残酷现实。在要求美国C船公司赔偿货物无果的情况下,把美国C船公司推上了被告席。(见图4-2)

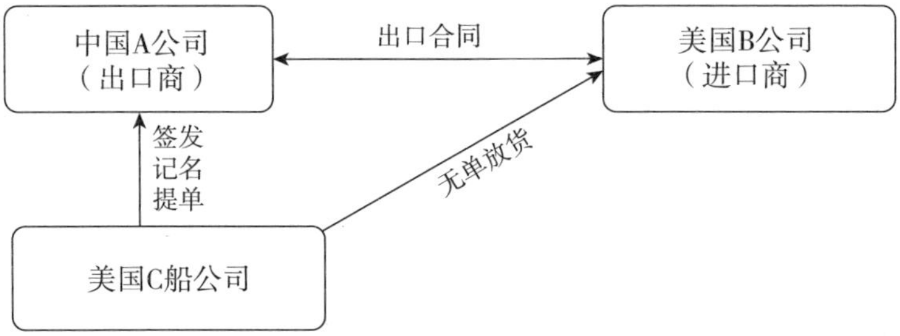

图4-2 无单放货的案件法律关系图

二、无单放货法律风险解析

有些国家例如美国、加拿大等国家实行记名提单(指规定将货物运给记名人并在抬头中标明收货人信息的提单)“凭身份证明放货”政策。此种情形下使用记名提单,存在钱货两空的风险。

三、无单放货法律风险防控措施

1. 如采用先发货后付款的方式支付,出口商应谨慎使用记名提单。当然,考虑到短途运输,而提单在银行流转较慢,为照顾进口商的利益促成贸易,出口商可采取要求进口商预付货款的方法或在由进口商开立银行备用信用证或保函的前提下使用记名提单。

2. 使用记名提单时出口商可主动要求提单的有关规定适用中国法律。

3. 出口商可要求提单上注明承运人必须凭正本提单放货,以确保安全收汇。

4. 出口商应了解卸货港的习惯做法,避免存在港务当局要求将货物卸货至当地政府管理的仓库并由政府部门向收货人放货的情形。

第五节　货物退运风险案情回顾及风险防控

一、货物退运风险的典型案例

中国A公司是一家专业从事医疗用品出口的外贸企业。2010年其与沙特客户签订购销合同,向沙特客户销售20余万美元的医疗用品货物。合同签订后,按照客户指定,由承运人YH公司装船出运。但货到目的港后,对方没有任何原因拒提货物。无奈之下,A公司根据合同仲裁条款,诉至中国国际经济贸易仲裁委员会。

为了挽回损失,A公司希望将货物退运。按照惯例A公司委托原来的承运人YH公司,希望能够退运货物。但承运人YH公司要求A公司支付10万元的退运保证金。

经过3个多月后,承运人YH公司告知A公司,因沙特客人未能签署弃货声明,故货物无法退运。A公司要求承运人YH公司退回8万元的保证金,但是承运人却以货物产生了大量滞箱费为由不予退还。

二、货物退运法律风险解析

在货物由于各种原因需要退运时,出口商一般是找进口商指定的货代或者承运人进行处理。但是在“到付”的情况下,进口商并没有与货代或者承运人结算运费以及滞箱费,所以出口商以托运人的名义要求退运时,货代或者承运人一般会先要求外贸公司结清运费及滞箱费,再去办理退运。此时本应由进口商承担的损失就嫁接给了出口商,加大了出口商的负担和风险。

三、货物退运法律风险防控

1. 因为办理退运牵涉承运人本身就因滞箱费等对货物有留置权利,因此,需要明确这批费用的承担问题,否则会为退运带来干扰或实质影响。

2. 退运时,应当多向几家货运代理咨询当地的退运政策,是否必须经过收货人的同意或者弃货声明之后才能退运等,再决定是否退运。

3. 无论是否能够退运,如委托承运人退运,需与其签订合同明确保证金的退还条件,以及其他费用支付的条件。退运费应单独进行约定,不能与之前原本应由进口商支付的运费等混淆。

第六节　出口商因承运人免责而承担风险的防控

一、出口商因承运人免责而承担风险的解析

1924 年《海牙规则》、1978 年《汉堡规则》和 2008 年《联合国全程或部分海上国际货物运输合同公约》均规定了承运人免责的情形。我国《海商法》第 51 条也规定了 12 种承运人免责的情形。

1. 船长、船员、引航员或者承运人的其他受雇人在驾驶船舶或者管理船舶中的过失;
2. 火灾,但是由于承运人本人的过失所造成的除外;
3. 天灾,海上或者其他可航水域的危险或者意外事故;
4. 战争或者武装冲突;
5. 政府或者主管部门的行为、检疫限制或者司法扣押;
6. 罢工、停工或者劳动受到限制;
7. 在海上救助或者企图救助人命或者财产;
8. 托运人、货物所有人或者他们的代理人的行为;
9. 货物的自然特性或者固有缺陷;
10. 货物包装不良或者标志欠缺、不清;
11. 经谨慎处理仍未发现的船舶潜在缺陷;
12. 非由于承运人或者承运人的受雇人、代理人的过失造成的其他原因。

二、出口商因承运人免责而承担风险的防控

如果合同适用的法律为中国法，由于以上 12 种原因导致货损时，合同的出口商和进口商无法要求承运人（包括货代和实际承运人）承担赔偿责任。因此，建议购买海上货物运输保险，将风险进行转移。另外，为了避免货物因装卸或运输期间处理不当发生货损的，可以明确告知承运人待运货物的质量标准以及装卸和储存、运输的条件。如果条件允许，还可以对货物进行封样和随船运输处理，以便将来发生货损时认定货损的原因。

第七节　出口方和承运人存在欺诈案情回顾及风险防控

一、出口方和承运人存在欺诈的典型案例[①]

中国 A 公司以 CFR 价格条款进口了一批货物，美国出口方实际装船日比合同和信用证约定的最晚船期延迟了半个月，但是为了能够顺利议付信用证项下的货款，美国出口方指示承运人将提单日期倒签为信用证上约定的日期。因为货物延迟到达中国港口，国内市场价格有了较大幅度的回落，A 公司错过了市场时机，丧失了一部分可观的利润。

二、出口方和承运人存在欺诈法律风险解析

在上述案例中，出口商为了使船期符合信用证上约定的船期，指示承运人签发了倒签提单，导致进口商错过了较好的市场时机。倒签提单是一种具有欺诈性质的提单，一般国际公约和大部分国家的国内法都不承认倒签提单的法律效力。

三、出口方和承运人存在欺诈法律风险防控

为应对上述情况，进口方可以采取以下措施。

1. 海上运输合同实际上涉及三方合同关系，不是传统的双方合同关系。因此，我们在签订货物运输条款时，须意识到承运人也是该合同中的一方当事人，如果承运人提交的货物与提单描述不符，我们有权要求承运人作出解释并承担

---

① 张淑贞、王燕：《企业常用合同范本——国际货物买卖合同》，北京大学出版社 2013 年版，第 140 页。

责任。

2. 在签订货物运输条款时,明确各方的责任,尽可能为便于索赔做好准备。

3. 在议付行向出口方正式支付货款之前,可以向法院申请停止支付信用证项下的款项。

第八节　承运人选择不当案情回顾及风险防控

一、承运人选择不当的典型案例①

中国A公司将一批货物交付给中国B公司从宁波出运到墨西哥,B公司收取了包干费,并交付给A公司一套编号为AAAAO1070×××的正本指示提单,该提单抬头为B1公司,托运人为A公司,收货人凭指示,签单处盖有李美(代称)和B2公司的印章。后来A公司贸易合同的买方一直没有付款买单,A公司在仍持有上述正本提单的情况下,货物在目的港已被提取。A公司遂以B公司、B1公司无单放货为由提起诉讼。

法院审理查明,签发上述提单的B2公司根本不存在,且涉案提单为B公司、B1公司在我国交通运输部各自报备的无船承运人提单。涉案货款已经外汇核销。法院认定,B1公司为本案的无船承运人,B公司为无船承运人××货运的代理人。B1公司作为承运人在未收回正本提单的前提下将货物放行,违反了承运人凭正本提单交付货物的义务,理应承担违约赔偿的责任。由于A公司未能证明因承运人违约给自己带来的损失,因此,判决对A公司的诉讼请求不予支持。一审判决后,A公司不服提起上诉,法院经审理认为,原判决认定事实清楚,适用法律正确,遂判决驳回上诉,维持原判。

二、承运人选择不当法律风险解析

A公司作为托运人,应对承运人做充分的了解。在该案例中,我们发现,A公司就是因为没有谨慎地选择承运人,引发了这一场纠纷,最终遭受了重大损失。

三、承运人选择不当法律风险防控

我们作为托运人,在选择承运人时,应注意以下几点。

---

① 陈晓峰编:《企业国际贸易:法律风险管理与防范策略》,法律出版社2009年版,第79页。

1. 充分了解承运人是否具备承运资格及信誉是否良好，也可以委托专业机构对承运人的信息进行调查；

2. 可以在政府相关网站上查询无船承运人的信息。①

第九节　合同条款示例

1. 装运条款 Terms of Shipment

(1)每次发货如毛重超过两公吨，卖方应于本合同第×条规定的装运期60天前，将合同编号、商品名称、数量、价值、包装件数、毛重和尺寸以及货物在装货口岸备妥日期函/电告买方，以便买方订舱。如毛重不超过两公吨，则卖方应与装货口岸的买方代理人直接联系装运事宜。

For each shipment exceeding two metric tons in gross weight, the Sellers shall, 60 days before the date of shipment stipulated in Clause X hereof, advise the buyers by cable/letter of the contract number, name of commodity, quantity, value, number of packages, gross weight and measurements and date of readiness at the port of shipment in order for the buyers to book shipping space. For each shipment not over two metric tons in gross weight, the Sellers shall get in direct touch with the buyers shipping agent at the loading port.

(2)每发货毛重超过两公吨时，其订舱事宜将由买方装运代理人中国××租船公司(电报挂号：××××)办理，买方与该公司密切联系有关装运事宜。卖方则应与在装货口岸的中国××租船公司装运代理人密切联系。

Booking of shipping space for each shipment exceeding two metric tons in gross weight will be attended to by the buyer's shipping agent, China ×× Chartering Corporation(Cable Address：××××) with whom the Buyers shall keep in close contact in the matter of shipment. The Sellers shall keep in close contact with ××'s shipping agent at the loading port.

(3)中国××租船公司或其港口代理人于估计承运船到达装货口岸日期10天以前，将船名、预计装船日期、合同编号初步通知卖方，以便卖方安排装运。事先

---

① 《国际海运条例》第7条第1款规定："经营无船承运业务，应当向国务院交通主管部门办理提单登记，并交纳保证金。"

指定的承运船如有变更,或其估计到达日期提前或延期时,买方或其装运代理人应及时通知卖方。如果该船未能于买方或其装运代理人所通知的到达日期后30天内到达装运口岸,则从第31天起货物的仓租和火灾保险费用应由买方负担。

China ×× Chartering Corporation, or their shipping agent at the loading port, will send the Sellers, 10 days before the estimated date of arrival of the carrying vessel at the port of shipment a preliminary notice indicating the name of vessel, estimated date of loading, contract number in order for the Sellers to arrange shipment. In case the carrying vessel previously designated is to be replaced by another vessel or in case the estimated date of arrival of the carrying vessel is to be advanced or postponed, the Buyers or their shipping agent shall advise the Sellers to that effect in time. Should the vessel fail to arrive at the port of loading within 30 days after the arrival date advised by the buyers or their shipping agent, the buyers shall bear the storage and fire insurance expenses incurred from the 31st day.

(4)承运船及时到达装货口岸时,如卖方未将货物备妥待装,因此而发生的空舱费和延滞费均应由卖方负担。

The sellers shall be liable for any dead freight or demurrage consequent upon their failure to have the goods ready for loading after the carrying vessel has arrived at the port of loading in time.

(5)在货物于指定的装运港装上买方指定的船上以前,所有在搬运中发生的一切费用和风险均由卖方负担。在货物装上买方指定的船上以后,所发生的一切费用和风险均由买方负担。

The Sellers shall bear all expenses and risks involved in the handling of the goods before they are placed on board the vessel indicted by the buyer at the named port of shipment. Whereas all expenses and risks occured after goods placed on board the vessel indicted by the buyer at the named port of shipment shall be for the Buyers' account.

2. 装运通知 Shipping Advice

货物全部装船后,卖方应立即将合同编号、商品名称、毛重、发票金额、船名和开航日期电告买方。如由于卖方未及时将装运通知电告买方,以致货物未及时投保而发生的一切损失应由卖方负担。如货物系属危险品,卖方应将其性质及处理办法电告买方和到货口岸的中国对外贸易运输公司。

Immediately the goods are completely loaded, the Sellers Shall cable to notify the Buyers of the contract number, name of commodity, quantity, gross weight, invoiced amount, name of the carrying vessel and the date of sailing. In case the goods are not insured in time for the Sellers having failed to give timely advice, any and all consequent losses shall be borne by the Sellers. In the case of dangerous goods, the Sellers shall cable to notify the Buyers and the China National Foreign Transportation Corporation at the port of destination of their nature and the method of handling them.

第十节 本章小结

货物运输不仅关系到交易双方的成本与费用,也关系到双方的货权、交货期限乃至货款的结算。国际货物运输路程远,经手人多,手续复杂。为减少可预见性风险,应重点把握以下几点:

第一,按照约定购买货物运输保险。

第二,选择资信状况良好的货运代理人和承运人。

第三,合理搭配运输条款与贸易术语条款。

第四,及时跟进货物运况。

第五,重视提单的签发与提交,谨慎使用记名提单、电放提单、[①]货代提单(Freight Forwarder's Bill of Lading or House Bill of Lading)。

第六,了解目的国退运规则,约定退运手续的办理。

---

① "电放"(Telex Release, Telex Surrender, Express Release)是指承运人或其装货港代理收到托运货物后,在已签发或应签发但尚未签发提单的情况下,根据提单托运人的要求并由托运人向承运人或其代理提交保函,在装货港收回正本提单或不签发正本提单,以电报、电传等电讯形式通知卸货港代理将货物交付给提单收货人或托运人的指定人。因而在"电放"情形下,承运人对船载货物无须凭正本提单即可放行,即收货人或托运人的指定人只凭盖有其公司印章的电放通知单,换取提货单(Delivery Order, D/O)即可提货。"电放"中使用的电放通知单,一般被称为电放提单或电放单,是船公司或其代理签发的载有"B/L Surrendered"或"Telex Release"字样的提单副本、复印件或传真件。姚新超:《国际贸易惯例与规则实务》(第5版),对外经济贸易大学出版社2021年版,第237页。

第五章

国际货运保险法律风险防控

在国际货物贸易活动中，几乎每单进出口业务，都需要办理国际货物运输保险。保险是规避风险的一种很好的方式，选择得当可以为企业挽回损失，增加安全性。保险权益错综复杂，保险法律内容广泛，保险条款灵活多变，企业若想保护自身合法权益，须更加深入了解保险的相关知识，发挥保险的应有作用。如何稳妥又经济地办理运输保险是一项值得研究的专业性很强的工作。

第一节　国际货运保险涉及的主要法律规则

国际货运保险涉及的主要法律规则有：《保险法》《海商法》《中国保险条款》；《协会货物条款》（Institute Cargo Clauses，ICC）、《跟单信用证统一惯例》（UCP 600）；等等。

在国际保险市场上，各国保险组织都制定有自己的保险条款。在中国的国际贸易中，进出口货物的保险通常采用中国的保险条款。但应国外商人的要求，也可以采用国际保险市场上通用的“协会货物条款”或对方国家的保险条款。长期以来“协会货物条款”在国际保险市场上的应用十分广泛，并具有深远的影响。据统计，在全世界范围内约有2/3的国家，其中在发展中国家约有3/4的国家都在使用“协会货物条款”。还有一些国家在制定本国保险条款时，参考或部分地采用了上述条款。

一、中国法律规则

（一）《保险法》

第5条　保险活动当事人行使权利、履行义务应当遵循诚实信用原则。

第12条　人身保险的投保人在保险合同订立时，对被保险人应当具有保险利益。

财产保险的被保险人在保险事故发生时,对保险标的应当具有保险利益。

人身保险是以人的寿命和身体为保险标的的保险。

财产保险是以财产及其有关利益为保险标的的保险。

被保险人是指其财产或者人身受保险合同保障,享有保险金请求权的人。投保人可以为被保险人。

保险利益是指投保人或者被保险人对保险标的具有的法律上承认的利益。

第13条 投保人提出保险要求,经保险人同意承保,保险合同成立。保险人应当及时向投保人签发保险单或者其他保险凭证。

保险单或者其他保险凭证应当载明当事人双方约定的合同内容。当事人也可以约定采用其他书面形式载明合同内容。

依法成立的保险合同,自成立时生效。投保人和保险人可以对合同的效力约定附条件或者附期限。

第16条 订立保险合同,保险人就保险标的或者被保险人的有关情况提出询问的,投保人应当如实告知。

投保人故意或者因重大过失未履行前款规定的如实告知义务,足以影响保险人决定是否同意承保或者提高保险费率的,保险人有权解除合同。

前款规定的合同解除权,自保险人知道有解除事由之日起,超过三十日不行使而消灭。自合同成立之日起超过二年的,保险人不得解除合同;发生保险事故的,保险人应当承担赔偿或者给付保险金的责任。

投保人故意不履行如实告知义务的,保险人对于合同解除前发生的保险事故,不承担赔偿或者给付保险金的责任,并不退还保险费。

投保人因重大过失未履行如实告知义务,对保险事故的发生有严重影响的,保险人对于合同解除前发生的保险事故,不承担赔偿或者给付保险金的责任,但应当退还保险费。

保险人在合同订立时已经知道投保人未如实告知的情况的,保险人不得解除合同;发生保险事故的,保险人应当承担赔偿或者给付保险金的责任。

保险事故是指保险合同约定的保险责任范围内的事故。

第21条 投保人、被保险人或者受益人知道保险事故发生后,应当及时通知保险人。故意或者因重大过失未及时通知,致使保险事故的性质、原因、损失程度等难以确定的,保险人对无法确定的部分,不承担赔偿或者给付保险金的责任,但保险人通过其他途径已经及时知道或者应当及时知道保险事故发生的除外。

第22条 保险事故发生后,按照保险合同请求保险人赔偿或者给付保险金时,投保人、被保险人或者受益人应当向保险人提供其所能提供的与确认保险事故的性质、原因、损失程度等有关的证明和资料。

保险人按照合同的约定,认为有关的证明和资料不完整的,应当及时一次性通知投保人、被保险人或者受益人补充提供。

第27条 未发生保险事故,被保险人或者受益人谎称发生了保险事故,向保险人提出赔偿或者给付保险金请求的,保险人有权解除合同,并不退还保险费。

投保人、被保险人故意制造保险事故的,保险人有权解除合同,不承担赔偿或者给付保险金的责任;除本法第四十三条规定外,不退还保险费。

保险事故发生后,投保人、被保险人或者受益人以伪造、变造的有关证明、资料或者其他证据,编造虚假的事故原因或者夸大损失程度的,保险人对其虚报的部分不承担赔偿或者给付保险金的责任。

投保人、被保险人或者受益人有前三款规定行为之一,致使保险人支付保险金或者支出费用的,应当退回或者赔偿。

第60条 因第三者对保险标的的损害而造成保险事故的,保险人自向被保险人赔偿保险金之日起,在赔偿金额范围内代位行使被保险人对第三者请求赔偿的权利。

前款规定的保险事故发生后,被保险人已经从第三者取得损害赔偿的,保险人赔偿保险金时,可以相应扣减被保险人从第三者已取得的赔偿金额。

保险人依照本条第一款规定行使代位请求赔偿的权利,不影响被保险人就未取得赔偿的部分向第三者请求赔偿的权利。

第61条 保险事故发生后,保险人未赔偿保险金之前,被保险人放弃对第三者请求赔偿的权利的,保险人不承担赔偿保险金的责任。

保险人向被保险人赔偿保险金后,被保险人未经保险人同意放弃对第三者请求赔偿的权利的,该行为无效。

被保险人故意或者因重大过失致使保险人不能行使代位请求赔偿的权利的,保险人可以扣减或者要求返还相应的保险金。

(二)《海商法》

该法第12章为海上保险合同(第216~256条),包括六节:一般规定,合同的订立、解除和转让，被保险人的义务，保险人的责任，保险标的的损失和委付，保险赔偿的支付。

第 222 条　合同订立前，被保险人应当将其知道的或者在通常业务中应当知道的有关影响保险人据以确定保险费率或者确定是否同意承保的重要情况，如实告知保险人。

保险人知道或者在通常业务中应当知道的情况，保险人没有询问的，被保险人无需告知。

第 223 条　由于被保险人的故意，未将本法第二百二十二条第一款规定的重要情况如实告知保险人的，保险人有权解除合同，并不退还保险费。合同解除前发生保险事故造成损失的，保险人不负赔偿责任。

不是由于被保险人的故意，未将本法第二百二十二条第一款规定的重要情况如实告知保险人的，保险人有权解除合同或者要求相应增加保险费。保险人解除合同的，对于合同解除前发生保险事故造成的损失，保险人应当负赔偿责任；但是，未告知或者错误告知的重要情况对保险事故的发生有影响的除外。

第 233 条　被保险人知道经预约保险合同保险的货物已经装运或者到达的情况时，应当立即通知保险人。通知的内容包括装运货物的船名、航线、货物价值和保险金额。

第 236 条　一旦保险事故发生，被保险人应当立即通知保险人，并采取必要的合理措施，防止或者减少损失。被保险人收到保险人发出的有关采取防止或者减少损失的合理措施的特别通知的，应当按照保险人通知的要求处理。

对于被保险人违反前款规定所造成的扩大的损失，保险人不负赔偿责任。

（三）中国人民保险公司《中国保险条款》

在我国，进出口货物运输最常用的是“中国保险条款”（China Insurance Clauses，CIC），该条款是由中国人民保险公司（the People’s Insurance Company of China，PICC）制订，中国人民银行及中国保险监督委员会审批颁布，分别于 1981 年和 2009 年进行了修订。CIC 保险条款按运输方式划分，有海洋、陆上、航空和邮包运输保险条款四大类；对某些特殊商品，还配备有海运冷藏货物、陆运冷藏货物、海运散装桐油及活牲畜、家禽的海陆空运输保险条款。以上八种条款，投保人可按需选择投保。①

二、国外法律规则

(一)《协会货物条款》

《协会货物条款》最早制定于1912年,1982年和2009年分别进行了修订,共规定了七种险别,它们是:(1)协会货物条款(A)[以下简称ICC(A)];(2)协会货物条款(B)[以下简称ICC(B)];(3)协会货物条款(C)[以下简称ICC(C)];(4)协会战争险条款(货物)(Institute War Clauses - Cargo);(5)协会罢工险条款(货物)(Institute Strikes Clauses - Cargo);(6)恶意损害险条款(Malicious Damage Clause);(7)偷窃、提货不着险条款(Institute Theft, Pilferage and Non - delivery Clause)。其中,恶意损害险和偷窃、提货不着险属于附加险,不能单独投保。

(二)《跟单信用证统一惯例》(UCP600)

第28条 保险单据及保险范围

a. 保险单据,例如保险单或预约保险项下的保险证明书或者声明书,必须看似由保险公司或承保人或其代理人或代表出具并签署。

代理人或代表的签字必须表明其系代表保险公司或承保人签字。

b. 如果保险单据表明其以多份正本出具,所有正本均须提交。

c. 暂保单将不被接受。

d. 可以接受保险单代替预约保险项下的保险证明书或声明书。

e. 保险单据日期不得晚于发运日期,除非保险单据表明保险责任不迟于发运日生效。

f. ⅰ. 保险单据必须表明投保金额并以与信用证相同的货币表示。

ⅱ. 信用证对于投保金额为货物价值、发票金额或类似金额的某一比例的要求,将被视为对最低保额的要求。

如果信用证对投保金额未做规定,投保金额须至少为货物的CIF或CIP价格的百分之一百一十。

如果从单据中不能确定CIF或者CIP价格,投保金额必须基于要求承付或议

---

① 2009年修订的版本的具体保险条款可从如下网址查询:http://www.epicc.com.cn/ecargo/provision.jsp。

付的金额,或者基于发票上显示的货物总值来计算,两者之中取金额较高者。

ⅲ.保险单据须表明承保的风险区间至少涵盖从信用证规定的货物接管地或发运地开始到卸货地或最终目的地为止。

g.信用证应规定所需投保的险别及附加险(如有的话)。如果信用证使用诸如"通常风险"或"惯常风险"等含义不确切的用语,则无论是否有漏保之风险,保险单据将被照样接受。

h.当信用证规定投保"一切险"时,如保险单据载有任何"一切险"批注或条款,无论是否有"一切险"标题,均将被接受,即使其声明任何风险除外。

i.保险单据可以援引任何除外条款。

j.保险单据可以注明受免赔率或免赔额(减除额)约束。

第二节　国内现行货物运输保险条款的主要险别和责任范围与期间

本节根据中国人民保险公司的"中国保险条款"(2009 版)阐述货物运输的保险条款。

一、海运货物保险的主要险别

海运货物保险的主要险别分为平安险、水渍险和一切险三种。

(一)平安险(FPA—Free From Particular Average)

英文名称的含义应为"单独海损不赔"。主要责任范围有八种,见表 5 - 1。在投保平安险的情况下。保险公司主要对自然灾害造成的全部损失和对意外事故造成的全部损失以及部分损失予以赔偿。此外,对于海上意外事故发生前后,由于自然灾害造成的部分损失也予以赔偿。国外保险条款上的"海上灾难"(Perils of the Seas)也就是我们条款中规定的这种自然灾害和意外事故。

(二)水渍险(WA or WPA—With Average or With Particular Average)

英文名称的含意应为"单独海损负责"。除对平安险的责任范围全部负责外,还负责平安险不负责的自然灾害所造成的"部分损失"。

（三）一切险（All Risks）

此险除包括平安险和水渍险的赔偿责任外，还对保险货物在运输途中因各种外来原因造成的损失，无论其损失程度大小均负赔偿责任。一切险实际是水渍险和十一种“一般附加险”的合并，而不是“承保所有风险”的意思。

二、海运货物保险主要险别责任范围

海运货物保险主要险别责任范围见表5－1。

表5－1　“中国保险条款”（2009版）海洋运输货物保险主要险别责任范围比较

<table>
<tr><td rowspan="4">一切险
1~10</td><td rowspan="3">水渍险
1~9</td><td rowspan="2">平安险
1~8</td><td colspan="2">1. 由于下列原因造成的全部损失：（1）自然灾害——恶劣气候、雷电、海啸、地震、洪水等；（2）意外事故——运输工具搁浅、触礁、沉没、互撞、与流冰或其他物体碰撞，以及失火、爆炸等。
2. 由于运输工具发生意外事故——搁浅、触礁、沉没、互撞、与流冰或其他物体碰撞，以及失火、爆炸等造成的部分损失。
3. 在运输工具已经发生搁浅、触礁、沉没、焚毁意外事故的情况下，货物在此前后又在海上遭受恶劣气候、雷电、海啸等自然灾害所造成的部分损失。
4. 在装卸转船过程中一件或数件落海造成的全部或部分损失。
5. 对受损货物进行施救所支付的合理费用。
6. 运输工具遭遇海难后，在避难港由于卸货所引起的损失以及在中途港、避难港由于卸货、存仓以及运送货物所产生的特别费用。
7. 共同海损牺牲、分摊和救助费用。
8. 根据船舶互撞责任条款规定应由货方偿还船方的损失</td></tr>
<tr><td>除外责任</td><td>（1）被保险人故意行为和过失所造成的损失；
（2）发货人的责任；
（3）被保险货物已存在的品质不良或数量短差所造成的损失；
（4）自然损耗、本质缺陷、特性以及市价跌落、运输延迟所引起的损失或费用；
（5）战争险、罢工险规定的责任范围和除外责任</td></tr>
<tr><td colspan="3">9. 由于恶劣气候、雷电、海啸、地震、洪水所造成的部分损失</td></tr>
<tr><td colspan="4">10. 由于外来原因所致的全部或部分损失，包括：
（1）偷窃提货不着；（2）淡水雨淋；（3）短量；（4）混杂沾污；（5）渗漏；（6）碰损破碎；（7）串味；（8）受潮受热；（9）钩损；（10）包装破裂；（11）锈损</td></tr>
</table>

三、陆上、航空运输货物和邮包保险的主要险别

陆上、航空运输货物和邮包保险的险别名称同海运货物保险的险别名称略有差别。除一切险名称相同，其责任范围也相似外，分别称为陆运险（Overland Transportation Risks）、航空运输险（Air Transportation Risks）和邮包险（Parcel Post Risks），其责任范围与海运货物保险的水渍险相似。

四、不同保险责任起讫和最长保险责任期限[①]

不同险别保险责任起讫和最长保险责任期限见表5－2。

表5－2　“中国保险条款”（2009版）不同险别保险责任起讫和最长保险责任期限比较

类别	责任起讫	最长保险责任期限
海运	“仓至仓”：起运地发货人仓库或储存处所——目的地收货人仓库或储存处所	从目的港卸离海轮后满60天
海运冷藏	起运地冷藏库装入运送工具——最后卸载港30天内卸离海轮并存入冷藏库（以卸离海轮起满10天为限）	最后卸载港30天内卸离海轮并存入冷藏库后继续有效，但以卸离海轮起满10天为限
海运散装桐油	起运地油库或盛装容器——目的地岸上油库	海轮到达目的港后15天
陆运（火车、汽车）	“仓至仓”：起运地仓库或储存处所——目的地收货人最后仓库或储存处所	货物运抵目的地车站满60天
陆运冷藏	起运地冷藏库装入运送工具——目的地收货人仓库	货物到达目的地车站后10天为限
空运	“仓至仓”：起运地仓库或储存处所——目的地收货人最后仓库或储存处所	货物在最后卸载地卸离飞机后满30天
邮包	起运地寄件人处所——目的地邮局	目的地邮局签发到货通知书当日午夜起满15天。但在此期限内邮包一经递交至收件人的处所时，保险责任即行终止
活牲畜、家禽（海、陆、空）	起运地装上运输工具——目的地卸离运输工具	运输工具到达目的地起满15天

① 根据2009版“中国保险条款”（China Insurance Clauses，CIC）整理。

第三节 伦敦保险人协会货物保险条款

一、协会货物条款主要险别[①]

协会货物条款(2009 版)主要险别有以下七种。

(一)协会货物条款 A 险[ICC(A)]

类似于我国的"一切险",但 ICC(A)险的责任范围比"一切险"稍大。例如 ICC(A)险包括而一切险不包括以下责任。

(1)海盗行为;

(2)陆上运输工具的倾覆或出轨;

(3)被保险人以外的其他人(如船长、船员)的恶意行为造成的货损或费用;

(4)浪击落海等。

另外,货物在装卸时跌落造成的损失,"一切险"赔偿全部和部分损失,而 ICC(A)险只赔偿整件的全部损失。

(二)协会货物条款 B 险[ICC(B)]

类似于我国的"水渍险",但有以下四点不同。

(1)在 ICC(B)险下,保险人对海水、河水、湖水等(淡水)进入船舶、驳船、运输工具、集装箱或储存处所所造成的损失予以赔偿,而"水渍险"不赔;

(2)货物因浪击落海造成的损失,ICC(B)险予以赔付,而"水渍险"不赔;

(3)因陆上运输工具的倾覆或出轨所造成的损失,ICC(B)险予以赔付,而"水渍险"不赔;

(4)"水渍险"对货物在装卸时落海或跌落造成的部分损失给予赔偿,ICC(B)险只赔偿整件货物的全部损失。

(三)协会货物条款 C 险[ICC(C)]

类似于我国的"平安险",但其承保的责任范围与平安险略有不同。如

---

① 黎孝先、王健主编:《国际贸易实务》(第 7 版),对外经济贸易大学出版社 2020 年版,第 128 ~ 136 页;姚新超:《国际货物运输与保险》(第 5 版),对外经济贸易大学出版社 2020 年版,第 341 ~ 356 页;田运银主编:《国际贸易实务精讲》(第 7 版),中国海关出版社 2018 年版,第 149 ~ 151 页。

ICC(C)险不赔偿自然灾害造成的损失和货物在装卸和转运时落海造成的全损及部分损失,“平安险”则赔偿;ICC(C)险对由于陆上运输工具的倾覆或出轨造成货物损失给予赔偿,“平安险”则不赔。

(四)协会(海运货物)战争险条款(Institute War Clauses-Cargo)

1. 承保风险

协会战争险条款主要承保由于下列原因所导致保险标的的损失。

(1)战争、内战、革命、叛乱、造反或由此引起的内乱,或交战国的或针对交战国的任何敌对行为;

(2)由于上述承保风险引起的捕获、拘留、扣留、管制或扣押及其后果,或任何有关企图、威胁;

(3)遗弃的水雷、鱼雷、炸弹或其他遗弃的战争武器;

(4)上述原因导致的共同海损和救助费用。

在上述承保风险中不包括海盗行为所造成的损失,这一点与中国现行海运货物战争险条款的规定不同。

2. 除外责任

在除外责任方面,战争险与ICC(A)条款的第4条和第5条的规定基本相同,但在第4条中增加了一个“航程挫折”条款(Frustration Clause),规定由于战争原因造成航程中止,货物未能到达保险单所载明的目的地而引起的间接损失,保险人不负赔偿责任。另外,对于原子或热核武器等所致损失,规定由于敌对行为使用原子或热核武器所致灭失或损害不负赔偿责任。

3. 保险期间

协会战争险的保险期间的规定,同中国保险条款一样,采取承保“水上危险”的原则,而不采取承保“仓至仓”的原则,亦即把保险人对保险货物的责任期间规定为从货物装上海轮开始,直到卸离海轮为止。若载货海轮到达最后港口或卸货港口当日午夜起满15天仍不从海轮卸下货物,保险责任亦告终止。

(五)协会(海运货物)罢工险条款(Institute Strikes Clauses-Cargo)

1. 承保风险

协会罢工险的承保风险与中国人民保险公司的罢工险一样,仅负责由于罢工等风险所间接造成的保险标的物质损失,而不负责由于罢工等风险所产生的费用或间接损失。

协会罢工险条款对承保风险的规定如下:(1)罢工者、被迫停工工人或参与工潮、暴动或民众骚扰者所致的灭失或损害。(2)任何恐怖主义行为,或与恐怖主义行为相联系,任何组织通过暴力直接实施的旨在推翻或影响法律上承认的或非法律上承认的政府的行为引起的灭失或损害。(3)由任何人出于政治、信仰或宗教目的实施的行为引起的灭失或损害。(4)为避免或有关避免以上承保风险所造成的共同海损或救助费用。

从上述承保风险中可以看出,协会罢工险的承保范围大大超出了罢工的范围。它除了负责罢工风险损失外,对于工潮、民众骚扰以及恐怖主义行为或出于政治、信仰或宗教目的的行为所致风险损失,也予负责。由于近年来国际上恐怖主义行为频繁,经常给国际贸易货物运输的安全造成极大威胁,因此协会罢工险将恐怖主义行为所致损失也列入了罢工险承保范围,以适应广大贸易商投保的需要。①

2. 除外责任

由于罢工险只负责承保风险直接造成的损失,因此,下列损失或费用保险人不负赔偿责任:(1)由于罢工、停工、工潮、暴动或民众骚扰等造成劳动力缺乏、短少或扣押所引起的损失或费用。(2)由于航程挫折而引起的损失。(3)由于战争、内战、革命、叛乱或由此引起的内乱,或交战国或针对交战国的任何敌对行为所造成的损失或费用。

3. 保险期间

罢工险的责任起讫同 ICC(A)、ICC(B)和 ICC(C)条款的规定完全相同,简言之是承保"仓至仓"责任,而不是战争险的"水上风险"原则。

(六)恶意损害险条款(Malicious Damage Clauses)

恶意损害险是伦敦保险协会的附加险别。该险所承保的是被保险人以外的其他人(如船长、船员等)的故意破坏行为所致被保险货物的灭失或损害。但是,恶意损害如果是出于政治动机等的人的行为,则不属于恶意损害的风险,除了在 ICC(A)条款中被列为承保风险外,在 ICC(B)和(C)条款中均列为"除外责任"。因此,在投保 ICC(B)和 ICC(C)条款时,如果被保险人要想获得这方面的保险保

---

① 黎孝先、王健主编:《国际贸易实务》(第 7 版),对外经济贸易大学出版社 2020 年版,第 135 页。

障，须另行加保“恶意损害险”。

（七）偷窃提货不着险的主要内容

协会偷窃提货不着险也是附加险别。同协会恶意损害险条款一样，投保ICC（A）时被保险人无须加保。

本条款承保两类风险：一是偷窃（Theft，Piferage），二是提货不着（Non - delivery）。所谓“偷”（Theft），是指海上袭击性偷窃，须伴有暴力或暴力威胁，不包括暗中的小偷小窃。而“窃”（Piferage）是指暗中进行的小偷小摸。提货不着指由于任何不明原因造成整件货物不知去向，或者误交给不知姓名的其他提货人而无法追回。而货物短量或件数不足的短交不属于这个范畴。另外，如果交货不到的原因和货物所在的处所是知道的，那么也不属于“提货不着”的范畴。

二、协会货物条款（2009 版）A、B、C 三种主要险别的责任范围

协会货物条款（2009 版）A、B、C 三种主要险别的责任范围见表 5 - 3。

表 5 - 3 协会货物条款（2009 版）A、B、C 三种主要险别责任范围比较

<table>
<tr><td rowspan="3">A 险
1 ~ 16</td><td rowspan="2">B 险
1 ~ 13</td><td>C 险
1 ~ 10</td><td>1. 火灾、爆炸；
2. 船舶、驳船的触礁、搁浅、沉没或倾覆；
3. 陆上运输工具的倾覆或出轨；
4. 船舶、驳船或运输工具同除水以外的任何外界物体碰撞；
5. 在避难港卸货；
6. 地震、火山爆发或雷电；
7. 共同海损牺牲；
8. 共同海损分摊和救助费用；
9. 运输合同订有“船舶互撞责任条款”，根据该条款的规定应由货方偿还船方的损失；
10. 投弃</td></tr>
<tr><td colspan="2">11. 浪击落海；
12. 海水、湖水或河水进入船舶、驳船、运输工具、集装箱或储存处所；
13. 货物在船舶或驳船装卸时落海或跌落造成任何整件的全损</td></tr>
<tr><td colspan="3">14. 由于被保险人以外的其他人（如船长、船员等）的恶意行为所造成的损失或产生的费用；
15. 海盗行为；
16. 由于一般外来原因所造成的损失</td></tr>
</table>

第四节　法律风险提示

一、国际货运保险条款订立时的法律风险

(一)违背国际保险合同订立的基本原则

1. 最大诚信原则

投保人的如实申报义务是最大诚信原则的重要体现,要求投保人在协商签订保险合同时,必须将知道的有关事实告知对方,如实陈述,不得隐瞒、伪报或欺诈。

2. 保险利益原则

保险利益又叫可保利益,是指被保险人对保险标的具有的合法利害关系,也是保险人承担损害赔偿的最高限额。被保险人对保险标的有可保利益才能订立保险合同,否则在法律上是无效的。

(二)投保人投保的险种不足以分散货物风险

险种不足以分散货物风险,是指由于投保人对各种险别没有精确的认识,或出于成本的考量,投保人投保的险种不足以分散货物风险,在发生险情的时候,不能向保险公司进行足额索赔,最终给企业造成损失。

(三)由对方购买保险而丧失保险索赔权

由对方购买保险时,可能出现保险空白阶段。对于保险空白的阶段,如对己方影响较大的,建议自行购买此阶段的保险。例如,在 FOB 术语中,建议出口商自行购买陆运险,以完善从工厂到港口的保险。

(四)保险条款填写不准确或与运输方式不匹配

企业在投保时,可能由于对保险条款的理解存在偏差或疏忽,导致条款填写时不准确,产生与买卖合同不符的情况,影响了索赔,造成不必要的损失。

二、国际货运保险条款订立后的法律风险

(一)违反通知义务或未采取措施保全货物

在海运保险合同订立后,如果发生保险事故,被保险人应及时通知保险人,并

迅速采取合理的抢救措施,防止或减少货物的损失,这是被保险人的义务。

(二)不及时找保险公司进行理赔

在被保险的货物因遭受承保责任范围内的风险而发生损失时,被保险人有权向保险公司提出索赔。被保险人没有索赔或者延迟索赔的时候,保险人对有关的损失是有权利拒绝给予赔偿的。企业应当熟悉保险理赔的条件和流程;损失发生后,如果属于保险合同中约定的保险责任情形,应及时联系保险公司报案理赔。

第五节 国际货运保险条款订立时的法律风险案情回顾及风险防控

一、违背国际保险合同订立的基本原则案情回顾及风险防控

(一)违背最大诚信原则

1. 违背最大诚信原则的典型案例

案例1

1999年7月16日,原告A外企公司(买方)与法国B公司(卖方)达成进口木材协议,约定木材从法国加蓬港运至中国张家港。9月12日,承运人为承运木材签发了正本清洁提单。10月14日,A公司向被告C保险公司通过传真发出投保书,要求投保一切险,保险单签发日须倒签为9月12日。10月18日,C保险公司制作了日期倒签为9月12日的保险单,并载明了“保证1999年10月14日之前无已知或被报道(报告)的损失”的保证条款。10月21日,B公司向A公司发送传真,称货船受损;10月22日,B公司向A公司转发承运人的传真,称货船已于10月14日沉没,货物全损;11月8日,A公司向C保险公司报案并要求理赔。后据C保险公司所委托的保险专业鉴定机构了解,10月12日,B公司收到承运人的传真,获悉货船已因进水而于10月11日被放弃;10月14日法国时间13时38分,B公司向A公司发送了承运人关于货损的传真,A公司确认收到,但认为其收到时间为10月14日20时38分,已超过投保时间。

法院认为,C保险公司向A公司交付保险单的最早时间为10月18日,且该保险单附加了保证条款并改变了保险条件,故保险合同成立于10月18日,而非A公司提出要约的10月14日。保险单只是反映保险合同的磋商过程,或者经磋商

成立的保险合同具体内容的一个证据,因此其是否签发以及何时签发,与保险合同的成立以及保险责任的开始没有直接的、必然的联系。本案保险合同成立于1999年10月18日,双方当事人均承认,保险单上的签发日期1999年9月12日是倒签。能否将此倒签日期作为保险责任的开始时间,保险合同中没有明确约定,必须结合对保险合同的具体分析作出判断。A公司主张将保险单倒签的日期作为保险责任开始时间缺乏法律依据,不予采信。

此外,作为货物买方,A公司在船舶开航一个月后,没有通过各种有效途径对货物现状进行必要的了解,以致将已面临海损的货物投保,未尽到一个善意被保险人应当承担的恪尽职责合理查询并如实告知的义务。1999年10月14日20时38分,A公司收到B公司发来的货损传真。此时,A公司虽然已向C保险公司投保,但保险合同尚未成立。作为被保险人,A公司并未遵守最大诚信原则,在保险合同成立前将自己知道的这一足以影响保险合同成立的重要情况告知保险人。A公司以其投保时不知道发生货损为由,否认自己有如实告知这一情况的义务,理由不能成立。故最终法院判令,A公司违反了最大诚信原则,未尽如实告知义务,C保险公司有权宣布保险合同无效,且不承担保险赔偿责任。[①]

案例2

2011年8月20日,A公司向B公司发出订单,购买两个船用尾滚筒,并委托B公司代办货物运输手续,将货物运送至印度尼西亚巴淡。2012年2月,B公司根据A公司的委托,向C公司订舱。同时,B公司委托C公司向中国太平洋财产保险股份有限公司航运保险事业营运中心投保货物运输险。投保单上记载:投保人C公司,被保险人B公司,保险货物为两个船用尾滚筒,运输工具为CSAV RANCO ×××××,运输自上海至巴淡,投保一切险和战争险。B公司将该份保险单背书转让给A公司。

2012年2月8日,实际载运船舶“SEA PALACE”轮船长出具海事声明,声称船舶遭遇强风和巨浪,听到船载货物发出巨大响声,捆扎绳断裂,船舶立即抛锚检查货物。同日,C公司出具了与船长海事声明内容基本相同的货损报告。货物抵达巴淡后,收货人以货损严重为由拒收货物,A公司根据保单向保险中心提出索赔。

---

① 江苏外企公司诉上海丰泰保险公司海上货物运输保险合同纠纷案,载《最高人民法院公报》2005年第11期(总第109期)。

法院认为，被保险人应当在合同订立前，将其知道的或者在通常业务中应当知道的有关影响保险人据以确定保险费率或者确定是否同意承保的重要情况，如实告知保险人。上述重要情况包括船舶信息、货物信息、起运港、目的港、是否甲板货、是否集装箱货物等通常业务中的常见内容。载运船舶作为海上航行的运输工具，对于海上风险的重要意义不言而喻，不同的船舶直接影响海上运输风险系数的变化。投保单上记载的载运船舶为“CSAV RANCO”轮，并非实际运输船舶“SEA PALACE”轮。保险人从投保单上得到了错误的船舶信息。并且，投保单上也未记载涉案货物系甲板货的情况。根据被保险人提交给保险人的投保单上船舶信息错误、未告知甲板货等情况，可以认定被保险人在投保时违反了法律规定的如实告知义务。①

2. 违背最大诚信原则法律风险解析

在订立保险合同时，投保人应向保险人如实告知保险标的与被保险人的有关情况；在财产保险合同的有效期内，保险标的危险程度增加的，被保险人按照合同约定应当及时通知保险人。对此，我国《保险法》第 16 条和《海商法》第 222、223 条作了详细规定。

由此可见，投保前一定要向保险人如实申报，尤其是一些可能影响投保、影响保费的重要情况，否则可能会给企业造成巨大的损失。

3. 违背最大诚信原则法律风险防控②

（1）投保人必须披露重大事实。投保人在签订合同时，应将其知道的或推定其应知道的有关保险标的等重要情况如实地向保险人进行说明，如货物性质、价值等。

（2）对重要事实的陈述必须真实，即陈述的内容要基本正确。

（3）不可抱有侥幸心理，事前不保，在出险后再通过弄虚作假、篡改单据进行投保。如此不仅不能得到赔偿，还会额外损失保费，并对投保人的信用造成影响。

（4）不可为了满足信用证或合同关于装运期和保单出具日的要求，指示船公司或保险公司倒签运输或保险单据。这是一种不诚信甚至构成欺诈的行为，同样会因此产生相应的法律后果。③

---

① 麦普船舶系统技术有限公司与中国太平洋财产保险股份有限公司航运保险事业营运中心海上保险合同纠纷案，上海海事法院（2013）沪海法商初字第 1371 号民事判决书。

② 陈晓峰编：《企业国际贸易：法律风险管理与防范策略》，法律出版社 2009 年版，第 104 ~ 105 页。

③ 阎之大、伍海波、赵贺：《国际贸易保险实务与法院案例简析》，载《贸易金融》2019 年 7 月刊。

(5)不得违反保证条款。保证是指保险人与投保人或被保险人在保险合同中约定,投保人担保对某一事项的作为或不作为,或担保某一事项的真实性。投保人或被保险人一旦作出保证就必须遵守。

(二)违背保险利益原则

1. 违背保险利益原则的典型案例

2000年9月27日,A技术进出口公司代理B通信公司与C网络公司签订了一份数据网络设备国际货物买卖合同,以FOB加拿大Kanata为价格条件,约定的总价款为851108美元,以FOB加拿大Kanata离岸价为价格条件。该价格术语FOB的解释,参照Incoterms 1990。合同总价不包括空运费用、投保一切险和所有合同设备运抵目的港的所有运输费用。所有货物到最终用户地须由买方负责运输。卖方负责提供便当的包装措施并采取充分的保护措施。合同签订后,A公司与甲运输公司联系运输事宜负责海外运输。2000年11月15日,A公司与D保险公司签署了一份《国际运输预约保险启运通知书》,载明被保险人是A公司;价格条件是EXW;运输方式为陆运、空运联运;运输路线自Kanata Ottawa Canada(加拿大渥太华坎拿他)至中国湖北武汉;投保险别为一切险。备注栏载明:(公路运输)Kanata—渥太华机场;(空运)渥太华机场—北京机场—天河机场(货物离开机场及武汉市内通知保险公司)。2000年11月15日,A公司向D保险公司支付了保险费并收到保险公司出具的保险费收据。对本单货物甲运输公司委托的海外运输商是渥太华E公司。保险公司提交的中国人民保险公司《陆上运输货物保险条款》(火车、汽车,1981年1月1日修订)中,载明陆运一切险,除包括陆运险的责任外,还负责被保险货物在运输途中由于外来原因所致的全部或者部分损失;责任起讫为“仓”至“仓”。渥太华时间2000年11月15日19时即北京时间2000年11月16日8时,被保险货物在渥太华E公司仓库被盗。2000年12月7日,A公司将出险情况告知了D保险公司。同年12月21日,A公司向D保险公司提出索赔,D保险公司以A公司不具有保险利益而主张合同无效为由拒赔,A公司遂向法院起诉。一审法院认为,A公司对保险标的享有保险利益,判决保险公司赔偿A公司851108美元;D保险公司退还多收取的保险费9510.66美元给A公司。D保险公司不服原审判决提起上诉,要求撤销原判。

二审法院认为,本案中A公司是否具有保险利益取决于其对买卖合同项下货物承担的风险,而承担的风险及其起始时间又取决于买卖合同约定的价格条件。

买卖合同约定，价格条件是 FOB 加拿大 Kanata，该条款的相关解释适用Incoterms 1990，FOB 仅适用于海运或内河运输。鉴于加拿大 Kanata 既非海港亦非空港，故买卖合同项下的货物不可能在加拿大 Kanata 装上海轮或飞机。根据意思自治原则，确认本案中 FOB 加拿大 Kanata 价格条件的真实意思应结合买卖双方在合同中选择的货物公路、航空联合运输方式以及凭空运提单和其他单据结汇的付款方式从整体上予以判断。买卖合同双方对此问题意思表示一致，即卖方提交空运提单既是向买方索款的必要条件，又是转移买卖合同项下货物风险的必要条件，即买卖合同 FOB 加拿大 Kanata 价格条件的真实意思。因此，卖方承担风险的责任至少在货物安全归于空运承运人占有并开具空运提单之前没有消灭。同时，无论保险合同的条款作何约定，均不能改变买卖合同双方对权利义务的约定。故保险合同载明的工厂交货对确定投保人对保险标的物是否具有保险利益没有法律意义。因此，A 公司以保险合同为据主张以工厂交货并移转风险的观点不能成立。故 A 公司在物品被盗时不具有保险利益，D 保险公司有权主张合同无效，并不承担赔偿责任。①

2. 违背保险利益原则法律风险解析

被保险人对保险标的有可保利益才能订立保险合同，否则在法律上是无效的。按照我国《保险法》第 12 条的规定，投保人对保险标的应当具有保险利益。投保人对保险标的不具有保险利益的，保险合同无效。

国际货物买卖中，贸易风险的转移会引起保险利益在买卖双方之间的变化。如果是以 FCA、FOB、CFR、CPT 条件达成的交易，货物风险的转移以在装运港或在出口国发货地或装运地货交承运人为界，所以在风险转移之前，卖方具有保险利益，而在此之后，买方具有保险利益。在实际业务中，国际货运保险不要求投保人在投保时便具有保险利益，只要其具有预期的保险利益，即在保险标的发生损失时具有保险利益即可。也就是说，投保人在货物出险时是否具有保险利益决定了保险合同的效力。

3. 违背保险利益原则法律风险防控②

对投保人而言，要做到以下几点：

---

① 中国人民保险公司湖北省分公司与湖北省技术进出口公司保险索赔纠纷案，湖北省高级人民法院(2002)鄂民四终字第 11 号民事判决书。https://www.lawtime.cn/zhishi/a2510420.html，最后访问日期：2022 年 4 月 5 日。

② 陈晓峰编：《企业国际贸易法律风险管理与防范策略》，法律出版社 2009 年版，第 106～107 页。

(1)必须对我国的相关法律有所研究,尤其是对与贸易相关的《保险法》《海商法》等特别法有更深入的研究,并对主要贸易伙伴国家的相关法律、国际公约或惯例也有所了解和掌握。

(2)根据不同的价格术语,合理进行投保。如以 FOB 或 CFR 术语成交的合同,对货物从仓库运至码头期间可能出现的风险,卖方应自行安排投保。虽然按上述术语成交的出口货物是由买方办理投保,卖方无办理投保的义务,但卖方在履行交货之前,货物自仓库到装船这段时间内,仍承担货物可能遭受意外损失的风险。即使已由买方购买保险,由于此时买方不具有保险利益,也无法得到赔偿。

(3)将各运输阶段风险合并投保。在办理货物运输保险时,可将货物在陆上、水上各运输阶段的风险合并在一张远洋运输货物保险单中投保。这样既可以避免对海运过程两端延伸到内地阶段的运输额外购买保险,节省费用,还可以避免产生漏保或责任纠纷。需要注意的是,对保险单中从内地到港口,又从港口到内地的起讫地点,一定要表述清楚。

二、投保人投保的险种不足以分散货物风险案情回顾及风险防控

(一)投保人投保的险种不足以分散货物风险的典型案例

某公司出口一批钢材(裸装)到中美洲国家,向保险公司投保了海洋货物运输"水渍险"。货物抵达目的地后,发现短卸5件。收货人即联系保险单所列检验理赔代理人进行检验清点,该检验人出具的检验报告证实了短卸事实,收货人于是向保险公司索赔。保险公司认为该风险超出了承保范围,拒绝赔偿。在该案例中,货物出险属于一般外来险,并不在水渍险的承保范畴之内,故保险公司不承担责任。①

(二)投保人投保的险种不足以分散货物风险解析

在国际货物贸易中,关于保险的购买主要有两种方式:一是由双方协商购买何种险种,二是按照约定的贸易术语,根据国际惯例标准进行购买。例如,在 CIF 术语中,出口商有购买保险的义务,按照国际惯例,出口商只需购买最低标准的险种,即平安险。但是平安险的保险范围非常有限,有时并不能起到真正的保障作用,如容易受潮的货物应当加投货物受潮险或者投保一切险。这些情况就需要双

① 卓小苏主编:《国际贸易风险与防范》,中国纺织出版社 2007 年版,第 184 ~ 187 页。

方另行协商确定。

(三)投保人投保的险种不足以分散货物风险防控

在购买保险前,投保人应对保险险种和相应的保障范围、保险公司的除外责任进行充分了解。要在保险范围和保险费之间找到平衡点,首先要对自己所面临的风险作出评估,甄别哪种风险最大、最可能发生,并结合不同险种的保险费率加以权衡。在CIF或类似条件下,在进口商没有特别要求时按照最低投保义务投保,并提醒进口商是否投保其他险别或附加险;利用货物运输保险与其他保险的竞合弥补损失。

为了保障投险效率,买卖双方可以重点从以下六个方面考虑和购买相应的保险。

1. 货物的种类、性质和特点

不同性质和特点的货物在运输途中可能遭遇的风险和发生的损失往往有很大的差别。例如:粮谷类商品(如粮食、花生、豆类等)的特点是含有水分,经过长途运输水分蒸发,可能造成短量;在运输途中如果通风设备不良,还易受潮、发热而致发霉。对于此类商品,一般可以在投保水渍险的基础上,加保短量险和受热受潮险,或者投保一切险。油脂类商品(食用动植物油等)在运输途中常因容器破裂而致渗漏或沾污杂质而致沾污损失,如果是散装会因油脂本身沾在舱壁或在装卸过程中消耗而致短量。对此类商品,可以在水渍险的基础上加保短量险和沾污险。

2. 货物的包装特点

货物的包装材料和方式对货物的安全运输具有重要作用,有些货物在运输及装卸转运过程中,常因包装破损而造成质量或数量上的损失。对于这类货物除了装运前和收货时注意检查包装外,还要参照包装条件合理选择险别,减少损失。由于包装不良或包装不适应国际贸易运输的一般要求而致货物遭受损失,保险人一般不予负责。

3. 货物的运输情况(包括运输方式、运输工具、运输路线)

投保前要进行适当的调查了解,考虑到可能发生的损失,以便选择适当的险别予以保障。

(1)海运中船舶的航行路线和停靠的港口不同,货物可能因此遭受的风险和损失也有很大的不同,某些航线途经气候炎热的地区,如果载货船舶通风不良,就会增大货损程度。

(2)货物运输季节不同,也会给运输货物带来不同风险和损失。例如,载货船舶冬季在北纬60度以北航行,极易发生与流动冰山碰撞的风险;又如,夏季装运粮食、果品,极易出现发霉腐烂或生虫的现象。

(3)由于不同停靠港口在设备、装卸能力以及安全等方面有很大差异,进出口货物在港口装卸时发生货损货差的情况也就不同。

(4)在政局动荡不定,或在已经发生战争的海域内航行,货物遭受意外损失的可能性自然增加。

(5)受特殊情形如新型冠状病毒肺炎疫情的影响,可能出现运输货物的船舶无法运抵或按期运抵目的港等运输航程受阻或延长的情况,这容易导致船上货物因无法及时抵港卸货而发生货物本身的损失或导致货物被转运、回运而产生额外费用;即使货物本身未遭受实际损失,也有可能出现货物被进口国当局强制没收或销毁的情况;以及发生其他由此次疫情引起或相关的被保险货物的损失和费用等。

4. 目的地市场的变化趋势

在国际市场上,有些商品的价格波动激烈,当货物尚在运输途中时,目的地的市场价格可能已经上升,因此,目的地市场价格的变化趋势也是选择保险险别时应考虑的一项因素。为了保证货物在运输途中遭受损失后,仍能按上涨后的市价从保险赔款中获得赔偿,就须根据目的地市场价格上涨的趋势,向保险公司另行加保增值保险。

5. 目的地的政治局势

对于目的国是战乱国家的,可以投保战争险。如在1998年北约空袭南联盟和1999年巴基斯坦政变期间,如果投保战争险,出口商就不会因此心惊肉跳了。

6. 各国的贸易习惯

与客户充分交流,了解进口国的政策、贸易习惯。例如,按照国际商会《国际贸易术语解释通则2020》的规定,CIF下的出口商应负责投保ICC(C)保险条款或任何类似条款包括的最低限度的保险险别;根据《美国对外贸易定义》和《统一商法典》的规定,CIF下的出口商有义务代进口商投保战争险,费用由进口商负担。

三、由对方购买保险而丧失保险索赔权法律风险及防控

(一)由对方购买保险而丧失保险索赔权的典型案例

在一份FOB合同中,买方已向保险公司投保“仓至仓”条款的一切险。货物

从卖方仓库运往装运码头途中，发生承保范围内的风险损失，事后卖方以保险单中含有“仓至仓条款”为由，要求保险公司赔偿，但遭拒绝，后来卖方又请买方以买方的名义凭保险单向保险公司索赔，同样遭到拒绝。

该案例中的货物出险发生在货物从卖方仓库运往装运码头的途中，此时，卖方虽具有保险利益，但由于不是保险单的合法持有人，因而无权向保险公司提出索赔；而买方虽然是投保人，但在损失发生时还不具备保险利益，因而也无权向保险公司索赔。[①]

（二）由对方购买保险而丧失保险索赔权法律风险解析

由哪一方购买保险看似是一个简单的问题，保险费用最终都会作为成本计入货款中。但实际上在付款方式不够有利的情况下，己方投保能更好地把握主动权。

（三）由对方购买保险而丧失保险索赔权法律风险防控

对于保险空白的阶段，如对己方影响较大的，建议自行购买此阶段的保险，例如以 FOB 术语成交的合同，建议出口商自行购买陆运险；以 CIF 术语成交的合同，出口方在投保时应将自己作为被保险人，然后将保险单背书转让给国外进口商，充分运用“仓至仓”条款的承保范围，使自己在装船前阶段的风险得到保障。

洽商进出口货运险保险条款时应注意：(1) 尊重对方的意见和要求，如有些国家规定，其进口货物必须购买本国保险，这些国家有 40 多个。[②] 对这些国家的出口，不宜按 CIF 价格报价。(2) 对于出口商来说，如果是以托收方式收汇，争取用 CIF 价格条件成交，因为在交货后，如货物出现损坏或灭失，进口商拒绝赎单，保险公司可以负责赔偿，并向进口商追索赔偿。[③]

四、保险条款填写不准确或与运输方式不匹配案情回顾及风险防控

（一）保险条款填写不准确或与运输方式不匹配的典型案例

2010 年 4 月，A 公司与 B 公司签订销售合同，约定以 CIF 贸易价格向后者出

---

① 卓小苏主编：《国际贸易风险与防范》，中国纺织出版社 2007 年版，第 189 ~ 192 页。

② 如朝鲜、缅甸、印度尼西亚、伊拉克、巴基斯坦、加纳、也门、苏丹、叙利亚、伊朗、墨西哥、阿根廷、巴西、秘鲁、索马里、利比亚、约旦、阿尔及利亚、扎伊尔、尼日利亚、埃塞俄比亚、肯尼亚、冈比亚、刚果、蒙古、罗马尼亚、卢旺达、毛里坦尼亚等。

③ 武亮、赵永秀主编：《国际贸易风险防范》（图解版），人民邮电出版社 2016 年版，第 111、158 页。

售一台自动模切机。随后A公司向C保险公司投保,投保单显示货物由中国上海港运至印度那瓦什瓦港,投保险别为中国人民保险公司(PICC)《海洋运输货物保险条款》(2009版)的一切险。投保单未填写最终目的地。C保险公司向投保人A公司出具保险单,主要内容与投保单相同。保险单背面的责任起讫条款为“仓至仓”。[①] 货物在印度那瓦什瓦港卸载后,B公司将涉案货物经陆路运往其位于印度浦那的仓库,但途中发生翻车事故致涉案货物受损。投保人随即向C保险公司报案。但C保险公司主张,A公司未在投保单填写最终目的地一栏,因此目的港即为最终目的地,事故发生地点已超出保险单约定的范围,故涉案保险事故不在保险公司的责任之内,拒绝理赔。A公司与B公司遂将该保险公司起诉至法院。

本案例中,涉案货物是在目的港转运至买方仓库的过程中发生的损失,争议焦点在于“仓至仓”条款的保险责任何时终止。根据“仓至仓”条款的责任约定,货物运至目的地收货人的最后仓库或存储处,但如果仅载明目的港而未载明目的地,那么货物实际运至收货人在港区内的任一仓库均可视为“最后仓库或存储处”。如被保险货物未抵达指定仓库或储存处所,则保险责任自被保险货物在最后卸货港全部卸离海轮后满60天为止。如在上述60天内被保险货物需转运到非保险单所载明的目的地时,则以该项货物开始转运时终止。可见,虽然“仓至仓”条款本质上是将保险人的保险责任期间由“目的港”扩展到“收货人仓库”,但是这种扩展并非无限延伸,而是需要满足特定的时间及地点的要求。只有在满足条件的情况下,“仓至仓”条款才会起到其应有的作用。[②]

(二)保险条款填写不准确或与运输方式不匹配法律风险解析

保险合同一般由保险公司提供,由投保人填写。在实践中容易出现以下问题:投保时申报的情况不属实;投保险别、币制与其他条件和信用证上所列保险条件的要求不一致;投保险别和条件与买卖合同上所列保险条件不符合;保险责任起讫条款不准确;投保后投保项目有错漏或需要变更。

---

① 根据PICC《海洋运输货物保险条款》(2009版)第3条的规定,“仓至仓”条款(warehouse to warehouse, W/W Clause),即保险公司的保险责任自被保险货物运离保险单所载明的起运地仓库或储存处所开始运输时生效,包括正常运输过程中的海上、陆上、内河和驳船运输在内,直至该项货物到达保险单所载明目的地收货人的最后仓库或储存处所或被保险人用作分配、分派或非正常运输的其他储存处所为止。如未抵达上述仓库或储存处所,则以被保险货物在最后卸载港全部卸离海轮后满60天为止。如在上述60天内被保险货物需转运到非保险单所载明的目的地时,则以该项货物开始转运时终止。

② 阎之大、伍海波、赵贺:《国际贸易保险实务与法院案例简析》,载《贸易金融》2019年7月刊。

（三）保险条款填写不准确或与运输方式不匹配法律风险防控

保险合同或保险单的填报应注意每项条款的真实性和准确性，以及与信用证和合同的一致性。在填报时应重点检查以下内容。

1. 标记（Marks and Nos.）

应该和发票、提单以及其他单据上所载的标记（唛头）符号一致，特别要同刷在货物外包装上的实际标记符号一样，以免发生赔款时，引起检验、核赔、确定责任的混乱。无唛头时，应填写“N/M”。保险公司一般只填写“As per Invoice No. ×××（发票号）”或者“See Attachment”。

2. 被保险人名称

应按照保险利益的实际有关人的名称填写。

3. 包装数量

应将包装的性质如箱、包、件、捆以及数量都写清楚。

4. 货物名称

应具体填写，一般不要笼统地写纺织品、百货、杂货等。

5. 保险金额

保险金额是保险公司可能赔偿的最高金额。通常按照发票 CIF 价加成 10% ~ 20% 计算，如发票价为 FOB 带保险或 CFR，应将运费、保费相应加上去，再另行加成。需要指出的是，保险合同是补偿性合同，被保险人不能从保险赔偿中获得超过实际损失的赔付，因此溢额投保（如过高的加成、明显偏离市场价格的投保金额等）是不能得到全部赔付的。

6. 船名或装运工具

海运需写明船名，转运也需注明，联运需注明联运方式。

7. 航程或路线

如果到目的地的路线有两条，要写上自 × 经 × 至 ×。

8. 承保险别

必须注明承保的险别，如果有特别要求也在这一栏中填写。

9. 保险责任起讫

投保时应了解并正确理解保单条款的含义，例如保单中“仓至仓”条款的范围。

10. 赔款地点

一般在保险目的地支付赔款，如果要求在保险目的地以外的地方给付赔款，应该特别声明。

11. 投保日期

投保日期应在开航前或运输工具开行前。

12. 保险公司签章

保险单通常需要由保险公司授权的人签章才能生效。

第六节　国际货运保险条款订立后的法律风险及防控

一、违反通知义务或未采取措施保全货物法律风险及防控

(一)违反通知义务或未采取措施保全货物法律风险解析

在订立海运保险合同后,如果发生保险事故,投保人应及时通知保险人。这样一方面有利于保险人及时展开调查、收集证据、确定责任及准备赔偿或给付的保险金;另一方面也便于保险人在出险后迅速采取措施,抢救财产保险合同中的被保险财产,以防止损失的扩大。在发生相关情况的时候,投保人一定要及时履行通知义务,以防范其中的法律风险。在海运保险中,在货物遭受风险时,被保险人应迅速采取合理抢救措施,防止或减少货物的损失。[①] 对此,我国《海商法》第236条和《保险法》第21条作了相应规定。

由此可见,出现保险事故时应该第一时间与保险公司取得联系以便保险公司派员处理。不及时报案导致现场勘察情况不明的,保险公司可以减少责任甚至可能拒赔。保险货物受损后,被保险人和保险人都有责任采取可能的、合理的施救措施以防止损失扩大。被保险人能够施救而不履行施救义务,保险人对于扩大的损失甚至全部损失有权拒赔。

(二)违反通知义务或未采取措施保全货物法律风险防控

1. 及时通知

在被保险人获悉或发现保险货物遭受损失时,应马上通知保运通[②]或保险人,保运通协助索赔,提出施救意见,并尽可能保留现场以便保险人确定保险责任,查

---

① 冯丽静:《我国国际货物贸易合同法律风险分析与防范》,内蒙古大学2014年硕士学位论文,第13页。

② 中国首家第三方企业保险全流程在线服务电子商务平台。

核发货人或有关方的责任,并采取必要的措施。延迟通知,会耽误保险人开展有关工作,引发争议,影响索赔。

2. 采取合理的施救、整理措施

保险货物受损后,作为货方的被保险人应该对受损货物采取可能的、合理的措施,防止损失扩大。特别是对受损货物,被保险人仍须协助保险人进行转售、修理和改变用途等工作。因为相对于保险人而言,被保险人对于货物的性能、用途更加熟悉,因此,原则上残货应由货方处理。

二、不及时找保险公司进行理赔法律风险及防控

(一)不及时找保险公司进行理赔法律风险解析

索赔期限又称"索赔时效",是指保险标的损失的受害方(如被保险人等)有权向责任方提出赔偿损失要求的时间限制。具体索赔期限的长短,应以订立的相关保险、运输或买卖合同的约定为准。索赔既是权利也是义务。被保险人没有索赔或者延迟索赔的时候,保险人对有关的损失是有权利拒绝给予赔偿的。

(二)不及时找保险公司进行理赔法律风险防控

企业应熟悉保险理赔的条件和流程。损失发生后,如果属于保险合同中约定的保险责任情形,应及时联系保险公司报案理赔,按照保单的规定及时向保险公司办理索赔手续,同时还应向有关方办妥必要的手续,以维护自己的索赔权利。处理流程如下。

1. 及时通知保险公司并采取合理措施。

2. 确定损失及责任。

被保险人发现货物遭受任何损失时,应立即向保单上载明的检验、理赔代理人申请检验,就损失程度和损失原因进行调查,确定损失性质和责任,并签发联合检验报告。

3. 注意向有关方索取相关证明。

被保险人或其代理人在提货时发现货物明显受损或整件短少等,除向保险公司报损外,还应立即向有关方如承运人、受托人或有关当局如海关、港务当局等索取相关证明。如货损涉及第三方如承运人、受托人等的责任,则首先应向有关责任方提出索赔或声明保险索赔权,必要时需取得延长时效的证明。

4. 备全必要的索赔单证。

必要的索赔单证主要有保单或保险凭证正本、运输契约如提单、运单和邮单等,发票、装箱单、磅码单、检验报告、海事报告摘录或海事声明书、货损货差证明、向承运人等第三方责任人请求赔偿的函电或其证明文件和索赔清单等。

5. 在规定时效内提出索赔。

索赔应当在保险有效期内提出并办理,否则保险公司可以不予办理。如果保险标的的损失既属于保险公司的承保责任,又属于第三方责任人的责任,被保险人就必须在第三方责任人以及保险公司两个索赔对象的时效之内向保险公司提出索赔,否则可能导致保险公司不能行使代位求偿的权利,进而对被保险人可获得的赔款金额造成影响。

第七节　合同条款示例①

一、由买方办理保险

例:货运保险由买方负责办理。

Insurance to be covered by the buyer.

二、由卖方办理保险

例1:货运保险由卖方按发票金额的110%投保一切险、战争险和罢工民变险,以中国人民保险公司有关海洋运输货物保险条款(2009)为准。

Insurance to be covered by the seller for 110% of total invoice value against All Risks, War Risk and SRCC as per the relevant Ocean Cargo Clause (2009) of the People's Insurance Company of China.

例2:货运保险由卖方按照足额发票金额再加成10%投保协会海运货物A险和协会海运货物战争险,按伦敦保险人协会相关货物险条款(2009)负责。

Insurance to be effected by the seller for full invoice value plus 10% covering ICC(A) and Institute War Clauses—Cargo, subject to the relative Institute Cargo Clauses(2009).

---

① 参见田运银主编:《国际贸易实务精讲》(第7版),中国海关出版社2018年版,第154~155页。本书作了相应修改。

可以看出,在由卖方投保的买卖合同中的保险条款主要包括:(1)约定保险金额。保险金额一般为 CIF 或 CIP 价值的 110%,如果买方要求投保加成超过了 10%,卖方在正式签约之前,应该事先征得保险公司的同意。(2)约定投保的险别。(3)约定投保险别所依据的保险条款。依据的保险条款与到哪家保险公司投保之间没有必然的联系。例如,“……投保 × ×险别,按照中国人民保险公司 1981 年 1 月 1 日的保险条款执行”,并不意味着一定要到中国人民保险公司去投保,投保人可以到任意哪家愿意并且能够承保,同时又愿意使该保险合同受某一种保险条款约束的保险公司去投保。

第八节　本 章 小 结

在进出口双方确定国际货物运输保险时,企业应多与保险公司沟通,了解保险类型、正确地洽商保险条款、选择险别、填写保单内容以促进交易的达成,合理地规避风险。企业应密切关注时事发展及相关经济、政策形势,依法、审慎地履行法律与保险合同下己方的各项义务与责任,同时做好证据收集和保留工作,必要时可寻求专业法律人士提供咨询、指导和帮助,为可能出现的法律纠纷做好万全准备。

第六章

产品资质认证及检验法律风险防控

在国际贸易中，买卖双方分隔两地，合同中所涉及的货物难以当面验收交付，大多数都经由第三方承运人将货物运输到目的地后，再由进口商接收货物。在这个过程中，一旦货物发生不符合同的情形，买卖双方就容易因责任承担与损害赔偿等产生争议。为了明确各有关方面的责任，避免风险和减少贸易纠纷，需要合同双方对货物的品质、检验时间、地点、人员和检验方式、检验标准等内容进行明确约定。

第一节　产品资质认证及检验涉及的主要法律规则

产品资质认证及检验涉及的主要法律规则有：《民法典》《海商法》《进出口商品检验法》《进出境动植物检疫法》；《联合国国际货物销售合同公约》《国际商事合同通则》；等等。

一、中国法律规则

（一）《民法典》

第620条　买受人收到标的物时应当在约定的检验期限内检验。没有约定检验期限的，应当及时检验。

第621条　当事人约定检验期限的，买受人应当在检验期限内将标的物的数量或者质量不符合约定的情形通知出卖人。买受人怠于通知的，视为标的物的数量或者质量符合约定。

当事人没有约定检验期限的，买受人应当在发现或者应当发现标的物的数量或者质量不符合约定的合理期限内通知出卖人。买受人在合理期限内未通知或者自收到标的物之日起二年内未通知出卖人的，视为标的物的数量或者质量符合约定；但是，对标的物有质量保证期的，适用质量保证期，不适用该二年的规定。

出卖人知道或者应当知道提供的标的物不符合约定的，买受人不受前两款规定的通知时间的限制。

第622条　当事人约定的检验期限过短，根据标的物的性质和交易习惯，买受人在检验期限内难以完成全面检验的，该期限仅视为买受人对标的物的外观瑕疵提出异议的期限。

约定的检验期限或者质量保证期短于法律、行政法规规定期限的，应当以法律、行政法规规定的期限为准。

第623条　当事人对检验期限未作约定，买受人签收的送货单、确认单等载明标的物数量、型号、规格的，推定买受人已经对数量和外观瑕疵进行检验，但是有相关证据足以推翻的除外。

第624条　出卖人依照买受人的指示向第三人交付标的物，出卖人和买受人约定的检验标准与买受人和第三人约定的检验标准不一致的，以出卖人和买受人约定的检验标准为准。

（二）《海商法》

第81条　承运人向收货人交付货物时，收货人未将货物灭失或者损坏的情况书面通知承运人的，此项交付视为承运人已经按照运输单证的记载交付以及货物状况良好的初步证据。

货物灭失或者损坏的情况非显而易见的，在货物交付的次日起连续七日内，集装箱货物交付的次日起连续十五日内，收货人未提交书面通知的，适用前款规定。

货物交付时，收货人已经会同承运人对货物进行联合检查或者检验的，无需就所查明的灭失或者损坏的情况提交书面通知。

第82条　承运人自向收货人交付货物的次日起连续六十日内，未收到收货人就货物因迟延交付造成经济损失而提交的书面通知的，不负赔偿责任。

第83条　收货人在目的港提取货物前或者承运人在目的港交付货物前，可以要求检验机构对货物状况进行检验；要求检验的一方应当支付检验费用，但是有权向造成货物损失的责任方追偿。

第84条　承运人和收货人对本法第八十一条和第八十三条规定的检验，应当相互提供合理的便利条件。

(三)《进出口商品检验法》

《进出口商品检验法》是为了加强进出口商品检验工作,规范进出口商品检验行为,维护社会公共利益和进出口贸易有关各方的合法权益,促进对外经济贸易关系的顺利发展制定的。该法包括进出口商品的检验、监督管理及法律责任等内容。现列举相关条款如下。

第11条 本法规定必须经商检机构检验的进口商品的收货人或者其代理人,应当向报关地的商检机构报检。

第12条 本法规定必须经商检机构检验的进口商品的收货人或者其代理人,应当在商检机构规定的地点和期限内,接受商检机构对进口商品的检验。商检机构应当在国家商检部门统一规定的期限内检验完毕,并出具检验证单。

第13条 本法规定必须经商检机构检验的进口商品以外的进口商品的收货人,发现进口商品质量不合格或者残损短缺,需要由商检机构出证索赔的,应当向商检机构申请检验出证。

第14条 对重要的进口商品和大型的成套设备,收货人应当依据对外贸易合同约定在出口国装运前进行预检验、监造或者监装,主管部门应当加强监督;商检机构根据需要可以派出检验人员参加。

第15条 本法规定必须经商检机构检验的出口商品的发货人或者其代理人,应当在商检机构规定的地点和期限内,向商检机构报检。商检机构应当在国家商检部门统一规定的期限内检验完毕,并出具检验证单。

第16条 经商检机构检验合格发给检验证单的出口商品,应当在商检机构规定的期限内报关出口;超过期限的,应当重新报检。

第17条 为出口危险货物生产包装容器的企业,必须申请商检机构进行包装容器的性能鉴定。生产出口危险货物的企业,必须申请商检机构进行包装容器的使用鉴定。使用未经鉴定合格的包装容器的危险货物,不准出口。

第18条 对装运出口易腐烂变质食品的船舱和集装箱,承运人或者装箱单位必须在装货前申请检验。未经检验合格的,不准装运。

(四)《进出境动植物检疫法》

该法分为八章:总则、进境检疫、出境检疫、过境检疫、携带、邮寄物检疫、运输工具检疫、法律责任和附则。其部分相关条文如下：

第1条 为防止动物传染病、寄生虫病和植物危险性病、虫、杂草以及其他有害生物(以下简称病虫害)传入、传出国境,保护农、林、牧、渔业生产和人体健康,促进对外经济贸易的发展,制定本法。

第2条 进出境的动植物、动植物产品和其他检疫物,装载动植物、动植物产品和其他检疫物的装载容器、包装物,以及来自动植物疫区的运输工具,依照本法规定实施检疫。

第7条 国家动植物检疫机关和口岸动植物检疫机关对进出境动植物、动植物产品的生产、加工、存放过程,实行检疫监督制度。

第12条 货主或者其代理人应当在动植物、动植物产品和其他检疫物进境前或者进境时持输出国家或者地区的检疫证书、贸易合同等单证,向进境口岸动植物检疫机关报检。

第15条 输入动植物、动植物产品和其他检疫物,经检疫合格的,准予进境;海关凭口岸动植物检疫机关签发的检疫单证或者在报关单上加盖的印章验放。

输入动植物、动植物产品和其他检疫物,需调离海关监管区检疫的,海关凭口岸动植物检疫机关签发的《检疫调离通知单》验放。

第20条 货主或者其代理人在动植物、动植物产品和其他检疫物出境前,向口岸动植物检疫机关报检。

出境前需经隔离检疫的动物,在口岸动植物检疫机关指定的隔离场所检疫。

第21条 输出动植物、动植物产品和其他检疫物,由口岸动植物检疫机关实施检疫,经检疫合格或者经除害处理合格的,准予出境;海关凭口岸动植物检疫机关签发的检疫证书或者在报关单上加盖的印章验放。检疫不合格又无有效方法作除害处理的,不准出境。

二、国际法律规则

(一)《联合国国际货物销售合同公约》

第35条 (1)卖方交付的货物必须与合同所规定的数量、质量和规格相符,并须按照合同所规定的方式装箱或包装。

(2)除双方当事人业已另有协议外,货物除非符合以下规定,否则即为与合同不符：

(a)货物适用于同一规格货物通常使用的目的;

(b)货物适用于订立合同时曾明示或默示地通知卖方的任何特定目的,除非情况表明买方并不依赖卖方的技能和判断力,或者这种依赖对他是不合理的;

(c)货物的质量与卖方向买方提供的货物样品或样式相同;

(d)货物按照同类货物通用的方式装箱或包装,如果没有此种通用方式,则按照足以保全和保护货物的方式装箱或包装。

(3)如果买方在订立合同时知道或者不可能不知道货物不符合同,卖方就无须按上一款(a)项至(d)项负有此种不符合同的责任。

第38条 (1)买方必须在按情况实际可行的最短时间内检验货物或由他人检验货物。

(2)如果合同涉及货物的运输,检验可推迟到货物到达目的地后进行。

(3)如果货物在运输途中改运或买方须再发运货物,没有合理机会加以检验,而卖方在订立合同时已知道或理应知道这种改运或再发运的可能性,检验可推迟到货物到达新目的地后进行。

第39条 (1)买方对货物不符合同,必须在发现或理应发现不符情形后一段合理时间内通知卖方,说明不符合同情形的性质,否则就丧失声称货物不符合同的权利。

(2)无论如何,如果买方不在实际收到货物之日起两年内将货物不符情形通知卖方,他就丧失声称货物不符合同的权利,除非这一时限与合同规定的保证期限不符。

(二)《国际商事合同通则》(2016年版)

《国际商事合同通则》自1994年首次发表后,国际统一私法协会广纳专家的意见,先后三次对其修改。2016年出版的第4版通则已被译成15种语言。正如通则工作组主席Bonell先生所言,通则现已成为很多跨国合同的准据法。[①]

第5.1.6条(履行质量的确定) 如果合同中未规定履行质量,而且根据合同也无法确定履行质量,则一方当事人有义务使其履行质量达到合理的标准,并且不得低于所涉情况的平均水准。

---

① [德]埃卡特·J. 布鲁德:《国际商事合同通则——逐条评论》,王欣等译,法律出版社2021年版,第1页。(后续所引有关《通则》的条文均转引自该版译文,特此说明)

第二节　法律风险提示

一、忽视货物检验所产生的风险

货物检验是衡量卖方提供的货物品质、数量是否符合法律要求及合同约定的最重要的手段。如果忽视货物检验问题，就可能在发生货物不符合约定或是残次品等情形时发生纠纷，使企业陷入被动，遭受损失。

二、货物检验标准约定不明确所产生的风险

货物检验标准对认定卖方提交的货物是否符合合同约定至关重要，按照检验标准作出的检验结果是解决买卖双方纠纷的关键依据。交易双方应在合同签订前充分沟通，制订明确、详细的品质条款和检验标准条款。

三、约定的货物检验时间地点对己方不利的风险

商品检验的时间和地点包含买卖双方对商品品质"定性"的权力"分配"问题，就是买卖双方究竟由谁来行使对货物的检验权，即确定检验结果以哪一方提供的检验证书为准。企业应根据货物的储存特点、易损程度及航运安全系数等选择对己方有利的检验时间和地点。

四、约定的检验机构对己方不利的风险

检验机构分为官方机构和独立机构两大类。官方机构即各国对进出口商品依法实施检验检疫的特设机构，如我国的国家市场监督管理总局；独立机构即由民间的商会、协会、同业公会或私人设立的专业的、独立的民间检验机构，如瑞士通用公证行（SGS）。检验条款应当明确检验机构的名称，避免因此产生争议。

五、产品不符合进出口国检验检疫规定的风险

产品的进出口需要经过进口国和出口国海关的检验检疫，即强制性的法定检验，对于有些产品的检查尤其严格，可能因抽检品质不合格而被海关扣货，给进出口双方都造成损失。企业应了解进口和出口国海关对于产品的检验标准和流程，按照要求出口产品。

六、索赔期限约定不当的风险

索赔期限是买方经检验发现货物不符合合同约定,向卖方提出异议的期限。索赔期限通常与检验期限联系在一起,买方必须先在检验期限内由检验机构进行检验,只有在证明货物不符合合同约定时才能进行索赔,同时索赔应在商品质量的保证期限内提出。如果约定的索赔期限太长,时间拖得太久,索赔难度就会越大,也不适用于产品规定了保质期限等的情况。因此对检验期限和索赔期限应进行合理约定,特别是易腐易生锈的特殊货物。

七、在发生货物检验纠纷时举证有难度的风险

有些企业不太重视对质量检验相关文件的保存,包括检验证书、质量异议函件、售后服务确认函件、会议记录等,在纠纷发生时往往有口难辩。企业在整个流程中应注重对相关材料或证据的保留、收集,以备不时之需。

第三节　与检验条款有关的法律风险案情回顾及风险防控

一、忽视货物检验所产生的法律风险案情回顾及风险防范

(一)忽视货物检验所产生的法律风险的典型案例

案例1

新加坡出口公司A向中国进口公司B以CIF大连条件出口一批土特产,B公司又将该批货物转卖给马来西亚公司C。货到大连后,B公司发现货物质量有问题,但仍将原货转销至马来西亚。在销往马来西亚的过程中,C公司认为货物质量有问题,凭马来西亚商检机构签发的检验证书向B公司索赔。其后,B公司在合同规定的索赔期限内凭马来西亚商检机构签发的检验证书向A公司提出退货要求。双方产生争议,提起仲裁。仲裁庭审理认为,马来西亚商检机构出具的检验证书无效。中国B公司已经转卖给马来西亚C公司,意味着对货物的接受,B公司已经丧失了对货物的检验权,A公司有权拒绝退货。①

在本案例中,企业就是因为忽视了货物检验而给自身造成了损失。因此在涉

---

① 陈晓峰编:《企业国际贸易:法律风险管理与防范策略》,法律出版社2009年版,第22页。

外往来中，企业应重视货物检验问题，在合同中进行明确的约定，避免不必要的损失。

案例2

A公司于2021年9月7日向海关申报一批进口货物，货物品名为纸板制纸盒和按键控制电路板。该批货物在A公司申报后被命中目的地查验指令，但由于A公司工作人员疏忽导致在未完成检验指令的情况下，将货物发送至客户B公司予以使用。经查，该批货物涉及海关特定监管条件。A公司的行为属于违反我国《进出口商品检验法》第32条的擅自使用未经检验的属于法定检验的进口商品和擅自使用应当申请进口验证而未申请的进口商品的行为。海关根据《中华人民共和国进出口商品检验法实施条例》第43条之规定，对A公司科处相应罚款。

法定检验商品需在报检并经检验合格后才可以销售、使用。根据《进出口商品检验法》第33条之规定，违反本法规定，将必须经商检机构检验的进口商品未报经检验而擅自销售或者使用的，或者将必须经商检机构检验的出口商品未报经检验合格而擅自出口的，由商检机构没收违法所得，并处货值金额5%以上20%以下的罚款；构成犯罪的，依法追究刑事责任。本案中，A公司申报进口纸板制纸盒和按键控制电路板，该批货物在申报后被命中目的地查验指令，应当依法接受检验。由于A公司工作人员疏忽导致在未完成检验指令的情况下，将货物发送至客户予以使用违反了上述接受检验的法律义务，构成违法。

（二）忽视货物检验所产生的法律风险分析

根据《联合国国际货物销售合同公约》第38条的规定，进口商即买方负有验货义务。买方必须在按情况实际可行的最短时间内检验货物或由他人检验货物；如果涉及货物的运输，检验可推迟到货物到达目的地后进行；如果货物在运输途中改运或买方须再发运货物，需要加以检验，而卖方在订立合同时已知道或理应知道这种改运或再发运的可能性，检验可推迟到货物到达新目的地后进行。

在国际贸易活动中，由于层层中间贸易商的存在，进口商在接收货物后，往往需要再发运，无法自己直接验收，而是运往新目的地后才能进行。如果企业忽视货物检验的问题，未在合同中对此进行明确的约定，未能及时对货物进行检验，就可能产生争议，给企业造成损失。

（三）忽视货物检验所产生的法律风险防控

企业应重视货物检验问题，在合同中约定明确的检验条款。如果货物有改运或再发运的可能性,应与卖方进行充分的沟通,在合同中进行明确说明,并约定足够长的检验期限,在货物运抵新目的地后及时进行检验,避免因忽视货物检验而使自身处于不利地位,甚至丧失相应的索赔权,给各方造成不必要的损失。

二、货物检验标准约定不明确所产生的法律风险案情回顾及风险防范

(一)货物检验标准约定不明确所产生的法律风险的典型案例

2008 年,土耳其的 A 电子公司向中国的 B 电信公司订购 7000 部手提电话,并预付了 100 万余元货款。因先期交货的 900 部电话在土耳其被认定不符合该国标准而被责令召回。电子公司诉请电信公司退回货款及支付利息、其他损失。电信公司以发货前委托第三方进行鉴定显示质量合格为由,反诉赔偿可得利益损失。

法院认为,在各国、各地区对产品特别是包括手机在内特殊行业产品可能采用不同质量标准和要求的情况下,对产品质量标准和要求事先作出明确、具体约定,应是必须和正确的,但本案中双方当事人均未提交就质量标准和要求事先专门作出明确、具体约定的证据。A 公司接受 B 公司提交的单方委托认证意见,不能当然认为认证意见所依据规格/标准,即为能实现合同目的质量要求。跨国电信产品技术标准和质量要求属相对复杂问题。手机这类较为精密且需电信科技予以支撑的产品,特别是跨国电信产品的买卖,即使产品本身不存在瑕疵、缺陷,能否正常、有效使用亦存在一定不确定性,而买卖双方未通过签订书面合同对产品的技术标准和质量要求、产品检验以及质量问题处理、风险负担与责任承担等进行约定,对此双方均有责任。即使 B 公司可以将发货前认证意见作为其产品合格的事实根据,但 B 公司亦无充分根据推翻其输出产品在土耳其因部分检验项目未能通过而被指令召回的事实发生,在证据效力不相上下的情况下,以交付货物为节点,交付之后的检验结论较交付之前的检验结论,一般情况下更能反映事物的发展变化,此亦符合正常逻辑规律,故对产品被召回的现实状况,B 公司承担超过一半的责任。① 可见,出口商品在进口国因质量问题而被责令召回,在买卖双方未就质量标准事先作出明确、具体约定的情况下,可能认定双方均负有责任。

---

① 捷跑电子科技有限公司诉青岛海信进出口有限公司国际货物买卖合同纠纷案,载《最高人民法院公报》2013 年第 11 期。

（二）货物检验标准约定不明确所产生的法律风险解析

按照《联合国国际货物销售合同公约》第 35 条的规定，出口商即卖方负有品质担保义务。按照一般原则，如果合同已对货物的品质、规格有具体约定的，卖方应按合同约定的品质和规格交货；如果合同没有具体约定，则卖方所交货物应符合法律规定的要求。

检验条款与索赔密切相关，根据合同或法律作出的检验结果，是判断卖方提交的货物是否与合同相符的依据，是买方向卖方索赔的依据，因此检验标准对买卖双方都意义重大。如果买方对货物质量提出高于一般标准的要求，卖方应与买方充分沟通，并在合同中明确约定，以免由于品质和检验标准约定不明而产生纠纷。

（三）货物检验标准约定不明确所产生的法律风险防控

品质条款和检验条款是质量纠纷中最重要的依据，对合同的重要意义不言而喻。对于出口商而言，需要做到以下几点。

1. 在国际货物买卖合同中，应制订明确、详细的品质条款和检验条款，同时，对于质量检验的允许幅度范围或质量标准的变更也应进行书面约定。

2. 品质条款和检验条款的制定应当注意科学性、严密性和准确性，正确选择表示品质的方法并合理确定条件，注意相关内容的协调一致。品质条款和检验条款应该便于执行，避免使用空洞的描述，如"上等材料""优质产品"等，同时应注意条款的灵活性，避免因品质条款过于绝对而造成不必要的损失。

3. 对于复杂产品，鉴于技术规格复杂，内容繁多，在合同中难以评述的，可以列入附件。

4. 卖方应按照约定的质量标准或样品进行生产，加强生产管理和监控。

5. 注重对货物的检验，充分把握检验的机会和时间，切忌漏检、不检，发现质量问题立即与生产商联系，提出异议。

三、约定的货物检验时间、地点对己方不利所产生的法律风险案情回顾及风险防控

（一）约定的货物检验时间、地点对己方不利的典型案例

中国 A 公司向奥地利 B 公司出售螺纹钢，贸易术语为 CIF，规格要求是符合

英国国家钢筋混凝土标准 1997 年版(BS4449/1997)。买卖合同中没有独立的检验条款,而是在支付条款中表述:B 公司在货物装船后凭正本提单、原产地证书等单据向 A 公司支付 93% 的货款,剩余部分待货物到达目的港后凭目的港 SGS 检验结果支付。货物运抵目的港后,SGS 检验后出具的检验报告显示:货物存在不同程度的锈蚀,部分钢材出现弯曲,不再是一等品。于是 B 公司依此检验结论拒绝支付 7% 的剩余货款,双方发生争议并提起仲裁。

在本案例中,通过合同中的支付条件可以看出,买卖双方约定的是到货检验,由买方自行委托卸货港的检验机构 SGS 对货物品质进行检验。这样的检验约定对买方的保障显然是不充分的,在没有任何关于货物品质状况的证明文件的情况下就支付 93% 的货款增加了买方的风险。如果买方在合同中要求卖方将钢材制造商的检验证明作为议付文件之一,买方至少可以通过货物的来源判断质量不符的风险大小;或者在起运前委托装运港的相关检验机构对货物进行检验,并将此检验报告作为信用证议付的文件之一,以保障付款安全。[①]

(二)约定的货物检验时间、地点对己方不利的法律风险解析

货物检验结果不仅会影响交易的顺利进行,也会影响货物的报关和纠纷的处理。对检验结果产生直接影响的除了货物本身的生产加工质量以外,检验期限和检验地点也是重要的因素。检验地的检验标准、检验技术、检验制度都会对检验结果产生影响。如果检验地点选择不当,最终的检验结果很可能会对己方不利或引起争议。

(三)约定的货物检验时间、地点对己方不利的法律风险防控[②]

约定的货物检验地点要有利于交易顺利进行并维护自身利益,最好的办法是了解常见的检验条款,对交易双方进行合理的利弊衡量。在国际货物买卖合同中,有关检验时间和地点的规定办法,主要可归纳如下。

1. 产地(工厂)检验

产地(工厂)检验是指货物在产地出运或工厂出厂前,由产地或工厂的检验部

---

① 张淑珍、王燕:《企业常用合同范本——国际货物买卖合同》,北京大学出版社 2013 年版,第 173 ~ 174 页。

② 黎孝先、王健主编:《国际贸易实务》(第 5 版),对外经济贸易大学出版社 2011 年版,第 240 ~ 243 页。

门或买方的验收人员进行检验和验收，并由合同中约定的检验机构出具检验证书，作为卖方所交货物的品质、重量（数量）等检验内容的最后依据。卖方只承担货物离开产地或工厂前的责任。

这种方法对卖方相对有利，但却否定了买方的复验权，对买方相对不利。因此在这种方式下，如果以商检机构检验的结果为依据，一般适用于技术含量不高、通常不会出现质量问题的普通商品；如果是专业性较强、质量要求比较严格的商品，则由买方亲自检验合格以后再发货比较妥当。这样，对于卖方，可以避免日后因质量问题引发争议和索赔；对于买方，在很大程度上杜绝了假冒伪劣的可能性。

2. 装运港（地）检验

装运港（地）检验又称“离岸品质、离岸重量”，是指货物在装运港或装运地交货前，由合同中约定的检验机构对货物的品质、重量（数量）等进行检验，并以该机构出具的检验证书作为最后依据。卖方对交货后货物所发生的变化不承担责任。

这种方法对卖方相对有利，也否定了买方的复验权，对买方相对不利。按照这种方法，通常只有在到货品质完全不符合买卖合同的规定、出现重大质量问题的时候，买方才有希望推翻出口地商检机构的检验结果；且买方在收到货物时，货款通常已经支付给卖方，买方将陷入十分困难和被动的境地，维权十分困难。

3. 目的港（地）检验

目的港（地）检验又称“到岸品质、到岸重量”，是指货物运达目的港或目的地时，由合同约定的检验机构在约定的时间内，就地对商品进行检验，并以该机构出具的检验证书作为卖方所交货物品质、重量（数量）等的最后依据。买方有权根据货物运抵目的港或目的地时的检验结果，对属于卖方责任的品质、重量等不符点向卖方索赔。

这种做法对买方相对有利，而对卖方则相对不利。如果买方有意找卖方的麻烦，可能串通检验机构作出“不合格”的检验证明，而此时货物远在异国，卖方难以验证，容易遭受损失。因此在采用这种做法时需要结合支付条件加以考虑，避免在没有任何关于货物品质状况的证明文件的情况下支付货款。

4. 出口国检验、进口国复检

以合同约定的装运港或装运地检验机构出具的检验证书作为向买方交货并收取货款的凭证之一。货物运抵目的港或目的地后，由双方约定的检验机构在约定的地点和期限内对货物进行复检，以复验的检验证书作为向卖方索赔的依据。

这种做法兼顾了买卖双方的利益,较为公平合理,因而是国际货物买卖中最常见的一种规定检验时间和地点的方法,也是我国进出口业务中最常用的一种方法。

四、检验机构约定不明确的案情回顾及风险防控

(一)检验机构约定不明确的典型案例

中国A公司同美国B公司签订合同,约定B公司向A公司采购一批PVC绝缘电缆,合同中未明确约定检验机构。A公司交货后,B公司委托一家德国检测机构出具了一份关于A公司交付的PVC绝缘电缆不合格的检验报告,并据此认定A公司销售的电缆存在质量问题,拒绝支付货款。随后A公司向该德国检测机构提出异议,反复沟通无效后,A公司决定提起诉讼。在中国一家国内权威检验机构的支持下,德国检测机构最终承认其检测存在疏漏。

近年来,部分国家当事人频繁声称中国出口产品检验检测认证不合格,借此提出违约索赔甚至禁售措施,使我国出口企业蒙受巨大损失。本案例中,B公司采信了德国检验机构的报告,认定中国出口产品质量不合格,并由此拒绝付款。虽经国内权威机构检测,最终认定产品质量已经达到合同要求,但相关争议已经使A公司遭受了不必要的损失。可见,除了货物本身的生产加工质量以外,检验机构及其检验标准、检验技术等都会对检验结果产生影响。如果检验机构选择不明确,被动接受国外检验机构的结果,可能最终的检验结果会对己方不利或引起争议,带来不必要的损失。

(二)检验机构约定不明确的法律风险分析

通常情况下,买卖合同中都约定将装货港检验作为买方付款的依据,卸货港检验作为判断货物质量的依据。如果在合同中未明确检验机构名称,卖方可能会出于节约费用、便利性或方便合作等自身利益考虑选择检验机构,使检验结果的客观性、公正性大打折扣,可能会使装运前的检验流于形式,使买方在收到货物之前丧失一次拒付货款的机会。到货检验是由买方控制,在发生纠纷时检验结果是买方向卖方索赔的依据,如果检验结果与合同不符,双方可能会对检验结果的权威性产生争议,特别是在约定到货检验与装运前检验结果不一致的情况下,容易产生纠纷使合同难以顺畅履行,买方的救济权也无法及时行使。

（三）检验机构约定不明确的法律风险防控

国际上的商品检验机构，其种类繁多，名称各异，有的称作公证行（Authentic Surveyor）、宣誓衡量人（Sworn Measurer），也有的称作实验室（Laboratory）。检验机构的类型，大体可归纳为官方检验机构、半官方检验机构和非官方检验机构三种。

（1）官方检验机构。官方检验机构是指由国家或地方政府投资，按照国家有关法律法令对出入境商品实施检验、鉴定和监督管理的机构。例如，中华人民共和国出入境检验检疫局（China Entry – exit Inspection and Quarantine Bureau，CIQ），它是国家市场监督管理总局的直属机构，中国各省、自治区和直辖市都设有直属分局；美国的美国食品药品监督管理局（FDA）、美国动植物检疫署和美国粮谷检验署以及日本通商省检验所。

（2）半官方检验机构。半官方检验机构是指一些有一定权威的、由国家政府授权、代表政府行使某项商品检验或某一方面检验管理工作的民间机构。例如，根据美国政府的规定，凡是进口与防盗信号、化学危险品以及与电器、供暖、防水等有关产品的安全检验和鉴定，必须经美国保险人实验室（Underwriter's Laboratory）这一半官方检验机构检验认证合格，并贴上该实验室的英文缩写标志"UL"后，该产品方可进入美国市场。

（3）非官方检验机构。非官方检验机构主要是指由私人创办的、具有专业检验、鉴定技术能力的公证行或检验公司，如英国劳埃氏公证行（Lloyd's Surveyor）、瑞士日内瓦通用公证行（Societe General de Surveillance S. A. ，SGS）、中国检验认证集团（CCIC）①。这些机构在全世界范围内具有不同凡响的知名度和认可度，甚至很多非洲国家政府明文规定本国进口产品必须凭 SGS 检验证书办理进口通关手续。

交易双方应在合同中对检验机构进行明确约定，最好指定一个国际上有影响力、资信良好、专业实力强的第三方检验机构，如瑞士通用公证行（SGS）和中国检

---

① 中国检验认证集团（简称中国中检）是经国务院批准设立、国务院国资委管理的中央企业，是以"标准、检验、检测、认证"为主业的综合性质量服务机构，创建于 1980 年，已经成为"中国第一，世界知名"的国际化检验检测认证企业集团，拥有 CCIC 和 CQC 两大品牌，设有检验公司、中国质量认证中心（CQC）、测试公司三大业务平台，国内机构网络完备，在 30 多个国家（地区）的主要口岸和货物集散地设有机构。

验认证集团(CCIC),以确保检验结果的公正性。

此外,检验条款中应约定检验结果与合同不符时的处理机制,可以明确约定以装运前或到货后的一个检验结果为准,如果以最终检验[①]的方式来解决,则应对最终检验的检验机构也予以明确,避免因检验机构的选择和指定产生争议而浪费时间。

五、产品不符合进出口国检验检疫规定

(一)产品不符合进出口国检验检疫规定的典型案例

某制造企业 A 公司采用 OEM 贴牌定制生产模式,常年为境外客户生产加工某零部件,该零部件在进口国被按照医疗器械零部件进行管理,但是 A 公司在自行确认国内相关监管规定后,认为该零部件不属于需要办理相关注册手续的医疗设备零部件,因此其一直使用普通的零部件税号向海关申报出口。近期,海关在出口查验中发现该零部件所标注的外文标识记载有涉及医疗的相关内容,以申报不实为由暂扣货物并移送海关缉私部门立案调查。

在世界各国的防疫物资订单激增的背景下,如上述案例中的 A 公司一样,不少此前并非从事医疗物资进出口的外贸企业,都主动或被动地参与到相关的贸易活动中。同时,即使是从事医疗物资进出口的外贸企业,在日新月异的监管政策下也未能适应,以致实务中造成客观上的错报漏报而被处罚的令人遗憾的情形的发生。[②]

(二)产品不符合进出口国检验检疫规定的法律风险分析

很多产品的进出口需要经过进口国和出口国海关的检验检疫,即强制性的法定检验。各国针对不同商品可能会有不同的法定强制检验的政策,对于有些产品例如酒类产品的规定尤其严格。例如,红酒中干邑产品就常因塑化剂含量较高而被挡在了中国国门外,还有奶粉等食品和药品常因抽检品质不合格而被海关扣

---

① 在到货检验结果与装运前检验结果不符时,为了公平起见,双方再另行委托一个检验机构对货物进行检验,即称为最终检验。最终检验只是一个预防条款,是否真正实施要视到货检验结果与装港检验结果的差异情况而定。

② 景云峰、欧阳劲松等:《新海关时代出入境检验检疫合规实务系列——特辑(一):防疫物资出口海关监管与涉检案件的罪与罚》,载北大法宝 2020 年 5 月 9 日,https://www.pkulaw.com/lawfirmarticles/23847b5112b5788456500b282bbde507bdfb.html。

货，给进出口双方都造成损失。尤其是当货物符合合同约定的检验标准却不符合进出口国的法定检验标准时，买方不能要求卖方承担赔偿责任，也不能要求卖方承担退运造成的损失。

还应注意的是，检验的对象不仅包括货物本身，如果进口国对货物的外包装有限制性规定的，货物的外包装也是检验的对象。但是，通常情况下，卖方提供的包装足以保护货物运输途中不受损害即可，没有使货物包装符合进口国某些限制性规定的额外义务。因此，如果需要对货物包装进行特别的检验或处理，买卖双方应在合同中作出相应的约定。

（三）产品不符合进出口国检验检疫规定的法律风险防控

在合同签订之前一定要将双方海关的产品管制和产品质量检测及检验检疫要求了解清楚。可以向货代、海关工作人员、检验检疫机构工作人员或法律专业人士等进行咨询。签订合同时，应注意法定检验与合同约定的检验标准的一致性，尽量将货物或其包装的法定检验标准作为一项品质要求予以规定，并声明该标准为法定标准。如果货物不符合该标准，可能导致货物被退运、拒收，避免货物符合合同约定的检验标准却不符合进出口国的法定检验标准，给双方造成不必要损失的情况。

除此之外，为确保合法有效地将合规的产品及时顺利进出口，企业在进行货物进出口贸易时还应关注各国相关监管政策的更新情况，大致列举如下。

1. 在新型冠状病毒肺炎疫情期间各国针对口罩等防疫物资出台了特殊政策

（1）沙特阿拉伯王国食品药品监管部门规定：①药品不得递送给沙特阿拉伯王国的任何特定个人。②不得进口维生素或用于增肌的类固醇，除非该药品由沙特阿拉伯的注册公司经销，且取得卫生部（MOH）的批准。③任何药品进口至沙特阿拉伯，必须事先取得卫生部（MOH）的批准。④任何药品进口应采用温控包装。违反以上规定将导致托运货物被没收，并由海关销毁，同时沙特阿拉伯有关部门将对收货人处以罚款。（2）中国的进出口规定：新型冠状病毒肺炎疫情期间，我国防疫物资出口激增，中国海关总署等相关部门针对医疗物资的出口发布了多项公告，包括《关于有序开展医疗物资出口的公告》《关于进一步加强防疫物资出口质量监管的公告》等，明确加强医疗物资监管措施，并要求出口方和进口方签订共同声明，确认有关的质量标准以及双方的责任。

2. 中国关于固体废物进口管理的新规定

为落实《固体废物污染环境防治法》中有关固体废物进口管理的修订内容,生态环境部、商务部、国家发改委、海关总署联合发布了《关于全面禁止进口固体废物有关事项的公告》。禁止以任何方式进口固体废物。禁止我国境外的固体废物进境倾倒、堆放、处置。生态环境部停止受理和审批限制进口类可用作原料的固体废物进口许可证的申请。公告自2021年1月1日起施行。

3. 澳大利亚海关的一些规定

澳大利亚海关规定,以下物品不得进口至该国:激光笔、弹簧刀以及新型电击装置,如电苍蝇拍和香烟打火机。这些物品在进入澳大利亚境内时,将被海关及边防拦截和销毁。进出商要确保所发运的货物中无上述物品。

第四节　发生货物检验纠纷时举证有难度的案情回顾及风险防控

一、发生货物检验纠纷时举证有难度的典型案例

2018年3月,中国A公司从加拿大B公司进口机械设备一批,总计货款400万美元。货款支付方式为,合同签订后10日内支付30%的预付款,其余货款通过即期信用证结算。同时,合同约定产品品质保证期为1年,如果在安装、机械测试、试运行和性能测试期间发现设备和材料有任何缺陷,这些缺陷应由双方当事人进行确认。合同签订后,2018年9月,加拿大B公司向A公司交付了设备。10月,B公司派专家到A公司开始进行安装调试,至2019年4月止共派出7批专家调试都未能达到进口商要求的产品性能。由于这种机械设备的性能在中国国内无法进行检验,A公司依据合同约定在质保期内向中国国际经济贸易仲裁委员会提起仲裁,请求退货,请求B公司退还货款并赔偿其他损失。但B公司辩称系A公司在操作和维护设备时使用不当造成设备无法运行,A公司系无理拒收货物。本案中,由于在B公司专家7次来中国调试设备期间,双方未形成书面备忘录,因此,调试设备的过程及结果都无法证明,关于B公司设备质量存在缺陷的证据并不充分,后双方达成和解,加拿大B公司调换了设备。

虽然中国A公司在产品品质保证期之内提起仲裁,但由于无法提供设备不合格的检测报告,且未保存好能够证明设备调试过程及结果的证据,进口商主张进口货物质量不合格要求退货因证据不足而难以得到支持。

二、发生货物检验纠纷时举证有难度的法律风险分析

有些公司对于产品的售后服务有完善的登记制度，但大部分公司却不太重视对与质量检验相关的文件的保存，包括检验证书、质量异议函件、售后服务确认函件、会议记录等，在纠纷发生时往往有口难辩。

三、发生货物检验纠纷时举证有难度的法律风险防控

1. 应当熟悉产品的检验机构和检验规则，如果本国无法检测的，应委托有资质的第三方机构进行检测。

2. 进口商在某些市场情况下，对于商品的品质可能会存在一定范围的修改，出口商应注意保存载明此种修改的书面文件。

3. 一旦国外买家向国内出口商发出索赔，应当及时以书面形式向国内生产商书面通报索赔情况并声明保留追索权，邀请国内生产商参与处理索赔事宜。同时在处理索赔过程中，要求进口商在检验报告中详细列明与货物有关的船名、提单号码、集装箱号、铅封号码、外包装状况、唛头、检验地点、照片等必要文件。证据形式上可以依法要求经公证机关公证、使领馆认证等程序。

第五节　合同条款示例①

例 1：检验：将中华人民共和国出入境检验检疫局签发的品质证和重量证作为信用证项下的议付单据之一。买方有权在目的地自费对货物进行复验。如果发现货物质量或重量与买卖合同规定不符，买方有权凭经卖方同意的公证机构出具的检验证明向卖方提起索赔。索赔须在货到目的地 60 天以内提出。

Inspection：The Certificate of Quality and Weight issued by CIQ（Entry – Exit Inspection and Quarantine Bureau of the People’s Republic of China）at the port or place of shipment shall be part of documents to be presented for negotiation under the relevant L/C. The buyers shall have the right to reinspect the quality and weight of the cargo with the reinspection fee borne by the buyers themselves. Should the quality and/ or weight be found not in conformity with that of the contract，the buyers are en-

---

① 田运银主编：《国际贸易实务精讲》（第 7 版），中国海关出版社 2018 年版，第 265 ~ 266 页。

titled to lodge a claim with the sellers with the survey reports issued by a recognized surveyor approved by the sellers. The claim, if any, shall be lodged within 60 days after arrival of the cargo at the port or place of destination.

例 2:检验:卖方装运前的检验为最终检验,相关检验报告应附在装运单据上。如果货物的规格和质量与买卖合同及提交的单据不符,越南检验监督管理所将对货物另行检验。如果证明是卖方的责任,索赔将在货到 15 天之内凭越南检验监督管理所出具的检验报告向卖方提出,卖方则应在收到索赔通知的 15 个工作日内理赔。

Inspection: Seller's inspection before shipment shall be final, and related inspection report attached to the shipping documents. If the specifications and quality of the goods do not conform to the sales contract and the documents submitted, the Vietnam Inspection and Superintendent Organization (VINACONTROL) will inspect the goods separately. Claims, if any, shall be cabled to the seller and confirmed by registered airmail together with supporting documents issued by VINACONTROL within 15 days, whenever such claims to be proved as of the seller's responsibility, the seller shall settle within 15 working days.

第六节 本章小结

目前世界各国都十分重视货物检验,并且都制定了严格的检验标准。货物检验正朝着标准化的方向发展,所以企业应结合《联合国国际货物销售合同公约》和各项法律法规分析在货物检验环节将面临的风险,并审慎规避,企业还应重视对国际贸易合同中货物检验相关条款的了解,以预防法律风险。

第七章

国际支付方式选择法律风险防控

支付方式是买卖合同的主要条款之一，它涉及信用问题，还涉及买卖双方的切身利益和交易风险。国际贸易的支付方式主要分为两大类三种。一类是收付双方不由银行提供信用，但通过银行办理的方式，如汇付（Remittance）和银行托收（Collection）；另一类是由银行提供信用，收付双方从银行得到信用保证和资金融通的便利，其中以信用证（Letter of Credit，L/C）方式最为常用。随着网络交易在全球的风靡，出现了一些新兴的第三方电子支付方式，如 PayPal（贝宝）、Tenpay（财付通）等。各种结算方式都有其各自的优缺点，如何选择适当的结算方式将直接关系到能否顺利结汇。因此，我们需要从多个角度思考和比较各种结算方式，充分考虑其价值和风险并合理运用规则避免风险，以达到顺利结汇的目的。

第一节　国际支付方式涉及的主要法律规则

国际支付方式中涉及的主要法律法规有：《民法典》《票据法》《外汇管理条例》《非金融机构支付服务管理办法》《非银行支付机构网络支付业务管理办法》；《联合国国际货物销售合同公约》《跟单信用证统一惯例》《托收统一规则》；等等。

一、中国法律规则

（一）《民法典》

第 510 条　合同生效后，当事人就质量、价款或者报酬、履行地点等内容没有约定或者约定不明确的，可以协议补充；不能达成补充协议的，按照合同相关条款或者交易习惯确定。

第 627 条　买受人应当按照约定的地点支付价款。对支付地点没有约定或者约定不明确,依据本法第五百一十条的规定仍不能确定的,买受人应当在出卖人的营业地支付;但是,约定支付价款以交付标的物或者交付提取标的物单证为条件的,在交付标的物或者交付提取标的物单证的所在地支付。

第 628 条 买受人应当按照约定的时间支付价款。对支付时间没有约定或者约定不明确,依据本法第五百一十条的规定仍不能确定的,买受人应当在收到标的物或者提取标的物单证的同时支付。

(二)《票据法》

《票据法》是对票据活动进行规范的专门规则,包括总则、汇票、本票、支票、涉外票据的法律适用以及法律责任等章节。具体规定例如:

第 9 条 票据上的记载事项必须符合本法的规定。

票据金额、日期、收款人名称不得更改,更改的票据无效。

对票据上的其他记载事项,原记载人可以更改,更改时应当由原记载人签章证明。

第 14 条 票据上的记载事项应当真实,不得伪造、变造。伪造、变造票据上的签章和其他记载事项的,应当承担法律责任。

票据上有伪造、变造的签章的,不影响票据上其他真实签章的效力。

票据上其他记载事项被变造的,在变造之前签章的人,对原记载事项负责;在变造之后签章的人,对变造之后的记载事项负责;不能辨别是在票据被变造之前或者之后签章的,视同在变造之前签章。

(三)《外汇管理条例》

第 4 条 境内机构、境内个人的外汇收支或者外汇经营活动,以及境外机构、境外个人在境内的外汇收支或者外汇经营活动,适用本条例。

第 12 条 经常项目外汇收支应当具有真实、合法的交易基础。经营结汇、售汇业务的金融机构应当按照国务院外汇管理部门的规定,对交易单证的真实性及其与外汇收支的一致性进行合理审查。

外汇管理机关有权对前款规定事项进行监督检查。

第 14 条 经常项目外汇支出,应当按照国务院外汇管理部门关于付汇与购汇的管理规定,凭有效单证以自有外汇支付或者向经营结汇、售汇业务的金融机构购汇支付。

第 39 条　有违反规定将境内外汇转移境外，或者以欺骗手段将境内资本转移境外等逃汇行为的，由外汇管理机关责令限期调回外汇，处逃汇金额 30% 以下的罚款；情节严重的，处逃汇金额 30% 以上等值以下的罚款；构成犯罪的，依法追究刑事责任。

（四）中国人民银行制定的规则

1.《非金融机构支付服务管理办法》

该办法为促进支付服务市场健康发展，规范非金融机构支付服务行为，防范支付风险，保护当事人的合法权益而制定。具体规定，例如：

第 21 条　支付机构应当制定支付服务协议，明确其与客户的权利和义务、纠纷处理原则、违约责任等事项。

支付机构应当公开披露支付服务协议的格式条款，并报所在地中国人民银行分支机构备案。

第 24 条　支付机构接受的客户备付金不属于支付机构的自有财产。

支付机构只能根据客户发起的支付指令转移备付金。禁止支付机构以任何形式挪用客户备付金。

2.《非银行支付机构网络支付业务管理办法》

该办法第 1 条规定，为规范非银行支付机构网络支付业务，防范支付风险，保护当事人合法权益，根据《中华人民共和国中国人民银行法》《非金融机构支付服务管理办法》等规定，制定本办法。具体规定，例如：

第 18 条　支付机构应当向客户充分提示网络支付业务的潜在风险，及时揭示不法分子新型作案手段，对客户进行必要的安全教育，并对高风险业务在操作前、操作中进行风险警示。

支付机构为客户购买合作机构的金融类产品提供网络支付服务的，应当确保合作机构为取得相应经营资质并依法开展业务的机构，并在首次购买时向客户展示合作机构信息和产品信息，充分提示相关责任、权利、义务及潜在风险，协助客户与合作机构完成协议签订。

第 19 条　支付机构应当建立健全风险准备金制度和交易赔付制度，并对不能有效证明因客户原因导致的资金损失及时先行全额赔付，保障客户合法权益。

支付机构应于每年 1 月 31 日前，将前一年度发生的风险事件、客户风险损失发生和赔付等情况在网站对外公告。支付机构应在年度监管报告中如实反映上述内容和风险准备金计提、使用及结余等情况。

二、国际法律规则

(一)《联合国国际货物销售合同公约》

第53条 买方必须按照合同和本公约规定支付货物价款和收取货物。

第54条 买方支付价款的义务包括根据合同或任何有关法律和规章规定的步骤和手续,以便支付价款。

第57条 (1)如果买方没有义务在任何其他特定地点支付价款,他必须在以下地点向卖方支付价款:

(a)卖方的营业地;或者

(b)如凭移交货物或单据支付价款,则为移交货物或单据的地点。

(2)卖方必须承担因其营业地在订立合同后发生变动而增加的支付方面的有关费用。

第58条 (1)如果买方没有义务在任何其他特定时间内支付价款,他必须于卖方按照合同和本公约规定将货物或控制货物处置权的单据交给买方处置时支付价款。卖方可以支付价款作为移交货物或单据的条件。

(2)如果合同涉及货物的运输,卖方可以在支付价款后方可把货物或控制货物处置权的单据移交给买方作为发运货物的条件。

(3)买方在未有机会检验货物前,无义务支付价款,除非这种机会与双方当事人议定的交货或支付程序相抵触。

(二)《跟单信用证统一惯例》和《托收统一规则》

详见第八章信用证法律风险防控、第九章托收法律风险防控。

第二节　法律风险比较与提示

不同支付方式的法律风险比较与提示见表 7－1。

表 7－1　不同支付方式的费用、手续、时间和风险比较与提示

支付方式	汇付	托收	信用证	赊销	第三方电子支付
成本与费用	低 【汇付手续费低，银行电汇一般每笔收费 20 美元】	中 【托收手续费一般占货款的 2‰左右；若进口商拒绝付款，还要额外承担运费、关税、仓储费等】	高 【通知费、议付费、偿付费，有可能还有保兑费，一般占货款的 2‰左右；在提交的单据不符合信用证要求的情况下，还有不符点费用】	低	比较低
手续复杂度	低 【汇款手续简便】	中 【出口商出运货物后，要将货运单据及汇票交给托收银行，托收银行再把单据寄给国外代收行】	高 【银行办理程序需要耗费大量的时间，工作效率较低，只负责审核单据表面与信用证是否严格相符，不涉及货物】	低	低
时间长短	短 【一般 3 个工作日内到账】	长	长	短	短 【一般 24 小时内】
对卖方有利方面	如果买方预付货款，风险低，有利于资金周转	1. 安全收汇有保证，如被拒付可适当授权托收行保全货物； 2. 通过托收出口押汇得到资金融通	1. 安全收汇有保证，只要提交符合信用证的单据，银行必须付款； 2. 可通过打包贷款或出口押汇得到资金融通的便利	有利于促进贸易的达成	操作简单、方便，资金由第三方监管，安全有保障
对卖方风险	如买方未按时付清约定款项，卖方又不敢放单或放货，须承担货物的储存或保险费；如果买方拒绝收货，还可能要承担退运费	1. 收汇客观上存在较大风险，买方并不保证付款； 2. 影响资金周转； 3. 可能遭到货币贬值带来的损失	1. 占用资金且费用较高； 2. 操作复杂，可能陷入“软条款”陷阱； 3. 可能被假“信用证”欺诈而导致货款两空	这种方式对卖方风险大，资金占用时间较长	对平台的选择和对产品的知识产权要求严格，有被投诉和恶意冻结第三方支付平台账户的风险

第三节　国际支付中的风险案情回顾及风险防控

一、汇付风险案情回顾及风险防控①

(一)汇付风险的典型案例

义乌某公司与美国A公司通过2010年广交会互换名片开始认识,之后发过公司价目表,但没有成交。2011年美国A公司突然来函,想要购买该公司的工艺品,但要求采用电汇(T/T)结算方式,货物到达目的港后支付,称这样节约费用,对双方都有利。该义乌某公司最近生意惨淡,就答应了客户的要求,在完成装货收到提单后,即给客户发传真。客户很快就将货款5万美元汇给义乌公司。第一笔交易非常顺利。一个月后美国A公司连续4次下订单,采用FOB术语,总值达50万美元,并要求全部采用后T/T电汇付款(装船后或收货后付款),义乌某公司同意了。义乌某公司在出货后既没有及时追要货款,更没有采取任何措施,使客户在没有正本提单的情况下,从船公司轻松提货。待4票货物全部出运后,义乌某公司再向客户索款则为时已晚,客户以各种理由推延,最终损失50万美元。

该案中义乌某公司由于生意惨淡而急于成交,未对客户进行充分的了解就轻易接受了后T/T电汇结算方式,而且在出货后也未及时追要货款或采取措施,最终造成了较大的损失。

(二)汇付法律风险解析

"汇付"亦称汇款,是指付款方通过第三方(一般是银行)使用各种结算工具,主动将款项汇付给收款方的一种业务处理方式。汇款业务中通常有4个基本当事人:汇款人(付款人)、汇出行、汇入行、收款人。汇付的方式包括电汇(T/T)、信汇(M/T)、票汇(D/D)。在国际贸易支付中,电汇的使用频率越来越高,信汇和票汇基本都已停止使用。电汇指汇出行应汇款人的申请,发电传(Telex)或电讯(SWIFT)给汇入行,指示其解付一定金额给收款人的汇款方式。

在国际贸易中,汇付方式通常用于货到付款、赊销、预付货款及随订单付现等

① 此处仅为对比国际贸易支付的各类方式,对汇付进行简要介绍。关于汇付的具体法律风险防控详见第十章。

业务。汇付属于商业信用,没有银行从中担保,是买卖双方互相提供的信用,对于货到付款的卖方或预付货款的买方来说风险较大,资金负担不平衡。如果买方向卖方预付货款,就是买方向卖方提供了信用,这种信用对买方的风险在于可能收不到货,不能及时收到货物或者收不到符合买卖合同约定的货物;如果卖方先装运货物买方后汇付货款,就是卖方向买方提供了信用,这种信用对卖方的风险在于可能收不到货款,不能按时收到货款或者货物遭到买方的拒收等。①

有的卖方急于成交,未对客户真正了解就轻易接受后 T/T(待进口商收到货物后再以电汇方式付款)的结算方式,单纯采用后 T/T 的方式是风险很大的,必须对客户有清楚的了解,必要时可通过有关驻外机构进行资信调查,在没有了解楚客户全部情况前不能贸然接受后 T/T 付款。

(三)汇付法律风险防控

1. 事前风险防范

(1)做好对进口商的资信调查,全面了解客户。客户资信不佳或不明的,不采用汇付方式。

(2)卖方应对客户所在国的贸易规则有所了解(比如在美国和部分南美国家,客户可以通过副本提单提货,无须正本提单)。

(3)在卖方对买方不了解的情形下,一般建议企业使用 L/C 信用证或提高预付 T/T 的比例,减小卖方的风险。

(4)选择合适的预付款比例。预付款比例越高,对出口商来说越有利。在同等条件下出口企业理应适当提高预付款比例。例如,对资信情况比较好的进口商,或者与自己有长期贸易往来的进口商,可以适当放宽预付款比例;但是对于资信状况差的进口商如果不能采取 100% 预付,也应尽量提高预付比例。

(5)及时委托银行或专业机构检验票据的真实性。出口商在收到外国进口商寄来的票据后,应委托银行或专业机构检验其真实性,必要时要等收妥款项后再发货。

(6)对“特殊商品”和“特殊地区”要予以“特殊对待”。出口的商品如果不涉及工业产权,可以较容易地转售他人,但是如果出口商品是客户指定商标并涉及工业产权的,遇到特殊情况要转售他人则会很困难。从一般国际贸易专业人士的

---

① 田运银主编:《国际贸易实务精讲》(第 7 版),中国海关出版社 2018 年版,第 197 页。

经验来看,目前北美、欧洲、日本等地区的进口商资信情况较好,而中东、非洲、南美等地区的进口商资信状况则相对较差。

2. 事中风险防范

(1)化整为零,循序渐进。出口企业采取化整为零方式,同意进口商将余款分几次支付,最终收回剩余的货款。在出口企业收回大部分货款后,出口成本已经收回,进口商也基本解决了流动资金缺口。

(2)转卖或退货。在进口商倒闭或由于其他原因无法支付货款时,因为货物已经到达目的港,为了尽可能减少损失,避免支付回程的运费,卖方应立即联系当地其他买家将货物转卖出去。特别是运输路程较远、运费较贵的订单,在进口商无法支付余款时,可以优先选择转卖的方式解决问题。

(3)出了问题,尽早处理。发生问题越早、越快处理对出口企业来说就越好,因为时间拖得越久,不但在目的港的滞港费等费用会越多,而且很多国家的海关如果都有货物超过3~4个月不提取,海关有权变卖处理的规定。进口国海关一旦对进口货物进行变卖处理,出口商想要收回货款几乎是不可能的。

3. 事后救济

如果客户在延期期间仍未付款,或者发现客户有逃避付款的企图,卖方应积极采取催收措施,弥补损失。可通过如下方式追讨涉外应收账款:(1)主动积极与客户交涉,争取和解;(2)双方约定由第三方调解;(3)通过国际仲裁或者司法诉讼(一般选择国际仲裁)方式解决;(4)委托专门的商账催收公司。

二、托收风险案情回顾及风险防控①

(一)托收风险的典型案例

甲国的A公司出口机电设备给乙国的B公司,双方商定用D/P托收方式结算,贸易术语为FOB。B公司安排的承运人与A公司以前没有业务关系。A公司在装运货物后,把全套单据送银行托收,但货至乙国港口后,B公司以货物包装不符合合同约定为由,表示货物不能接受,拒不付款。A公司与船公司没有熟悉的业务关系,在处理货物的过程中耗费了很多时间和精力,并因此负担了货物滞留港口费用及堆存费、市场价格变化等经济损失。

---

① 此处仅为对比国际贸易支付的各类支付方式,对托收进行简要介绍,具体法律风险防控详见第九章。

该案中甲国的A公司同意以托收方式结算,作为卖方先发货后收款,承担了较大的风险;同时,在FOB条件下,由买方B公司安排运输,A公司与承运人先前无业务往来,失去了处理货物的主动权,最终导致自己陷入被动,不得不承担损失。

(二)托收法律风险解析

托收,是指出口商将拟向进口商收取款项的单据连同收款委托书一起交给银行,委托银行代其向进口商收取款项的行为。托收属于商业信用,卖方先向买方发货,而后再收取款项,是卖方向买方提供信用的商业行为。银行只起受托代办的作用,不承担任何支付风险。

托收分为光票托收和跟单托收。国际贸易中使用的通常为跟单托收。跟单托收有两种:(1)付款交单(D/P,Documents against Payment),卖方的交单须以买方的付款为条件,即出口商将汇票连同提单交给银行托收时,指示银行只有在进口商付清货款时才能交出全套单据。付款交单按照买方付款的不同期限又分为即期付款交单(D/P at sight)和远期付款交单(D/P after sight)。(2)承兑交单(D/A,Documents against Acceptance),接受委托收款的银行交单以进口商的承兑为条件,进口商承兑后即可向银行取得全套单据,待汇票到期后才付款。

托收对卖方来说是一般是先发货后收款,风险较大,主要表现在以下几个方面。

(1)托收属于商业信用,没有银行的担保。一旦商品的价格或计价货币的汇率或买方的经营状况等发生了不利的变化,买方极有可能要求降价甚至擅自不履行合同。

(2)货物生产出来以后,买方突然单方面解除买卖合同,会造成商品积压。

(3)货物运抵目的港以后,买方迟迟不去银行付款赎单,会让卖方很被动而且会给其造成很大损失。

(4)有些法律不健全的国家的银行不按国际惯例处理托收单据,在买方没有支付货款、又没有经过卖方同意的情况下,擅自把单据交给买方提货,致使卖方货、款两空。

(5)承兑交单比付款交单的风险更大。因为在承兑交单的条件下,进口商只要在汇票上承兑,即可取得全套单据,以此来提取货物。如果进口商到期不付款,出口商就会面临货物与货款全部落空的损失。

(6)在选择托收方式结算时需要特别注意托收与贸易术语的搭配使用。如作为出口商选择托收 + FOB 贸易术语时,风险是比较大的。

(三)托收法律风险防控

托收与贸易术语搭配使用时需注意以下几点。

1. 实际交货条件下,如 EXW、DAP、DDP,不宜采用托收方式。

2. 推定交货条件下,如 CIF、CFR,卖方可通过单据控制货权,可以采用托收方式。

3. FOB 条件下,买方安排运输,出口商处理货物的主动权会受影响,不宜使用托收方式。

4. 托收中出口商应尽量采用 CIF 价格条件,争取自行安排运输,自办保险,掌握主动。

其他内容详见第九章托收法律风险防控。

三、信用证风险分析及风险防控

详见第八章信用证法律风险防控。

四、赊销风险分析及风险防控

(一)赊销法律风险解析

赊销(O/A,Open Account)指在一定时期内,卖方按照买卖合同的约定将货物发运给买方,待买方收到货物之后,在规定的时间内将货款逐笔、分批或一次性地支付给卖方的买卖方式。在国际贸易中,买方市场占主导地位,赊销依旧是主流贸易结算方式之一,但赊销给出口商带来的风险也较大。[①]

赊销完全是建立在卖方对买方充分信任的基础之上,它属于卖方向买方提供的商业信用。使用 O/A 进行结算的最大风险在于货款难以收回。一旦买方因故或借故不向卖方支付款项,势必给卖方造成很大的被动和麻烦。

需要注意的是,新型冠状病毒肺炎疫情在全球的蔓延使各国均受到不同程度的冲击,各国政策及经济形势的变动直接影响到从事跨境业务的企业的收入和发展。国外进口商可能会由于当地政府检疫或其市场原因增加清关难度、被取消订

---

① 田运银主编:《国际贸易实务精讲》(第 7 版),中国海关出版社 2018 年版,第 249 ~ 250 页。

单或者拒绝接受货物,进一步导致货物在目的港滞留、被退运或销毁。进口商可能在货款支付环节用尽各种办法推迟支付货款或者少付货款,从而严重影响出口商的利益。因此卖方应谨慎使用赊销的支付方式。

(二)赊销法律风险防控

卖方尽量不要使用赊销的支付方式。如果必须要采取 O/A 付款方式结算的,最好和国际保理公司或保险公司(如中国出口信用保险公司)合作。在与客户签合同之前,申请调查客户信用和信用限额。客户信用不好的,保险公司一般不会出具保单。在信用状况良好的情况下,企业可以根据合同金额向保险公司投保,这样如果客户拒绝付款或出现其他保险事项的话,保险公司会进行相应的赔偿。

五、第三方电子支付风险案情回顾及风险防控

(一)第三方电子支付风险的典型案例

这里以某第三方支付公司曾发生的一起新型的黑客欺诈行为为例加以说明。在这起事件中,黑客入侵卖家的账户,创建了一个新的电子邮件地址,且该地址与卖家关联使用的地址只有一个字符的差别,使卖家难以察觉。该不法行为持续近半年,黑客一直未被发现,在这段时间里,受害卖家已经有超过 2.5 万英镑的款项从虚假的电子邮件地址中转出。卖家的实际损失不止于此,还包括卖家支付的成交费、货物的成本、包装成本、运输成本、员工挑拣和仓储成本,以及增值税。

该案例中,不法分子非常善于巧妙伪装,利用假冒电子邮件和网络进行钓鱼:伪造来自银行或者供应商的电子邮件或者电话,要求获取账户和密码信息。有时,不法分子通过木马程序和网址嫁接,使数量众多的人成为受害者。

(二)第三方电子支付法律风险解析①

随着跨境电子商务在全球范围内的迅猛发展,第三方电子支付应运而生。第三方电子支付是指买卖双方的交易通过属于第三方的网上支付平台,利用计算机、互联网,连接买方、卖方、商业银行、承运人,以及海关、税务局等部门,有效、安全地处理资金结算、客户服务、差错处理以及防范和规避交易中的诚信风险的一

① 刘颖:《电子银行风险法律问题研究》,法律出版社 2016 年版,第 232 ~ 238 页。

种新型电子支付方式。第三方电子支付中的支付机构具有独立于交易当事人和银行以外的中介地位。

第三方电子支付是跨国贸易经常使用的支付方式。从国内和国外的实践来看,第三方电子支付有两种模式:支付通道模式与虚拟账户模式。在支付通道模式中,第三方支付机构并不直接从事支付结算业务,而是作为客户和银行的中介,为客户提供银行的网关,客户以第三方支付平台为"通道"进入网上银行,然后发出支付指令,对其网上银行账户的资金进行划拨,资金从付款人银行账户划拨至收款人银行账户。第三方支付机构没有加入付款人与收款人间的支付法律关系。在虚拟账户模式中,用户在支付平台设立虚拟账户,并可对账户进行充值、收款和付款。①

在支付通道模式的第三方支付中,资金从付款人银行账户进入收款人银行账户,因而此种模式不涉及资金在第三方支付平台上的沉淀。但在虚拟账户模式的第三方支付中,客户向其虚拟账户充值的资金,以及在支付平台的"担保交易"中,在买方确认收货前或确认收货期限届满前这一期间内,买方的价款存放在第三方支付机构的虚拟账户中。买方支付到第三方支付机构虚拟账户中的资金,均属于沉淀资金。当客户从银行账户划拨一定资金到其在第三方支付平台上开立的虚拟账户时,资金从客户的银行账户转入第三方支付机构在托管银行开立的备付金专用账户中。在虚拟账户模式的第三方支付中,客户在备付金专用账户中的沉淀资金及利息均存在法律风险。第三方电子支付的劣势主要包括以下几个方面:②

(1)存在投诉和信用卡消费恶意撤单风险。③ 主要包括物品未收到或物品与描述严重不符等投诉;以信用卡消费恶意为由撤单的,如"未经授权的付款"的信用卡撤单、"未收到货物"的信用卡撤单和"商品存在问题"的信用卡撤单。

(2)存在安全性风险。如果第三方支付机构对客户的虚拟账户的访问控制或身份认证的安全保护措施不完善,则黑客有可能通过互联网窃取客户的账户密码,进而盗用客户在虚拟账户的资金。黑客侵袭计算机系统,有时也会影响客户对虚拟账户资金的使用。因为第三方电子支付离不开计算机和互联网,一旦遭到黑客攻击,经济损失就难以避免。

---

① 李莉莎:《第三方电子支付法律问题研究》,法律出版社 2014 年版,第 21 页。

② 田运银主编:《国际贸易实务精讲》(第 7 版),中国海关出版社 2018 年版,第 241 页。

③ 信用卡撤单属于正常的消费利益,这个在真实背景(非恶意)要求撤单,提供撤单具备条件(如退货、盗刷、风险事件等),合理主张消费者权益是可以的,银行的信用卡中心对此也有相关规定。

(3)存在操作风险。一是系统设计、运行和维护的风险。如果第三方支付机构系统在设计上存在缺陷或维护上落后,有可能造成数据的丢失,进而使客户的沉淀资金面临损失的风险。二是内部员工的操作风险。第三方支付机构及其工作人员擅自挪用客户沉淀资金,购买高风险的理财产品,使客户的沉淀资金面临损失的风险。三是客户误操作风险。客户有意或无意的误操作,也会使客户的沉淀资金面临损失的风险。

(4)存在支付瑕疵的风险。支付瑕疵,是指第三方支付机构对于客户所发出的支付指令的执行存在瑕疵,包括不执行、不适当执行以及执行失败。支付瑕疵造成损失时,就存在在第三方支付机构与客户间分担损失的问题。第三方支付机构凭借其优势地位,一般会在合同中规避或减轻自己在支付瑕疵方面需要承担的责任,使第三方支付的客户面临损失所有支付资金而得不到任何赔偿的风险。

(5)卖方收汇的费用更高。卖方向第三方支付平台支付的交易手续费通常高于传统支付方式下的银行手续费。

(6)跨境电子商务卖家在第三方支付平台的账号容易被国外当局借故查封。在贸易保护主义浪潮之下,进口国当局容易以商标侵权、缺乏认证等借口关闭卖方账户,给卖方造成巨大的经济损失。

(7)国际贸易新形势对第三方电子支付提出了新的挑战。国际环境变化随时牵动国际贸易走向,现今中美贸易摩擦、全球新型冠状病毒肺炎疫情等使外贸企业成本加重。另外,外汇、海关监管却更加严格,各国相应的法律、政策也各不相同,对跨境电子支付合规性带来进一步的要求。

(三)第三方电子支付法律风险防控

1. 选择安全、信誉度高的第三方支付平台。

2. 对跨境电子支付所涉及的法规、政策等进行充分的了解,避免合规风险。

3. 为预防客户投诉物品未收到,建议选择可以在线追踪货运信息的货运公司并保留货运单号和底单,以便查询。

4. 对于客户投诉物品与描述严重不符的,例如对于物品大小的分歧,在买卖双方协商无果的情况下,通常的处理方式是买家退货,卖家退款。

5. 对于信用卡消费恶意撤单的,以 PayPal 平台为例,建议收款后 24 ~ 48 小时发货,在此段时间内由风控团队审核。另外,售前审核 IP 地址、收货地址,注意售后的资料收集,如遇到恶意撤单可提交相关材料,PayPal 会与对方信用卡公司协商,有机会追回款项。

第四节 国际结算方式的选择与运用

一、不同结算方式的选择与运用

不同的结算方式都存在各自的利弊,企业需要根据具体情况合理衡量和选择不同结算方式的风险和利益。对于不同的客户,企业需要选择不同的结算方式,具体类别与说明见表 7 - 2。①

表 7 - 2 结算方式的具体类别与说明

方式类别	具体说明
对不同地区的客户,采取不同的做法	对于资信较好且金融运作体系正常的地区的客户,卖方可选用 D/P、D/A 或 T/T 等支付方式,或在选择这些支付方式后进行国际保理。 对于高风险地区的客户,可选择 D/P、L/C 方式并投保出口信用险
根据合同金额的大小和新、老客户区别对待,灵活采用结算方式	(1)如果是老客户,涉及合同金额较小,可以接受托收结算方式。 (2)如果是新客户或者合同金额较大,对托收结算方式或货到付款结算方式,应投保出口信用险或采用国际保理。 (3)对于初始交易的新客户,最好从小批量做起,尽量采用 L/C 结算方式。 (4)切忌在买方资信情况不明确时采用托收方式下的即期、远期付款交单或承兑交单
风险难以判断的客户	对于风险难以判断的客户,可以预收部分定金,作为进口商履行合同的保证,以防在供货期内因出口商品市场价格下跌,进口商找借口拒绝履行合同而蒙受损失
要求客户提供信用担保	如果出口商按期交货后,进口商未按合同约定付款,则由担保人负责偿还,这对出口商是一种简便、及时、确定的保障
针对性地采用出口信用保险及保理业务	出口信用保险可以有效降低收汇风险,保理业务是出口商规避和转嫁风险的良好办法。企业可以在所支付的成本费用与出口创汇、创利之间进行比较,权衡得失,选择合适的风险控制办法

二、混合支付方式的选择与运用

不同的支付方式对交易双方的风险和利益不同。根据客户、产品与市场的不同,采用不同结算方式的组合运用,可以均衡买卖双方的风险,保障双方利益,促

① 参见武亮、赵永秀主编:《国际贸易风险防范》(图解版),人民邮电出版社 2016 年版,第 190 页。

进交易的顺利进行。①

混合支付方式是指一份买卖合同项下的货款采用两种或两种以上的支付方式。这些做法通常会发生在以下情况:(1)交易金额比较大,支付的次数比较多,支付的时间也比较长;(2)加工贸易或补偿贸易方式下的支付;(3)外汇管制较严国家的进口支付等。主要混合支付方式说明见表7-3。

表7-3　主要混合支付方式说明

混合支付方式	说明	具体做法
【汇付+信用证】一部分货款用T/T支付,另一部分用L/C支付	在大笔交易中,出口商可要求进口商支付一定金额作为定金,便于出口商备货,减少出口商部分资金负担。定金通常以迅速、便捷的方式支付,如汇付,其余主要货款日后用信用证结算	(1)买方需先T/T 20% ~30%的货款作为预付款,余款以L/C支付。卖方在收到预付款和信用证后开始备货,保证收汇的安全性 (2)货款的40% ~50%以L/C支付,余款待货到目的地若干天内由买方通过T/T方式支付给卖方,这样即使买方未在约定期限内T/T余款,损失对卖方造成的影响也不是很大
【托收+信用证】一部分采用托收方式结算,另一部分采用信用证支付	一部分货款用托收支付,可以减少进口商的开证费用和押金;另一部分采用信用证支付,可以降低全部货款采用托收的收汇风险,是一种折中组合。这样的组合既可尽量地避免不必要的开支,也能对作为物权凭证的单据起到保护的作用	信用证规定受益人(出口商)开立两张汇票,在信用证项下的部分货款凭光票支付,余款则以即期或远期付款交单方式托收。 这种做法对出口商收汇较为安全,对进口商可减少垫金,双方均易于接受。但信用证必须列明信用证的种类、支付金额和托收的种类,并写明"在全部付清发票金额后方可交单"
【汇付+托收】一部分采用汇付方式结算,另一部分采用托收方式结算	在跟单托收方式下,为减少出口商的收汇风险,出口商可以要求进口商支付一定金额的预付款或押金,待货物运出后,出口商可以从预付款或押金中扣除已收款项,其余金额通过银行托收	如先采取T/T的形式预付定金10%,在装船后T/T合同款的40%,剩余的50%采用D/P即期付款的形式。这种选择既能保证出口方及时履行发货的义务,又能约束进口方及时付款,同时节省了更多银行费用的支出,节约了宝贵的时间

此外,还可以根据情况,采用银行保函与汇付相结合、银行保函与托收相结合、银行保函与信用证相结合、汇付与备用信用证相结合、托收与备用信用证或银

① 武亮、赵永秀主编:《国际贸易风险防范》(图解版),人民邮电出版社2016年版,第191页。

行保函相结合等方式。

案例1:通过混合支付方式平衡进出口商的利益

甲国的A公司出口机电设备给乙国的B公司。A公司为了收汇安全,希望B公司预付货款,而B公司为了保证能收到货物,希望采用托收的结算方式。双方需要寻找一种较为平衡的结算方式。考虑到信用证结算费用较高,他们不打算使用信用证结算方式。

本案可以采用托收与汇付相结合的结算方式。A公司为了收汇更有保障,为了加速资金周转,可以要求进口商在货物发运前,使用汇付方式,预付一定金额的定金(Down Payment)作为保证,或预付一定比例的货款。在货物发运后,在出口商委托银行办理跟单托收时,在托收全部货款中,将预付的款项扣除,如托收金额被拒付,出口商可将货物运回,以预收的定金或货款抵偿运费、利息等损失。至于定金或预付货款约定多少,可视不同客户的资信和不同商品的具体情况而定。

托收方式,是一种对进口商较为有利的结算方式,汇付(尤其是预付货款)方式,是一种对出口商较为有利的结算方式。两种方式的结合,往往使进出口商的利弊悬殊缩小或接近。

案例2:通过混合支付方式打开市场并减少收汇风险

A公司生产纺织品并出口到一些国家,最近该公司试图打开B国的市场。在B国,纺织品市场的竞争比较激烈。A公司与正在商谈中的C进口公司是第一次交易。A公司应该如何选择支付方式,既有利于打开市场,又能减少收汇风险?

在国际贸易中,当事人应根据交易对手的信用状况选择支付方式。交易对手的资信情况对交易的顺利进行起着关键性的作用。出口商要想能够安全地收款,进口商要想安全地收货,都必须调查对方的信用。如果对其信用不了解或认为其信用不佳的,尽量选择风险较小的支付方式,如信用证结算方式,或多种方式并用,如汇款方式加上保函方式等。如果对方信用好,交易风险很小时,即可选择对交易双方都有利的手续少、费用少的方式。

在出口商开始进入某一市场,而这一市场又竞争激烈时,为使自己的商品能很快有销路,出口商可以选择D/A或O/A支付方式,给进口商以支付方式上的优势,而同时接受保理服务,可以起到提高收汇安全性的效果。对出口商来说,既要发展业务,争取市场,又要保证收汇安全。在此过程中,要根据实际业务的情况,综合地使用支付方式,这样才能使各种支付方式充分地发挥其功能。

案例3:通过混合支付方式保证收汇及数量和金额变化的灵活性

甲国的A公司出口农产品给乙国的B公司。双方商定采用信用证方式结算。由于商品的数量不易控制,B公司在申请开证时,难以确定金额。在这种情况下,如何结合不同的结算方式,既可以保证收汇,又有数量和金额变化的灵活性?

本案可以采用信用证与汇付相结合的方式,即主体货款采用信用证方式,余款采用汇款方式在货物发运后支付。在货物发运前,先开立信用证,规定凭装运单据支付若干金额,待装运完毕核算装运数量,或货物到达目的地经检验后,将余款采用汇付方式支付。

主体货款采用信用证方式,在货物发运前,先开立信用证,可以保证收汇的安全;余款采用汇款方式,在货物到达进口国后支付,又考虑到了数量和金额变化的灵活性。通过不同结算方式的结合,满足了结算中不同方面的需要。

第五节 合同条款示例

支付条款(Terms of Payment):

买方须于________前将保兑的、不可撤销的、可转让的、可分割的即期付款信用证开到卖方,该信用证的有效期延至装运期后____天在中国到期,并必须注明允许分批装运和转船。

by confirmed, irrevocable, transferable and divisible L/C to be available by sight draft to reach the Seller before ________ and to remain valid for negotiation in China until ________ after the Time of Shipment. The L/C must specify that transshipment and partial shipments are allowed.

买方未在规定的时间内开出信用证,卖方有权发出通知解除本合同,有权承受买方未履行的全部或部分合同,并有权对因此遭受的损失提出索赔。

The buyer shall establish the covering letter of credit before the above - stipulated time, failing which, the seller shall have the right to rescind this contract upon the arrival of the notice at buyer or to accept whole of and part of this contract non fulfilled by the buyer, and to lodge a claim for the direct losses sustained if any. ①

① 《货物出口合同》,载中国国际贸易促进委员会网,http://www.ccpit.org/Contents/Channel_3514/2015/0317/451296/content_451296.htm,最后访问日期:2020年12月25日。

第六节　本章小结

国际贸易的结算方式各有其优势和劣势,各有其不同的规则。贸易各方须严格按照规则和法律办事,认真分析风险并采取有效的风险防范措施。

第一,要认真分析研究各结算方式项下的贸易规则及法律法规,严格按照规则和法律法规的要求办理业务。

第二,做好交易对方的资信调查工作,选择好的贸易伙伴,争取建立长久的贸易合作关系,这样即使由于其中一方疏忽产生贸易风险和纠纷,也能及时解决,不至于使贸易各方蒙受大的经济损失。

第三,各当事人应讲究信誉,保持良好的沟通和联系。特别是信用证业务,当事人繁多,法律关系复杂,只有本着诚信的态度,坚持履行各自的义务,才能杜绝风险、纠纷的出现,才能使贸易各方受益。

第四,在遇到拒付或欺诈时,当事人应尽快采取行动,积极联系相关银行和法院,赢得时间搜集证据,从而掌握主动权,为赢得官司打好基础。

第五,对不同的客户须采取不同的结算方式。在双方贸易的初始阶段,进出口双方宜采用信用证结算方式,以规避可能出现的诈骗行为,待双方经过较长时间的贸易相互了解后,为减少费用,提高效率,可以采用托收与电汇或信用证结合托收等混合结算方式,以规避贸易风险,减少结算费用,促进国际贸易的发展。

综上所述,国际贸易支付方式选择是否恰当会直接影响出口商能否安全、快捷地收到货款。在选择时,不仅要考虑自己的风险,也要考虑对方的成本,力图达到双赢的目标。所以,要根据对方的资信等级、货物的供求状况、合同金额的大小、运输方式和种类、财务结算成本高低等因素来决定。同时,可以灵活运用综合的支付方式进行国际贸易的结算,以分散结算的风险。

第八章

信用证法律风险防控

在国际贸易中，进出口双方可能互不信任，出口商担心发货后进口商不付款，进口商则担心预付货款后出口商不发货。而进出口双方一手交钱、一手交货的当面货款交割方式，既不可行，又非常罕见。信用证在一定程度上解决了进出口商之间不信任的矛盾，也为双方提供了资金融通的便利。因此，信用证在国际贸易中被广泛使用。但是，由于银行对信用证的审核非常严格，可以说几近苛刻，企业如果不熟悉信用证审核的细节，很容易在交易过程中留下隐患而使信用证遭到银行拒付。同时在实务中还存在一些利用信用证进行欺诈的情况。本章将针对常见的信用证欺诈形式进行分析并提出防范措施，更好地维护出口企业的权益。

第一节　信用证涉及的主要法律规则

信用证涉及的主要法律规则有：《最高人民法院关于审理信用证纠纷案件若干问题的规定》《最高人民法院关于严禁随意止付信用证项下款项的通知》；《跟单信用证统一惯例》（UCP 600）、《跟单信用证统一惯例》（UCP 500）；等等。

一、中国法律规则

《最高人民法院关于审理信用证纠纷案件若干问题的规定》（2020 年修正）

第 1 条　本规定所指的信用证纠纷案件，是指在信用证开立、通知、修改、撤销、保兑、议付、偿付等环节产生的纠纷。

第 2 条　人民法院审理信用证纠纷案件时，当事人约定适用相关国际惯例或者其他规定的，从其约定；当事人没有约定的，适用国际商会《跟单信用证统一惯例》或者其他相关国际惯例。

第8条 凡有下列情形之一的,应当认定存在信用证欺诈:

(一)受益人伪造单据或者提交记载内容虚假的单据;

(二)受益人恶意不交付货物或者交付的货物无价值;

(三)受益人和开证申请人或者其他第三方串通提交假单据,而没有真实的基础交易;

(四)其他进行信用证欺诈的情形。

第9条 开证申请人、开证行或者其他利害关系人发现有本规定第八条的情形,并认为将会给其造成难以弥补的损害时,可以向有管辖权的人民法院申请中止支付信用证项下的款项。

第10条 人民法院认定存在信用证欺诈的,应当裁定中止支付或者判决终止支付信用证项下款项,但有下列情形之一的除外:

(一)开证行的指定人、授权人已按照开证行的指令善意地进行了付款;

(二)开证行或者其指定人、授权人已对信用证项下票据善意地作出了承兑;

(三)保兑行善意地履行了付款义务;

(四)议付行善意地进行了议付。

第11条 当事人在起诉前申请中止支付信用证项下款项符合下列条件的,人民法院应予受理:

(一)受理申请的人民法院对该信用证纠纷案件享有管辖权;

(二)申请人提供的证据材料证明存在本规定第八条的情形;

(三)如不采取中止支付信用证项下款项的措施,将会使申请人的合法权益受到难以弥补的损害;

(四)申请人提供了可靠、充分的担保;

(五)不存在本规定第十条的情形。

当事人在诉讼中申请中止支付信用证项下款项的,应当符合前款第(二)、(三)、(四)、(五)项规定的条件。

二、国际法律规则

《跟单信用证统一惯例》由国际商会制订,旨在统一各国对跟单信用证条款的解释,是对选择适用的当事人具有约束力的银行信用证运作规则。以UCP600为例,第1~5条为总则部分,包括UCP的适用范围、定义条款、解释规则、信用证的独立性等;第6~13条明确了有关信用证的开立、修改、各当事人的关系与责任等问题；第 14～16 条是关于单据的审核标准、单证相符或不符的处理的规定；第 17～28 条属单据条款，包括商业发票、运输单据、保险单据等；第 29～32 条规定了有关款项支取的问题；第 33～37 条属银行的免责条款；第 38 条是关于可转让信用证的规定；第 39 条是关于款项让渡的规定。

2019 年公布了《跟单信用证统一惯例（UCP 600）关于电子交单的附则》（eUCP）2.0 版本，2019 年 7 月 1 日正式生效。

第二节　法律风险提示

一、信用证审核风险

信用证审核中的风险主要有：信用证审核重点把握不准；信用证的通知方式不正规；交单期过短无法交单；信用证有效期过短；信用证受益人与开证人名称与地址不完整或不准确；信用证的金额、数量、包装等条款不符合合同约定；信用证条款自相矛盾；信用证中有陷阱条款等。

二、信用证欺诈风险

信用证欺诈主要存在以下情形：假冒或伪造印鉴（签字）诈骗；盗用或借用他行密押（密码）诈骗；[1]“软条款”诈骗；伪造信用证修改书诈骗；涂改信用证诈骗；伪造保兑信用证诈骗，等等。

三、信用证软条款风险

软条款信用证又称陷阱信用证，它采用了比较隐蔽的诈骗手法。从表面上看，软条款信用证是合法的、真实的信用证，具有较大的迷惑性。实际上信用证中规定了一些限制性条款，或条款不清、责任不明，等于把信用证变成实质可撤销的信用证，使受益人的利益处于无保障的状态。这种软条款可使开证申请人控制整笔交易，而受益人处于受制于他人的被动地位。

信用证软条款主要有：规定航运线路；到期地点在开证行；提单和其他单据直接寄进口商；装运软条款；有条件的付款软条款；信用证有条件的生效条款；验货

---

① 诈骗分子在电开信用证中，诡称使用第三家银行密押，但该第三家银行的确认电却无加押证实，诈骗分子企图瞒天过海，骗取出口货物。

软条款;要求支付保证金的条款;与单据有关的软条款;在条款中设立相互矛盾的软条款;要求印鉴与签字同样本相符的软条款,等等。

第三节 信用证审核风险案情回顾及风险防控

一、信用证审核重点把握不准

(一)典型案例

某外国银行A给我国B行开立了一份不可撤销自由议付信用证。信用证中关于提单的“通知人”有如下约定:通知人由开证行根据申请人的指示在信用证修改后确定。但是无论B行如何催促,开证行A迟迟不发信用证修改指定提单的被通知人。为避免信用证过期,受益人只好在信用证修改之前交单,并将提单的通知人写为申请方的全称。开证行A在收到单据后以如下理由拒付:信用证修改尚未发出,提单便显示了被通知人。B行多次反驳,但开证行A始终坚持不符点成立。最后申请人要求降价10%才肯赎单,出口商迫于各方压力不得不接受要求,以损失50万美元为代价了结此事。B行作为通知行曾就此证中通知人的“软条款”征询过受益人的意见,但因急于发货,出口商称进口商接受不符点而坚持交单议付,没想到出单后进口商变卦,以退货相威胁来压价。

如果出口商不谨慎地审核各单据的记载事项,出现单证之间不一致、单单之间不一致或者交单时间不符的情况,不仅会导致银行不予付款,还会造成货物降价等其他损失,从而引起纠纷。

(二)法律风险解析

开立信用证之前双方就必须对将要开立的各项条款进行确认,不能含糊。一旦信用证开出后,再修改会增加额外的费用和时间。任何一个小小的单证瑕疵都有可能被对方认定为不符点,如大小写、空格、货物的描述方式等,一旦出现不符点,银行必须得到付款人的确认才能付款,期限一般是5个工作日。这样付不付款的主动权完全掌握在对方手里了。

(三)法律风险防控

信用证的每个点都必须一一对比进行审核,尤其是以下内容更是重点审核要点，需要特别注意。

1. 信用证本身的审核：(1)信用证的性质；(2)检查信用证受益人与开证人名称与地址；(3)信用证到期日和到期地点；(4)信用证的内容是否完整一致；(5)信用证的通知方式是否安全可靠。

2. 专项审核：(1)信用证的付款期限是否与合同一致；(2)信用证的金额、币制是否符合合同约定；(3)货物的数量是否与合同约定一致；(4)价格条款是否符合合同约定；(5)装货期有关约定是否符合要求；(6)装运项目是否有分批出运、转运等特别约定；(7)检查信用证约定的文件能否提供并及时提供；(8)对信用证批注的审核；(9)信用证是否受约束。

二、信用证的通知方式不正规

(一)法律风险解析

信用证一般是通过受益人所在国家或地区的通知/保兑行通知给受益人的。这种方式的信用证通知比较安全，因为根据 UCP 600 的有关规定，通知行应对所通知的信用证的真实性负责；如果不是这样寄交的，企业就需要特别注意，比如：(1)信用证是直接从海外寄给当事人的；(2)信用证是从本地某个地址寄出，要求把货运单据寄往海外，而当事方并不了解他们指定的哪家银行。

(二)法律风险防控

遇到以上情况时应特别注意，在进行表面审查后，及时与通知行沟通，请其调查核实，查明它的来历。

三、交单期①过短无法交单风险

(一)法律风险解析

交单期规定了须在提单“Shipped on Board”日期后几天内把全套单证交付银行的，如果过了限期或单据不齐或有错漏的，银行有权不付款。

---

① 单证的时间大致顺序：发票—装箱单—原产地证—保险单—提单—受益人证明。(注：一般欧洲的客户约定交单期为 15～20 天，但是日、韩、澳洲、东南亚客户一般将交单期卡的很紧。因为到这些国家的货轮一般只需要三五天，最多一周，如果交单太迟，单证在银行里辗转一轮到外商手里，货物早就在目的港码头堆放好几天，则要加收外商的仓储费、堆存费等。)

(二)法律风险防控

在约定交单期时不能随意,需要考虑影响交单期的因素:(1)生产及包装所需的时间;(2)内陆运输或集港运输所需的时间;(3)进行必要的检验如法定商检或客检(当事人要求的检验)所需的时间;(4)申领出口许可证/产地证所需的时间(如果需要);(5)报关查验所需的时间;(6)船期安排情况;(7)到商会和/或领事馆办理认证或出具有关证明所需的时间(如果需要);(8)申领检验证明书如 SGS 验货报告/OMIC LETTER 或其他验货报告如客检证[①]等所需的时间;(9)制造、整理、审核信用证规定的其他文件所需的时间;(10)单据送交银行所需的时间,包括单据送交银行后经审核发现有误退回更正的时间。[②]

四、信用证有效期为“双到期”或“国外到期”

(一)法律风险解析

信用证的有效期是最重要的条款之一。出口商在向银行提交单据时,不得晚于该日期。信用证有效期中最常见的风险点是“双到期”和“国外到期”。信用证的双到期,是指信用证的有效期和最迟装运期为同一天。比如约定最后船期为 9 月 1 日,交单期为 7 天,有效期截至 9 月 1 日。这种船期即为有效期的情况称为“双到期”。“双到期”使信用证字面上的最后船期形同虚设,不利于出口商进行结汇,因此,双到期的信用证一般是不能接受的,因为即使出口方在装运期的最后一天,或最迟装运期的前几天装船出运,出口商也很可能无法及时拿到提单向银行交单,从而错过信用证的有效期而无法收汇。在这种情况下,必须要求进口方向开证行申请修改信用证。如果规定信用证国外到期,有关单据必须寄送国外,此时我们须将单据寄送的时间考虑在内,由于我们无法掌握单据到达国外银行所

---

① 客检证也称客检证书,是质量检验需由客户以各种方式认可,始能生效。进口商提出这种条款是由于信用证业务处理的是单据而非货物,进口商为了防止出口方装运伪劣产品,因此要由自己或其代理人在货物装运前验货并相应的出具检验证书,如果出口货物不合格,出口商就得不到进口方的检验证书,因而也收不到货款,起到保护进口商利益的作用。我国的出口货物最好是由中国出入境检验检疫局检验,如果进口方坚持要由其自己出具检验证书,作为折中的方式,可以考虑检验证书由信誉良好/中立的商检机构出具,如 SGS 等。

② 话虽如此,审单时不能寄希望于“货代配合”,特别是 FOB 条件下,货代是外商找的,对我们不太殷勤。遇到奸商,故意授意货代拖拉延误的,我们就干着急了。在这种情况下习惯上交单期应不少于 12 天为宜。

需的时间且容易延误或丢失，有一定的风险。

（二）法律风险防控

1. 货物备好后至少预留 7 天作为最后装船期，交单期尽量不少于 12 天；

2. 信用证开到后，出口商需要审核信用证，如果不能达到信用证的要求，则需请求申请人修改，确定信用证后就要准备相关的单据提交至银行，应留足充足的时间，稳妥计算为 3 ~4 周；

3. 同时注意有效期与到期地，警惕“双到期”与“国外到期”。如约定国外到期时可以约定到期时间应以出口商邮寄单据的邮戳时间为准而不是以到达国外的时间为准。

五、信用证受益人与开证人名称与地址不完整或不准确

Applicant 为开证申请人、Beneficiary 为受益人。受益人应特别注意信用证上的受益人名称和地址应与其印好的文件上的名称和地址内容相一致，进口商的公司名称和地址写法是否完全正确，如果受益人的名称不正确，将会给今后的收汇带来不便。

六、信用证的金额、数量、包装等条款不符合合同约定

（一）典型案例

我国外贸 A 公司和巴西外贸 B 公司于 2015 年 4 月 10 日签订了一份出口 220 片 300W 太阳能电池板的合同，付款方式为议付信用证，合同约定交货期为 2015 年 5 月 31 日，A 公司 4 月 23 日收到 B 公司开来的信用证，信用证上显示装运期为：“LATEST DATE OF SHIPMENT150630。”A 公司在 6 月 15 日装船，随后向议付行提交单据后，顺利审单议付。7 月 26 日，B 公司来函提出延迟装船的索赔，称卖方违反合同交货期的约定，迟装船 15 天，应赔偿货款总额的 1.5%。A 公司据理力争，认为 B 公司的信用证中明确最迟装运期是 2015 年 6 月 30 日，于 6 月 15 日装船完全符合信用证的规定，不存在违约。双方争执不下，遂提交仲裁。

仲裁庭认为，虽然信用证独立于基础合同而存在，但信用证基于基础合同而开立，买方在信用证中对交货期等主要条款的修改，应该视为对买卖合同的修改。卖方未对信用证提出异议，即表示默认接受此项修改，合同条款因此而改变，所以卖方不存在违约，驳回买方的索赔请求，同时，卖方由于接受了买方开出的信用

证,也因此丧失了对买方提出因未按合同开证违约索赔的权利。[①]

(二)法律风险解析

信用证中的条款是基于合同同时又独立于合同的。信用证中的条款与合同约定不一致时应当以信用证为准。企业在审核信用证时如遇到两者不相符的情况应及时沟通,修改合同或信用证,以使两者一致。如在信用证开立之后又要进行修改的,企业宜谨慎处理。

(三)法律风险防控

出口企业应重视审证,发现不一致时,出口商完全可以拒绝接受,并向开证行提出自己的修改意见;同时与客户积极协调、沟通。另外,还要把握一些重点条款的审核方法。

1. 关于信用证的金额应重点审查:(1)信用证的金额是否正确;(2)信用证的金额与合同的金额是否一致;(3)信用证中的单价与总值要准确,大小写并用且内容要一致;(4)如数量上可以有一定幅度的伸缩,那么,信用证也应相应规定在支付金额时允许有一定幅度的伸缩;(5)如果在金额前使用了"大约"一词,其意思是允许金额有10%的伸缩;[②](6)检查币种是否一致。不能合同中约定的币种是"英镑",而信用证中使用的是"美元"。

2. 关于信用证的数量应重点审查:(1)除非信用证规定数量不得有增减,否则,在付款金额不超过信用证金额的情况下,货物数量可以容许有5%的增减[③];(2)但是要注意的是以上提到的货物数量可以有5%增减的规定一般适用于大宗货物,对于以包装单位或以个体为计算单位的货物不适用。如100% COTTON SHIRTS(5000件全棉衬衫),由于计量单位是"件",实际交货时只能是5000件,而不能有5%的增减。

3. 关于价格的审核,重点是审查贸易术语与价格的构成是否相匹配。例如,合同中约定是FOB SHANGHAI AT USD。根据此价格条款有关的运费和保险费由进口商即开证人承担;如果信用证中的价格条款没有按合同的约定作上述表

---

① 世商管理:《外贸企业信用证与合同不一致时的解决策略》,载https://wtt6.com/40326.html,最后访问日期:2020年12月26日。

② Article 30 of UCP 600.

③ Article 30 of UCP 600.

示，而是作了如下规定：CIF NEW YORK AT USD。对此条款如不及时修改，那么出口商即受益人将承担有关的运费和保险费。

七、信用证条款自相矛盾

注意要对信用证条款进行全面审核，检查各条款之间是否存在矛盾之处。例如，明明是空运，却要求提供海运提单；价格条款是FOB，保险应由进口商办理，而信用证中却要求提供保险单。

八、信用证中有陷阱条款

1. 应特别注意信用证条款中是否有陷阱条款。如1/3正本提单直接寄送客户的条款。如果接受此条款，将随时面临货款两空的危险。

2. 将客检证作为议付文件的条款。接受此条款，受益人正常处理信用证业务的主动权很大程度上将掌握在对方手里，影响安全收汇。

第四节　信用证欺诈风险及防控

有些买方使用非法手段制造假信用证，或假印鉴开出信用证，签字和印鉴无法核对。对于假信用证，若出口商没有发现信用证造假而交货，将导致钱货两空的风险。常见的信用证欺诈风险及其防控措施如下。

一、假冒或伪造印鉴（签字）诈骗风险及防控

（一）法律风险解析

假冒或伪造印鉴（签字），是指诈骗分子以打字机打出并将通过邮递方式寄出的信用证假冒或伪造开证行有权签字人员的印鉴（签字），企图以假乱真欺骗受益人（出口商）盲目发货，最终达到骗取货物的目的。这种诈骗一般具有以下特征：（1）信用证不经银行通知而直达受益人手中，且信封无寄件人详细地址，邮戳模糊；（2）所用信用证格式陈旧过时；（3）信用证签字笔画不流畅，或采用印刷体签名；（4）信用证条款自相矛盾，或违背常规。①

---

① 卓小苏主编：《国际贸易风险与防范》，中国纺织出版社2007年版，第142页。

(二)法律风险防控

审核信用证时注意以下要点:(1)信用证的格式是否为最新格式,是否有清晰的邮戳;(2)收单行在银行年鉴中是否有详细地址;(3)信用证上的签名一般为手签,非印刷体。

注意:如果信用证要求货物空运至某些国家如尼日利亚的应提高警惕,因为该国为信用证诈骗案的多发地。

二、盗用或借用他行密押(密码)诈骗风险及防控

对于此类诈骗,主要有以下审核要点:(1)来证是否有密押,如无密押,声称由第三家银行来电证实,此时受益人应提高警惕;(2)审查来证装船、有效期是否较短,以防申请人迫使受益人仓促发货;(3)证中申请人与收货人是否分别在不同的国家或地区。

三、信用证"软条款"诈骗风险及防控

关于信用证软条款的风险及其防控详见本章第五节。

四、伪造信用证修改书诈骗风险及防控

(一)法律风险解析

信用证修改必须由开证行进行。进口方首先要与出口方就修改的内容进行协商,协商一致后,进口方再向开证行申请修改,由开证行进行修改。如双方未协商一致,进口方擅自申请修改,出口方在接到修改通知时也可以明示表示拒绝。如果未予拒绝,修改后的信用证条款可能会加大出口方的责任,甚至出现一些软条款,如果出口方提交的单据符合原信用证而不符合修改后的信用证,出口方将面临因为单证不符而被拒绝付款的风险。

这种诈骗具有以下特征:(1)原证虽是真实、合法的,但含有制约受益人权利的条款,亟待修改;(2)修改书以电报或电传方式发出,且盗用他行密押或借用原证密码;(3)修改书不通过银行开出,而是直接发给通知行或受益人;(4)证内规定装运后邮寄一份正本提单给申请人;(5)来证装船期、有效期较短,以迫使受益

人仓促发货。[①]

(二)法律风险防范

将上述特征作为审核要点,如发现可疑之处,原证的密押与修改书密押不一致,就应该引起警觉,迅速向开证行查证,银行在确认该电文为伪造修改书后立即通知受益人停止发货。

五、涂改信用证诈骗风险及防控

(一)法律风险解析

涂改信用证诈骗是指诈骗分子将过期失效的信用证刻意涂改,变更原证的金额、装运期和受益人名称,以骗取出口货物,或诱使出口方向其开立信用证,骗取银行融资。这种诈骗往往具有以下特征:(1)原信用证为信开方式,以便于涂改;(2)涂改内容为信用证金额、装运期及受益人名称;(3)信用证涂改之处无开证行签证。

(二)法律风险防控

审核时注意上述特征,如发现可疑之处应该立即停止发货,并通过可靠的机构进行查询,避免此类损失。[②]

六、伪造保兑信用证诈骗风险及防控

(一)法律风险解析

伪造保兑信用证诈骗,是指进口商在提供假信用证的基础上,为获得出口方的信任,蓄意伪造国际大银行的保兑函,以达到骗取卖方大宗出口货物的目的。这种诈骗往往具有以下特征:(1)信用证的开证行为假冒或根本无法查实开证行;(2)保兑行往往是国际著名银行,以增加欺骗性;(3)来证金额较大,且装运期较短。[③]

---

① 卓小苏主编:《国际贸易风险与防范》,中国纺织出版社2007年版,第144~145页。

② 卓小苏主编:《国际贸易风险与防范》,中国纺织出版社2007年版,第143页。

③ 卓小苏主编:《国际贸易风险与防范》,中国纺织出版社2007年版,第144页。

(二)法律风险防范

1. 受益人应该立即停止转运。

2. 抓紧与开证行和保兑行联系进行确认。

第五节　信用证软条款风险案情回顾及风险防控

一、规定航运线路

(一)法律风险解析

对装运进行限制是信用证中常见的软条款,如规定航运线路;由船务代理、船东或船长签发的证明书证明载货船舶不是某特定国家如以色列船籍;在航行途中不停靠特定国家如以色列港口并且船只可以不受限制进入阿拉伯国家的港口等。此类信用证在中东国家中较为常见。[①]

(二)法律风险防控

1. 了解货代能否安排客户所要求的航线。

2. 如果不能满足客户要求,则及时与客户联系,协商修改信用证条款。

3. 外贸企业应建立客户信息档案,定期或不定期地客观分析客户资信情况。在交易前,通过一些具有独立性的调查机构,仔细审查客户的基本情况,对其注册资本、盈亏情况、业务范围、公司设备、开户银行所在地址、电话和账号、经营作风和过去的历史等进行必要的调查评议,选择资信良好的客户作为自己的贸易伙伴。

二、到期地点在开证行

(一)法律风险解析

少数信用证规定,该信用证的到期地点在开证行所在地,条款中又规定:“交单期是提单日后的21天。”

---

① 中东国家和以色列由于历史原因,积怨较深。在国际贸易中,商人为了保护自身利益,避免受到政治因素影响,常常开出此类信用证,属非恶意性。

（二）法律风险防控

1. 一般的受益人都会要求开证人将“到期地点”改在“出口国所在地银行”，以免单据寄到开证行时延误到期日，造成拒付。一般的情况是，出口商难以估计该套单据议付行的审核时间长短，以及这套单据的“在途时间”，难以确定单据能否在有效期内到达开证行。

2. 若不能满足，则受益人应把握好时间，在规定的时间内交单和处理信用证业务，并提醒银行经办人员务必迅速处理这套单据。

三、提单和其他单据直接寄进口商

（一）典型案例

中国香港 A 公司与内地的 B 公司在信用证中加入了如下条款：1/3 的正本提单及全套交单单据复印件直接寄给信用证中载明的 C 公司。对此，B 公司表示不解，A 公司的代表解释说 C 公司是 A 公司下游的经销商，货物一到香港将由其直接交单提货。并且由于上海和济州的船期很短，银行审单时间很长，如果货物到港但是提单无法取得，会产生滞留费和仓库保管费，这会增加 A 公司的成本。B 公司并没有立即开立信用证，向 A 公司说明需要时间考虑。经过高层的讨论认为，A 公司加入的条款属于软条款，故而本公司面临很大的结汇风险，于是 B 公司向 A 公司提议：可以按其要求开立信用证，但进口商 A 公司需向出口商 B 公司预付 50% 的货款，余款以 D/P 即期付款的方式支付。尽管经过双方的协商沟通，B 公司并不让步。A 公司无奈只能放弃。

“1/3 的正本提单及全套交单单据复印件直接寄给信用证中载明的 C 公司”使受益人在收到货款之前就丧失了货权。这种情况下如果银行资质不良或银行与进口商合谋诈骗，那么出口商可能失去货权，同时无法得到银行的议付。

（二）法律风险解析

有的信用证中规定卖方将一份正本提单和其他装船单据一起于发货后三天直接寄给开证申请人并发传真，这使卖方在收到货款之前就丧失了货权。

（三）法律风险防控

1. 综合判断客户，尽量不将正本提单等其他单据寄给开证申请人。

2. 针对第一次合作的客户或资信不良的客户,婉拒客户的请求。

3. 在接受提单直接寄进口商条款的同时,必须要求信用证明确规定将提单条款中的收货人做成"凭开证银行指示"抬头,这样,即使开证人收到1/3、2/3或全套正本提单后也必须由开证行背书,使物权转移后才能提货。①

四、装运软条款

(一)法律风险解析

装运软条款常常表现为要求待收到申请人指定船名的装运通知后才可以装运,同时该装运通知将由开证行随后以信用证修改书方式发出。

(二)法律风险防控

按照惯例,应由出口商装船完毕后,及时向进口方发出已装船通知,以便进口商做好相应的准备。但是此条款却由进口商控制装运,不利于贸易的顺利进行,对出口方也非常不利。如果申请人以任何理由不发出装运通知,受益人就不能装运,货物就要滞留在产地,受益人无法发货收汇,会蒙受损失。故受益人要谨慎考虑是否接受该条款。

五、有条件的付款软条款

(一)法律风险解析

开证申请人通知开证行在收到货物后才能授权开证行给受益人付款。如出现以下情况使出口商面临很大的风险,开证申请人就完全掌握了整个交易的主动权:(1)信用证规定,待进口商实际收到货物后才可以付款;(2)规定待进口商进行商品质量检验并签发合格证书后才可以付款;(3)待办完货物清关手续,或取得配额后才可以付款;(4)开证申请人在出具承兑汇票后才能付款;(5)议付行需要等到开证行的授权通知后才能对受益人付款。

(二)法律风险防控

一般该条款都是申请人占据有利地位,向受益人提出该条款,致使受益人完

---

① 卓小苏主编:《国际贸易风险与防范》,中国纺织出版社2007年版,第162页。

全处于被动地位。外贸人员应加强学习,熟悉国际贸易惯例,掌握信用证有关知识,从实践中不断积累经验,提高自己的业务水平。争取做到从一开始签订合同或接到信用证时就能发现信用证中的软条款,以防在履约过程中陷入被动局面,真正实现信用证的“开证行保证付款”的特点,从而达到安全收汇的目的。

六、信用证有条件的生效条款

(一)法律风险解析

开证行应申请人的请求开立的以出口商为受益人的信用证是已经生效的信用证。但是有一类信用证软条款却规定开来的信用证暂不生效,而是待开证申请人验货确认后再通知生效,或是等进口许可证签发后再通知生效,或是待办理完清关手续后再通知生效,等等。

(二)法律风险防控

这种情况一般发生在对信用证项下的各种单据、证书的详细要求和指示尚未确定的情况下,为了履约,进口商按时开出信用证,但注明了限制条款生效的条件,这种情况下,如果出口商非常急于交货,将会使制单结汇出现困难。建议受益人婉拒申请人的请求。

七、验货软条款

(一)法律风险解析

这类软条款一般这样规定:一种情况是商品品质证书需经由开证申请人同意,这样同样等于把是否接受货物的主动权交给了进口商;另一种情况是货物质量检验证书需要经过开证行或开证申请人核实。信用证中可能同时还特别说明,此份证书的副本将在付款时备案。

(二)法律风险防控

按照惯例,检验证书是由一个独立于贸易关系人之外的有资格、有权威的第三方专业检验机构执行的。但此软条款的检验证书却由进口商完全控制,如果没有特殊原因,这类软条款出口商要加倍警惕。

最佳选择是受益人指定所在国的检验机构。如果不能满足,则由受益人与申请人协商共同指定第三方权威机构进行检验。

八、要求支付保证金的条款

(一)法律风险解析

信用证条款中要求出口商按合同金额的5% ~15%预付履约保证金、开证押金、佣金或质保金给进口商指定代表或中介,这些大多数属于欺诈行为。

(二)法律风险防控

出口商有时会被高额的利润所吸引,忽略此类有限制性的软条款,最终致使支付了高额保证金后,钱货两空。出口商应谨慎对待该条款,尽量不要缴纳任何形式的预付订金、交货保证金、质押金等款项,而应对各种需要用到的单据提出具体而明确的要求。单据中必须明确而具体地对必要事项作出规定,如货物装运期限、付款期限、兑付行或承兑行等。一旦通知行或者贸易商发现信用证条款与合同不符(单证不符),应立刻要求进口商修改或者删除该条款。

九、与单据有关的软条款

(一)法律风险分析

与单据有关的软条款的一种形式是信用证中所要求提交的单据可能与合同约定不符。另一种形式是规定某些单据必须由特定的人来签。比如货检证明或货物收据必须经由开证申请人或其指定的人出具或签署,其印鉴则由开证行核实无误后才可议付。

如果接受了这种类型的信用证,出口商实际上把是否接受货物的主动权交给了进口商,这时如果国际市场行情发生变化,开证申请人将不签署或不指派人签署单据,或故意拖延签字的时间,使信用证因到期而失效,造成受益人不能按时制单结汇。

(二)法律风险防控

单据条款无疑是信用证中最主要的条款,因为银行是否付款、受益人是否能结算收汇全凭贸易商提供的单据。故而,受益人应对保险单、海运单、提单、商业发票和商检证书等各种需要用到的单据提出具体而明确的要求。单据中必须明确而具体地对必要的事项作出规定，如货物装运期限、付款期限、兑付行或承兑行等。一旦通知行或者贸易商发现信用证条款与合同不符（单证不符），应立刻要求进口商修改或者删除该条款。

十、在条款中设立相互矛盾的软条款

（一）法律风险解析

典型的情况：例如在转口贸易中，出口商按进口商要求，不在信用证上写明受益人名称，而有些国家则规定产地证上必须写明受益人名称，否则不予签发产地证。因此，无论受益人如何制单，都不可能做到单证一致。

（二）法律风险防控

1. 在开证行开立信用证前，双方对信用证条款进行约定并明确；
2. 受益人严格审核信用证条款；
3. 熟知信用证相关条款的贸易规则。

十一、要求印鉴与签字同样本相符的软条款

（一）典型案例

2016 年 1 月 15 日，农行某省分行开出了一份以开证申请人为 A 公司（C 公司的上级），受益人为 B 物资（香港）有限公司（以下简称 B 公司）的信用证。该信用证单据条款第 2 条约定“由申请人发出的货物收据上申请人的签字必须与开证银行持有的签字式样相符”。A 公司预留在农行某省分行的信用证项下货物收据签字样本为：在同一张样本上盖有两个 A 公司公章，其中一个章附有“D”的签名，另一个章附有“E”的签字。

2016 年 1 月 31 日，A 公司证实收货，C 公司的 E 在货物收据上签名。B 公司将信用证项下的单据交给农行某省分行，请求付款。农行某省分行审单后，发现 B 公司提交的货物收据只有 A 公司公章和 E 一个人签字，遂于 2016 年 2 月 26 日以“货物收据上之签署有异于开证银行所持之签署式样”为由予以拒付。出口商遂向法院起诉开证行农行某省分行，要求其兑付信用证。法院审理后认为农业银行某省分行拒付理由正当。

(二)法律风险解析

此类软条款要求其印鉴与开证银行留底的签字样本相符合,具体地表现为货运收据以及货物检验证明由开证申请人授权的人出具和签署。这些条款看似普通无碍,实则充满风险。一方面,受益人可能无从得知开证行的印鉴;另一方面,议付行可能根本就没有收到开证行的签字样本,故而无从核对信用证的签名和印鉴。这无疑会给信用证的单证相符造成巨大的困难。

(三)法律风险防控

如果不能避免该条款,受益人应要求开证行在受理开立信用证申请时,提供银行留底的签名及印鉴样本。

十二、合同软条款综合防范措施

(一)建立一套能够有效识别的标准和方法

1. 从目的和功能上识别:合同、信用证签订的目的,以及条款签订的功能。

2. 从前后条款是否有矛盾方面识别:符合"单单一致"和"单证一致"。

3. 从是否设置信用证生效要件方面识别:要求我们能从信用证条款中判断出哪些条款决定了信用证是否生效。

(二)高度重视国际贸易合同条款的制订

条款约定要做到统揽全局,要意识到签订的虽然是基础合同,但最终目的却是为了结汇,而信用证的订立应是严密的;同时,还要清醒地认识到,虽然"独立原则"是信用证的根本原则,但合同中的约定却是信用证的基础和重要的参照,只有把合同的条款约定得严谨公平,今后在对信用证条款进行审查时才会有参照,即使出现了与合同不符的信用证条款,受益人也可以以合同为依据而要求修改。

(三)谨慎审核信用证条款,及时采取措施

1. 收到进口商开立的信用证后,出口商要仔细核对。对任何不符合规定的要求均应及时提出书面申请并要求开证行修正,不能仅接受进口商单方的承诺,因为对信用证的任何修改只有取得开证申请人、开证行、议付行、受益人的一致同意后方有效。

2. 规定开证申请人修改或提出其他保证的最后期限，并说明由此引起的时间延误应通过开证申请人延长信用证有效期加以弥补。在开证申请人拒绝修改或对此避而不答时，受益人应在货源落实方面采取相应措施，对信用证的修改限定时间，如若申请人在规定时间内不答复，受益人便可以要求申请人提供必要担保，否则将不履行合同义务，并立即着手调查开证申请人的资信状况，弄清其规定上述软条款的真实意图。

3. 受益人收到信用证后，应比照合同仔细核对，一旦发现信用证的条款与合同不符，应立即要求开证申请人修改或删除该条款。

（四）慎重选择通知行

通知行的作用不局限于通知信用证，还应检查信用证的真实性以及是否有明显的欺诈条款和软条款等。出口商选择通知行时，不仅要看重其名气、信誉和行业内的威望，而且要看重其是否有严谨、严格的软条款识别机制，以及是否有过识别软条款的典型案例等。建议进口商选择信誉卓著的国际大银行，这些银行十分注重自己的声誉，其操作流程也十分规范，服务质量有保证，一般会认真看待软条款的问题。

（五）出口商通过出口保理或出口信用保险途径规避风险

1. 出口保理是保理商（一般是商业银行或其附属机构）向出口商提供的，将出口贸易融资、销售账务管理、收取应收账款和进口商信用调查融为一体的金融服务。目前，中国银行和交通银行等都已开办此项业务。

2. 出口信用保险则是以出口贸易和海外投资中的外国进口商信用风险为保险对象，以出口商在执行合同中应该享有的合法权利为保险标的的信用保险，赔款主要由国家财政承担。中国人民保险公司和中国进出口银行等相关机构都办理此项业务。

第六节　信用证风险综合防范对策

一、慎重选择贸易伙伴，了解进口商信誉和贸易背景

通过调查研究，选择资信可靠、经营作风正派、经营能力较强的客户进行交易。有关资料可以通过以下渠道获得：(1) 通过国内外信息机构调查；(2) 通过我

国驻外机构、与中国的银行有往来关系的国外银行协助调查；(3)通过国外代理机构或与客户有往来关系的银行或客户协助调查。①

二、做好开证行的资信调查

出口商应做好开证行的资信调查，可从以下渠道进行：(1)可委托开办有外汇业务的商业银行进行调查；(2)通过国际权威评审机构的评审结果调查开证行的资信等级，如美国标准普尔评级公司、英国的国际银行及信用分析机构。

如果开证行的等级太低，应要求资信较好的银行开证。若对开证行的状况不是很了解，出口商可以要求买方指示开证行邀请出口地银行对其开出的信用证加具保兑，这样当出口商拿到保兑信用证时，就可以获得除开证行之外的第二家银行的付款保障了。②

三、做好信用证审核工作

企业要着重审核信用证内容与买卖合同是否一致以及对单据的要求等，若发现信用证欺诈，出口商应立即采取措施避免损失；若发现信用证中有"软条款"，应立即与买方协商、要求改证，且对"软条款"不予接受。

四、向所在国信用保险机构投保出口信用保险

出口信用保险是一国政府为出口商提供的一种非营利性风险保障制度，目的在于鼓励、扩大本国商品出口。出口商应寻求信用证方式下出口信用保险的支持，以化解和转移风险。

五、严格按信用证规定制作单据

银行在信用证业务中是按"严格符合的原则"办事的，出口方在制单时必须仔细看清信用证的要求，严格按信用证的规定制作单据，否则出口商将无法安全结汇。

六、出口商可考虑尽量使用保兑信用证

如果出现以下几种情况，卖方应坚持采用保兑信用证：(1)进口商不能依出口

---

① 参见武亮、赵永秀主编：《国际贸易风险防范》(图解版)，人民邮电出版社2016年版，第130页。

② 参见武亮、赵永秀主编：《国际贸易风险防范》(图解版)，人民邮电出版社2016年版，第130页。

商所确认的或指定的银行开具信用证;(2)开证银行与出口商所在地的任何银行无业务往来;(3)开证银行所在地的政治、经济不稳定;(4)因合同金额大,超出开证银行一般业务的支付能力;(5)进出口商所处地理位置遥远,进出口商所在地的法律及有关规定有特殊之处,进出口商的商业习惯和做法不相同。①

七、发生拒付时积极应对

一旦发生递交的单据被开证银行拒绝承兑或付款的情况,出口商应立即采取以下措施,尽可能地减少损失:(1)研究拒付的理由并与往来银行商讨对策;(2)直接与买方或其代理商交涉。

八、采取反信用证诈骗的措施

这些措施主要有:(1)提高业务人员素质,丰富国际贸易经验;(2)树立风险意识,重视资信调查;(3)严格按规章程序办事,提高工作的技术含量。②

第七节 合同条款示例

例1:买方应通过卖方认可的银行于装运期前××天开立即期信用证并送达卖方,信用证的交单截止日期至装运期后15天在中国议付截止。同时,卖方交单还必须在信用证的有效期以内。

The Buyer shall open through a bank acceptable to the Seller a sight L/C to reach the Seller xx days before the date of shipment, remain valid for negotiation in China until 15th day after the date of shipment, but within the validity of the L/C.

例2:买方应于×年×月×日以前通过××银行开立以卖方为受益人的即期付款信用证。信用证的交单截止日期延至装运期后15天在中国截止。同时,卖方交单还必须在信用证的有效期以内。

The Buyer shall arrange with xx Bank for opening a sight L/C in favor of the Seller before(month) (date), (year). The said L/C shall be available by documents required in The L/C at sight and remain valid for payment at sight in China until the

---

① 参见武亮、赵永秀主编:《国际贸易风险防范》(图解版),人民邮电出版社2016年版,第135~136页。

② 参见武亮、赵永秀主编:《国际贸易风险防范》(图解版),人民邮电出版社2016年版,第138页。

15th day after the date of shipment, but within the validity of the L/C. ①

第八节 本章小结

在国际贸易业务中选用信用证结算时,当事人应该注意以下几点。

1. 丰富结算方式,了解信用证,不拒绝信用证,赢得更多的客户。

2. 做到能够看懂信用证,学会审核信用证。

3. 事前做好防范,事后若出现欺诈应及时采取救济措施,减小交易的风险。

4. 发现软条款,外贸业务员可以通过如下策略进行谈判:(1)可以向客户说明我们需要拿信用证贷款、议付,是银行坚持要删除该条款。(2)书面协议向客户承诺按照外商要求办理,但是不得将相应的条款加入信用证。(3)如果客户不愿删除,争取修改条款以降低风险。(4)如在接受"一份正本单证直接寄交申请人"的同时,修改提单的收货人为"TO THE ORDER OF BANK 凭开证行指示",这样即使客户拿到正本提单,也须银行背书(在提单后签字盖章,表明执此提单已经获得银行的许可),避免客户绕开银行私自提货的风险,也增加银行的监控责任,使银行有所顾忌而不能与外商勾结任意行事。(5)客户拒绝修改,出口商此时应对客户提高警惕,分析客户提出软条款的初衷,是出于恶意还是客观情况的影响;同时提防客户,对其进行资信调查,查明是否有赖账前科。

① 田运银主编:《国际贸易实务精讲》(第7版),中国海关出版社2018年版,第236页。

第九章

托收法律风险防控

根据《托收统一规则》的规定,托收是指卖方根据发票的金额开立汇票,委托出口地银行(托收行)通过它在进口地分行或代理行(代收行)向进口商收取货款。托收是一种常用的国际贸易结算方式,在国际贸易中发挥着重要作用。近年来,我国在国际贸易中采用托收方式办理货款结算的比例有所增加。托收能提高出口商品在国际市场上的竞争力,有助于扩大出口。但是,托收以商业信用为基础,对出口商来说存在较大风险。如何在赢得订单、资金负担与托收的风险防控之间找到平衡,并保证出口贸易的顺利进行至关重要。

第一节　托收涉及的主要法律规则

托收涉及的主要法律规则有:《联合国国际货物销售合同公约》国际商会《托收统一规则》(URC 522)。

国际商会《托收统一规则》(URC 522,1995 年修订本)是由国际商会用来管控跟单托收的付款方式的出版物的书名,生效于 1996 年 1 月 1 日。它自公布实施以来,已被各国银行所采用,已成为托收业务的国际惯例。《托收统一规则》有 7 部分,共 26 条,包括总则及定义、托收的形式和结构,提示方式,义务与责任,付款,利息、手续费及其他费用,其他规定。根据《托收统一规则》,托收意指银行根据所收的指示,处理金融单据和/或商业单据,目的在于取得付款和/或承兑,凭付款和/或承兑交单,或按其他条款及条件交单。上述定义中涉及的金融单据是指汇票、本票、支票或其他用于付款或款项的类似凭证;商业单据是指发票、运输单据、物权单据或其他类似单据,或除金融单据之外的任何其他单据。但《托收统一规则》仅规范“银行托收”业务,对非银行办理的托收均不涉及。为了确保《托收统一规则》的电子适用性,国际商会2019年公布了《托收统一规则(URC 522)关于电子交单的附则》(eURC)1.0版,2019年7月1日正式生效。

第二节 法律风险提示

托收当事人中包括如下五个方面:其一,委托人,是委托银行向进口商收取货款的一方,在国际贸易中是出口商。其二,托收行,即接受委托办理托收业务的银行,同时委托国外分行或代理行向进口商收款,一般为出口地银行。其三,代收行,即接受托收行委托向进口商收款的银行,一般为托收行的国外分行或代理行。其四,付款人,指根据托收指示被提示单据的人,在国际贸易中,一般为进口商。其五,提示行,指向付款人提示单据的银行。代收行可以委托与付款人有往来账户关系的银行作为提示行,也可以自兼提示行。托收当事方因办理托收业务而形成了如下法律关系:首先,委托人与托收行之间、托收行与代收行之间都是委托代理关系;其次,代收行与付款人之间没有合同关系;最后,付款人与委托人的关系是债权债务关系。[①] 明晰了以上内容之后,我们再来分析托收的具体法律风险。

一、光票托收风险

光票托收(clean collection)指债权人仅向托收行提交汇票、本票、支票等金融单据,委托其代为收款。光票托收的风险较大,因此,一般只用于样品费、佣金、货款尾数、小额交易货款、部分预付货款、分期支付货款以及贸易从属费用的收取等。

二、跟单托收风险

跟单托收是出口商发出货物后,将附带有关单据(如提单、发票、保险单等)的汇票,交银行委托收款。

(一)远期付款交单D/P托收风险

在远期付款交单D/P情况下,有些国家习惯将远期付款交单当作承兑交单处理;代收行"凭信托收据借单"给出口方收汇带来风险。应当全面了解目的国银行

---

① 沈木珠:《国际贸易法研究》,法律出版社2010年版,第195~196页。

托收的规则。如货物到港不能提取将产生大量滞港费甚至被拍卖,需要及时与进口商衔接办理收货与托收手续。

(二)即期付款交单 D/P 托收风险

即期托收存在如下常见风险:代收行违背托收指示操作,将进口商应付的相关代收行费用转嫁至出口商;单据方面存在的风险有:倒签提单、商检证书不符合合同约定、出口商不投保、错制单据以及单据邮寄的风险等;此外还有国家政策风险、收汇风险、汇率变动风险等。

第三节　光票托收风险案情回顾及风险防控

一、光票托收风险的典型案例

某出口商 A 与进口商 B 拟采用光票托收方式进行贸易,运输方式为空运。很快出口商接到进口商开来的以国外某银行出具的并以此银行为付款人的支票,金额为 10 万美元。出口商很快将货物装运出口,并要求出口地的某银行为其办理光票托收,但当支票寄交至国外付款行时,出口商被告知此支票为空头支票,最终造成出口商 A 货款两空的重大损失。

二、光票托收法律风险解析

采用光票托收进行国际贸易的时候,托收的金融单据经常是支票。这时出口商必须鉴别此支票的真实性,不能盲目出货。最好在出货之前要求进口商出具银行保付的支票,或者先收回货款后再发货,以避免不必要的损失。不到万不得已,不要采用这种方式进行大额交易结算。尤其是在航空运输的情况下,由于航空运单不是提货单,出口商更应严加小心。

光票托收分为立即贷记和收妥贷记两种方式。光票托收中有退票和收款时间无法确定的风险,应当合理选择立即贷记和收妥贷记方式进行托收。所谓"立即贷记"方式,是指代收行收到托收行寄去的票据后,尚未向付款行提示,即可立即贷记托收行账户。"立即贷记"方式收汇快、费用低,但存在退票风险。付款行是在未看到票据的情况下被借记,所以付款行保留追索权。在付款行收到票据后,立即从出票人/付款人账户中扣除相应金额。如果此时由于存款不足、账户关闭等原因无法扣除出票人/付款人的账户金额,付款行可以退票。"收妥贷记",就是代收行根据托收行的指示,将票据向付款行提示或送交,受票行付款后或交换清讫后再贷记托收行账户。“收妥贷记”方式时间长,款项收回时间无法确定。付款行收到票据后要等出票人确认,因此这种托收方式款项收回的时间较长。托收行无法知道款项何时收回或能否收回,委托人可能需要承担较高的查询费用及利息损失。在很多情况下付款行与托收行没有直接的代理关系,有的付款行地处偏僻的乡村小镇,对托收行的催收查询往往不能及时答复甚至置之不理。

三、光票托收法律风险防控

第一,认真审核票据,确保票据要素齐全、合格,如出票人、受款人、金额大小写、出票日期和背书等。

第二,托收行为了能尽快收回款项,减少托收费用,通常都采用立即贷记清算。但如发现票据有一些出乎常规的情况,就必须使用收妥贷记清算,以规避风险,如已遭损坏的票据,曾遭退票的票据,票面有更改、损坏的票据,票据的影印件或复印件,付款行名称或地址不完整的票据,非对方国境内付款的票据,其他异常情况。

第三,“收妥贷记”方式安全稳定,但收汇时间长,费用较高,小额票据尽量采用立即贷记方式。如某个经常往来的客户托收的票据金额突然变大(远远大于以前托收的金额)以及金额超大的票据,应该采用“收妥贷记”方式。

第四,尽可能利用代理行的服务,转移风险。如最终贷记服务,代理行通过票据交换系统清算票据,一旦代理行将款项贷记给托收行,对托收行就没有追索权(票据背书伪造除外)。这实际上是由代理行承担了账户关闭、账户余额不足、正面伪造的风险。对托收行来说,既能较快地收回款项,费用低廉,风险又小。因此对大额票据或不熟悉客户的票据,尽可能使用这种服务。

第四节　远期付款交单 D/P 风险案情回顾及风险防控

一、远期付款交单 D/P 风险的典型案例

出口商 A 向进口商 B 请求采用 D/P 即期结算方式出口一批货物,但进口商 B 不同意,反而建议采用 D/P · T/R(付款交单凭信托收条借单)方式结算。由于此时国际市场上这种商品处于供大于求的阶段,出口商 A 急于将产品售出,只有答应进口商 B 的要求,待商品出口后进口商 B 很快杳无音信。

二、远期付款交单 D/P 法律风险解析

本案中，如果出口商没有授权代收行通过 T/R 方式借出单据给进口商的话，代收行如擅自将单据借予进口商，则代收行要为其行为负责。但在本案例中出口商采用了 D/P · T/R 方式结算，这意味着代收行可以通过 T/R 方式借单给进口商，这种借单行为是由出口商授权的，此时如是进口商不付款的话，出口商要承担由此带来的所有风险和损失。

远期付款交单的风险主要体现在：有些国家习惯将远期付款交单当作承兑交单处理；代收行"凭信托收据借单"给出口方收汇带来风险；货物到港不能提取将产生大量滞港费甚至被拍卖。

三、远期付款交单 D/P 法律风险防控

第一，合理设置远期期限。在实务中，D/P 远期托收主要适用于汇票到期时间与货物到达时间基本一致的情况，尽量不要使远期天数与航程时间间隔过长。假定货物到港大致需要 30 天，那么远期付款交单的期限不能超过 30 天，例如 D/P at 25 days after sight。

第二，指定需要时的代理。为防止出现上述不利情况时目的港无人理货，出口方可以在办理托收手续时，在托收指示书中指定需要时的代理，如果发生不付款和/或不承兑时，代理人可办理货物的存仓、保险、转售和货运等事宜，但出口商需注意托收指示中应清楚地、详尽地指明该代理人的权限。

第三，谨慎选择代收行。出口方应尽量避免由进口方选择代收行，尽量由出口方选择代收行或由托收行指定代收行。如果代收行选择不当，不但不能给出口商提供良好的服务，而且在后期处理贸易纠纷时对出口商非常不利。[①]

第四，要了解进口商的资信情况和经营作风。对情况不熟或资信不良的进口商，尽量不要以托收方式收款。同时在签订合同前，应深入调查进口商信用。

第五，与进口方商议提前付款。在货物到港日早于汇票到期日的情况下，出口方可与进口方协商，给予其一定的价格折扣或优惠，作为提前付款的补偿，要求进口方立即付款赎单。这样既可使进口商能及时提货，把握有利商机，又可免除

---

① 参见朱燕芳：《从一则案例看出口商采用 D/P 远期托收的风险及启示》，载《对外经贸实务》2017 年第 4 期。

收汇风险。

第六,妥善处理单据。在货物到达日早于汇票到期日的情况下,出口方可视进口方的资信情况,以及商品在进口国的市场行情,决定如何处理单据。

第七,了解熟悉进口国的对外贸易政策、贸易惯例及海关的相关规定。如有些国家习惯将远期付款交单当作承兑交单处理,针对这些国家及地区的客户应当谨慎选择远期 D/P。如果出口商对进口国的习惯做法没有把握,可以在合同和托收申请书中以具体的条款明确说明:"D/P 远期不能按照 D/A 的方式处理,托收行在给代收行发出托收指示时要进一步强调说明:若出现进口商凭信托收据提前借单的情况,代收行应及时通过托收行转告出口商并等待出口商发出指示。"以约束代收行不得擅自处理。①

第五节　即期托收风险案情回顾及风险防控

一、即期托收的典型案例

国内出口商 A 与美国进口商 B 签订买卖合同,其中约定支付方式是即期付款交单。同年 5 月 19 日,出口商 A 将货物通过海运从上海运往纽约,并取得海运提单。出口商当日就持全套单据以及美国代收行 D 银行的资料前往当地的中国 C 银行办理托收。当地 C 银行在审查全套单据后,签发了托收指示函并告知无法在当日寄单。出口商 A 当即要求自行寄单,C 银行同意后将全套单据和托收指示函由出口商 A 签收取走。美国代收行 D 于 6 月 11 日签收装有全套单据和托收指示的邮件。美国代收行 D 在进口商 B 未付款的情况下,自行放单至 B。B 于 7 月 15 日将货物全部提走,并且于当日向出口商 A 表示无力付款,尽管 A 多次向 B 交涉,都无果而终,从而给出口商 A 造成巨大损失。

二、即期托收法律风险解析

在本案中出口商 A 受骗并不是由当地 C 银行造成的,而是因为代收行美国 D 银行违反托收的国际惯例,在进口商没有付款的情况下,就将全套单据交给进口商,致使出口商 A 钱货两空。代收行 D 应承担全部责任。

---

① 参见朱燕芳:《从一则案例看出口商采用 D/P 远期托收的风险及启示》,载《对外经贸实务》2017 年第 4 期。

首先,出口商A的直接托收行为符合托收的国际惯例。众所周知,单据的交寄发生在托收行和代收行之间,但URC 522也允许出口商在取得托收行同意的情况下将托收指示及各种单据等自行寄交代收行,这一行为仍被视为由托收行寄交代收行,因此本案中出口商A直接寄单给代收行D的行为符合国际惯例,没有任何过错。

其次,美国D银行违反了托收的基本义务,应当承担出口商A的所有损失。在本案中,作为即期付款交单中的代收行,美国D银行应当在收到托收指示和全套单据后,向美国的进口商B提示付款。D银行应该在B付清所有货款的情况下,才能将相应的单据交与进口商B。但实际上D银行并没有按照惯例办理,相反却在进口商没有付款的情况下,自行将单据释放给B公司。因此美国D银行应对出口商A的损失承担赔偿责任。

最后,托收行C无过错,不应承担任何责任。根据URC 522第11条a款规定,"为执行委托人的指示,银行使用另一家银行或其他银行的服务,是代委托人办理的,其费用与风险由该委托人承担",且b款规定"银行对于它们所传递的指示未被执行不承担义务与责任,即使被委托的其他银行是由它们主动选择的也是如此"。托收行向代收行发出的指示实际上是执行委托人的指令,因此托收行根据托收指示所做的行为而产生的法律后果不能由托收行承担,只能由委托人(出口商A)承担。

三、即期托收法律风险防控

当事人要谨慎选择代收行。首先,代收行最好是付款人的开户行,这样有利于到单后及时通知进口商和顺利办理付款。一般情况下,出口商会提供客户账户行的名称,由托收行根据具体情况决定是否合适作为代收行。托收行应该调查该银行的情况,包括与本行的业务往来、资信情况、经营作风等,如果综合考虑之后没有问题,则可以接受出口商提供的代收行。但如果该行的资信情况不理想或不明朗,则代收行应该由托收行决定并重新选择,以有效降低"银行风险"。根据国际惯例,代收行是按照托收行的指示交单,而代收行和付款人没有委托关系。在实务中,出口商在代收行的选择上可以多采纳托收行的建议。

其次,代收行可以是托收行的代理行,这样有利于托收行与其快速沟通,方便解决相关问题。

最后,出口商在选择代收行时,应尽量选择那些业界口碑良好、信誉等级较高的代收行。这样的代收行,业务流程规范,注重维护客户的利益。

第六节 合同条款示例

支付条款:本合同采用(1. 即期付款交单 D/P,2. 远期付款交单 D/P,3. 承兑交单 D/A)方式结算。

Payment terms: This contract adopts [1. D/P at sight, 2. D/P after sight, 3. D/A].

1. 即期付款交单:买方应对卖方开具的以买方为付款人的票据见票后付款跟单汇票,付款后交单。单证的交付适用国际商会出版的《托收统一规则》。

Documents against payment at sight(D/P at sight): the buyers shall duly make the payment against documentary draft made out to the buyers at sight by the sellers. Documents are to be delivered against payment. The documentary delivery will be subject to the Uniform Rules for Collections published by the International Chamber of Commerce.

2. 远期付款交单:买方对卖方开具的见票后 45 天付款的跟单汇票,于提示时应即予承兑,并应于汇票到期日即予付款,付款后交单。

Documents against payment after sight(D/P after sight): The buyers shall duly accept the documentary draft by the sellers at 45 days sight upon first presentation and make payment on its maturity. The documents are to be delivered against payment.

3. 承兑交单:买方应对卖方开具的以买方为付款人的票据见票后____天承兑跟单汇票,承兑时交单。

Documents against acceptance(D/A): the buyers shall duly accept the documentary draft made out to the buyers at ____ days sight by the sellers. The shipping documents are to be delivered against acceptance.

第七节 本章小结

托收属于商业信用,银行办理托收业务时,既没有检查货运单据正确与否或是否完整的义务,也没有承担付款人必须付款的责任。托收虽然是通过银行办理,但银行只是作为出口方的受托人行事,并没有承担付款的责任,进口方不付款与银行无关。代收行向进口方收取货款靠的仍是进口方的商业信用。如果遭到进口方拒绝付款,除非另有规定,银行没有代管货物的义务,出口方仍然应该关心货物的安全,直到对方付清货款为止。

托收对出口方的风险较大,D/A 比 D/P 的风险更大。进口方付款靠的是他的商业信誉,如果进口方破产倒闭,丧失付款能力,或货物发运后进口地货物价格下跌,进口方借故拒不付款,或进口方事先没有领到进口许可证,或没有申请到外汇,被禁止进口或无力支付外汇等,出口方不但无法按时收回货款,还可能造成货款两空的损失。如果货物已经到达进口地,进口方借故不付款,出口方还要承担货物在目的地的提货、存仓、保险费用和可能变质、短量、短重的风险,如果货物转售他地,会产生数量与价格上的损失,如果货物转售不出去,出口方就要承担货物运回本国的费用以及承担可能因为存储时间过长被当地政府贱卖的损失等。虽然,对上述损失出口方有权向进口方索赔,但在实践中,在进口方已经破产或逃之夭夭的情况下,出口方即使可以追回一些赔偿,也难以弥补全部损失。尽管如此,在当今国际市场出口竞争日益激烈的情况下,出口方为了推销商品占领市场,有时也不得不采用托收方式。如果进口方信誉较好,出口方在国外又有自己的办事机构,则风险可以相对小一些。

托收对进口方比较有利,可以免去开证的手续以及预付押金,还有可能预借货物的便利。当然托收对进口方也不是没有一点风险。如进口方付款后才取得货运单据,领取货物,如果发现货物与合同约定不符,或者根本就是假的,也会因此而蒙受损失,但总的来说,托收对进口方比较有利。

随着国际贸易双方交易沟通效率的提高,出口商能较方便地获取进口商的信用信息。相较以往,出口商对使用托收这一结算方式更放心了。但是出口商不能因此轻视托收结算存在的风险。在协商和签订合同时,应全方面把控贸易过程中的风险,如托收与何种贸易术语结合最为稳妥,不同国家对 D/P 远期的具体适用等,尽可能降低托收结算中的风险。并注意以下几点:

第一,选择托收结算必须谨慎,只有信誉度非常好的客户才选用托收,即便选用托收,金额也不能超过可控风险比例,一般最多不超过合同总价款的 25%。

第二,出口托收应争取以 C 组术语成交,掌控订舱权。选择与在各国有分公司或代理机构的货运代理合作,做好风险控制,尽可能使用 D/P 即期。

第三,代收行必须由我方指定。

第四,牢牢把握货物提单,先付款再放单。

第五,注意国家和地区托收规则和习惯差异,D/P 远期不适用认为 D/P 远期就是 D/A 的欧洲、拉美、中东、非洲等地区。

第六,做好风险评估,为保证收汇安全,结算环境不好的地区或国家应注意办理出口信用保险,并定期跟踪货物以降低风险。

第十章

汇付法律风险防控

根据汇款方式，汇付分为电汇、信汇和票汇。从费用支出和手续的繁简程度而言，汇付方式费用最低、手续最简单；从融资手段看，汇付不具有资金融通功能。对于企业而言，什么情况下适合采用汇付方式，使用汇付方式有什么法律风险和注意事项，值得详细了解。

第一节　汇付涉及的主要法律规则

汇付涉及的主要法律规则有：《票据法》《外汇管理条例》；《联合国国际货物销售合同公约》、《汇票和本票统一法公约》（我国未加入）、《支票统一法公约》（我国未加入）；等等。

一、中国法律规则

（一）《票据法》

中国1995年通过、2004年修正的《票据法》分为七章：总则、汇票、出票、背书、承兑、保证、付款、追索权、本票、支票、涉外票据的法律适用、法律责任和附则。第五章关于涉外票据的法律适用的规定有：

第94条　【涉外票据及其法律适用】涉外票据的法律适用，依照本章的规定确定。

前款所称涉外票据，是指出票、背书、承兑、保证、付款等行为中，既有发生在中华人民共和国境内又有发生在中华人民共和国境外的票据。

第95条　【国际条约和国际惯例的适用】中华人民共和国缔结或者参加的国际条约同本法有不同规定的，适用国际条约的规定。但是，中华人民共和国声明保留的条款除外。

本法和中华人民共和国缔结或者参加的国际条约没有规定的,可以适用国际惯例。

第96条 **【票据行为能力的准据法】**票据债务人的民事行为能力,适用其本国法律。

票据债务人的民事行为能力,依照其本国法律为无民事行为能力或者为限制民事行为能力而依照行为地法律为完全民事行为能力的,适用行为地法律。

第97条 **【票据形式的准据法】**汇票、本票出票时的记载事项,适用出票地法律。

支票出票时的记载事项,适用出票地法律,经当事人协议,也可以适用付款地法律。

第98条 **【票据行为的准据法】**票据的背书、承兑、付款和保证行为,适用行为地法律。

第99条 **【票据追索行使期限的准据法】**票据追索权的行使期限,适用出票地法律。

第100条 **【票据权利保全的准据法】**票据的提示期限、有关拒绝证明的方式、出具拒绝证明的期限,适用付款地法律。

第101条 **【票据权利保护的准据法】**票据丧失时,失票人请求保全票据权利的程序,适用付款地法律。

(二)《外汇管理条例》

第14条 经常项目外汇支出,应当按照国务院外汇管理部门关于付汇与购汇的管理规定,凭有效单证以自有外汇支付或者向经营结汇、售汇业务的金融机构购汇支付。

二、国际法律规则

(一)《汇票和本票统一法公约》

它又称为《1930年关于统一汇票和本票的日内瓦公约》,该公约共2编,12章,78条。其主要内容包括:第1编,汇票(第1~12章,第1~74条);第2编,本票(第75~78条)。该公约主要内容有:汇票的开立和格式、背书、承兑、担保、到期日、付款、拒绝承兑或拒绝付款的追索权、成套汇票和副本、更改、诉讼时效、一般规定。它规定,汇票上应包括下列内容:票据主文中列有“汇票”一词,并以开立票据所使用的文字说明;无条件支付一定金额的命令;付款人(受票人)的姓名;付款日期的记载;付款地的记载;收款人或其指定人的姓名;开立汇票的日期和地点的记载;开立汇票的人(出票人)的签名。该公约对本票也作了详细的规定。

(二)《支票统一法公约》

它又称为《1931 年关于统一支票法的日内瓦公约》。该公约共 10 章,57 条。第 1 章,支票的开立和格式(第 1 ~ 13 条);第 2 章,转让(第 14 ~ 24 条);第 3 章,担保(第 25 ~ 27 条);第 4 章,提示与付款(第 28 ~ 36 条);第 5 章,划线支票和转账支票(第 37 ~ 39 条);第 6 章,拒绝付款的追索权(第 40 ~ 48 条);第 7 章,成套支票(第 49 ~ 50 条);第 8 章,更改(第 51 条);第 9 章,诉讼时效(第 52 ~ 53 条);第 10 章,一般规定(第 54 ~ 57 条)。公约规定,支票上应包括以下内容:票据主文中列有“支票”一词,并以开立票据所使用的文字说明;无条件支付一定金额的命令;付款人(受票人)的姓名;付款地的记载;开立支票的日期和地点的记载;开立支票的人(出票人)的签名。

第二节　法律风险提示

汇付业务通常涉及四方当事人:汇款人、收款人、汇出行、汇入行。汇款人委托汇出行办理汇款时,要填写汇款申请书。汇款申请书是汇款人与汇出行之间的一种契约。汇出行一经接受申请,就有义务按照汇款申请书的指示通知汇入行,并通过一定的途径将款项偿付给汇入行。汇入行对汇出行承担向收款人解付汇款的义务。汇付的特点是基于商业信用进行付款。总体来说,在合同中需要明确汇付的具体方式及付款期限。就具体单项汇付方式而言,存在如下常见法律风险。

一、电汇支付风险

1. 电汇(Telegraphic Transfer, T/T)。汇出行接受汇款人的委托后,以电传(Telex)或电讯(SWIFT)方式将付款委托通知交给收款人所在地的汇入行,委托汇入行将一定金额的款项解付给指定的收款人。

2. 电汇因其交款迅速,在三种汇付方式中使用最广。但因银行利用在途资金的时间短,所以电汇的费用通常比信汇的费用高。在我国的对外出口贸易中,外贸企业采用T/T付款方式预收货款、支付尾款等的比例均比较高。往往是我国出口方将货物单据(如提单)传真给进口方或寄送给进口方后,进口方以T/T方式付款。由于电汇本身是商业信用,没有任何第三方机构担保,且操作简单,时间较短,因此,较容易发生交易风险。

二、信汇支付风险

1. 信汇(Mail Transfer,M/T)。信汇和电汇的区别,在于汇出行需要向汇入行邮寄付款委托,所以汇款速度比电汇慢。采用信汇方式,由于邮程需要的时间比电汇长,银行有机会利用这笔资金,所以信汇汇率低于电汇汇率。

2. 因信汇方式涉及的人工手续较多,目前欧洲大多数银行已不再办理信汇业务。在实务操作中,我国的外贸企业现在也较少使用这种支付方式。

三、票汇支付风险

1. 票汇(Demand Draft,D/D)。票汇是以银行即期汇票为支付工具的一种汇付方式。由汇出行应汇款人的申请,开立以其代理行或账户行为付款人,列明汇款人所指定的收款人名称的银行即期汇票,交由汇款人自行寄给收款人。由收款人凭票向汇票上的付款人(银行)取款。

2. 对出口方来说,票汇方式承担的风险较大,如果进口方在拿到货物单据后拒不付款或拖延付款,出口方就可能遭受货款落空的损失或迟延支付的利息损失。此外,票汇还应防止伪造票据、空头支票、出票行倒闭等风险。

第三节　电汇支付风险案情回顾及风险防控

一、电汇支付风险的典型案例

2012年伊朗客户A与株洲某外贸公司B签订客户自有品牌摩托车配件出口合同,合同金额为7万美元,支付条款为发货前进口商电汇30%货款,发货后见到正本提单扫描件后电汇支付剩下70%货款。B公司按合同要求如期发货,货物于2012年4月到达伊朗阿巴斯港,提单扫描件传真过去后A一直不支付余款。2012年4~6月,B公司业务员无数次联系A却得不到任何回复,货物一直置放于伊朗阿巴斯港。B公司业务员了解到,伊朗海关进口货物的申报期限为4个月,如果过期无人提货,则海关有权拍卖过期未报关货物。而此批商品的商标为伊朗客户自有品牌,即使其他当地进口商买下商品也无法在当地销售。同时,由于摩托车配件的特殊性,商标也无法随意拆卸,因此没有办法在目的港转卖其他进口商。经过各种途径,B 公司业务员了解到此伊朗客户资信情况差,此单货客户无理不付剩余货款的主要目的是想等 4 个月期限到后由海关拍卖时以极低的价格买进该批货。在联系客户无果和权衡利弊之后,2012 年 6 月 B 公司业务员开始联系出口货物退运事项,直至 2012 年 7 月才办妥所有手续完成出口货物的退运,将货物退回中国。货物退回后出口企业将 A 告上法庭。[①]

二、电汇支付法律风险解析

1. 资金占用的风险。采取电汇支付方式时,不少进口商因为不愿增加资金占用,往往会尽可能推迟付款时间。在上述案例中,伊朗客户就是因为流动资金困难一直不支付剩余的 70% 货款。进口商拖延付款时间给出口商造成了占用更多的流动资金的风险。

2. 货物损失的风险。进出口商一般达成一致意见:货物到港后支付余款,余款支付后再由出口商提交提单给进口商提货。但是即使没有提单,个别进口商也可能会与船公司相互勾结采取无单提货,卖出货物后再将货款支付给出口商。这也是进口商常常指定特定船公司特别是与自己关系密切的船公司为运输公司的原因。在这种情况下,出口商有可能遭受货物损失风险。虽然这是一种违法行为,但在实际业务中该行为仍不时发生,虽然事后可以通过司法途径维护出口商的权益,但这种情况一旦发生给出口商带来的风险、损失和贸易障碍是不小的。

3. 承担额外费用的风险。货物到港超过约定期限后,出口商把握着作为物权凭证的提单,进口商虽不能提货,但是,由于货物积压在进口国的港口,每天产生的滞港费、仓储费等额外损失也是贸易各方都不愿承担的,一旦进口商倒闭或者其他原因致使进口商最终不能提货,出口商为了办理退运或者采取其他方式处理货物,往往只能承担这部分额外费用。

三、电汇支付法律风险防控

第一,做好进口商的资信调查。进口商的资信状况直接影响到出口商收汇的

---

① 案例及相关分析转引自陈晓梅:《从两则案例探讨出口企业电汇收余款的风险及其防范》,载《对外经贸实务》2013 年第 7 期。

安全。如果客户资信情况好,采用电汇收余款的风险相对就少些;如果客户资信情况不佳,则造成收汇困难的可能性会更大。

第二,选择合适的预付款比例。在对进口商资信情况进行调查之后,根据进口商不同的资信情况选择合适的预付款比例。预付款比例越高,对出口商来说越有利。在同等条件下出口企业理应适当提高预付款比例。

第三,对"特殊商品"和"特殊地区"要做到"特殊对待"。如果出口的商品不涉及工业产权,可以再转售他人,但如果出口商品是客户指定商标并涉及工业产权的,那么遇到特殊情况要转售他人则会很困难。因此,对于此类产品一般需要提高预付款比例或者采取信用证等更加保险的支付方式。也可以采取保函等担保方式,从而增加交易安全系数。

第四节　信汇支付风险案情回顾及风险防控

一、信汇支付风险的典型案例

进口商 A 向出口商 B 请求采用信汇结算方式出口一批货物,出口商明知信汇结算回款过慢,且风险大,但因公司业务的特殊性,亟须拿到该笔订单,于是同意采用信汇支付。待商品出口后进口商 A 迟迟没有付款,出口商在追款时非常被动。

二、信汇支付法律风险解析

信汇方式虽然费用低,但是存在收款周期长,安全性不强,不利于查询等缺点。

然而在实际业务中,由于以下几种原因,信汇极少使用:(1)美国从 20 世纪 90 年代以来已拒绝受理信汇委托书;(2)通讯工具的改善,使绝大多数银行已配备了诸如 SWIFT、Telex 一类的设备,银行的局域网(LAN)、远程网都有很大普及,通讯成本大幅度降低,电汇成本降低。

三、信汇支付法律风险防控

第一,尽量不要选择信汇支付,对出口商而言风险较大,时间较长,且很多国家已不开展该支付业务。

第二,在一定要选择该支付方式的情形下,一定要先做全面的资信调查,并尽可能提高预付款比例,以降低风险。

第五节　票汇支付风险案情回顾及风险防控

一、票汇支付的典型案例

我国某出口企业 A 与另一国的进口企业 B 签订了一份进出口贸易合同，合同中约定：支付条款为装运月前 15 天票汇付款。但是，在后来的履约过程中，B 公司延至装运月中才寄来银行汇票一张，并声称货款已汇出。为保证按期交货，A 公司于收到汇票次日即将货物托运，同时委托 C 银行代收票据。1 个月后，A 公司接到 C 银行通知，因该汇票是伪造的，已被退票。而此时，货物已抵达目的港，并已被进口方凭出口企业自行寄去的单据提走。A 公司准备向 B 公司索赔时发现 B 公司已失去联系。

二、票汇支付法律风险解析

票汇作为收款人凭汇出行开立的汇票（或本票）到汇入行领取款项的一种汇款方式，在操作过程中需要使用票据，包括银行汇票或本票。一些不法分子会通过伪造相关的结算票据达到欺诈的目的，所以采用票汇结算方式时，确认银行票据及相关函电的真实性尤其重要。

欺诈方式一般有：进口商变更票汇内容，伪造、变造和虚假证实汇票，将小面额的汇票或本票涂改成大额汇票或本票等方式骗取出口商的信任使其基于错误认识而发运货物。另外，根据《票据法》的规定，汇票必须由出票人签署。变更汇票内容的手段有时还包括利用汇票上的签署不符合出票行印鉴册中授权签字的有关规定骗取货物。伪造和虚假证实汇票的手段是付款人在提供伪造汇票的基础上，再伪造银行的证实函电如承兑通知或担保书，使收款人信以为真。

三、票汇支付法律风险防控

第一，严格审查相关银行票据的真实性，确保卖方收妥货款。收到银行的汇款凭证或银行汇票不等于已经收妥货款，为保证收汇安全，应先持票向付款银行提示付款，付款行确认付款后再发货和放单，如果付款行在国外的，应尽量通过出口地银行通过其国外的代理行向付款行提示，收妥货款后发运货物。

第二，要加强企业财务人员对国际结算票据的专业知识的学习，加强收汇的监管和控制，树立相关人员在处理汇付中的风险意识。

第六节 合同条款示例

示例一

付款条件:

Terms of payment:

买方不迟于________年____月____日前将100%的货款用即期票汇/电汇支付给卖方。

The buyers shall pay 100% of the sales proceeds through sight(demand)draft/by T/T remittance to the sellers not later than ________.

示例二

付款条件:

Terms of payment:

(1)信用证付款:货物装运前一个月,买方应由____银行开立以卖方为受益人的不可撤销的信用证,凭本合同第××条规定的装运单据交到____银行后付款。

(1)Payment by L/C: One month before shipment, the Buyers shall establish with Bank of ____ an Irrevocable L/C in favor of the Sellers. Payment shall be made upon delivery of the shipping documents to ____ Bank as stipulated in Article ×× of this contract.

(2)托收付款:货物装运后,卖方应将以买方为付款人的汇票连同本合同第××条所列各种装运单据,通过卖方银行寄交买方银行转交买方,并托收货款。

(2)Payment by Collection:After shipment, the Seller shall send the draft drawn on the Buyer together with the shipping documents specified in Article ×× through the Seller's bank to the Buyer's bank for delivery to the Buyer for collection of the payment.

(3)信汇付款:买方收到本合同第××条所列单据后,应于____天内信汇付款。

(3)Payment by M/T: Payment to be effected by the Buyers not later than ____ days after receipt of the shipping documents specified in Clause ×× hereof.

第七节 本章小结

汇付是国际贸易结算方式中最灵活方便,资金周转速度最快的结汇方式。近年来,随着信用证结算比例的减少,非信用证结算方式如汇付和托收方式的比例逐渐升高。由于汇付没有银行信用的保障,会使各方当事人面临各种风险。因此要提前做好风险防范。

第一,要了解外国进口商的资信情况,对资信不佳或不熟悉的外国进口商,尽量不要采用汇付方式。与巴基斯坦、俄罗斯、南美等国家或地区的客户进行交易尤其要注意它们特定的海关政策。如对巴基斯坦、南美销售货物,一旦进口商拒付货款或拒收单据,出口商如想要运回货物或转卖,必须征得原进口商同意后才可办理;如果进口商不愿意合作,货物将长期滞留在目的港(地),造成大量的滞港费用,直至货物被进口国海关没收。进口商有可能以此相要挟,逼迫出口方大幅降价。因此,对这些国家的出口应尽量避免接受100%货款,采用先出后结的方法。

第二,货款金额较大时,尽量采用信用证或多种结算方式结合的方式,不建议采用全款电汇方式结算。

第三,如果采用电汇预付和汇付付款方式结合的结算方式,要尽量提高电汇预付的比例。

第四,不要急于寄出提单正本,可以等到进口商付款后再寄;不要轻易相信任何的银行电汇水单,一般需要进行核实。

第五,投保出口信用险,规避风险。对出口企业来讲,保险主要涉及国际货物运输保险、信用保险等。企业可以根据实际情况,有选择地加以投保,一旦发生风险,能够获得一定的赔偿。

第十一章

知识产权法律风险防控

随着国际贸易的迅猛发展和产品技术含量的不断增加，知识产权的作用和价值越来越得到体现，知识产权的保护意义也越来越重大。因此，知识产权的法律保护日益表现为世界性的与贸易联系密切的问题而受到广泛关注。如何通过合同条款规避知识产权相关法律风险，是所有外贸企业必须要了解的内容。

第一节　知识产权涉及的主要法律规则

在国内，与国际贸易相关的知识产权保护制度散见于多部法律法规及规范性文件当中。这些法规和文件基本上可以分为两类：(1)权利确认和保护的规定，如《专利法》《商标法》《著作权法》《计算机软件保护条例》《集成电路布图设计保护条例》《实施国际著作权条约的规定》《奥林匹克标志保护条例》《民法典》等；(2)进出口管理性规定，如《对外贸易法》《技术进出口管理条例》《知识产权对外转让有关工作办法(试行)》等。

由于各国对知识产权的立法和司法实践不同，为了使在一国产生的知识产权在国外也能获得法律保护，各国通常以签订双边或多边协定的方式调整知识产权在国外的各种关系。多边协定主要是指保护知识产权的国际条约。与知识产权有关的国际规则主要有：《联合国国际货物销售合同公约》第41～43条；中国已先后加入的几个重要的国际知识产权保护公约：1980年加入的《成立世界知识产权组织公约》；1984年加入的《保护工业产权巴黎公约》(适用1967年斯德哥尔摩文本)；1989年加入的《商标国际注册马德里协定》，并已加入其议定书；1992年加入的《保护文学艺术作品伯尔尼公约》(适用1971年巴黎文本)、《保护录音制品制作者禁止未经许可复制其录音制品公约》和《世界版权公约》；1993年加入的《专利合作条约》;2001 年加入的《与贸易有关的知识产权协定》;2006 年决定加入的《世界知识产权组织版权条约》和《世界知识产权组织表演和录音制品条约》;2012 年加入的《视听表演北京条约》;此外,中国还与许多国家签订了涉及知识产权内容的双边协定,等等。

一、中国法律规则

(一)《专利法》及其配套规则

《专利法》于 1984 年通过、2020 年最新修正。2001 年公布、2010 年修订的《专利法实施细则》第 10 章专门对专利国际申请作了特别规定。中国专利局于 1993 年还发布了《关于实施〈专利合作条约〉的规定》。

(二)《商标法》及其配套规则

《商标法》于 1982 年通过、2019 年最新修正。2014 年《商标法实施条例》规定了商标国际注册和优先权。2003 年国家工商行政管理总局[①]发布了《马德里商标国际注册实施办法》。

(三)《著作权法》及其配套规则

《著作权法》于 1990 年通过、2020 年最新修正。国务院于 2013 年修正了《著作权法实施条例》。为实施国际著作权条约,保护外国作品著作权人的合法权益,国务院于 1992 年制定了《实施国际著作权条约的规定》(2020 年最新修正)。

(四)《民法典》

《民法典》第 20 章(第 843 ~ 887 条)规定了技术合同。

第 843 条　技术合同是当事人就技术开发、转让、许可、咨询或者服务订立的确立相互之间权利和义务的合同。

第 845 条　技术合同的内容一般包括项目的名称,标的的内容、范围和要求,履行的计划、地点和方式,技术信息和资料的保密,技术成果的归属和收益的分配办法,验收标准和方法,名词和术语的解释等条款。

与履行合同有关的技术背景资料、可行性论证和技术评价报告、项目任务书

① 现为国家市场监督管理总局。

和计划书、技术标准、技术规范、原始设计和工艺文件,以及其他技术文档,按照当事人的约定可以作为合同的组成部分。

技术合同涉及专利的,应当注明发明创造的名称、专利申请人和专利权人、申请日期、申请号、专利号以及专利权的有效期限。

(五)《对外贸易法》(2016 年修正)

该法第 5 章(第 29 ~ 31 条)为与对外贸易有关的知识产权保护。

第 29 条 国家依照有关知识产权的法律、行政法规,保护与对外贸易有关的知识产权。

进口货物侵犯知识产权,并危害对外贸易秩序的,国务院对外贸易主管部门可以采取在一定期限内禁止侵权人生产、销售的有关货物进口等措施。

第 30 条 知识产权权利人有阻止被许可人对许可合同中的知识产权的有效性提出质疑、进行强制性一揽子许可、在许可合同中规定排他性返授条件等行为之一,并危害对外贸易公平竞争秩序的,国务院对外贸易主管部门可以采取必要的措施消除危害。

第 31 条 其他国家或者地区在知识产权保护方面未给予中华人民共和国的法人、其他组织或者个人国民待遇,或者不能对来源于中华人民共和国的货物、技术或者服务提供充分有效的知识产权保护的,国务院对外贸易主管部门可以依照本法和其他有关法律、行政法规的规定,并根据中华人民共和国缔结或者参加的国际条约、协定,对与该国家或者该地区的贸易采取必要的措施。

(六)《技术进出口管理条例》(2020 年修正)

第 2 条 本条例所称技术进出口,是指从中华人民共和国境外向中华人民共和国境内,或者从中华人民共和国境内向中华人民共和国境外,通过贸易、投资或者经济技术合作的方式转移技术的行为。

前款规定的行为包括专利权转让、专利申请权转让、专利实施许可、技术秘密转让、技术服务和其他方式的技术转移。

第 5 条 国家准许技术的自由进出口;但是,法律、行政法规另有规定的除外。

第 8 条 有对外贸易法第十六条规定情形之一的技术,禁止或者限制进口。

国务院外经贸主管部门会同国务院有关部门,制定、调整并公布禁止或者限制进口的技术目录。

第9条　属于禁止进口的技术，不得进口。

第10条　属于限制进口的技术，实行许可证管理；未经许可，不得进口。

第11条　进口属于限制进口的技术，应当向国务院外经贸主管部门提出技术进口申请并附有关文件。

技术进口项目需经有关部门批准的，还应当提交有关部门的批准文件。

第28条　有对外贸易法第十六条规定情形之一的技术，禁止或者限制出口。

国务院外经贸主管部门会同国务院有关部门，制定、调整并公布禁止或者限制出口的技术目录。

第29条　属于禁止出口的技术，不得出口。

第30条　属于限制出口的技术，实行许可证管理；未经许可，不得出口。

第31条　出口属于限制出口的技术，应当向国务院外经贸主管部门提出申请。

二、国际法律规则

（一）《联合国国际货物销售合同公约》

第41条　卖方所交付的货物，必须是第三方不能提出任何权利或要求的货物，除非买方同意在这种权利或要求的条件下，收取货物。但是，如果这种权利或要求是以工业产权或其他知识产权为基础的，卖方的义务应依照第四十二条的规定。

第42条　（1）卖方所交付的货物，必须是第三方不能根据工业产权或其他知识产权主张任何权利或要求的货物，但以卖方在订立合同时已知道或不可能不知道的权利或要求为限，而且这种权利或要求根据以下国家的法律规定是以工业产权或其他知识产权为基础的：

（a）如果双方当事人在订立合同时预期货物将在某一国境内转售或做其他使用，则根据货物将在其境内转售或做其他使用的国家的法律；或者

（b）在任何其他情况下，根据买方营业地所在国家的法律。

（2）卖方在上一款中的义务不适用于以下情况：

（a）买方在订立合同时已知道或不可能不知道此项权利或要求；或者

（b）此项权利或要求的发生，是由于卖方要遵照买方所提供的技术图样、图案、程式或其他规格。

第43条 (1)买方如果不在已知道或理应知道第三方的权利或要求后一段合理时间内,将此一权利或要求的性质通知卖方,就丧失援引第四十一条或第四十二条规定的权利。

(2)卖方如果知道第三方的权利或要求以及此一权利或要求的性质,就无权援引上一款的规定。

(二)国际知识产权保护公约

随着国际技术交流的大规模发展,知识产权的国际市场开始形成和发展。这样,知识产权的地域性限制与知识产品国际性要求的矛盾越来越明显。为此,各国通过签订国际条约,对知识产权进行国际保护。知识产权的国际保护一般并不是指以国际条约取代或者涵盖国内法,而是在承认各国知识产权属地性的基础上,通过条约赋予对方国民以国民待遇进行知识产权的国际保护,同时公约为知识产权的保护提供一些最低的标准。

为了加强知识产权国际保护,中国已先后加入了10多个重要的国际知识产权保护公约。①

第二节 法律风险提示

在国际货物贸易中,主要存在如下知识产权风险。

一、对产品销往市场所在国知识产权法律状况了解不足的风险

对于出口企业而言,无论是产品制造商还是纯粹的贸易公司,都应当对自己生产或者销售的产品中的知识产权状况进行调查和分析。否则,在所在国可能被认定为侵权。

在办理进出口业务前,应谨慎审查国外企业的商标资质,对于其出具的证明文件和法律文书进行严格的形式审查。要明确该批货物的具体销售地点,并再次确认国外企业在相应销售地具有使用有关商标的资质。确保所有商品销往合同指定的国家或地区,并妥善留存相关单据和文书。只有建立周密的防范措施,才

---

① 关于知识产权国际保护,参见国际经济法编写组:《国际经济法》,高等教育出版社2016年版;徐红菊:《国际知识产权法学:条文释义、理论与案例》,知识产权出版社2021年版。

能将商标侵权风险消弭于无形。

随着知识经济的发展和科技水平的提高,国际贸易中的专利侵权形式和内容都不再单一,侵权的领域、规模持续扩大,侵权的数量、赔偿的金额都在不断激增。在产品开发期,如果不进行专利检索,很有可能在研发期就陷入侵犯涉外专利的困境。在贸易过程中,不了解合同相对方的产品专利情况且未进行合理约定的情况下,也可能侵犯专利权,从而承担相应法律责任。

需要特别强调的一点是,由于知识产权具有地域性,我国的企业常常忽视知识产权的问题。同样的技术或者产品,在我国可能已经进入公有领域了,但未必在外国也进入了公有领域。比如,20余年前,我国的电视机生产厂商将自己生产的彩电销往美国,在美国海关被扣押,引发巨额赔偿。尽管该产品相关技术未在中国申请专利,在中国境内可以随意使用,但权利人在美国却申请了专利并仍处于保护期。

因此,产品出口之前应当仔细研究市场所在国相关产品的知识产权状况,既包括了解、分析市场所在国的专利技术状况,还包括了解、分析商标和其他知识产权的情况,只有这样才能确保贸易顺利进行。

二、不能寻求市场所在国的知识产权法保护的法律风险

企业还应当防止他人侵犯自己的权利,这对出口企业来讲就显得格外重要。如何利用市场所在国的知识产权法保护自己的知识产权是我国企业普遍忽视的问题。

现实生活中已经存在不少我国企业在国际贸易中不重视保护自己的知识产权从而在贸易中吃亏的案例。国内的很多知名企业都曾经在跨出国门的时候才发现自己的商标已经在国外被注册,例如我国企业发明的折叠剪刀被日本商人在日本抢先注册专利,导致我国生产的产品被逐出日本市场;我国的“同仁堂”“大宝”等商标在日本及东南亚等国家被当地商人抢先注册,导致正牌产品无法进入上述市场。虽然这些在国外被抢注的商标大多被商标持有人通过诉讼或者协商的方式最终取回,但是都付出了很大的代价。

上述这些案例提醒我国企业在进入国际贸易市场之前一定要做充足的准备,一定要具备保护知识产权的意识,及时取得知识产权的域外法保护,才能防范其中的风险。

第三节 商标侵权案情回顾及风险防控

由于知识产权具有严格的地域性,一国所授予的知识产权仅在该国有效。例如在一国取得的商标权仅在该国领域内受到该国的法律保护。因此,如果某种带有注册商标的商品越出国境,希望能够得到该外国的法律保护时,就会产生商标权的国际注册和保护问题。同样地,一国在出口商品时,也可能无意间侵害其他国家商标持有人的权益。在进出口领域,商品的进出口需要就相关知识产权如商标专用权等获得合法的授权,进出口企业内部合规、法务人员应当与市场或外贸部门人员就此协作。否则,未经商标注册人的许可,在同一种商品上使用与其注册商标相同的商标的,属于侵犯注册商标专用权的违法行为,不仅会影响订单的完成,还有可能涉及行政乃至刑事法律责任。

一、商标侵权的典型案例

案例1

湖南一家轴承企业为美国一知名公司贴牌加工轴承已有10多年时间,一直相安无事。然而,在2010年却被另一家中国企业起诉,理由是侵犯了其商标权。湖南这家企业觉得非常奇怪,因为在为美国公司贴牌加工前进行过确认,美国公司在美国拥有该产品的商标所有权。在诉讼过程中,该企业才知晓,美国公司的商标1999年已经被原告中国企业在中国注册了,两者在争夺东南亚销售市场时发生了冲突,湖南公司因不了解这一信息成为商战中的牺牲品。

案例2

B公司于2019年4月24日向Y海关申报出口的货物(报关单号:29212019021964××××),海关经查验,发现标有"TINKLE"商标标识的修眉刀14400包。B公司不能提供授权文书或正规购买证明。"TINKLE"商标权利人认为上述标有"TINKLE"商标标识的货物侵犯了其商标专用权,并于规定期限内向海关提出了采取知识产权保护措施的申请,并提供了担保。Y海关于2019年5月16日扣留该批侵权货物。Y海关经调查认为,B公司出口的修眉刀上使用的商标,与商标权利人注册的"TINKLE"商标相同,且事先未经商标权利人许可,根据《商标法》第57条第1款第1项的规定,上述货物属于侵犯商标专用权的货物,货物价值人民币43200元。当事人出口上述货物的行为已构成出口侵犯他人商标专用权货物的行为。以上事实有《中华人民共和国海关出口报关单》(编号:29212019021964 ××××)、《中华人民共和国海关货物查验记录单》、权利人知识产权海关保护申请书、营业执照复印件、查问笔录、交易单据等证据为证。事实清楚,证据确凿。①

二、商标侵权法律风险解析

案例 1

很多外贸公司以为美国企业在美国是合法的商标所有权人,接受其订单在中国贴牌生产属于合法授权,不构成侵权,事实上并非如此。知识产权有地域性,在美国取得的商标所有权只受美国知识产权法律的保护,其他国家一般是不认可的(受共同参加的国际公约保护的除外)。这个商标如果在我国被第三方注册了,企业再接受国外订单为别人贴牌生产,就是侵犯了中国企业的商标所有权。

案例 2

根据《商标法》第 57 条第 1 款第 1 项之规定,未经商标注册人的许可,在同一种商品上使用与其注册商标相同的商标的,属于侵犯注册商标专用权的违法行为。案例 2 中的 B 公司出口的商品中含有标有"TINKLE"商标标识的修眉刀 14400 包。B 公司不能提供授权文书或正规购买证明,属于出口侵犯他人商标专用权货物的行为。因此,出口企业在出口过程中应当注意出口物所涵盖的对商标的所有权,并尽可能地保留授权文书及正规购买证明。

三、商标侵权法律风险防控措施

知识产权具有地域性,一般情况下外贸公司出口的商品只要不侵犯中国的知识产权和目的国及合同约定国家的知识产权即可。但有的商标,尤其是不被公众所知的商标,有可能是在欧美国家注册的商标,为了加强保护,该商标甚至在绝大多数国家已经注册。

为了避免发生知识产权纠纷,在签订合同时,对于比较知名的商标,外贸公司需要事先审查供应商相应的授权文书,明确其授权范围。对于获得商标使用权的出口产品,外贸公司最好在中国商标局网站上查询商标权实施许可备案情况,以

---

① 《知识产权海关保护合规风险与案例分析》,载广东省商务厅走出去公共服务平台,http://go.gdcom.gov.cn/article.php? typeid = 44&contentId = 14748,最后访问日期:2022 年 2 月 15 日。

验证供应商是否出具假冒授权文书。另外，外贸公司与生产厂家或供应商在合同中应签订知识产权侵权免责条款，规定由生产厂家或供应商承担知识产权责任，这样在发生纠纷后可以向生产厂家或供应商追偿。

第四节　专利侵权案情回顾及风险防控

与商标权相比，专利权具有更强的技术性。在内容上，专利权类型包括发明、实用新型和外观设计。在进出口过程中，企业合规和法务人员应当以商品为基础，全面审查进出口各业务链条可能涉及的专利权内容，并结合企业业务发展战略等识别其中的合规风险，以便防范。

一、专利侵权风险的典型案例

案例1

2018年中国出口商A公司向法国进口商B公司出口一批机床，约定B公司收货后180天付款。B公司收货后，又将其中一部分机床转售给美国进口商C公司。机床进入美国后，美国C公司被专利权人起诉，专利权人认为销售该批机床的行为侵犯了其在美国的专利权。美国法院审理后，判令美国进口商C公司向专利权人赔偿损失。随后美国C公司向法国B公司索取赔偿，继而法国B公司又以中国A公司向其出售的货物侵犯第三人知识产权为由拒付货款。

案例2

2019年11月11日，A公司向D海关申报出口快件货物U盘货样100个（报关单号53142019941915××××，分运单号790337××××）。经查，发现实际货物为U盘100个（以下称上述货物），实施了深圳市L科技股份有限公司拥有的“用于数据处理系统的快闪电子式外存储方法及其装置”发明专利，价值人民币707元。权利人深圳市L科技股份有限公司认为上述货物属于侵犯其“用于数据处理系统的快闪电子式外存储方法及其装置”发明专利权的商品，并向D海关提出采取知识产权保护措施的申请。D海关经调查认为，A公司出口的上述货物，其专利的实施事先未经专利权人许可，根据《专利法》（2008年）第60条的规定，属于侵犯他人专利权的商品。A公司的行为已构成出口侵犯他人专利权货物的行为。以上有海关进出口货物报关单证、海关查验记录、出口货物、权利人书面申请等材料为证。①

二、专利侵权法律风险解析

案例 1

按照《联合国国际货物销售合同公约》第 42 条第 1 款 a、b 项的规定，卖方应对第三方根据买方营业地所在国法律所提出的有关侵犯工业产权或其他知识产权的权利或请求，对买方承担责任；但卖方并不是对第三方依据任何一国的法律所提起的工业产权或其他知识产权的权利或请求都要向买方承担责任。如果在订立合同时卖方并不知道买方打算把该项货物转售到某个国家，则卖方对于第三方依据该转售国法律所提出的有关工业产权或其他知识产权的权利或请求，无需对买方承担责任。本案中，中方 A 公司在与法方 B 公司订立合同时并不知道 B 公司会把机床转售至美国。所以依据《联合国国际货物销售合同公约》（中国和法国均是公约的成员），法方 B 公司无权要求中方 A 公司为货物在美国遭到的专利赔偿请求承担责任，更无权拒付货款。

案例 2

该案例涉及出口商品侵犯他人发明专利问题。根据《专利法》（2008 年）第 60 条之规定，未经专利权人许可，实施其专利，即侵犯其专利权。A 公司出口的 100 个 U 盘，实施了深圳市 L 科技股份有限公司拥有的"用于数据处理系统的快闪电子式外存储方法及其装置"发明专利，属于侵犯其他专利权人专利权的违法行为。根据《海关行政处罚实施条例》第 25 条第 1 款之规定，进出口侵犯中华人民共和国法律、行政法规保护的知识产权的货物的，没收侵权货物，并处货物价值 30% 以下罚款；构成犯罪的，依法追究刑事责任，海关可以依法对当事人予以处罚。

三、专利侵权法律风险防控

国内出口商作为国际货物贸易的参与方，为避免或减少因专利侵权引发的纠纷，应当主动采取一些措施。

第一，对货物权利担保的法律规定应高度重视，准确地理解和把握《联合国国际货物销售合同公约》中关于卖方对货物权利担保的规定。一旦出现这方面纠

① 《知识产权海关保护合规风险与案例分析》，载广东省商务厅走出去公共服务平台，http://go.gdcom.gov.cn/article.php? typeid=44&contentId=14748，最后访问日期：2022 年 2 月 15 日。

纷,仲裁庭或法院就会按照公约(如果合同受公约约束)或合同适用的法律予以处理,如果出口企业对权利担保的法律规定不了解,就容易丧失抗辩权,不能及时充分地保护自己的合法权益。

第二,出口货物要避免假冒、仿造外国产品或商标,以防出现侵犯专利、商标的问题。因为我国是《保护工业产权巴黎公约》《商标国际注册马德里协定》等多个公约的缔约国,享受公约规定的权利,同时也需要承担和履行公约规定的义务。

第三,在贴牌生产中,虽然买方的指示可以免除卖方的知识产权权利担保义务,但鉴于存在其他损失风险的可能,因此我国出口企业还是应当在可能的范围内对货物进口国、转售国甚至是交货国等相关国家的知识产权权利状况有一定的了解并进行一定的调查。同时还应当详细列明买方指示的具体内容,这才能避免承担本属于买方的义务。

第四,企业 90% 的海外风险来自直接竞争对手,所以需要定期对海外竞争对手的专利资产进行相应排查。[①] 因此,出口企业应当结合具体的产品形态、使用场景,以及竞争对手在全球市场的所占份额等情况进行综合考虑,并体系化、流程化地跟踪竞争对手的专利资产变更情况,以免在不知情的情况下违反合同约定的义务。

第五节　著作权侵权案情回顾及风险防控

著作权人对其作品拥有著作权,而作品具有丰富的体现形式,可以是书籍的形式也可以是图片或者电子文件的形式。在某种程度上,这些丰富的体现形式也是进出口实务领域当事人容易忽视其中合规风险的一种重要因素。

一、著作权侵权的典型案例

杭州某光电公司于 2014 年 10 月取得国家版权局颁发的《CATA》的美术作品登记证书,显示作者为杭州某光电公司,创作完成时间为 2012 年 10 月,首次发表日期为 2014 年 5 月。

根据杭州某光电公司向海关总署有关知识产权海关保护系统备案的申请,蛇口海关于 2017 年 1 月查获佛山某经贸公司出口的、标有"CATA"标志的照明设备

---

① 《应对海外知产风险要讲策略》,载《中国贸易报》2019 年 5 月 30 日,第 A6 版。

一批，目的地土耳其。杭州某光电公司向蛇口海关提出扣留申请，认为上述货物侵犯了其在海关总署备案的知识产权，申请扣留该批货物，并要求蛇口海关进行处理。

2017 年 3 月，蛇口海关通知杭州某光电公司，称其不能认定上述货物侵犯杭州某光电公司备案的知识产权，将依法放行上述货物，并告知杭州某光电公司可以就上述货物向法院申请保全措施。

2017 年 4 月，杭州某光电公司诉至法院，要求佛山某经贸公司停止侵权，赔礼道歉，并赔偿经济损失及维权费用。佛山某经贸公司提交的反驳证据显示：土耳其某公司于 2002 年 5 月在该国注册了“CATA”商标，商品范围为照明设备，现处于有效期内，佛山某经贸公司受委托为其提供贴牌加工货物的进出口代理业务。①

二、著作权侵权法律风险解析

深圳前海法院认为，受著作权法保护的作品，必须具有独创性或者原创性；没有独创性的表述，或者抄袭他人的表述，或者对已有作品进行的、缺乏独创性的简单复制，均不构成著作权法所保护的作品。

杭州某光电公司诉请著作权保护的涉案美术作品《CATA》由 CATA 4 个字母构成，字母线条经过了艺术化处理，具有一定的美感，但该美术作品《CATA》与土耳其某公司注册商标标识“CATA”之间，无论在字母整体构成、排列，还是每个英文字母的具体处理方式上均相同，两者在表述方式上已构成实质相似。

从土耳其某公司于 2002 年将上述“CATA”标识在土耳其进行商标注册的事实来看，上述“CATA”标识在 2002 年即已由他人进行设计、创作，并且已经以商标注册的形式对外公开发表，杭州某光电公司有可能接触到上述“CATA”标识，而杭州某光电公司所主张的“CATA”标识创作完成时间为 2012 年 10 月，远远落后于上述“CATA”商标注册时间。

由此可以认定，杭州某光电公司主张权利的涉案美术作品《CATA》缺乏独创性，属于根据已有作品进行的复制情形，不能产生新的作品，不应受到著作权法的

① 案例及相关分析引自：深圳前海合作区人民法院：《国际贸易中知识产权的侵权问题》，载 https://mp.weixin.qq.com/s?src=11&timestamp=1597368157&ver=2521&signature=U41Al9GmW0A-IOfrJ6heNE67Xdn*-X50vW1TSY QEVZ3ssq5SthF7ffllvuR46gXBoZfK-HFLbyV0i9 Rn12gPUnzNGvKj9ij7zNVSsG-fDh6LxPihU-Vb-eZPEQdwtQWj&new=1，最后访问日期：2020 年 8 月 1 日。

保护。深圳前海法院判决驳回杭州某光电公司的诉讼请求。

三、著作权侵权法律风险防控

在中国,著作权自作品创作完成之日起产生,著作权登记不是取得著作权的前提条件,但是著作权登记证明文件是登记事项的一种初步证明,可以作为主张权利或提出权利纠纷行政处理或诉讼的证明文件。计算机软件,可由中国版权保护中心负责登记;其他具有独创性的作品,如文字、美术、摄影、电影、音乐、建筑作品及工程设计图等,可由省版权登记部门负责登记。数字作品版权登记也可以选择在行业协会等第三方平台登记备案,或选择基于自主知识产权的包括但并不限于数字指纹技术、数字水印技术、反盗载技术、融合可信时间戳技术、公证邮箱等可信第三方技术的大众版权认证中心进行存证。对进行数字作品多纬度智能认证的科学性需要司法机构鉴定,可以验证对证,提高法律证据的有效性,这在欧洲发达国家已经盛行很多年,与官方人工登记互为补充。

第六节　合同条款示例

示例一

赔偿——侵犯知识产权的索赔

Indemnification—Intellectual Property Rights Infringement claims

如果产生了(a)终审判决;或(b)卖方有理由认为商品侵犯了他人的知识产权,那么,卖方可以自行作出如下选择,(i)自行获取相关知识产权授权,以使买方享有继续使用商品的权利,(ii)对相关商品进行替换或者修改,以避免侵权,或(iii)在退回原始商品后,将商品购买价格的合理部分退还给客户。

上述列出了在侵犯知识产权的索赔情况下卖方所有的责任以及买方的唯一补救。

In case (a) a non－appealable judgment; or(b)the Commodity is believed by Seller to infringe such claim, Seller may, at its option,(i) procure the right for the Buyer to continue to use the Commodity, (ii) replace or modify the Commodity to avoid infringement, or (iii) refund to the customer a reasonable portion of the Commodity purchase price upon the return of the original Commodity.

The above states Seller's entire obligation and liability, and the Buyer's sole remedy in the event of a claim of infringement.

如果发生由买方来样引起的侵犯第三者工业产权的事件，概由买方负责，与卖方无关。

In the event of an infringement of the industrial property rights of a third party caused by the buyer's sample, the buyer is solely responsible and has nothing to do with the seller.

示例二

工业产权

Industrial Property Rights

卖方保留所有文件及其中所含所有信息或以其他方式披露给买方的信息之工业产权和版权，尤其包括说明、设计图纸、图纸、计算公式和样品/模型。即使一件产品或一项服务是基于买方的规格提供的，或者买方以其他方式提供了支持，其使用权完全且仅仅归属于卖方。未经卖方事先明确书面同意，这些文件和信息不得传递给任何第三方，不得超出协议使用。

The Supplier shall retain the industrial property rights and copyrights with regard to all documents, especially illustrations, design drawings, drawings, calculations and templates/models ("the documents") and all pieces of information on these documents or made available to the Buyer in any other manner ("the information"). Even if a supply or service is based on the Buyer's specification or the Buyer contributes to it in any other manner, the rights of use shall be attributed fully and exclusively to the Supplier. The documents and information must not be passed on to any third party or put to any use beyond the concrete agreement without the prior express written consent of the Supplier.

第七节 本章小结

国际贸易中规避因侵犯知识产权而产生法律责任的风险非常重要。企业可以从如下方面进行风险控制。

第一，加强对知识产权的认识，规划知识产权战略。很多中小企业在刚开始时，并不重视知识产权规划和战略，等遇到问题时则为时已晚。因此，外贸企业，特别是其中的高新技术企业，建议公司制定符合其业务需要的知识产权规划和战略。

第二,建立企业知识产权创新激励机制。企业内部应该鼓励创新,建立知识产权的创新激励机制。针对不同的知识产权类型,给予不同的激励。企业应提高出口产品的自主知识产权比重。客观来说,企业更多地采用自主知识产权,产品或服务,在国际贸易中侵犯目标市场企业知识产权的概率就会降低。

第三,建立并完善知识产权风险预警与应对机制。建议企业内部设置法务部门,或者聘请法律顾问,对知识产权风险及时作出应对和决策,减少企业损失。探索建立长效的知识产权纠纷应急机制,针对不同行业的贸易往来、知识产权方面的数据进行搜集跟踪,对可能引起涉外纠纷的产品提高警惕,为诉讼纠纷的发生准备应对方案。

第四,开拓多元化贸易合作伙伴关系。在国际贸易中,尽量多拓展一些贸易或合作伙伴,以便发生突然事件时继续保持企业的正常运营。

第五,权衡利弊,积极、理性地应诉。当企业在国际贸易中遇到知识产权案件时,切莫慌张,以积极的心态及时作出应对策略,及时了解贸易国的法律法规,积极、理性地应诉,把风险和损失降到最低。

第六,寻求和解,力求双赢。和解也是企业解决知识产权侵权问题的一条路径。通常,诉讼不过是企业争夺市场和获得利益的一个手段。主张权利的一方真正要得到的,可能是通过诉讼增加谈判的砝码,以得到更高的专利使用费,也可能是通过诉讼排挤竞争对手。因此,企业应该在与对方开展谈判前,先弄清对方的真实意图:如果对方的目的在于争夺市场,通过专利限制对方的生产规模,企业可以采取专利合作的方式,包括技术的交叉许可和专利互换的方式达成和解;如果对方是为了获得使用费,就应该把握好谈判的时机,促成和解。这样,对权利人来说,既保护了专利权,又可以收取可观的使用费,从而达到双赢的效果。对使用人来说,通过支付使用费不仅免去了“侵权”的风险,为企业挽回了名誉,又可以继续使用权利人的专利,获取利益。企业可也通过谈判,获取知识产权许可,成为对方的海外制造商,或者用自己的知识产权与对方实行交叉许可。

第十二章

保密法律风险防控

国际贸易合同中的保密条款主要是指对商业秘密进行保护的条款。技术信息只有极少部分是以专利、著作权等方式进行保护的,绝大多数技术信息是通过商业秘密方式进行保护的。而技术信息之外的其他商务信息,基本也是通过商业秘密的方式进行保护的。国际贸易合同涉及国家或企业保密信息、专有技术、重要商业资料等,应按国家法律法规及企业规定约定保密条款或签订保密协议。

第一节　保密条款涉及的主要法律规则

保密条款涉及的主要法律规则包括:《民法典》《反不正当竞争法》《保密法》《劳动合同法》《关于禁止侵犯商业秘密行为的若干规定》等;《与贸易有关的知识产权协定》《建立世界知识产权组织公约》《保护工业产权巴黎公约》等公约;美国《反海外腐败法》、法国《萨宾第二法案》等。

一、中国法律规则

(一)《民法典》

第 501 条　当事人在订立合同过程中知悉的商业秘密或者其他应当保密的信息,无论合同是否成立,不得泄露或者不正当地使用;泄露、不正当地使用该商业秘密或者信息,造成对方损失的,应当承担赔偿责任。

第 509 条　当事人应当按照约定全面履行自己的义务。

当事人应当遵循诚信原则,根据合同的性质、目的和交易习惯履行通知、协助、保密等义务。

第 845 条第 1 款　技术合同的内容一般包括项目的名称,标的的内容、范围和要求,履行的计划、地点和方式,技术信息和资料的保密,技术成果的归属和收益的分配办法,验收标准和方法,名词和术语的解释等条款。

第 868 条 技术秘密转让合同的让与人和技术秘密使用许可合同的许可人应当按照约定提供技术资料,进行技术指导,保证技术的实用性、可靠性,承担保密义务。

前款规定的保密义务,不限制许可人申请专利,但是当事人另有约定的除外。

第 869 条 技术秘密转让合同的受让人和技术秘密使用许可合同的被许可人应当按照约定使用技术,支付转让费、使用费,承担保密义务。

第 871 条 技术转让合同的受让人和技术许可合同的被许可人应当按照约定的范围和期限,对让与人、许可人提供的技术中尚未公开的秘密部分,承担保密义务。

第 872 条第 1 款 许可人未按照约定许可技术的,应当返还部分或者全部使用费,并应当承担违约责任;实施专利或者使用技术秘密超越约定的范围的,违反约定擅自许可第三人实施该项专利或者使用该项技术秘密的,应当停止违约行为,承担违约责任;违反约定的保密义务的,应当承担违约责任。

第 873 条 被许可人未按照约定支付使用费的,应当补交使用费并按照约定支付违约金;不补交使用费或者支付违约金的,应当停止实施专利或者使用技术秘密,交还技术资料,承担违约责任;实施专利或者使用技术秘密超越约定的范围的,未经许可人同意擅自许可第三人实施该专利或者使用该技术秘密的,应当停止违约行为,承担违约责任;违反约定的保密义务的,应当承担违约责任。

(二)《反不正当竞争法》

第 9 条 经营者不得实施下列侵犯商业秘密的行为:

(一)以盗窃、贿赂、欺诈、胁迫、电子侵入或者其他不正当手段获取权利人的商业秘密;

(二)披露、使用或者允许他人使用以前项手段获取的权利人的商业秘密;

(三)违反保密义务或者违反权利人有关保守商业秘密的要求,披露、使用或者允许他人使用其所掌握的商业秘密;

(四)教唆、引诱、帮助他人违反保密义务或者违反权利人有关保守商业秘密的要求,获取、披露、使用或者允许他人使用权利人的商业秘密。

经营者以外的其他自然人、法人和非法人组织实施前款所列违法行为的,视为侵犯商业秘密。

第三人明知或者应知商业秘密权利人的员工、前员工或者其他单位、个人实施本条第一款所列违法行为,仍获取、披露、使用或者允许他人使用该商业秘密的,视为侵犯商业秘密。

本法所称的商业秘密,是指不为公众所知悉、具有商业价值并经权利人采取相应保密措施的技术信息、经营信息等商业信息。

(三)《保密法》

第26条　禁止非法复制、记录、存储国家秘密。

禁止在互联网及其他公共信息网络或者未采取保密措施的有线和无线通信中传递国家秘密。

禁止在私人交往和通信中涉及国家秘密。

第27条　报刊、图书、音像制品、电子出版物的编辑、出版、印制、发行,广播节目、电视节目、电影的制作和播放,互联网、移动通信网等公共信息网络及其他传媒的信息编辑、发布,应当遵守有关保密规定。

(四)《劳动合同法》

第23条第1款　用人单位与劳动者可以在劳动合同中约定保守用人单位的商业秘密和与知识产权相关的保密事项。

第90条　劳动者违反本法规定解除劳动合同,或者违反劳动合同中约定的保密义务或者竞业限制,给用人单位造成损失的,应当承担赔偿责任

(五)《关于禁止侵犯商业秘密行为的若干规定》(1998年修正)

第2条　本规定所称商业秘密,是指不为公众所知悉、能为权利人带来经济利益、具有实用性并经权利人采取保密措施的技术信息和经营信息。

本规定所称不为公众所知悉,是指该信息是不能从公开渠道直接获取的。

本规定所称能为权利人带来经济利益、具有实用性,是指该信息具有确定的可应用性,能为权利人带来现实的或者潜在的经济利益或者竞争优势。

本规定所称权利人采取保密措施,包括订立保密协议,建立保密制度及采取其他合理的保密措施。

本规定所称技术信息和经营信息,包括设计、程序、产品配方、制作工艺、制作

方法、管理诀窍、客户名单、货源情报、产销策略、招投标中的标底及标书内容等信息。

本规定所称权利人,是指依法对商业秘密享有所有权或者使用权的公民、法人或者其他组织。

第3条 禁止下列侵犯商业秘密的行为:

(一)以盗窃、利诱、胁迫或者其他不正当手段获取的权利人的商业秘密;

(二)披露、使用或者允许他人使用以前项手段获取的权利人的商业秘密;

(三)与权利人有业务关系的单位和个人违反合同约定或者违反权利人保守商业秘密的要求,披露、使用或者允许他人使用其所掌握的权利人的商业秘密;

(四)权利人的职工违反合同约定或者违反权利人保守商业秘密的要求,披露、使用或者允许他人使用其所掌握的权利人的商业秘密。

第三人明知或者应知前款所列违法行为,获取、使用或者披露他人的商业秘密,视为侵犯商业秘密。

二、国际和外国法律规则

(一)世界贸易组织《与贸易有关的知识产权协定》

关贸总协定在第8轮“乌拉圭回合”谈判中将知识产权保护列入三项新议题之中。经过各方的努力,1994年终于达成了《与贸易有关的知识产权协定》(以下简称《TRIPS协定》),并载入《乌拉圭回合多边贸易谈判结果最后文件》。根据《TRIPS协定》,知识产权包括如下内容:版权、专利、商标、地理标志、工业设计、集成电路、外观设计(分布图)等,是一种受专门法律保护的重要的无形财产。

第39条 自然人和法人应有可能防止其合法控制的信息在未经其同意的情况下以违反诚实商业行为的方式向他人披露,或被他人取得或使用,只要此类信息:

a. 属秘密,即作为一个整体或就其各部分的精确排列和组合而言,该信息尚不为通常处理所涉信息范围内的人所普遍知道,或不易被他们获得;

b. 因属秘密而具有商业价值;

c. 由该信息的合法控制人,在此种情况下采取合理的步骤以保持其秘密性质。

（二）其他国际公约和外国法

《建立世界知识产权组织公约》《保护工业产权巴黎公约》等公约，以及美国《反海外腐败法》、法国《萨宾第二法案》等外国法律对知识产权的保密作出了规定。

第二节　法律风险提示

一、通过行贿窃取商业秘密风险

国际贸易中各行业之间的竞争激烈，为了能在国际上占有领先的竞争位置，企业之间的商务间谍活动频繁出现。主要表现为国外贸易主体对国内贸易人员实施商业贿赂，通过窃取竞争对手的商业秘密获得竞争优势，提升商业地位。

二、交易相关人员的泄密风险

在进行国际贸易商业谈判时，相关的工作人员会直接与供应商、客户进行交谈，获取相关的商业信息，逐渐积累公司各方面的资料信息与客户信息。一旦这些工作人员离开公司，有可能为新的企业提供自身掌握的原公司的各种资料，提高新的企业的竞争优势，或者直接与原企业进行相同行业竞争，利用掌握的原公司的各种资料以及资源，给原企业带来经济损失。

三、用技术手段窃取商业秘密风险

随着信息科技的迅速发展，电子化技术在国际贸易中得到广泛应用，企业的信息资料以及各类汇票、提运单、发票等具有资金、物权代表的商业单据直接录入电脑存放，企业往往利用网络与客户、货代、船公司、银行等部门进行这些商业单据的传递。由于网络具有开放性等特点，存在一定的风险。

在传递过程中黑客可能利用电子技术对公司资料以及单据进行拦截、窃取，利用这些单据提货或者截留款项或实施诈骗，或将公司资料用于商业竞争，转让给竞争对手，这些都有可能给企业带来巨大的经济损失，给企业的信誉带来负面影响。

第三节　通过行贿窃取商业秘密风险案情回顾及风险防控

一、通过行贿窃取商业秘密风险的典型案例

2018 年 11 月，上海某汽车机械有限公司与某国国际机场股份有限公司签订了“飞机顶升气囊组套”采购合同，合同约定了购销双方的权利义务，还在附件中约定了“工厂检验、监造”事宜。2019 年 6 月，上海某汽车机械有限公司与某旅行社签订了出境游合同，随后，某国国际机场股份有限公司的 3 名工作人员参加了由上海某汽车机械有限公司付费的该旅行社组织的“中国 10 日游”。相关资料显示，3 人的行程均属旅游观光，没有实施合同中所谓的“工厂检验、监造”活动。据查，上海某汽车机械有限公司实际支付团费 12 万元，通过资助上述旅游费用，从 3 名员工处获得某国国际机场股份有限公司的技术信息和经营信息，获得违法所得 35 万元。

二、通过行贿窃取商业秘密法律风险解析

商业行贿的路径有多种，其中最主要的有两种：一是直接给付，如在医药购销、工程采购、设备采购等领域中，以回扣、奖金、咨询费、促销费、宣传费、劳务费等各种费用进行给付或者报销；以提供境内外旅游等名义直接或间接给付现金、实物和其他利益的不正当竞争行为。二是通过关联交易给付。上述案例中，便是上海某汽车机械有限公司通过资助某国国际机场股份有限公司 3 名员工的旅行费，从 3 名员工处非法获得某国国际机场股份有限公司的技术信息和经营信息。

商业贿赂的目的是通过对交易行为施加不正当影响，获取客户名单、货源情报、产销策略、招投标中的标底及标书内容等技术信息和经营信息，以便在竞争中获得优势，向有关人员支出的款项超出一般商业优惠惯例，违反了国家相关法律法规。商业贿赂具有一定的普遍性，当前贿赂犯罪已经向社会多个行业领域渗透，甚至在一些行业已发展成企业运行的“潜规则”。商业贿赂的时机相对集中，往往出现在重大交易决策做出时，国际贸易中的行贿行为的败露多由于其母公司或母国审计发现问题后反馈到合同相对方。

三、商业行贿交易法律风险防控措施

第一，在贸易合同履行的过程中，通过设定合理的制度避免员工收受回扣、奖

金、促销费、宣传费等，不参与任何形式的活动，例如以提供境内外旅游等名义直接或间接给付现金。

第二，随时关注合同相对方的动态，以免因合同相对方参与商业贿赂而泄密，导致合同不能履行，或承担相应法律责任。

第四节　交易相关人员的泄密风险案情回顾及风险防控

一、交易相关人员的泄密风险的典型案例

2018 年，湖南某医疗设备有限公司 A 与某国螺旋计算机断层扫描（CT）机设备有限公司 B 签订合同，向其采购一批全新进口的螺旋 CT 机用于某项目投标。后 B 公司副总经理因与总经理关系不和被排挤，遂将合同信息泄密给同样参与某项目投标的 A 公司的竞争对手 C 公司，后 C 公司通过该信息优先获得更为优惠的新螺旋 CT 机项目。

二、交易相关人员的泄密法律风险解析

在很多商业交易中，商业信息对取得最后利益至关重要。在整个商业交易中，难免有交易相关人员掌握着控制交易成败命脉的商业信息。可能存在的风险是，交易相关人员本身由于某种原因或者为了获取某种利益，而主动将商业信息泄密给对方。

三、交易相关人员的泄密法律风险防控措施

在国际贸易中，有两种方式规避上述风险，一是在国际贸易合同中设置保密条款；二是与专门人员签订保密协议。

在交易产品含有较高技术信息，或交易存在需保密的商业信息时，则有必要签订保密条款，以便追究违约方的法律责任。为避免人员流动造成企业商业秘密的泄露，企业在与员工签订劳动合同时应附加保密条款，或签订相关的保密合同以维护自身的合法权益，主要包括同行业竞争以及信息保密两个方面。保密条款或合同中应明确规定，员工在一定时间内不能将所掌握的公司秘密内容泄露给从事与本企业相同或相关竞争行业的企业或者个人。若有违反，则必须按照保密条款或合同的相关规定进行相应的违约赔付，情节严重者可根据合同进行诉讼。

第五节　通过技术手段窃取商业秘密案情回顾及风险防控

一、通过技术手段窃取商业秘密的典型案例

国内某电子科技公司 A 与欧洲某国软件公司 B 签订了一款软件开发合同，约定 B 公司购买 A 公司研发的某款软件，B 公司一直在研究该软件的开发，只是其中某一个环节没有研究出如何升级，因此无奈才向 A 公司购买。合同签订后，B 公司的研发团队进入 A 公司的研发团队商讨相关软件开发的衔接，B 公司某员工凭借相应技术窃取了 A 公司该软件的核心技术，后 B 公司毁约。

二、通过技术手段窃取商业秘密法律风险解析

通过技术手段窃取商业秘密的情况多发生在计算机、医疗、网络安全等技术含量高的特定领域，但是普通领域中也存在通过技术手段窃取商业信息的情形。

从上述案例可以看出，B 公司确实是通过技术手段获取了 A 公司的核心技术，如果合同中未签订相关违约责任条款，A 公司能够获得的赔偿可能很少；且追究 B 公司的责任并不是一件容易的事情，A 公司同样需要通过技术手段找到 B 公司窃取技术的证据。因此交易过程中如存在类似的商业秘密，应当着重注意规避通过技术手段方式的窃取。

三、技术手段窃取商业秘密法律风险防控

为避免商业秘密通过网络技术被剽窃，企业应该构建安全的信息技术平台，提高信息系统的防御能力，加强网络信息管理，时刻掌握各类升级信息以及系统运作情况。

为加强技术信息保护，企业还应制定相关的应急预案。一旦网络信息安全遭到威胁应立即启动应急预案，并更改信息安全保护策略，第一时间保护信息安全。同时对已泄露的单据、信息采取相应的措施，将企业损失降到最低点。目前，信息认证技术是一种能够提高信息操作安全的技术，通过更为安全的身份认证技术可以确保信息单据的安全。

第六节 合同条款示例

示例一

保密义务 Confidentiality Obligation

1. 本合同订立前以及在本合同期间,一方("披露方")曾经或者可能不时向对方("接受方")披露该方的保密资料。在本合同期限内以及随后____年间,接受方必须:

From time to time prior to and during the term of this Contract, one Party ("Disclosing Party") has disclosed or may disclose Confidential Information to the other Party ("Receiving Party"). The Receiving Party shall, during the term of this Contract and for ____ years thereafter:

(a)对保密资料进行保密;

(a) maintain the confidentiality of Confidential Information;

(b)不为除合同明确规定的目的之外的其他目的使用保密资料;

(b) not to use Confidential Information for any purpose other than those specifically set out in this Contract; and

(c)除为履行其职责而确有必要知悉保密资料的该方雇员(或其关联机构、该方律师、会计师或其他顾问人员)外,不向其他任何人披露,且上述人员须签署书面保密协议,其中保密义务的严格程序不得低于本条的规定。

(c) not disclose any such Confidential Information to any person or entity, except to its employees or employees of its Affiliates, its agents, attorneys, accountants and other advisors who need to know such information to perform their responsibilities and who have signed written confidentiality contracts containing terms at least as stringent as the terms provided in this Article.

2. 上述第____条的条款对以下信息不适用:

The provisions of Article ____ above shall not apply to information that:

(a)受方有在披露方向其披露前存在的书面记录证明其已经掌握;

(a) can be shown to be known by the Receiving Party by written records made prior to disclosure by the Disclosing Party;

(b)并非由于受方违反本合同而已经或者在将来进入公共领域;或者

(b) is or becomes public knowledge otherwise than through the Receiving Party's breach of this Contract; or

(c)受方从对该信息无保密义务的第三方获得。

(c) was obtained by the Receiving Party from a third party having no obligation of confidentiality with respect to such information.

3. 每一方应制定相应的规章制度,把本条规定的保密义务告知该方(以及该方的关联机构)董事、高级职员以及其他雇员。

Each party shall formulate rules and regulations to inform its directors, senior staff, and other employees, and those of its Affiliates of the confidentiality obligation set forth in this Article.

4. 本合同终止后(或经披露方随时提出要求),受方应:(1)向对方归还(或经对方要求销毁)包含对方保密资料的所有材料(包括其复印件),并且(2)在对方提出此项要求后十日内向对方书面保证已经归还或销毁上述材料。

Upon the termination of this Contract, (and in any event upon the Disclosing Party's request at any time), the Receiving Party shall (i) return to the other Party, or at the disclosing Party's direction destroy, all materials (including any copies thereof) embodying the other Party's Confidential Information and (ii) certify in writing to the other Party, within ten days following the other Party's request, that all of such materials have been returned or destroyed.

示例二

商业秘密 Commercial Secret

在业务关系解除后,买方应当对卖方披露的或通过其他方式获知的卖方的业务信息和秘密保密,公众已经知晓或者从第三方合法取得的信息除外。

After the termination of the business relationship, the buyer shall keep confidential the business information and secrets of the seller disclosed by the seller or obtained by other means, except for the information already known by the public or legally obtained from a third party.

第七节 本章小结

国际贸易中商业秘密保护对企业的发展有着非常重要的意义。商业秘密泄露的方式多样，利用技术窃取商业机密、通过商业贿赂、商业合作窃取商业秘密以及人才流失等都有可能造成商业秘密的泄露。企业需要通过各种手段加强对商业秘密的保护，尤其是具有核心技术的电子科技企业。在签订保密条款时应注意以下几点：

第一，保密对象。虽然外贸企业中部分劳动者不会直接接触企业的商业秘密，但实际工作中难免会由于同事交流、岗位变动等原因导致其接触到商业秘密。为防止商业秘密外泄，建议尽量扩大签订保密协议人员的范围，除董事、高管、核心管理人员外，还要与销售人员、技术人员、财务人员等可能接触商业秘密的人员签订保密协议。

第二，保密范围。根据《反不正当竞争法》的规定，商业秘密是指不为外界所知的、具备商业价值及实用性且采取了保密措施的技术信息、经营信息等商业信息，因此并非所有的企业信息都属于商业秘密。外贸企业应当结合经营范围、岗位性质，采用列举与归纳的方式将真正需要保护的信息纳入保密范围。外贸企业的核心商业秘密主要包括客户名单、产品信息和价格信息等。但需要注意的是，部分法院认为仅包括客户名称、联系方式、地址等基础内容的客户名单不一定构成商业秘密，因此，如客户名单中含有客户交易习惯、意向等特殊客户信息时，企业内部更应主动将其认定为商业秘密，提高保护等级。

第三，保密期限。实践中部分外贸企业误以为保密期限为员工离职后 2 年，出现该种误解的原因在于混淆了《劳动合同法》中对保密义务与竞业限制的规定。实际上法律并未规定保密义务的最长时间，如仅约定较短的保密期限，则在保密期限届满后商业秘密将处于未被保护的状态，对企业而言十分不利。建议可将保密期限定为商业秘密存续期限，实际操作中可直接将保密期限约定为长期，直至商业秘密被公众合法知晓时止。

第十三章

不可抗力条款法律风险防控

不可抗力(Force Majeure),是指不能预见、不能避免并不能克服的客观情况。发生不可抗力时,企业可以据此主张部分或全部免除不履行、不完全履行和迟延履行合同义务的责任。不可抗力的情况变化是企业在国际贸易中可能会面临的风险之一。在长期国际合作的过程中,因经济、政治和自然灾害等因素造成的无法预见和不能避免的事件时常发生,一个事件是否对某个特定的合同构成不可抗力需要进行个案考察,尤其是受到双方当事人合同的约定以及合同适用的法律的影响,因此实有必要明确约定不可抗力及其范围,根据合同的性质及其履行可能遭受的风险"量身定制"不可抗力条款,以期在此类事件发生时可以援引不可抗力进行救济。

第一节 不可抗力条款涉及的主要法律规则

不可抗力涉及的主要法律规则有:《民法典》;《联合国国际货物销售合同公约》《国际商事合同通则》;等等。

一、中国法律规则

《民法典》

第180条 因不可抗力不能履行民事义务的,不承担民事责任。法律另有规定的,依照其规定。

不可抗力是不能预见、不能避免且不能克服的客观情况。

第194条第1款第1项 在诉讼时效期间的最后六个月内,因下列障碍,不能行使请求权的,诉讼时效中止:

（一）不可抗力；

第563条第1款第1项　有下列情形之一的，当事人可以解除合同：

（一）因不可抗力致使不能实现合同目的；

第590条　当事人一方因不可抗力不能履行合同的，根据不可抗力的影响，部分或者全部免除责任，但是法律另有规定的除外。因不可抗力不能履行合同的，应当及时通知对方，以减轻可能给对方造成的损失，并应当在合理期限内提供证明。

当事人迟延履行后发生不可抗力的，不免除其违约责任。

第832条　承运人对运输过程中货物的毁损、灭失承担赔偿责任。但是，承运人证明货物的毁损、灭失是因不可抗力、货物本身的自然性质或者合理损耗以及托运人、收货人的过错造成的，不承担赔偿责任。

第835条　货物在运输过程中因不可抗力灭失，未收取运费的，承运人不得请求支付运费；已经收取运费的，托运人可以请求返还。法律另有规定的，依照其规定。

第1239条　占有或者使用易燃、易爆、剧毒、高放射性、强腐蚀性、高致病性等高度危险物造成他人损害的，占有人或者使用人应当承担侵权责任；但是，能够证明损害是因受害人故意或者不可抗力造成的，不承担责任。被侵权人对损害的发生有重大过失的，可以减轻占有人或者使用人的责任。

第1240条　从事高空、高压、地下挖掘活动或者使用高速轨道运输工具造成他人损害的，经营者应当承担侵权责任；但是，能够证明损害是因受害人故意或者不可抗力造成的，不承担责任。被侵权人对损害的发生有重大过失的，可以减轻经营者的责任。

二、国际法律规则

（一）《联合国国际货物销售合同公约》

第79条

（1）当事人对不履行义务，不负责任，如果他能证明此种不履行义务，是由于某种非他所能控制的障碍，而且对于这种障碍，没有理由预期他在订立合同时能考虑到或能避免或克服它或它的后果。

（2）如果当事人不履行义务是由于他所雇用履行合同的全部或一部分规定的第三方不履行义务所致，该当事人只有在以下情况下才能免除责任：（a）他按照上一款的规定应免除责任，和（b）假如该款的规定也适用于他所雇用的人，这个人也同样会免除责任。

(3)本条所规定的免责对障碍存在的期间有效。

(4)不履行义务的一方必须将障碍及其对他履行义务能力的影响通知另一方。如果该项通知在不履行义务的一方已知道或理应知道此一障碍后一段合理时间内仍未为另一方收到,则他对由于另一方未收到通知而造成的损害应负赔偿责任。

(5)本条规定不妨碍任一方行使本公约规定的要求损害赔偿以外的任何权利。

(二)《国际商事合同通则》(2016)

第6.2.2条(艰难情形的定义) 所谓艰难情形,是指发生的事件致使一方当事人的履约成本增加,或者所获履约的价值减少,因而根本改变了合同的均衡,并且:(a)该事件在合同订立之后发生或为受到不利影响的当事人所知悉;

(b)受到不利影响的当事人在订立合同时不能合理地预见到该事件;

(c)该事件不能为受到不利影响的当事人所控制;而且

(d)该事件的风险不由受到不利影响的当事人承担。

第6.2.3条(艰难情形的后果)

(1)出现艰难情形时,受到不利影响的当事人有权要求重新谈判。但该要求应毫不迟延地提出,而且应说明提出该要求的理由。

(2)重新谈判的要求本身并不使受到不利影响的当事人有权暂停履行。

(3)如在合理时间内不能达成协议,任何一方当事人均可诉诸法院。

(4)如果法院认定存在艰难情形,只要合理,法院可以:

(a)按其确定的日期和条件终止合同,或者

(b)为恢复合同的均衡而调整合同。

第7.1.7条(不可抗力) (1)若不履行的一方当事人证明,其不履行是由于非他所能控制的障碍所致,而且在合同订立之时,无法合理地预期该障碍,或者不能合理地避免或克服该障碍或其后果,则不履行方应予免责。

(2)若障碍只是暂时的,则在考虑到该障碍对合同履行影响的情况下,免责只在一段合理的期间内具有效力。

(3)未能履行义务的一方当事人必须将障碍及其对履约能力的影响通知另一方当事人。若另一方当事人在未履行方知道或应当知道该障碍后的一段合理时间内没有收到该通知,则未履行方应对另一方当事人因未收到该通知而导致的损害,负赔偿责任。

（4）本条并不妨碍一方当事人行使终止合同、暂停履行或对到期应支付项要求支付利息的权利。

第二节　法律风险提示

一、对不可抗力没有约定或约定不明

第一，合同中没有不可抗力条款。一般而言，目前在国际贸易中一般将不可抗力条款作为格式条款在合同中约定。合同中没有不可抗力条款的情况较为少见。一旦出现这种情况，当事人是否能援引不可抗力，需要根据合同适用的法律（合同准据法）确定，对此，放在本章第四节“不可抗力法律适用风险案情回顾及风险防控”中详述。

第二，在不可抗力条款中没有对不可抗力的定义作出明确的界定，在认定是否为不可抗力时容易对不可抗力的定义和认定标准产生争议，可能导致适用的结果与当事人的缔约意图不符，增加产生纠纷的风险。

第三，在不可抗力条款中没有对不可抗力事件作类型化的列举，在案件情形不在不可抗力条款列举的情形中时，会直接将此种情形排除在不可抗力适用的范围之外，导致无法援引不可抗力进行抗辩。

二、法律适用风险

不可抗力是大陆法系下的概念，在英美法系中通常使用“合同落空”（frustration）或“不可行”（impracticability），国际上通常称为“艰难情势”（hardship）或“不能控制的障碍”（impediment），这几者在定义和适用条件上有实质性的差异，合同适用的法律不同会带来不一样甚至是完全相反的结果，因此合同所适用的法律会对合同中的不可抗力条款的理解和适用产生重要影响。当合同适用的法律与不可抗力条款存在矛盾时，就会引发不可抗力条款与合同适用的国内法中的不可抗力规则之间是何种关系的问题，[①]增加了纠纷的复杂性。

---

① Klaus Peter Berger, *Chapter 6*: *Force Majeure Clauses and their Relationship with the Applicable Law*, in Fabio Bortolotti, Dorothy Ufot (eds.), Hardship and Force Majeure in International Commercial Contracts: Dealing with Unforeseen Events in a Changing World, Dossiers of the ICC Institute of World Business Law, Vol. 17 [Kluwer Law International; International Chamber of Commerce (ICC) 2018], p. 137 – 160.

三、忽视援引不可抗力进行抗辩的程序性义务

不可抗力可以使一方/双方当事人完全或部分免除不履行、不完全履行、迟延履行合同义务的责任。为了保障对方当事人的利益,对于不可抗力的认定不仅在构成要件上严格限制,而且会要求主张不可抗力一方遵守相关的程序性义务,否则将可能丧失援引不可抗力进行抗辩的权利。成功援引不可抗力进行抗辩通常需要遵循以下义务。

第一,通知义务。出现不可抗力情形时,受到不可抗力情形阻碍的一方应当及时通知其相对方,以便其采取及时有效的措施避免损失产生或进一步扩大。通知义务通常被视作不可抗力条款的一部分,未尽通知义务可能导致当事方丧失援引不可抗力进行抗辩的权利或对未及时通知的部分承担相应责任。

第二,证明义务。要求对不可抗力与履行不能之间的因果关系及其原因力大小提供证明,未能尽到证明义务的将直接导致无法援引不可抗力进行抗辩。

第三节　合同中对不可抗力约定不明确案情回顾及风险防控

一、对不可抗力没有约定或约定不明的典型案例

卖方 A 就买方 B 未支付根据双方缔约的合同供应的设备的款项而向买方 B 提出索赔。买方承认卖方确已根据合同交货,但又表示不支付的原因是负责买方外汇交易的银行未做出将按合同应付的货款汇转给卖方的指示。银行未将外汇金额汇转给卖方的理由是,买方自由兑换货币账户上没有资金用以支付货款。买方在举出这些事实后,要求仲裁庭免除其责任,因为他认为,他没有可利用的外汇资金的事实应被视为免除他不履行合同义务的责任的不可抗力。

仲裁庭不同意被诉人认为他缺乏外汇应视为不可抗力的观点,因为双方商定的合同中列出了免除他们不履行其合同义务的责任的不可抗力的全部情况。买方缺乏外汇并未被列入不可抗力清单。因此,仲裁庭裁定买方主张的情形不构成不可抗力,买方应当及时支付货款,并承担违约责任。

二、对不可抗力约定不明法律风险解析

在当今的商业惯例中,大多数合同中都包含不可抗力条款。不可抗力条款的

普遍存在意味着相关的国内法规则在适用范围上有限。特别是在国际商业交易中,如果合同中的条款针对缔约方的特定风险和需求进行了调整,那么不可抗力条款所提供的确定性可能比适用法律的相关规则所提供的确定性更高。但是,当事方经常采用标准化的"样板条款"(template clauses)作为不可抗力条款,而不是根据实际风险调整不可抗力条款的内容。这样的做法造成不可抗力条款的模糊性,产生了约定不明的风险。常见的不可抗力条款约定不明包括:对不可抗力的定义约定不明;对不可抗力的范围约定不明。

三、不可抗力约定不明风险防控措施

应根据合同的性质以及履行合同可能面临的风险订立不可抗力条款,缔约方常在其合同中采用"样板条款"(template clauses),但是这些条款不一定符合其实际需求(尤其是在从其他合同中复制过来而未验证其适用性的情况下)。因此,精明的交易者倾向于通过协商订立合适的不可抗力条款尽可能地为意外事件的发生做准备。[①] 这就要求当事方不仅需要了解国内法律和国际法律中对不可抗力的相关规定,而且还必须根据他们的实际需求订立这一合同条款。此外,仲裁庭很少执行不可抗力条款,除非条款中定义了具体障碍。[②] 因此,在不可抗力条款中对不可抗力情形作类型化的列举非常重要。

在起草一项不可抗力条款时需要注意以下两点。

1. 对不可抗力进行定义。明确定义了不可抗力的条款具有最佳效力。在不违反主合同适用法律中的强制性法律、法规的前提下,可以对不可抗力的构成要件和情形进行扩张或限缩规定。这样基于当事人意思自治而订立的不可抗力条款,可以避免因当事人理解与适用之间的差异而产生纠纷的可能性,使当事人可以更灵活有效地援引不可抗力寻求救济,进而有效解决当事人之间的纠纷。但需要注意的是,对不可抗力的扩张通常被认为是有效的,而对不可抗力的限缩是否有效是存在争议的,需要根据主合同适用的法律规定予以认定。

2. 明确约定不可抗力的范围和种类。在确定可能影响履行的不可抗力事件

---

① Fabio Bortolotti, Dorothy Ufot, *Introduction*, in Fabio Bortolotti and Dorothy Ufot (eds.), Hardship and Force Majeure in International Commercial Contracts: Dealing with Unforeseen Events in a Changing World, Dossiers of the ICC Institute of World Business Law, Vol. 17 [Kluwer Law International; International Chamber of Commerce (ICC) 2018], p. 8

② Mark Augenblick, Alison B Rousseau, *Force Majeure in Tumultuous Times: Impracticability as the New Impossibility*, (2012) 13 J. World Investment & Trade 59 – 60.

时需要使用非常清晰的语言,进行不可抗力的情形的类型化列举,从而减少不可抗力适用的不确定性。建议在合同中使用“说明性规定(天灾)+具体事件列举(地震、干旱、潮汐和洪水)+兜底性规定(包括但不限于)”的模式确定不可抗力条款。例如,在本条款中,“不可抗力事件”是指一个主管当局和经营者无法控制的事件,使一方无法履行本合同项下的任何义务,包括但不限于:天灾(包括但不限于:火灾、爆炸、地震、干旱、潮汐和洪水)。In this Clause, “Event of Force Majeure” means an event beyond the control of the Authority and the Operator, which prevents a Party from complying with any of its obligations under this Contract, including but not limited to: act of God (such as, but not limited to, fires, explosions, earthquakes, drought, tidal waves and floods).①

第四节 不可抗力法律适用风险案情回顾及风险防控

一、不可抗力法律适用风险的典型案例

甲国卖方 A 和乙国买方 B 之间签订合同,前者同意出售并向后者交付一批 15,000~18,000 吨的货物。后卖方未能及时交货,买方主张卖方违约和欺诈,并申请乙国法院判决。卖方辩称,由于目的港在交货时意外结冰,导致船只无法进出港口,因此卖方未能履行合同,主张以不可抗力为由免除其不履行合同的责任。

在法庭上,双方当事人一致认为,他们的合同适用《联合国国际货物销售合同公约》。由于合同未载有任何明确的不可抗力条款,因此法院根据《联合国国际货物销售合同公约》第 79 条对不可抗力进行审查。法院将《联合国国际货物销售合同公约》第 79 条作为不可抗力认定的一个标准的同时,以其他联邦法院所采用的方法——判例法为指导,对国内法中关于类似的免责条款进行了解释。最后法院结合两者确定了认定不可抗力的三个要素:(1)是否发生了障碍;(2)该障碍是否使履约不能;(3)该障碍是否可以预见。

本案中,当事人并未就合同适用的法律作出约定,但双方事后共同选择了适用《联合国国际货物销售合同公约》,因此法院根据《联合国国际货物销售合同公

① *Sample Force Majeure Clauses*, http://ppp.worldbank.org/publicprivate-partnership/ppp-overview/practical-tools/checklists-and-risk-matrices/forcemajeure-checklist/sample-clauses, last accessed on 5 May 2020.

约》第 79 条规定的“不能控制的障碍”的有关规则，结合法院地法构建的新标准对案涉情况进行了审查，这样的做法就有可能偏离当事人签订合同时的预期。

二、不可抗力法律适用风险解析

法律适用是认定是否构成不可抗力的重要因素，因为并非所有国内法律制度都有不可抗力这一概念。例如，英美法系一般不使用不可抗力这个法律术语，而使用“落空”（frustration）。相近的词还有“不可能”（impossibility）或“不可行”（impracticability）。英美法系中的“合同落空”（frustration of contract）制度与不可抗力制度存在一定的区别。合同落空制度是以合同根本目的无法实现为前提的，其后果直接导致合同解除；合同落空制度是以严格履行合同义务为原则，只有由于不可归责于任何一方的原因致使合同根本目的无法实现而必须解除时，才产生免除责任的效果。[①] 不过，英国法并不禁止当事人在合同中约定不可抗力条款，[②]此时不可抗力就是作为一种“不可归责于任何一方的原因”，导致了合同的履行障碍，从而适用合同落空制度。类似的还有《联合国国际货物销售合同公约》第 79 条规定的“不能控制的障碍”（impediment），“障碍”包括任何非当事人所能控制的情形，除了不可抗力情形外，普遍认为还包括情势变更的情形。[③] 情势变更，一般又称艰难情势（hardship），是指发生的事件致使一方当事人的履约成本增加，或者使履约价值减少，因而根本改变了合同的均衡，因此不得不重新谈判调整合同，或是直接终止合同履行。“艰难情势”虽有别于“不可抗力”，[④]但两者又难以做到泾渭分明，不同的国内立法对此也有不同的规定。《联合国国际货物销售合同公约》就将不可抗力和情势变更都视为“障碍”的一种类型，发生相应的情形均可以适用《联合国国际货物销售合同公约》第 79 条，有学者将其称为“一元规范模式”。[⑤] 英国法也是如此，情势变更和不可抗力都可能是造成“合同目的落空”的一种情形，从而适用合同落空制度。我国《民法典》在第 180 条和第 533 条分别

---

① 参见龚柏华：《国际商事合同不可抗力条款对“新冠肺炎”疫情适用法律分析》，载《上海对外经贸大学学报》2020 年第 2 期。

② 参见张辉、周国勇主编：《欧洲各国不可抗力、艰难情势和情势变更等制度研究报告》，载最高人民法院国际商事法庭，http://cicc. court. gov. cn/html/1/218/347/329/378/1645. html，最后访问日期：2022 年 4 月 16 日。

③ 参见韩世远：《不可抗力、情事变更与合同解除》，载《法律适用》2014 年第 11 期。

④ 参见[德]埃卡特 · J. 布鲁德：《国际商事合同通则——逐条评论》，王欣等译，法律出版社 2021 年版，第 182 页。

⑤ 参见韩世远：《不可抗力、情事变更与合同解除》，载《法律适用》2014 年第 11 期。

规定了不可抗力和情势变更;《国际商事合同通则》也在第6.2.2条规定了艰难情形,在第7.1.7条规定了不可抗力;明确区分“不可抗力”和“艰难情势”的适用条件和适用后果,这种立法模式被称为“二元规范模式”。[①] 另外,《荷兰民法典》则既规定了不可抗力,又规定了情势变更,还会在合同中适用艰难情势条款。[②] 可见,根据合同准据法的规定识别不可抗力的含义及其适用的具体条件是必要的。

虽然在合同条款明确和完整的情况下,适用的法律的作用会大大地降低,但适用的法律在更普遍的解释合同中的不可抗力条款和不可抗力原则方面仍然可能发挥着重要作用。[③] 因此,我们必须考虑到合同准据法所属国的法律制度对合同条款的解释带来的影响,同时还要考虑到可能适用国际条约与国际惯例的情况。

三、不可抗力法律适用风险的防控措施

首先,根据交易关系个性化订立明确而具体的不可抗力条款是防范法律适用风险最有力的措施,避免语言的模糊带来的不确定性。特别是当不可抗力条款可能与适用的国内法存在冲突时,应当明确合同中所载的不可抗力条款与适用的国内法中的不可抗力规则之间的关系。

其次,对合同适用的法律中的不可抗力规定进行细致的了解和研究,可以事先发现国内法规则与合同不可抗力条款之间可能存在的矛盾,从而防范风险的发生。

最后,还应当注意可能适用的国际条约和国际惯例,例如,如果双方当事人约定适用《联合国国际货物销售合同公约》,则要了解《联合国国际货物销售合同公约》中关于“不能控制的障碍”的具体规定,即使没有约定适用这些国际条约或国际惯例,它们也同样重要,因为这些国际条约和国际惯例在某种情况下是仲裁庭据以对不可抗力条款进行解释的首要依据,不可忽视。

---

① 参见韩世远:《不可抗力、情事变更与合同解除》,载《法律适用》2014年第11期。

② 参见张辉、周国勇主编:《欧洲各国不可抗力、艰难情势和情势变更等制度研究报告》,载最高人民法院国际商事法庭,http://cicc.court.gov.cn/html/1/218/347/329/378/1645.html,最后访问日期:2022年4月16日。

③ See Giuditta Cordero-Moss, *Boilerplate Clauses, International Commercial Contracts and the Applicable Law*, Cambridge University Press, 2011, p. 368.

第五节　未尽通知性义务案情回顾及风险防控

一、未尽通知性义务的典型案例

甲国买方A与乙国卖方B签订房屋买卖合同，A欲购买B位于乙国境内的一处房产。后由于政府征收行为导致房屋不能如期交付，卖方据此主张不可抗力，法院支持了卖方的主张。法院的判决如下：本案属于不可抗力，但卖方在发生不可抗力事件后并未尽到及时通知义务，具有相应过错，故而应当结合不可抗力因素、卖方未尽通知义务的过错以及公平合理原则，对案件进行判决。

尽管在本案中法院认定构成不可抗力，可以免除卖方相应的合同责任。但卖方在发生不可抗力事件后未尽到及时的通知义务，需要承担与其过错相应的责任。

二、未尽通知性义务的法律风险解析

合同在定义了什么是不可抗力之后，往往会规定一项通知要求，详细说明援引不可抗力的必要通知程序。实践中有将通知义务作为一项法定义务一同纳入不可抗力的构成要件的做法，即通知义务被认为是不可抗力的组成部分。如果一方不遵守通知义务，当事人可能会丧失援引不可抗力免责的权利。还有的做法是将通知义务作为基于公平合理原则的一项要求，对未及时通知导致损失扩大的部分承担相应责任，但是不影响不可抗力的认定。无论如何，未及时履行通知义务都将加大当事人的负担和风险。

三、未尽通知性义务的风险防控措施

无论国际商事合同是否有特殊约定，在不可抗力情况发生后均应及时通知合同相关方，否则对于未及时通知而造成的损失，将会产生损害赔偿责任。不可抗力的通知通常要求以书面形式在合理的时间（特定的期间）内发出。尤其需要注意的是合同对于不可抗力发生后的通知形式是否有特殊要求，包括通知时限、通知的形式、通知对象、持续通知等。如有，应严格按照合同约定的形式进行通知。[①]有些不可抗力条款还要求在事件结束时再发出通知。

---

① 龚柏华：《国际商事合同不可抗力条款对“新冠肺炎”疫情适用法律分析》，载《上海对外经贸大学学报》2020年第2期。

第六节　未尽证明性义务案情回顾与风险防控

一、未尽证明性义务的典型案例

一名甲国卖方 A 和一名乙国买方 B 签订了出售鸡肉的合同,履约期间,禽流感的暴发使买方政府禁止所有未认证的鸡肉进口。买方建议卖方将鸡肉运到乙国境外的港口,但卖方拒绝,理由是乙国政府的禁令阻碍了货物的交付。最终,卖方将未交付的货物卖给了第三方,从而获得了可观的利润。

在裁决中,仲裁员认为卖方拒绝交付货物构成了根本违约。仲裁员认为,卖方想要援引《联合国国际货物销售合同公约》第 79 条进行免责,必须证明卖方所遭遇的障碍与不履行行为之间构成排他性的因果关系。本案中,卖方遭遇了买方政府的禁令,这项禁令的确超出了卖方的控制范围,但卖方可以通过将货物运至买方提议的替代港口而避免该禁令。有足够的证据表明,在买方提供的替代港口交付货物,不会妨碍卖方的履行。故禁令不是卖方不履行行为的排他性原因,故法律不支持卖方的行为。因此仲裁员裁定卖方依据《联合国国际货物销售合同公约》第 79 条的抗辩无效,买方有权要求赔偿。

二、未尽证明性义务的法律风险解析

援引不可抗力的一方通常必须提供证据,无论是在发出通知时,还是在发出通知后。援引不可抗力的一方承担举证责任是国际与国内实践的一致做法。证明的内容则包括:事件是否符合不可抗力的构成要素、不可抗力与履行不能之间的因果关系及其原因力大小以及其他基于法定和约定需要证明的内容。根据不可抗力事件对合同履行实际影响的大小决定是否免责以及免责的程度,某些适用的法律还要求当事人证明不可抗力是导致合同无法履行的“唯一原因”。

需要注意的是,在不可抗力事件发生后订立的合同不能以该原因援引不可抗力,因为这样对于当事人而言不可能是不可预见和无法避免的,是不证自明的情形。不能达到以上证明标准和要求将会直接导致援引不可抗力的抗辩不成功。

三、未尽证明性义务的风险防控措施

援引不可抗力的一方当事人需要按照不同的合同适用的法律尽可能早和尽可能多地收集和固定证据,以便在合理的期限内向对方当事人提交不可抗力的

证明。

值得一提的是，针对新冠肺炎疫情，中国国际贸易促进委员会(中国贸促会)出具的不可抗力事实性证明并不当然地导致申请方可以援引不可抗力抗辩，这只是证明了疫情是不可抗力事件，至于是不是具体合同项下的不可抗力事由，进而导致援引不可抗力进行抗辩，仍需要法院或仲裁庭根据不可抗力条款或合同适用的法律对不可抗力和因果关系以及影响程度进行认定。因此，更需要注意的是个案中的证据收集，不能过分依赖官方的证明性文件。

第七节 未尽减损性义务案情回顾与风险防控

一、未尽减损性义务的典型案例

买方A和卖方B订立合同，卖方将向买方提供L-半胱氨酸盐酸盐-水合物。由于货物质量不符，买方将货物退还给卖方指定的某进出口公司C。由于该进出口公司突然倒闭，货物无法进口且无法清关，并停留在D仓库长达三年之久。买方要求卖方承担这三年的高额仓储费。对此，卖方认为收货人倒闭属于“天灾”(Act of God)，是“不能控制的障碍”，并援引《联合国国际货物销售合同公约》第79条抗辩，认为自己不应对仓储损失承担任何责任。

仲裁庭认为：(1)对于无人取货且货物存放在D仓库的这一事实，买方应负主要责任；(2)对于未及时处理货物的事实，卖方应当承担部分责任。原因是卖方在收悉货物抵达D仓库后无人收货的情况后未采取相应措施，在得知指定的收货人某进出口贸易公司C倒闭的事实后，卖方也没有试图补救，卖方并没有达到合同目的不能实现的困境。因此仲裁庭对于卖方主张收货人倒闭的事实属于“天灾”并试图援引《联合国国际货物销售合同公约》第79条进行免责的抗辩不予认可。

二、未尽减损性义务的法律风险解析

合同是双方合意的产物，特别是在长期的国际贸易合同中，由于其复杂性和经济性，一方终止履行合同义务或是直接解除合同，会给自己或对方当事人都带来大的损失，因此无论是基于公平原则的要求还是出于对解决纠纷成本与效率的考虑，在援引不可抗力抗辩的同时，除了要注意合理的通知外，还要积极主动地减轻不可抗力事件对合同履行造成的影响，防止双方的损失进一步扩大。

三、未尽减损性义务的风险防控措施

在不可抗力事件发生后,无论减损性义务是否为个案中不可抗力的构成要件之一,都应当积极采取适当的措施防止损失扩大,尽最大的努力消除事件的影响,减少因不可抗力所造成的损失从而防范自身责任的加重。

第八节　新型冠状病毒肺炎疫情下的不可抗力条款的适用

本次新型冠状病毒肺炎(COVID－19)疫情(以下简称新冠肺炎)在2020年年初暴发,2020年1月30日晚,世界卫生组织(WHO)宣布,将新型冠状病毒疫情列为国际关注的突发公共卫生事件(PHEIC)。日内瓦时间2020年3月11日傍晚,世界卫生组织正式宣布,新冠疫情的暴发已经构成一次全球性"大流行"(Pandemic)。世卫组织公布的最新数据显示,截至北京时间2022年4月9日1时01分,全球累计新冠肺炎确诊病例494,587,638例,累计死亡病例6,170,283例。多数国家或地区为防控疫情,采取了"封城""隔离"或禁令等强制性管控方式。这给国际商事交易带来了实质性的阻碍,以至于当事人难以履行合同,造成了国际商事合同纠纷。由于本次疫情暴发时间不一,持续时间不一,各个国家和政府主管机关采取的防控措施也不一样,企业能否基于本次疫情援引不可抗力免责,还需要个案考察。

关于此次疫情,2020年4月最高人民法院印发了《〈关于依法妥善审理涉新冠肺炎疫情民事案件若干问题的指导意见(一)〉的通知》(以下简称《通知(一)》),其中第2~3条规定了不可抗力。2020年6月最高人民法院印发了《关于依法妥善审理涉新冠肺炎疫情民事案件若干问题的指导意见(三)》(以下简称《通知(三)》),其中第6条、第8~9条规定了不可抗力。《通知(三)》第6条指出:"对于与疫情相关的涉外商事海事纠纷等案件的适用法律问题,人民法院应当依照《中华人民共和国涉外民事关系法律适用法》等法律以及相关司法解释的规定,确定应当适用的法律。应当适用我国法律的,关于不可抗力规则的具体适用,按照《最高人民法院关于依法妥善审理涉新冠肺炎疫情民事案件若干问题的指导意见(一)》执行。应当适用域外法律的,人民法院应当准确理解该域外法中与不可抗力规则类似的成文法规定或者判例法的内容,正确适用,不能以我国法律中

关于不可抗力的规定当然理解域外法的类似规定。”

尽管最高人民法院印发的两个通知可以作为因本次疫情产生的合同纠纷适用中国法律时认定不可抗力的最新法律依据，但对个案的处理，特别是在国际上，并不完全适用，但我们可以以此为参照，明确在本次疫情下适用不可抗力的几点要素：

第一，需要明确以下两点：

1. 将新冠肺炎疫情作为援引不可抗力免责与将政府对于新冠肺炎疫情实行的防控措施作为援引不可抗力免责是不同的理由，应当区别看待。

2. 是否能够援引不可抗力免责需要进行个案考察，对本次疫情而言，中国、法国等不少国家的政府部门将其认定为不可抗力事件，但这并不意味着本次疫情就是具体合同项下的不可抗力事由。是否能够援引不可抗力免责还要看具体合同的约定。

第二，我们按照两个通知中提到的考虑不可抗力的几点要素逐步展开。

如果当事人之间有约定，当事人约定优先。当事人之间约定的不可抗力条款是最主要的依据，具体而言又可能出现以下几种情况。

1. 如果明确约定了“传染病”作为发生不可抗力的事件，自然可以据此将本次疫情认定为不可抗力。

2. 如果未明确约定“传染病”属于不可抗力的事件，则需要从不可抗力条款中的“等”或类似的非穷尽性列举表达中进行推理。该推理需要分析相关适用法律规定的基本要素。这就涉及合同适用的法律问题，可以参考本章第二节的内容。

3. 传统的不可抗力条款大都规定了“政府行为”“禁令”是不可抗力事件，这种规定相对于“传染病”更为常见，但也存在争议，是否构成不可抗力还是要根据个案中具体要件进行认定。但对于已经因疫情造成不可抗力影响又未在不可抗力条款中明确列举“传染病”的企业而言，这是一个更容易被认定和接受的寻求救济的角度。

第三，新冠肺炎疫情的发展阶段，涉及新冠肺炎疫情开始时间，新冠肺炎疫情持续期间，新冠肺炎疫情结束时间。

1. 新冠肺炎疫情的开始时间。一般将世界卫生组织将此次新冠肺炎疫情认定为国际关注的突发公共卫生事件（PHEIC）之日，即 2020 年 1 月 30 日作为疫情的起始之日。这一时间点对于当事人能否援引不可抗力免责是关键的。因为在 2020 年 1 月 30 日之后才谈判达成的合同是不能援引不可抗力的，因为这对于当事人来说不可能是不能预见和不能避免的。有关的政府行为和禁令则以政府机关的官方文件为准。

2. 新冠肺炎疫情的持续期间。疫情的持续期间是不可抗力事件造成影响的持续期间,也是援引不可抗力免责的有效期。但即便是在新冠疫情的持续期间内也存在疫情对合同履行影响程度的不同变化,所以仍需要考虑的是,在个案中疫情影响合同履行程度的变化,时刻关注官方关于疫情的最新消息,了解其影响程度是否符合不可抗力的认定标准。

3. 新冠肺炎疫情的结束时间。一些条款中会要求在不可抗力事件结束后,援引不可抗力的一方向另一方发送通知。疫情的结束期间,应当以政府主管部门的官方文件为准,但应当注意不可抗力对履行合同影响的具体变化,可能存在上文所谈及的官方尚未宣布疫情结束,但实际上疫情对于合同履行的影响已经达不到不可抗力认定标准的情况。这时应当认为疫情对合同的履行已无重大影响,将情况通知对方当事人进而积极主动地履行合同义务,避免产生违约风险。相较而言,政府行为和禁令等强制措施则仅以官方文件的时间作为唯一标准。

第四,新冠肺炎疫情与不能履行或履行困难之间的因果关系以及疫情的影响程度需要当事方举证证明。

举证包括以下两个方面。

1. 新冠肺炎疫情与不能履行或履行困难之间的因果关系只能通过个案中的证据证明。这里值得一提的是一些政府与非政府组织对此次疫情出具的不可抗力证明书(包括中国国际贸易促进委员会)。除非是合同的不可抗力条款中有明确约定证明书对证明不可抗力时间的效力是最终的,否则该证明书在国际诉讼和仲裁中并不重要。[①] 也就是说,即使获得了事件属于不可抗力的证明,也不当然地可以援引不可抗力进行抗辩,仍然需要证明发生不可抗力事件与合同履行困难或不能履行之间的因果关系。在特定合同下,一旦发生了纠纷,是否能够援引不可抗力免责只能基于法院或仲裁庭根据此合同所作出的判决或裁决。

2. 新冠肺炎疫情的影响程度。疫情对合同履行不能或困难的影响程度决定了企业是否能够援引不可抗力,以及援引不可抗力是部分免除还是全部免除责任。在《通知(一)》中可以看到,必须因疫情或疫情的防控措施直接导致合同不

---

① 杨良宜:《新型冠状病毒疫情与国际商业合同下的不可抗力》,载 https://www.sohu.com/a/429895998_120677543,最后访问日期:2020 年 12 月 26 日。

能履行的才能适用不可抗力规定。对于仅导致合同履行困难的,并不适用不可抗力规定。对于履行合同明显不公的,则可要求变更合同,可见在这一点上采取了严格的限制。[①] 这一点是极为重要的,这是符合我国法律制度下适用不可抗力的规定的。

第五,关于不可抗力的程序性义务。

通常要求援引不可抗力免责的一方当事人在发生不可抗力事件后:(1)有进行通知的义务,以便对方当事人知晓。(2)提供必要的证明。(3)合理性的补救措施,无论是否成功援引不可抗力免责,基于公平、诚实信用原则或是出于有效解决纠纷的考虑都应当采取合理的补救措施,以减少双方当事人的损失,防范纠纷的产生。

第六,援引不可抗力的后果。

根据我国《民法典》第180条的规定,因不可抗力不能履行合同的,根据不可抗力的影响,部分或者全部免除责任。在国际上,成功援引不可抗力还会导致合同终止、合同解除和重新谈判等法律后果。援引不可抗力的法律后果可以由当事人进行约定,例如,在长期的国际合作合同中,由于其合同的复杂性和出于经济性的考虑,终止或解除合同会给双方当事人都带来巨大损失,当事人通常会考虑通过重新谈判或者是达成补充协议等和解的方式解决由此产生的纠纷。因此,在以后的合同中尽量根据合同的性质和履行合同可能发生的具体风险"量身定制"不可抗力条款。

第九节 合同条款示例

一、不可抗力 Force Majeure

1. 定义 Definition

"不可抗力"是指发生的事件或情况("不可抗力事件")阻止或妨碍一方履行合同约定的一项或多项合同义务,如果受影响的一方("受影响方")证明:

"Force Majeure" means the occurrence of an event or circumstance ("Force

---

① 最高人民法院相关负责人就出台《依法妥善审理涉新冠肺炎疫情民事案件若干问题的指导意见(一)》答记者问中谈到了要对不可抗力严格法律适用条件。"不可抗力作为法定免责事由,准确适用有利于减轻当事人负担,也符合公平原则,但过度适用,则会对交易秩序造成较大破坏。因此,不可抗力的适用,必须严格依法进行,做到当用则用,不能滥用。"

Majeure Event") that prevents or impedes a party from performing one or more of its contractual obligations under the contract, if and to the extent that the party affected by the impediment ("the Affected Party") proves:

(a)这种障碍是其无法合理控制的;以及

(a)that such impediment is beyond its reasonable control; and

(b)在订立合同时无法合理地预见到;以及

(b)that it could not reasonably have been foreseen at the time of the conclusion of the contract; and

(c)受影响方无法合理地避免或克服障碍的影响。

(c)that the effects of the impediment could not reasonably have been avoided or overcome by the Affected Party.

2. 由第三方造成的不能履行 Non – performance by Third Parties

如果订约方因其委托的第三方违约而未能履行其一项或多项合同义务,只有在本条款第 1 款规定的要求对订约方和第三方都适用的情况下,订约方才能援引不可抗力。

Where a contracting party fails to perform one or more of its contractual obligations because of default by a third party who has been engaged to perform the whole or part of the contract, the contracting party may invoke Force Majeure only to the extent that the requirements under paragraph 1 of this Clause are established both for the contracting party and for the third party.

3. 不可抗力事件 Presumed Force Majeure Events

在没有相反证据的情况下,下列影响一方的事件应被推定为符合本条款第 1 款的(a)和(b)项条件,受影响方只需证明第 1 款的(c)项条件得到满足即可:

In the absence of proof to the contrary, the following events affecting a party shall be presumed to fulfil conditions (a) and (b) under paragraph 1 of this Clause, and the Affected Party only needs to prove that condition (c) of paragraph 1 is satisfied:

(a)战争(无论是否宣战)、敌对行动、侵略、外敌入侵、广泛的军事动员;

(a)war(whether declared or not), hostilities, invasion, act of foreign enemies, extensive military mobilisation;

(b)内战、暴乱、暴动、叛乱和革命、军事或篡夺政权、叛乱、恐怖主义行为、破坏或海盗行为；

(b)civil war, riot, rebellion and revolution, military or usurped power, insurrection, act of terrorism, sabotage or piracy;

(c)货币和贸易限制、禁运、制裁；

(c)currency and trade restriction, embargo, sanction;

(d)合法或非法的权力行为、遵守任何法律或政府命令、征用、没收、扣押工程、征用、国有化；

(d)act of authority whether lawful or unlawful, compliance with any law or governmental order, expropriation, seizure of works, requisition, nationalisation;

(e)瘟疫、流行病、自然灾害或极端自然事件；

(e)plague, epidemic, natural disaster or extreme natural events;

(f)爆炸、火灾、设备损坏、交通、电信、信息系统或能源的长期故障；

(f)explosion, fire, destruction of equipment; prolonged break - down of transport, telecommunication, information system or energy;

(g)一般性的劳工骚乱，如抵制、罢工和停工、怠工、占领工厂和房舍等。

(g)general labour disturbance such as boycott, strike and lock - out, go - slow, occupation of factories and premises.

4. 通知 Notification

受影响的一方应立即向另一方发出事件通知。

The Affected Party shall give notice of the event without delay to the other party.

5. 不可抗力的后果 Consequences of Force Majeure

成功援引本条款的一方，自障碍导致无法履行合同义务之时起，可免除其履行合同规定的义务，并免除任何损害赔偿责任或任何其他违约救济，但条件是，应毫不拖延地发出有关通知。如未及时发出有关通知，救济自通知送达另一方时起生效。另一方当事人可酌情自通知发出之日起暂停履行其义务。

A party successfully invoking this Clause is relieved from its duty to perform its obligations under the Contract and from any liability in damages or from any other contractual remedy for breach of contract, from the time at which the impediment causes inability to perform, provided that the notice thereof is given without delay. If notice thereof is not given without delay, the relief is effective from the time at which notice thereof reaches the other party. The other party may suspend the performance of its obligations, if applicable, from the date of the notice.

6. 暂时性障碍 Temporary Impediment

如果所援引的障碍或事件的效果是暂时性的,则只有在所援引的障碍妨碍受影响方履行合同义务的情况下,才适用上文第 5 款规定的后果。受影响方必须在该障碍不再妨碍其履行合同义务时立即通知另一方。

Where the effect of the impediment or event invoked is temporary, the consequences set out under paragraph 5 above shall apply only as long as the impediment invoked prevents performance by the affected Party of its contractual obligations. The affected Party must notify the other party as soon as the impediment ceases to impede performance of its contractual obligations.

7. 减轻责任 Duty to Mitigate

受影响方有义务采取一切合理措施,限制合同履行时援引的事件的影响。

The affected party is under an obligation to take all reasonable measures to limit the effect of the event invoked upon performance of the contract.

8. 合同终止 Contract Termination

如果所援引的障碍的期限实质上剥夺了缔约双方当事人根据合同应享有的合理期望,则任何一方有权在合理期限内通知另一方当事人终止合同。除另有约定外,双方明确约定,如果障碍的期限超过 120 天,任何一方均可终止合同。

Where the duration of the impediment invoked has the effect of substantially depriving the contracting parties of what they were reasonably entitled to expect under the contract, either party has the right to terminate the contract by notification within a reasonable period to the other party. Unless otherwise agreed, the parties expressly agree that the contract may be terminated by either party if the duration of the impediment exceeds 120 days.

9. 不当得利 Unjust Enrichment

在上文第 8 款适用的情况下,如果一订约方因另一方订约方在履行合同过程中所做的任何事情而在合同终止前获得利益,获得这种利益的一方应向另一方支付相当于这种利益价值的款项。

Where paragraph 8 above applies and where either contracting party has, by reason of anything done by another contracting party in the performance of the contract, derived a benefit before the termination of the contract, the party deriving such a benefit shall pay to the other party a sum of money equivalent to the value of such benefit. [①]

二、情势变更(艰难情势)Change of Circumstances(Hardship)

如果在订立本合同之后,发生了双方均未预料到的事件,并从根本上改变了本合同的平衡,从而使一方当事人在履行合同义务方面负担过重(艰难情势),则该方当事人有权要求修改本合同,条件是:

(1)受影响的一方在订立本合同时不能合理地考虑到这些事件;

(2)事件不在受影响一方的控制之内;

(3)根据本合同,事件的风险不是受影响一方必须承担的风险;

(4)每一方应本着诚意认真考虑另一方为维护双方关系而提出的任何修订建议。

如果缔约双方未能在一个月内就所要求的修订达成一致,缔约一方可诉诸本合同中的争议解决程序。仲裁庭有权对本合同作出它认为在有关情况下公正和公平的任何修订,或按其确定的日期和条件终止本合同。

If, however, after the time of conclusion of this contract, events occur which have not been contemplated by the Parties and which fundamentally alter the equilibrium of the present contract, thereby placing an excessive burden on one of the Parties in the performance of its contractual obligations (hardship), that party shall be entitled to request revision of this contract provided that:

(1) The events could not reasonably have been taken into account by the affected party at the time of conclusion of this contract;

(2) The events are beyond the control of the affected party;

(3) The risk of the events is not one which, according to this contract, the affected Party should be required to bear;

(4) Each party shall in good faith consider any proposed revision seriously put forward by the other party in the interests of the relationship between the Parties.

If the Contracting Parties fail to agree on the requested amendments within one

---

① 英文版转引自 https://iccwbo.org/content/uploads/sites/3/2020/03/icc - forcemajeure - hardship - clauses - march2020.pdf。

month, one of the Contracting Parties may resort to the dispute settlement procedure contained in this Contract. The arbitral tribunal shall have the power to make any amendment to this contract which it considers just and equitable in the circumstances, or to terminate this contract on a date and subject to conditions to be determined.

第十节 本章小结

第一,在长期的国际合作合同中,根据交易关系个性化订立不可抗力条款是非常重要的。这有利于当事人根据自己的需求分配风险,尽可能地减少因不可抗力事件带来的影响以及防范援引不可抗力时可能引发“二次纠纷”的风险。

第二,在讨论不可抗力时,首先考虑的问题就是合同适用的法律。即使是在合同中存在明确具体的不可抗力条款,合同适用的法律也会或多或少地对不可抗力的理解与适用产生影响,在某些时候这种影响可能是决定性的。因此,尽可能明确不可抗力条款与适用的法律之间的关系以及对合同适用的法律事先进行细致的了解和研究。并非所有国家国内法律制度都有不可抗力这一概念,如英美法系一般不使用不可抗力这个法律术语,而使用“落空”(frustration)。英美法系中的“合同落空”(frustration of contract)制度与不可抗力制度存在一定的区别。

第三,注意程序性义务的存在,特别是当这些义务成为不可抗力条款中的一部分时,这对于援引不可抗力免责的影响是直接的。

第四,某些官方部门出具的不可抗力证明,并不必然产生可以援引不可抗力抗辩的结果,因此,要注意在个案中收集证据,不能过分依赖官方的证明性文件。

第五,在不可抗力事件发生后签订的合同,不能援引不可抗力免责,因为这对于当事人来说不是不能预见和不可避免的。

第六,援引不可抗力免责具有时限性,仅在不可抗力事件持续期间可以免责,因此要密切注意事件的发展及其影响,在不可抗力事件结束后,按照原合同或者新达成的补充协议履行合同义务。

第七,对迟延履行之后发生不可抗力的处理,也要注意合同适用的法律,因为在某些国内法中明确规定迟延履行之后发生不可抗力的,不能免除责任(如中国),但在一些国内法中这是意思自治的范围,可以通过约定的方式进行改变。

第八,从各国的司法实践来看,企业主张不可抗力免责,或是拒绝履行、解除合同等是非常困难的，即使胜诉也需要经历旷日持久、费用高昂的国际仲裁/诉讼。建议受影响企业尽量采取和解、调解等友好协商的方式达成补充协议或和解，做出一定的妥协，公平分担由此所造成的损失，节约争议解决成本。[①]

① 参见欧福永：《企业复工复产中的国际贸易法律风险防范》，载 http://www.legaldaily.com.cn/zt/content/2020-04/19/content_8173867.htm，最后访问日期：2020 年 12 月 26 日。

第十四章

合同转让、变更及解除法律风险防控

合同的转让，准确地说是合同权利、义务的转让，一般是指在不改变合同关系内容的前提下，当事人一方将合同的权利和义务的全部或部分转让给第三方，是合同主体的变更。广义的合同转让包括债权让与、债务承担、合同权利义务的概括移转（如中国法律中采用了广义的概念），狭义的合同转让则仅指合同权利义务的概括移转，也称为合同地位的转让、合同承受（如《国际商事合同通则》中采用了狭义的概念）。合同的变更是在原合同的基础上，通过当事人双方的协商或者法律的规定改变原合同关系的内容，是合同内容的变更。广义上，合同的变更包括了主体和内容的变更，狭义的合同变更仅指内容的变更。本章中仅指狭义的合同变更。合同的解除是指合同在有效成立之后，当解除条件具备时，因当事人一方或双方的意思表示，使合同自始或仅向将来消灭的行为。三者都会对合同履行和存续产生影响，从而导致合同的风险与不确定性的扩大，因此了解三者在国际贸易中的风险点并做出相应的防范措施有助于预防风险的发生。

第一节　合同转让、变更和解除条款涉及的主要法律规则

涉及合同转让、变更和解除的法律规则主要有：《民法典》；《联合国国际贸易销售合同公约》《国际商事合同通则》；等等。

一、涉及合同变更的法律规则

（一）中国法律规则

《民法典》

第 543 条　当事人协商一致，可以变更合同。

第 544 条　当事人对合同变更的内容约定不明确的，推定为未变更。

（二）国际法律规则

《联合国国际贸易销售合同公约》

第 29 条　（1）合同只需双方当事人协议，就可更改或终止。

（2）规定任何更改或根据协议终止必须以书面做出的书面合同，不得以任何其他方式更改或根据协议终止。但是，一方当事人的行为，如经另一方当事人寄以信赖，就不得坚持此项规定。

二、涉及合同转让的法律规则

（一）中国法律规则

《民法典》

第 545 条　债权人可以将债权的全部或者部分转让给第三人，但是有下列情形之一的除外：

（一）根据债权性质不得转让；

（二）按照当事人约定不得转让；

（三）依照法律规定不得转让。

当事人约定非金钱债权不得转让的，不得对抗善意第三人。当事人约定金钱债权不得转让的，不得对抗第三人。

第 546 条　债权人转让债权，未通知债务人的，该转让对债务人不发生效力。

债权转让的通知不得撤销，但是经受让人同意的除外。

第 547 条　债权人转让债权的，受让人取得与债权有关的从权利，但是该从权利专属于债权人自身的除外。

受让人取得从权利不因该从权利未办理转移登记手续或者未转移占有而受到影响。

第 548 条　债务人接到债权转让通知后，债务人对让与人的抗辩，可以向受让人主张。

第 549 条　有下列情形之一的，债务人可以向受让人主张抵销：

（一）债务人接到债权转让通知时，债务人对让与人享有债权，且债务人的债权先于转让的债权到期或者同时到期；

（二）债务人的债权与转让的债权是基于同一合同产生。

第 550 条 因债权转让增加的履行费用,由让与人负担。

第 551 条 债务人将债务的全部或者部分转移给第三人的,应当经债权人同意。

债务人或者第三人可以催告债权人在合理期限内予以同意,债权人未作表示的,视为不同意。

第 552 条 第三人与债务人约定加入债务并通知债权人,或者第三人向债权人表示愿意加入债务,债权人未在合理期限内明确拒绝的,债权人可以请求第三人在其愿意承担的债务范围内和债务人承担连带债务。

第 553 条 债务人转移债务的,新债务人可以主张原债务人对债权人的抗辩;原债务人对债权人享有债权的,新债务人不得向债权人主张抵销。

第 554 条 债务人转移债务的,新债务人应当承担与主债务有关的从债务,但是该从债务专属于原债务人自身的除外。

第 555 条 当事人一方经对方同意,可以将自己在合同中的权利和义务一并转让给第三人。

第 556 条 合同的权利和义务一并转让的,适用债权转让、债务转移的有关规定。

(二)国际法律规则

《国际商事合同通则》(2016)[①]

第 9.1.4 条(部分转让)

(1)请求金钱支付的权利可以部分转让。

(2)请求其他履行的权利,只有当该履行是可分割的,并且转让不导致明显加重履行负担时,才可以部分转让。

第 9.1.13 条(抗辩和抵销权)

(1)债务人得以其对抗让与人的所有抗辩权,对抗受让人。

(2)债务人在收到转让通知时,可向受让人主张其可向让与人主张的任何抵销权。

第 9.2.7 条(抗辩和抵销权)

(1)新债务人可援用原债务人对抗债权人的所有抗辩,对抗债权人。

---

① 参见[德]埃卡特·J. 布鲁德:《国际商事合同通则——逐条评论》,王欣等译,法律出版社 2021 年版,第 1 页。

(2)新债务人不可向债权人主张原债务人可以向债权人主张的抵销权。

第9.2.8条(与被转移债务相关的权利)

(1)债权人可以在被转移债务的范围内,对新债务人主张其合同项下享有的其全部请求金钱支付或者其他履行的权利。

(2)原债务人根据第9.2.5条第(1)款解除债务的,除新债务人以外的任何其他人对于债务履行提供的担保,随之解除,但是该其他人同意该担保对债权人继续有效的除外。

(3)原债务人之债务的解除,还包括原债务人向债权人提供的保证债务履行的任何担保的解除,但是设立担保的资产已作为原债务人和新债务人之间交易的一部分而转移的除外。

第9.3.1条(定义)　“合同的转让”是指一个(“让与人”)将其在与另一人(“另一方当事人”)订立的合同项下的权利与义务,以协议方式转移给另一人(“受让人”)。

第9.3.2条(排除适用)　本节不适用于由特殊规则调整的商业转让过程中的合同转让。

第9.3.3条(须另一当事人同意)　一项合同的转让须经另一方当事人的同意。

第9.3.4条(另一方当事人的预先同意)

(1)另一方当事人可预先同意。

(2)另一方当事人预先同意的,合同转让自转让通知到达该另一方当事人时,或者当该另一方当事人认可该合同转让时,产生效力。

第9.3.5条(让与人债务的免除)

(1)另一方当事人可解除让与人的债务。

(2)另一方当事人亦可保留让与人在受让人履行不适当时,继续作为债务人。

(3)其余情况下,让与人和受让人承担连带责任。

第9.3.6条(抗辩及抵销权)

(1)在合同转让涉及权利转让的范围内,适用第9.1.13条的规定。

(2)在合同转让涉及债务转移的范围内,适用第9.2.7条的规定。

第9.3.7条(随合同转让的权利)

(1)在合同转让涉及权利转让的范围内,适用第9.1.4条的规定。

(2)在合同转让涉及债务转移的范围内,适用第9.2.8条的规定。

三、涉及合同解除的法律规则

(一)中国法律规则

《民法典》

第562条 当事人协商一致,可以解除合同。

当事人可以约定一方解除合同的事由。解除合同的事由发生时,解除权人可以解除合同。

第563条 有下列情形之一的,当事人可以解除合同:

(一)因不可抗力致使不能实现合同目的;

(二)在履行期限届满前,当事人一方明确表示或者以自己的行为表明不履行主要债务;

(三)当事人一方迟延履行主要债务,经催告后在合理期限内仍未履行;

(四)当事人一方迟延履行债务或者有其他违约行为致使不能实现合同目的;

(五)法律规定的其他情形。

以持续履行的债务为内容的不定期合同,当事人可以随时解除合同,但是应当在合理期限之前通知对方。

第564条 法律规定或者当事人约定解除权行使期限,期限届满当事人不行使的,该权利消灭。

法律没有规定或者当事人没有约定解除权行使期限,自解除权人知道或者应当知道解除事由之日起一年内不行使,或者经对方催告后在合理期限内不行使的,该权利消灭。

第565条 当事人一方依法主张解除合同的,应当通知对方。合同自通知到达对方时解除;通知载明债务人在一定期限内不履行债务则合同自动解除,债务人在该期限内未履行债务的,合同自通知载明的期限届满时解除。对方对解除合同有异议的,任何一方当事人均可以请求人民法院或者仲裁机构确认解除行为的效力。

当事人一方未通知对方,直接以提起诉讼或者申请仲裁的方式依法主张解除合同,人民法院或者仲裁机构确认该主张的,合同自起诉状副本或者仲裁申请书副本送达对方时解除。

第566条 合同解除后,尚未履行的,终止履行;已经履行的,根据履行情况和合同性质,当事人可以请求恢复原状或者采取其他补救措施,并有权请求赔偿损失。

合同因违约解除的，解除权人可以请求违约方承担违约责任，但是当事人另有约定的除外。

主合同解除后，担保人对债务人应当承担的民事责任仍应当承担担保责任，但是担保合同另有约定的除外。

第567条　合同的权利义务关系终止，不影响合同中结算和清理条款的效力。

（二）国际法律规则

1.《联合国国际货物销售合同公约》

第26条　宣告合同无效的声明，必须向另一方当事人发出通知，方始有效。

第64条　（1）卖方在以下情况下可以宣告合同无效：

（a）买方不履行其在合同或本公约中的任何义务，等于根本违反合同；或

（b）买方不在卖方按照第六十三条第（1）款规定的额外时间内履行支付价款的义务或收取货物，或买方声明他将不在所规定的时间内这样做；

（2）但是，如果买方已支付价款，卖方就丧失宣告合同无效的权利，除非：

（a）对于买方迟延履行义务，他在知道买方履行义务前这样做；或者

（b）对于买方迟延履行义务以外的任何违反合同事情：（i）他在已知道或理应知道这种违反合同后一段合理时间内这样做；或（ii）他在卖方按照第六十三条第（1）款规定的任何额外时间满期后或在买方声明他将不在这一额外时间内履行义务后一段合理时间内这样做。

2.《国际商事合同通则》（2016）

第7.3.1条（终止合同的权利）

（1）合同一方当事人可终止合同，如果另一方当事人未履行其合同项下的某项义务构成对合同的根本不履行。

（2）在确定不履行某项义务是否构成根本不履行时，应特别考虑是否存在以下情况：

（a）不履行实质上剥夺了受损害方根据合同有权期待的利益，除非另一方当事人并未预见而且也不可能合理地预见到此结果；

（b）对该项未履行义务的严格遵守是合同的实质性约定；

（c）不履行是有意所致还是疏忽所致；

（d）不履行使受损害方有理由相信，不能信赖另一方当事人的未来履行；

(e)若合同被终止,不履行方将因已作的准备或履行而蒙受不相称的损失。

(3)在迟延履行的情况下,如果另一方当事人未在第7.1.5条允许的额外期间届满前履行合同,受损害方亦可终止合同。

第7.3.2条(终止通知)

(1)一方当事人终止合同的权利应通过向另一方当事人发出通知来行使。

(2)若属迟延履行或其他形式的履行与合同不符,受损害方将丧失终止合同的权利,除非他在已经知道或理应知道延迟履行或不符履行后一段合理时间内通知另一方当事人。

第7.3.3条(预期不履行) 如果在一方当事人履行合同日期之前,情况表明该当事人将根本不履行其合同义务,则另一方当事人可终止合同。

第7.3.4条(如约履行的充分保证) 一方当事人如果有理由相信另一方当事人将根本不履行,可要求其对适当履行提供充分保证,并可同时暂停履行其自己的合同义务。若另一方当事人未在合理时间内提供此保证,则要求提供保证的一方当事人可终止合同。

第7.3.5条(终止合同的一般效果)

(1)合同终止解除双方当事人履行和接受未来履行的义务。

(2)终止并不排除对不履行要求损害赔偿的权利。

(3)终止并不影响合同中关于解决争议的任何规定,或者即便在合同终止后仍应执行的其他合同条款。

第7.3.6条(一次性履行合同的恢复原状)

(1)一次性履行合同终止时,合同任何一方当事人均可主张返还其依据合同所提供的一切,但该方当事人亦应同时返还其依据合同所收到的一切。

(2)如果返还实物不可能或不适当,只要合理,应作折价补偿。

(3)如果不能进行实物返还之原因归咎于对方当事人,则收到履行的当事人无须折价补偿。

(4)对于为保存或维护收到的履行而合理发生的费用,可请求赔偿。

第二节 法律风险提示

一、合同转让的风险提示

合同转让的主要风险包含如下几个方面。

（一）对合同准据法所属国法律不了解带来的风险

1. 合同地位的让与，不仅包括合同权利的移转，还包括合同义务的移转，这对原合同另一方当事人（相对人）的影响是巨大的，因此合同转让的协议必须在取得对方当事人同意后才能生效。而在法定转让下，通常不需要取得相对人的同意，但是需要经过一定的法定程序后才可以发生效力，各国法律根据具体情形的不同规定了不同的程序生效要件（如企业合并或分立后企业通过发出通知或公告发生效力，通知到达相对人或公告期限届满后，合同的转让发生效力）。因此，需要对合同准据法所属国的法律法规进行了解，熟悉可能发生法定概括移转的情形，以及由此产生的附随义务，否则会增加纠纷产生的风险。

2. 合同的转让要以合同具有可转移性为前提。各国的合同法一般不禁止合同地位的自由转让，但合同地位的转让会受到一定的限制，如具有人身依赖性的合同往往不可以转让，或是当事人特别约定禁止转让以及法律规定禁止转让。需要对合同准据法所属国的法律进行了解，特别是合同转让协议不能违反其法律法规的强制性规定，否则会直接导致合同转让无效。

（二）受让人履行能力不足给相对方带来的风险

合同转让后，第三方的信用程度和履约能力对合同相对方来说是未知的。尽管合同转让以相对方同意为生效要件，但相对方对受让人的情况难以全面掌握，难免有所疏漏，无疑会给相对方带来债权难以实现的风险。

（三）合同权利存在瑕疵带来的风险

因为让与人的合同权利义务全部或部分地转移给受让人，则债权原有的瑕疵也随之转让于受让人，包括债务人对让与人的一切抗辩，均可对抗受让人。并且相对人对让与人享有优先于转让的债权到期或同时到期的债权时，相对方可以向受让人主张抵销，这会给受让人带来合同权利减损的风险。

（四）合同转让的形式要求不符带来的风险

合同的转让需要经过相对方同意才能生效，因此，相对方做出同意的方式、时限以及能否撤回等约定，直接关系到合同转让的生效与否，并且法律往往对“通知”与“同意”有其认定的标准。在实践中，企业可能基于彼此之间的信任而忽视了形式要求的合法性,会导致合同转让无效的风险。

二、合同变更的风险提示

合同的变更,是指不改变合同的主体而仅改变合同内容的情形,它是在合同成立以后,尚未履行或尚未完全履行以前,基于法律规定、法院或仲裁机构的裁判行为或者当事人的法律行为(如当事人约定),使合同内容发生变化的现象,[①]我国《民法典》第543、544条对此作出了规定。合同变更在国际贸易中十分常见,但同时也伴随着诸多的法律风险。

(一)非书面形式的合同变更给合同履行带来的风险

1. 合同双方虽然没有达成变更合同的协议,但是其实际履行行为已经产生了对合同发生变更的效果,也可能产生合同变更的效力,增加了合同履行的风险和不确定性。

2. 在适用《联合国国际货物销售合同公约》的情况下,要注意《联合国国际货物销售合同公约》是不禁止口头变更合同的,口头变更合同的条件是"另一方当事人寄以信赖",因此往往需要提供相应的证据证明这种信赖的存在。口头变更会给当事人履行合同带来极大的不确定性和风险。

(二)合同变更方式的多元化给取证带来的风险

随着科学技术的进步,通讯的手段也变得多元化,特别是在企业的涉外业务中,由于当事双方往往分处于较远两地,出于便利和效益的考虑,会选择以电子邮件、微信、视频会议等方式对合同的变更进行谈判和约定,这使证据的取得和固定变得困难,同时还会涉及证据的形式在合同准据法所属国是否有效的问题,这给当事人带来了新的负担和风险。

(三)合同变更约定不明给合同履行带来的风险

合同变更发生在合同尚未履行或尚未完全履行以前,即使是以书面方式进行合同变更,也没有了最初签订合同时的缔约准备和缔约条件,并且合同的变更往往是因为一些缔约时未料及的情况而发生的。在这种情况下,企业进行合同变更

---

① 参见韩世远:《合同法总论》(第4版),法律出版社2018年版,第644页。

难免会有疏漏，出现约定不明、语义不清或有歧义的情况。企业如果根据这份有瑕疵的合同变更协议履行义务，可能直接导致违约的情况发生。

三、合同解除的风险提示

合同解除，是指在合同有效成立后，因一方或双方当事人的意思表示，使合同关系终了，未履行的部分不必继续履行，既已履行的部分依具体情形进行清算的制度，它是合同特有的终止原因。[①] 我国《民法典》第 563 条对此作出了规定，《联合国国际货物销售合同公约》吸收了两大法系的规定在第 64 确立了合同宣告无效制度，《国际商事合同通则》在第 7.3.1 条中规定了合同的终止，虽然在措辞上不同，但这两者的规定事实上产生的是与我国合同法上合同解除一样的法律效果，因此各国对此进行了广泛的比较研究。在国际环境下谈及合同的解除时，这两者是直接的法律依据。

（一）缺少合同解除条款的风险

在国际贸易合同中，特别是在一些长期的国际贸易合同中，解除条款确有存在的必要。尽管各国法律中均存在法定解除合同的情形，但这并不足以完全地调整根据当事人意图解除合同的各种情形。在合同长期的履行期间内，主观和客观的各种情况的变化，使合同订立的基础改变，合同因此会发生履行不必要或不可能的情形，造成一方或双方当事人实现合同的目的落空，此时提前解除合同，并妥善处理好解除合同后的事务，更有助于当事人维护其利益。

（二）合同解除条件约定不明的风险

1. 合同解除条件约定不明

合同的解除包括双方合意解除合同和一方当事人单方行使解除权解除合同，单方行使解除权又分为法定解除和约定解除。当事人可以根据合同的不同性质及实际情况对合同解除的条件进行约定，条件成就时，一方当事人就拥有了解除合同的解除权。如果合同解除条件约定不明或是没有根据合同的性质和实际情况进行调整，而仅仅是通过法定解除的规定或一般性、概括性的约定，将难以实现解除合同的目的。

---

① 参见韩世远：《合同法总论》（第 4 版），法律出版社 2018 年版，第 644 页。

2. 合同解除后的相关事务约定不明

合同解除是在履行期限届满前结束当事人的权利与义务关系,合同解除后当事人如何进行权利义务的分配、合同接下来如何处理,如果存在违约还涉及损害赔偿的问题。如我国《民法典》第 566 条规定:合同解除后,尚未履行的,终止履行;已经履行的,根据履行情况和合同性质,当事人可以要求恢复原状、采取其他补救措施,并有权要求赔偿损失。对于这些相关事务没有约定清楚,会进一步增大纠纷产生的可能性。

(三)合同解除通知义务履行不当的风险

一方当事人依据法定或约定的条件可以单方面解除合同。对于行使解除权,各国法律与国际上都规定了通知的义务,解除合同的通知到达对方时才发生合同解除的效力。因此,合同解除中通知的义务履行不当,将直接影响合同解除的效力。

第三节 合同转让风险案情回顾及风险防控

一、合同转让的典型案例

A 公司是一家在西班牙设有工厂的黎巴嫩公司,它与联合国粮食及农业组织(以下简称粮农组织)签订了一份合同,由 A 公司按照合同规定的具体规格向粮农组织交付动物饲料。在被告粮农组织一再要求 A 公司履行合同的情况下,A 公司仍未遵守交货义务,粮农组织终止了合同。A 公司向粮农组织发函表示反对终止合同,辩称,A 公司不履行合同的原因是:在合同签订后,欧盟对粮农组织进行制裁,禁止粮农组织向伊拉克出口,经查在本案中,确实存在粮农组织向伊拉克出口的事实。因此,A 公司停止向粮农组织供货。同时,粮农组织还与另一家黎巴嫩公司 X 公司签订了两份类似的购粮合同,在合同签订后,X 公司将这两份购粮合同转让给了 A 公司,并签订了合同转让协议。粮农组织最终同样因货物交付出现重大延误而终止了这两份合同,但 X 公司没有提出任何异议。在收到粮农组织终止合同的通知一年多后,A 公司根据合同的约定向粮农组织发出了仲裁通知,A 公司提出,粮农组织终止与其签订的合同以及与 X 公司的合同均是不合法的,原因有二:第一,因为 X 公司先前已将合同转让给 A 公司,因此粮农组织应将终止合同的通知发给 A 公司而不是 X 公司;第二,A 公司至少在一定程度上对粮农组织适当地履行了合同义务。

仲裁庭作出了有利于粮农组织的裁决。关于 X 公司将合同转让给 A 公司的抗辩，仲裁庭指出，合同转让要对合同相对方有效，必须得到合同相对方粮农组织的同意，而在本案中，粮农组织从未表示过这种同意，A 公司只是在粮农组织向 X 公司发出终止合同的通知后才告知粮农组织存在合同转让的情形。

二、合同转让的法律风险解析

第一，合同转让包括约定转让和法定转让，一旦发生合同准据法所属国法律法规中规定法定转让的情形时，可能会对合同签订的基础产生影响，另一方当事人往往是不愿意的，会带来难以预估的风险。

第二，合同的签订通常是双方当事人在做好充足准备的情况下经过谈判（甚至是多次谈判）后取得的成果。而一旦发生转让，受让人对于让与人和相对人都是相对陌生的，特别是对于相对人而言，可能是完全陌生的。对于一个陌生的第三人，在英美法系下，这样的合同转让，可能会发生让与人与受让人恶意串通，损害债务人利益的情况。即使是在指权利义务概括移转的大陆法系，这样也会加大相对人为了同意合同转让而再次进行尽职调查的负担。

第三，可以约定让与人对受让人就转让的债权债务承担瑕疵担保义务。因为在转让的情况下，权利与义务以及权利上的瑕疵都会全部移转。其中也包括合同的解除权与抵销权，这会给相对人造成权利的减损，对此需要特别注意审查。

第四，合同的转让是对合同主体的变更，是对合同相对性的突破，因此，合同的转让受到严格的限制，必须符合一定的形式要求，方可生效。通知或同意如不符合法律的规定，会导致不发生合同转让的效力，若一方当事人信赖这一无效的合同转让，并就此做出一定行为，则会直接造成违约或是损失。

三、合同转让的法律风险防控

首先，当事人必须从一开始就确定任何一方可能希望转让其合同地位的情况以及允许转让的程度和条件。因为事实证明，与转让有关的合同条款往往不能令人满意，因为当事人没有根据特定合同的需要调整这些条款，而只是简单地采用了一个模板条款并将其纳入合同中。并且一定要注意进行合同转让的形式要求，因为这是合同转让的生效要件，直接决定合同转让是否产生效力，“通知”和“同意”有约定的要符合约定，没有约定的要符合法律要求的标准。

其次,在进行合同转让时要做好充分的调查,对于受让人而言,要对让与人与相对人的之间的债权债务关系进行了解,并要求让与人对有瑕疵的权利承担瑕疵担保责任。对于相对人和让与人而言,要对受让人的履行能力、资金状况、征信状况等方面做好尽职调查。

最后,合同的转让是自由处分合同的行为,只要合同转让的协议不违反法律的效力性强制性规定,合同的转让是允许意思自治的。因此,当事人可以就合同转让的有关事宜,如转让的形式、转让的要求做出约定,根据合同的性质和实际情况约定合同是否能转让以及转让的范围及要件,这样对当事人更为有效。建议当事人明确约定"合同转让必须以相对方书面同意才生效",以避免合同转让中的不确定性和风险。

第四节　非书面方式合同变更风险案情回顾及风险防控

一、非书面形式合同变更的典型案例

一家营业地在美国的买方公司与一家营业地在德国的卖方公司签订购买二手铁轨的合同。原合同规定,铁轨将在2012年6月30日前从俄罗斯圣彼得堡港口发货,"FOB价,发送至我方工厂[伊利诺伊]"。由于卖方没有发货,买方起诉卖方违约。卖方答复称,因寒冬突至,港口封闭,无法在圣彼得堡港口装货。合同双方通电表示同意变更发货日期和地点,但未就变更合同的详情达成完全一致。双方既未达成合同变更书也未在原合同上进行修改。买方在该案实体审理之前请求法院进行即决审判(Summary Judgment)。[①] 鉴于双方当事人均同意该合同适用《联合国国际货物销售合同公约》,故法院适用《联合国国际货物销售合同公约》驳回了关于即决审判的请求。法院指出,由于在如下两方面存在事实上的争议,本案不符合即决审判的条件:一是港口冻结是否导致不能履行合同;二是双方同意对交货条款作出哪些修改亦未达成完全一致,以及在可预见性的问题上,即能否预见极其寒冷情况方面也存在事实上的争议。至于本案中合同变更是否有效发生,法院认为,双方当事人通过电话方式就发货的日期和地点的变更约定达

① 又称即决判决、简易判决,是英美法系国家一种具有特色的民事诉讼制度。指在当事人对案件中的主要事实(material facts)不存在真正的争议(genuine issue)或案件仅涉及法律问题时,法院不经开庭审理而及早解决案件的一种方式。

成了合意，因此是有效的变更。法院称："双方当事人并不存在禁止口头变更合同或条款（no - oral - modification clauses），双方当事人既可以口头修改合同，也可以按照《联合国国际货物销售合同公约》第 29 条的规定通过协定修改合同。"

二、非书面形式变更合同法律风险解析

非书面形式变更合同包括以口头形式变更合同和以实际履行行为导致合同变更。以实际履行行为导致合同变更时，当事方的行为往往在不经意间产生了合同变更的效力，这对于不愿意合同变更意思的一方当事人可能产生难以预见的后果，增大了纠纷产生的可能性。而对于主张以实际履行发生合同变更的一方当事人来说，其往往需要提供必要的证据，如在《联合国国际货物销售合同公约》项下，要证明"经另一方当事人寄以信赖"。总的来说，以这样的方式变更合同增加了复杂性和不确定性，不利于合同的履行。口头变更合同的形式并不被所有国家的法律接受，这是首先要知晓的前提，这需要企业事先了解适用法关于口头变更合同的效力的规定，否则将带来合同变更无效的风险。其次，一旦发生口头变更合同，同样必须提供证据予以证明，此时因为证据难以固定和保存，可能发生难以证明的风险。

三、非书面形式变更合同防控措施

在存在法定变更的情况下，了解合同适用法规定的合同变更的法定情形。在约定变更的情况下，签订合同时要明确合同变更的形式，以及合同约定的可以发生变更的事项及其范围，注意合同实际履行的情况，防止出现因为疏忽使实际履行行为导致发生合同变更效果的情况。建议企业直接约定仅采用书面形式变更合同，这样可以最为有效地避免纠纷。

第五节　多元化的合同变更方式风险案情回顾及风险防控

一、多元化的合同变更方式法律风险典型案例

国内出口企业 A 向俄罗斯买家 B 出口一批货物，约定支付条件为"70% 定金生产前支付，30% 余款在收到货物 7 日后支付"，货物从厦门通过铁路运输至阿拉山口再运往俄罗斯。货物到达俄罗斯后，买方在应付款到期后迟迟不支付 30% 的余款。实际上，A 安排货物出口时卖方代买方垫付了运费 36，800 美元，买家 B 在

应付款支付发生逾期,A 多次催讨的情况下,通过电话与 A 协商变更支付方式为"货物出口后 30 天内支付余款(含 A 代垫的运费和阿拉山口的滞期费)"。后双方就 B 实际应支付的费用产生了争议。B 无法提供补充约定事项的书面证据材料,以证明双方经电话方式达成了变更支付方式的约定。

更改支付条件属于更改合同的主要内容,在贸易双方达成一致的情况下,应留存书面文件,以便将来发生纠纷时,出口企业能够提出相应证据进行抗辩。其实,贸易双方的往来信函、电子邮件和在线聊天工具的聊天记录等都可以作为证据留存,不一定必须要求原始的纸质资料。而在出口贸易的实际操作中,一些出口企业有时只通过一个电话就口头约定了合同内容或对其进行修改、补充。而且出口企业认为事后再让买方出具书面证明可能会给对方留下对进口商不信任、不放心的印象,不利于双方贸易关系的维系和发展。其实出口商在和买方达成口头协议或收到买方的口头指示之后,完全可以通过邮件、传真、在线聊天等形式和买方再次确认双方洽谈的内容,并委婉表示希望买家能书面答复,而这些往来的记录都可以作为证据留存。①

二、多元化的合同变更方式法律风险解析

在存在多元化的通讯交流时代,无论是以微信、QQ、MSN 等即时通讯工具订立了合同变更协议还是以电话进行了口头的合同变更约定,都有别于传统的双方当事人"面对面"谈判并正式地签订一份纸质的合约。这样的方式首先要考虑的各国对此接受度不一样,比如有的国家并不认可微信聊天记录作为证据的有效形式,这样会给后面的举证和证明带来困难。其次,通过这些多元化的方式进行合同变更是否已经达到了法律要求的合同变更形式从而发生了合同变更的效力,当事人难以判断,如果一方当事人据此拒绝履行合同,则会产生违约的风险。

三、多元化的合同变更方式风险防控措施

当今是数字化信息化的时代,这些新兴的通讯交流方式已经成为主流甚至必不可少的一部分,在使用时应当注意以下几点。

1. 了解适用法的有关规定,选择合法有效的方式进行谈判和签约。

---

① 《保留贸易往来书面证据不容忽视》,载 https://m.sinotf.com/News/index/id/6699.html,最后访问日期:2022 年 7 月 3 日。

2. 注意对证据进行固定和保存，将有关的重要信息通过合法合理的方式进行保存和备份，以防企业人员流动造成资料的流失。

3. 在进行沟通交流时一定要明确行为产生的法律效果，是否是合同变更以及变更的内容和何时发生变更，这个内容一定要进行正式的明确约定。

4. 如果对风险难以把控或是不愿接受因此种方式可能带来的不确定性，可以在合同中事先约定合同变更的方式。

第六节　合同变更约定不明的案情回顾及风险防控

一、合同变更约定不明的典型案例

2015 年 10 月 15 日，甲国的某服饰公司 A 与乙国的某制衣公司 B 签订来料加工合同，约定由 A 公司提供原材料，B 公司加工服装，交货日期为 2015 年 11 月 25 日，付款方式为加工完成后 20 日付清。A 公司自 2015 年 10 月 19 日至 2015 年 11 月 29 日陆续提供原材料。11 月 30 日，A 公司向 B 公司发出传真，称已订好货轮，要求 12 月 5 日进仓，遂要求 B 公司于 12 月 4 日交货。B 公司未予答复，后经调查 12 月 4 日时 B 公司已经全部加工完成。12 月 5 日，A 公司再次发出传真，要求 B 公司当日交货，B 公司收到传真后于 12 月 7 日交货。因延误船期，A 公司为了及时向经销商供货而不至于承担违约责任，遂改为空运方式运输。为此，A 公司根据管辖条款在乙国法院起诉要求 B 公司承担运费差价。

法院经过审理，支持了 A 公司的诉求。法院认为：在原合同约定的 11 月 25 日的交货期限过后，A 公司继续提供原材料，是一种要约行为，B 公司收到后并未提出异议并且继续加工，是以行为方式对 A 公司要约做出了承诺。从当事人的行为中可以看出，双方对于原合同的履行期限做出了变更，并且达成了一致意见，但是对于合同变更后的具体履行期限没有明确约定。根据合同准据法乙国法律，合同履行期限约定不明的，债权人有权随时要求债务人履行合同，但应当给债务人一定的宽限期。本案中，12 月 4 日 A 公司首次发出传真时，B 公司当日收到，并且 B 公司已经完成所有加工。B 公司能履行而未履行，变更后的合同应当以 A 公司第 2 次发出传真催告时（12 月 5 日）为合同履行期限。B 公司未在合同履行期限内履行合同，构成迟延履行，应当承担违约责任。

二、合同变更约定不明的法律风险解析

合同变更发生在合同尚未履行或尚未完全履行以前,并且通常是因为突发情况(如遭遇情势变更),导致当事人不得不对合同进行变更,以保证合同履行的可能性。正是因为这种突发性,当事人往往难以像最初签订合同那样,对变更后的合同进行充分的了解和准备,可能会出现约定不明的情况,这就会增加产生纠纷的风险。

三、合同变更约定不明的风险防控措施

在进行合同变更时,应注意语言一定要精确具体,不能模棱两可,对于可能产生争议的条款或者语言,在与对方洽谈并经对方确认后,进一步以文字形式固定下来。最好在合同的变更条款中约定以书面方式签订合同变更协议,或签订新的合同(备忘录或议定书),约定合同变更的主要内容、生效时间、如何履行。

第七节　合同解除风险案情回顾及风险防控

一、合同解除的典型案例

一家意大利公司(卖方)与一家法国公司(买方)订立了一份合同,由法国公司向意大利公司供应100台供料器,用于制造医疗设备。根据采购订单,货物必须在固定日期分两批交付。卖方未能按时交付货物,直到合同签订两年后,卖方共交付了40台供料机,买方接受并支付了这40台机器的货款。接着卖方陆续向买方交付一定数量的供料机,但买方拒绝接收剩余货物,后卖方起诉买方,要求以买方不履行合同为由终止合同并赔偿损失。买方对卖方的诉讼请求提出异议,称两年前合同已经根据其标准购买条款(Standard terms and condition of purchase)依法终止,随后交付的40台供料机系双方之间的新合同。

关于本案,法院认为,由于买方没有证明其已将终止合同的意图通知卖方,因此,在卖方交付40台供料机时,该合同仍然有效。此外,由于买方拒绝接收剩余的货物,因此买方构成了根本违约(《联合国国际货物销售合同公约》第53条和第64条)。

二、合同解除的法律风险解析

合同解除的风险主要体现在以下三个方面：

第一，合同解除条件约定不明。在起草合同时，当事人往往只会概括性地约定“买方（或卖方）有解除合同的权利”或是约定在合同适用法约定的情形下有解除合同的权利，并没有根据合同的性质及其实际情况，量身定制合同解除条款。这样在特定事件发生时，当事方往往难以根据此项约定顺利地主张解除权，特别是在《联合国国际货物销售合同公约》和《国际商事合同通则》适用的场合，其规定只有在根本性违约的情况下才能宣告合同无效，并对根本性违约做了狭义的解释。

第二，合同解除后的相关事项约定不明。合同解除后，双方当事人的权利义务关系消灭，但合同解除往往涉及当事人一方的违约，这就需要根据履行情况和合同性质，对合同的补救措施和责任分配等事项达成合意（如可以在合同解除后，一方当事人以支付高额违约金为条件，要求对方当事人不再就损害赔偿提请诉讼，因其不愿意面临诉讼）。合同解除是对有瑕疵合同的一种补救措施，解除合同不是最终目的，获得救济与赔偿才是设置合同解除制度的意义，并且如果对合同解除后的义务履行不当有进一步引起纠纷的可能。

第三，合同解除的通知义务履行不当。合同解除的通知义务是合同解除生效的要件，《联合国国际货物销售合同公约》第 26 规定“宣告合同无效的声明，必须向另一方当事人发出，方始有效”，这是各国和国际实践中的普遍做法。行使解除权是单方面的，如果不对另一方当事人作出通知，使其知晓情况，必然会给其带来风险和负担。基于促进遵守诚信原则的考虑，故而普遍地将履行通知义务作为合同解除生效的要件，如发生通知义务履行不当的情况，将面临合同无法解除的风险，如果对方当事人基于合同已经解除的信赖行事，还有可能需要赔偿对方的相应损失。

三、合同解除的法律风险防控

首先，对合同准据法所属国的法律规定的合同解除的法定情形进行了解，在发生解除条款没有约定的特定事件时，必须援引合同适用法的相关规定。当事人最好根据合同的性质和实际的情况，量身定制一项合同解除条款，这样有助于其更好地行使解除合同的权利，从而避免合同适用法规定不同可能带来的风险。

其次,合同解除并不妨碍其他债权的实现,如恢复原状、损害赔偿,解除合同的一方要注意诉讼时效的相关规定,在解除合同后要积极主张权利。被解除合同的一方,在合同解除后,要积极地承担责任和义务,以防止新的纠纷产生。建议企业在解除合同前达成一份关于解除合同后的相关事项的备忘录,对债权行使、债务承担、履行期限、履行方式都作出约定。

最后,对通知的形式(是否支持默示通知)、通知的时间、通知的接收等做出约定,并完整地履行通知的义务。若没有进行约定则需要了解合同适用法关于有效通知的要求。

第八节　合同条款示例

一、合同转让条款

合同的转让 Transfer of Contract

除合同中另有规定外或经双方协商同意外,本合同所规定双方的任何权利和义务,任何一方在未经征得另一方书面同意之前,不得转让给第三者。任何转让,未经另一方书面明确同意,均属无效。

Except as otherwise provided in the contract or agreed by both parties, any rights and obligations of the parties as provided in this contract shall not be transferred to a third party without the prior written consent of the other party. Any transfer without the express written consent of the other party is void.

二、合同变更条款

合同的变更 Change of Contract

对本合同条款的任何变更、修改或增减,须经双方协商同意后由授权代表签署书面文件,作为本合同的组成部分并具有同等效力。

Any change, modification or addition or subtraction to the terms of this contract shall be signed by the authorized representative upon mutual agreement and shall be deemed to be an integral part of this contract and shall have the same effect.

三、合同解除条款

终止合同 Termination of Contract

(1)除非另有规定,本合同在下述任一情况下终止:

(1) Unless otherwise specified, this contract is terminated in any of the following circumstances:

a. 通过双方的共同书面协议;

a. By mutual written agreement between the parties;

b. 如果另一方完全因其责任在合同约定的时间期限内未履行其义务,程度严重,并且在收到未违约方的书面协议后____日内未能消除违约影响或采取补救措施,在此种情况下,未违约方在对另一方作出书面通知后可以终止合同。

b. If the other party fails to perform its obligations within the time limit stipulated in the contract due to its responsibilities, and to the extent that it fails to eliminate the effects of breach of contract or take remedial measures within ____ days after receiving the written agreement of the non – defaulting party, in this event, the non – defaulting party may terminate the contract upon written notice to the other party.

(2)合同终止不影响当事人的任何权利,包括但不限于其对因合同终止而遭受的直接损害要求赔偿的权利。

(2) Termination of the contract does not affect any right of the contracting parties, including but not limited to the right to claim compensation for direct damages incurred in connection with the termination of the contract.

第九节　本 章 小 结

合同转让、合同变更与合同解除都是合同的履行出现了问题或可能出现问题的情况下,用以替代、改变、解除原合同的补救措施,是为了更好地维护当事人的利益,也是对当事人自由处分其合同的尊重。不同的是,发生合同转让与合同变更的场合并不必然是发生了导致合同履行不可能或不必要的情形,当事人可以基于合同的更好履行或是自身原因的考虑做出的改变,如为了将来可能实现的债权提前让与受让人以获取早期的流动资金,或是为了其他债权的实现,以合同的权利做出的担保,又或是作为以代物清偿的方式回收债权的手段。总之,合同转让和合同变更是一种市场的经济行为、交易行为。而合同的解除往往是因为发生了不可抗力、违约等情况,对合同的基础造成了破坏,使不可能继续履行合同或是继续履行合同明显不公平,更注重对当事人的补救。这三者都可能以法定或约定的方式发生,因此,在不违反合同准据法所属国法律法规的效力性强制性规定的前提下,根据自身合同的性质以及实际情况对这三者发生的条件、形式、范围作出更具体化的约定是最有效的防范风险和解决纠纷的方式。建议双方以书面形式达成合意,这样有助于证据的固定和保存,有助于避免不确定性和风险。在未达成此种合意的情况下,必须对引起这三者的法定情形进行了解,以预知可能发生的风险并提前做好防范。

合同转让与合同解除是对合同权利义务主体的改变以及权利义务的消灭,不仅涉及双方当事人,还可能涉及第三方,对各方当事人都有较大的影响。法律对此往往规定了生效要件,除非当事人另有约定,否则必须按照法律规定满足了生效要件才能产生效力。当事人需要了解合同适用法中的一般性规定,以合法的方式履行合同,产生合同转让或是合同解除的效力。需要注意的是,实际履行行为可能产生合同变更的效果,尽量避免因口头变更合同带来的不确定性。

在新冠肺炎疫情下,我国最高人民法院在2020年4月发布了《关于依法妥善审理涉新冠肺炎疫情民事案件若干问题的指导意见(一)》,其中对相关问题做了一般性的规定。随后,最高人民法院又在2020年5月发布了《关于依法妥善审理涉新冠肺炎疫情民事案件若干问题的指导意见(二)》,其中涉及合同的部分有9项具体规定。结合上述意见(一)、(二)我们可以得出如下结论:(1)坚持鼓励交易原则。(2)依法准确适用不可抗力规则。人民法院审理涉疫情民事案件,要准确适用不可抗力的具体规定,严格把握适用条件。(3)可以通过变更合同的,尽量不用解除合同的方式。只有在影响合同目的实现时,才能解除合同。(4)以继续履行合同对其明显不公平为理由,请求变更合同履行期限、履行方式、价款数额等的,由人民法院根据公平原则进行调整。已经通过调整价款、变更履行期限等方式变更合同,当事人请求对方承担违约责任的,人民法院不予支持。(5)当事人可以就不可抗力情形下的责任减免或者变更、解除合同的情形进行约定,只要这一约定不违反法律强制性规定或者公序良俗,司法就应当尊重。(6)要准确把握合同解除和变更条件,严格适用法定解除合同事由。

第十五章

违约与索赔法律风险防控

违约和索赔是两个关联的合同法概念，违约就是违反合同约定，不履行或者不完全履行合同约定的义务。索赔是在一方当事人违约时，守约方要求违约方补偿其因违约造成的损失。在通常情况下，违约和索赔条款不仅要约定构成违约的情形，更为重要的是要对违约方如何赔偿进行约定。

第一节　违约与索赔条款涉及的主要法律规则

违约与索赔条款适用的主要法律规则有：《民法典》；《联合国国际货物销售合同公约》；等等。

一、中国法律规则

《民法典》

第 577 条　当事人一方不履行合同义务或者履行合同义务不符合约定的，应当承担继续履行、采取补救措施或者赔偿损失等违约责任。

第 578 条　当事人一方明确表示或者以自己的行为表明不履行合同义务的，对方可以在履行期限届满前请求其承担违约责任。

第 582 条　履行不符合约定的，应当按照当事人的约定承担违约责任。对违约责任没有约定或者约定不明确，依据本法第五百一十条的规定仍不能确定的，受损害方根据标的的性质以及损失的大小，可以合理选择请求对方承担修理、重作、更换、退货、减少价款或者报酬等违约责任。

第 583 条　当事人一方不履行合同义务或者履行合同义务不符合约定的，在履行义务或者采取补救措施后，对方还有其他损失的，应当赔偿损失。

第584条 当事人一方不履行合同义务或者履行合同义务不符合约定,造成对方损失的,损失赔偿额应当相当于因违约所造成的损失,包括合同履行后可以获得的利益;但是,不得超过违约一方订立合同时预见到或者应当预见到的因违约可能造成的损失。

第585条 当事人可以约定一方违约时应当根据违约情况向对方支付一定数额的违约金,也可以约定因违约产生的损失赔偿额的计算方法。

约定的违约金低于造成的损失的,人民法院或者仲裁机构可以根据当事人的请求予以增加;约定的违约金过分高于造成的损失的,人民法院或者仲裁机构可以根据当事人的请求予以适当减少。

当事人就迟延履行约定违约金的,违约方支付违约金后,还应当履行债务。

第588条 当事人既约定违约金,又约定定金的,一方违约时,对方可以选择适用违约金或者定金条款。

定金不足以弥补一方违约造成的损失的,对方可以请求赔偿超过定金数额的损失。

第592条 当事人都违反合同的,应当各自承担相应的责任。

当事人一方违约造成对方损失,对方对损失的发生有过错的,可以减少相应的损失赔偿额。

二、国际法律规则

《联合国国际货物销售合同公约》

第39条

(1)买方对货物不符合同,必须在发现或理应发现不符情形后一段合理时间内通知卖方,说明不符合同情形的性质,否则就丧失声称货物不符合同的权利。

(2)无论如何,如果买方不在实际收到货物之日起两年内将货物不符合同情形通知卖方,他就丧失声称货物不符合同的权利,除非这一时限与合同规定的保证期限不符。

第40条 如果货物不符合同规定指的是卖方已知道或不可能不知道而又没有告知买方的一些事实,则卖方无权援引第三十八条和第三十九条的规定。

第45条

(1)如果卖方不履行他在合同和本公约中的任何义务,买方可以:

(a)行使第四十六条至第五十二条所规定的权利;

(b)按照第七十四条至第七十七条的规定,要求损害赔偿。

(2)买方可能享有的要求损害赔偿的任何权利,不因他行使采取其他补救办法的权利而丧失。

(3)如果买方对违反合同采取某种补救办法,法院或仲裁庭不得给予卖方宽限期。

第61条

(1)如果买方不履行他在合同和本公约中的任何义务,卖方可以:

(a)行使第六十二条至第六十五条所规定的权利;

(b)按照第七十四条至第七十七条的规定,要求损害赔偿。

(2)卖方可能享有的要求损害赔偿的任何权利,不因他行使采取其他补救办法的权利而丧失。

(3)如果卖方对违反合同采取某种补救办法,法院或仲裁庭不得给予买方宽限期。

第62条

卖方可以要求买方支付价款、收取货物或履行他的其他义务,除非卖方已采取与此一要求相抵触的某种补救办法。

第63条

(1)卖方可以规定一段合理时限的额外时间,让买方履行义务。

(2)除非卖方收到买方的通知,声称他将不在所规定的时间内履行义务,卖方不得在这段时间内对违反合同采取任何补救办法。但是,卖方并不因此丧失他对迟延履行义务可能享有的要求损害赔偿的任何权利。

第64条

(1)卖方在以下情况下可以宣告合同无效:

(a)买方不履行其在合同或本公约中的任何义务,等于根本违反合同;或

(b)买方不在卖方按照第六十三条第(1)款规定的额外时间内履行支付价款的义务或收取货物,或买方声明他将不在所规定的时间内这样做。

(2)但是,如果买方已支付价款,卖方就丧失宣告合同无效的权利,除非:

(a)对于买方迟延履行义务,他在知道买方履行义务前这样做;或者

(b)对于买方迟延履行义务以外的任何违反合同事情:

(一)他在已知道或理应知道这种违反合同后一段合理时间内这样做;或

(二)他在卖方按照第六十三条第(1)款规定的任何额外时间满期后或在买

方声明他将不在这一额外时间内履行义务后一段合理时间内这样做。

第 65 条

(1)如果买方应根据合同规定订明货物的形状、大小或其他特征,而他在议定的日期或在收到卖方的要求后一段合理时间内没有订明这些规格,则卖方在不损害其可能享有的任何其他权利的情况下,可以依照他所知的买方的要求,自己订明规格。

(2)如果卖方自己订明规格,他必须把订明规格的细节通知买方,而且必须规定一段合理时间,让买方可以在该段时间内订出不同的规格。如果买方在收到这种通知后没有在该段时间内这样做,卖方所订的规格就具有约束力。

第二节　法律风险提示

一、违约责任条款

各国立法和国际条约中通常都对违约责任的形态以及承担违约责任的具体方式作出了规定,当事人也可以对此自行约定。承担责任的方式是任意性规范,当事人可以自主约定违约方承担违约责任的不同方式。违约带来的损害计算以及具体损害赔偿数额的确定是在交易中经常会产生争议的部分。因此,当事人可以预先协商确定违约责任条款如违约金条款或是定金罚则,以此明确违约责任的承担方式、计算方式以及具体数额,避免纠纷的发生。

二、索赔条款

索赔是受损方依据合同向违约方提出损害赔偿的要求。由于国际货物贸易涉及面较广,环节多,手续繁杂,各方面原因造成的索赔情况时有发生,当事人对索赔处理不当,出现纠纷诉诸法律者屡见不鲜。[①] 因此,有必要制定索赔条款,对索赔时间、方式和所需证据等索赔事项予以明确。

---

① 参见黎孝先、王健主编:《国际贸易实务》(第 6 版),对外经济贸易大学出版社 2016 年版,第 287 页。

第三节　违约责任条款所涉风险案情回顾及风险防控

一、违约责任条款所涉风险的典型案例

甲国A公司(买方)从乙国B公司(卖方)进口100台大型生产设备,每台售价为10万美元。买卖合同约定,如果任何一方违反了合同,应向对方赔偿违约金10万美元。B公司在交付了70台之后,其余30台因故不能履约。此时国际市场上这种仪器的价格涨到了20万美元一台。B公司准备按原合同约定向对方赔付违约金时,A公司不同意。A公司认为B公司不仅要承担20万美元的违约金,还要承担因为违约给自己带来的损失,后双方根据合同的管辖条款,将争议提交至乙国法院。法院判决,在本案中,合同约定的10万美元违约金不足以填补B公司因为违约给A公司带来的损失,属于违约金显著低于因违约遭受的实际损失,对于A公司在10万美元违约金之外的损害赔偿请求予以支持,但应以因违约遭受的实际损失为限。

二、违约责任条款所涉风险解析

各国法律通常都规定了违约责任的形态以及承担违约责任的具体方式。但是由于国际交易的流程、手续复杂,违约责任的方式也各有不同。对于不同类型的违约责任,计算违约损害赔偿金的方法和标准不同,计算的结果也不同。这涉及双方当事人的切身利益,且往往难以事后达成一致,不利于预防风险的发生或争议快速有效的解决。

三、违约责任条款所涉风险防控

(一)约定违约金条款

1. 违约金的含义及其性质

违约金是指一方当事人违反合同,依据约定或法律规定向另一方当事人支付的一定数额的金钱。它是违约责任中一种常见的责任形式。违约金有约定和法定之分。在国际货物贸易中,违约金通常由合同当事人约定。从本质上而言,违约金是法律强制违约方向守约方支付的一笔金钱,它与赔偿损失虽有相同之处,但二者却有区别。违约方支付违约金的责任,并不是以造成守约方损失为前提条

件,因此法庭或仲裁庭并不要求原告或申请人就实际损失进行举证。

就违约金性质而言,有惩罚性违约金和补偿性违约金之分,包括我国在内的世界上大多数国家以违约金的补偿性为原则,以惩罚性为例外。区分违约金性质的意义在于:如属惩罚性违约金,债权人除请求违约金以外,还可请求强制履行主债务或额外请求损害赔偿;如属补偿性违约金,则在违约金之外不得再请求强制履行主债务或额外请求损害赔偿。

2. 违约金条款的内容及约定此条款的注意事项

违约金条款的内容,主要包括交易双方协商确定的违约金数额,并写明履约过程中若出现当事人违约情况,则违约方应向对方支付约定的违约金数额,还可以约定违约产生的损失赔偿额的计算方法。

交易双方约定违约金条款时,需要注意下列事项:(1)违约金数额的确定应当合理。交易双方应根据公平合理的原则,实事求是地约定一个合理的违约金数额,防止违约金过高或过低。(2)违约金条款应当明确具体。为便于执行有关违约金的约定,其条款内容不能含糊或笼统,以免引起争议。在国际货物贸易中,有些公司在约定违约金条款方面,积累了实践经验。例如,一份买卖粮食的 CIF 合同中约定:"装运期为 4 月份,如卖方迟延装运,每迟延 10 天,应向买方支付相当于合同总金额 1% 的违约金,迟延时间不足 10 天者,按 10 天计。违约金累计不得超过合同总金额的 5%。如卖方逾期 2 个月仍未装运,则买方有权终止合同。"上述约定是可取的,其内容不仅明确具体、易于执行,而且还体现了合同的严肃性。①

(二)约定定金条款

1. 定金的含义和约定定金条款的意义

定金是指当事人约定的,为保证债权的实现,由一方在履行前预先向对方给付的一定数量的货币或者其他代替物。定金与预付款有别,它是对履约作出的具体担保,而预付款则是对合同义务的预先履行。定金条款由合同双方当事人约定,其包括的内容如下:(1)定金的数额及支付定金的时间与方式。(2)给付定金的一方履行合同义务后,是收回定金还是抵作价款。(3)定金罚则。即支付定金的一方不履行合同义务的,即丧失定金的所有权,因而无权请求返还定金;收受定

---

① 参见黎孝先、王健主编:《国际贸易实务》(第 7 版),对外经济贸易大学出版社 2020 年版,第 221 页。

金的一方不履行合同义务的,则应双倍返还定金。

2. 约定和运用定金条款的注意事项

第一,合同中是否订立定金条款,由双方当事人根据经营意图自愿酌情商定,任何一方不得强迫对方接受定金条款。

第二,定金条款的内容应当明确具体,以利于合同的履行。

第三,鉴于定金与预付款不同,故约定定金条款时,应就其含义和内容表述清楚以免引起误解。

第四,在合同中同时有违约金与定金条款的情况下,一方违约时,另一方可以选择适用违约金条款或定金条款,即只能选择其中之一适用,不能两者同时适用。例如,我国《民法典》第 588 条规定:“当事人既约定违约金,又约定定金的,一方违约时,对方可以选择适用违约金或者定金条款。定金不足以弥补一方违约造成的损失的,对方可以请求赔偿超过定金数额的损失。”

第四节 索赔条款所涉风险案情回顾及风险防控

一、索赔条款所涉风险的典型案例

案例 1

甲国 A 公司与乙国 B 公司签订买卖合同,约定以 CIF 价格将一批货物运至乙国 G 港口。A 公司与承运人 K 公司签订货运合同。双方在合同中约定“不准转船”,A 公司及时将货物装上了 K 公司直达 G 港的班轮。在运输过程中,该船为了搭载其他货物,中途擅自将卖方托运的货物换装到其他船运至 G 港口,因其中途转船延误了时间,致使货物晚到了一个月。此时,这批货物在乙国的价格大幅度下降,后 B 公司即向 A 公司索赔,索赔内容包括基于双方买卖合同的违约责任,以及 B 公司原本计划在其本国市场出售的预期利益(价格下降部分)。

法院判决,由于甲乙两国都是《联合国国际货物销售合同公约》的缔约国,当事人没有在合同中约定合同适用的法律,因此本案应适用《联合国国际货物销售合同公约》。判决 A 公司对 B 公司承担违约责任,但其主张的预期利益部分的损害赔偿没有全部支持。就预期利益部分,双方未约定是否可以就预期利益损失进行索赔,因此法院根据《联合国国际货物销售合同公约》第 77 条进行判决,法院认为 B 公司在到期未收到货物后,可以通过从其他第三方进货以弥补销售缺口,B 公司在此过程中可以采取一些合理措施以减轻损失而未采取,因此,B 公司提出的“可以避免而未能避免的损失”的部分包括利润损失不应获得支持。

案例2

欧洲A公司(卖方)与中国公司B,以CIF方式签订买卖合同。A公司出口一批设备,合同约定,卖方必须保证该批货物在4月前抵达中国卸货港,在货物抵达中国卸货港后30日内,买方对货物的任何不符合合同约定的情况均可提出索赔,否则视为卖方提供了符合合同约定的货物。中国买方B公司其实只是中间商,其又将货物卖给了中国C公司。合同约定,适用英国法,出现纠纷在英国伦敦仲裁。货物到卸货港口,C公司提货后,发现质量存在严重缺陷,故就此向B公司提出了索赔,B公司立即向A公司提出索赔,但是此时已经是货物到港后的第37天,A公司以超出索赔期为由,拒绝赔偿。双方一直协商赔偿事宜,最终无法达成一致,买方申请伦敦仲裁,要求卖方赔偿损失。仲裁庭裁决买方败诉,因为根据买卖合约,买方应该在货物到卸货港后30日内提出索赔,显然买方超出了该期限。

当事人应当根据具体情形约定适当的索赔期限。本案中的连环买卖,在国际贸易中很常见,本案中出现的问题,B公司可以考虑在签订合同时将索赔期限延长,并缩短第二份买卖合同的索赔期限,使B公司有时间有机会向A公司索赔。

二、索赔条款所涉风险解析

索赔是国际交易过程中的常见问题,一方违约,非违约方就可以依照法律或者是合同的约定向违约方主张索赔。因为索赔过程内容复杂、手续环节多,造成索赔的事故也各有不同。

首先,合同中不约定索赔时间并不等于索赔的提出没有时间限制,合同适用的准据法都会对此有限制性的规定。如中国的《民法典》第621条规定,当事人没有约定检验期限的,买受人应当在发现或者应当发现标的物的数量或者质量不符合约定的合理期限内通知出卖人。买受人在合理期限内未通知或者自收到标的物之日起两年内未通知出卖人的,视为标的物的数量或者质量符合约定;但是,对标的物有质量保证期的,适用质量保证期,不适用该两年的规定。《联合国国际货物销售合同公约》第39条也作出了类似约定,买方对于货物不符合合同约定的,必须在发现或理应发现不符情形后一段合理时间内通知卖方,且必须在实际收到货物之日起两年内。除非与合同约定的保证期限不符。可见,索赔期限的约定既要保护买方因不合格货物受损时索赔权的行使,又要限制买方不合理拖延索赔及其他滥用索赔权行为对卖方可能造成的损害。如果不约定索赔期限,双方可能会对“合理期限”等规定产生争议。

其次，索赔应在索赔期限内提出。索赔期过长，卖方将承担较重的质量责任。若索赔期太短，买方行使索赔的权利则受到限制。由于货物的质量与储存和运输的条件以及使用时间都密切相关，一般来说，索赔期限越长，卖方的质量保证责任就越大，对卖方越不利。需要注意的是，质量异议期不同于质保期。在质保期内产品质量发生问题的卖方一般只需要负责免费维修，而在质量异议期内如果检验结果显示货物质量不符合约定或法律规定的，买方除了可以主张维修外一般还可以提出退货、换货、解除合同以及违约赔偿的要求。因此，对于卖方而言，质量异议期不宜过长。

值得注意的是，索赔期限过长对买方也不一定有利。如上述规定中最长的两年期间，在实践中往往是过长的，看似对买方有利，事实上，如果在收到货物后较长时间再对货物品质或数量问题向卖方提出异议或索赔，不利于证据收集，不仅对卖方不够公平，双方也很可能对货物不符的原因有争议，买方的损失依然不能得到及时的弥补。

三、索赔条款所涉风险防控

索赔条款主要涉及可索赔的事项的范围、索赔的时效、索赔的对象、索赔的依据和证据、索赔的方法等。

关于可索赔事项的范围，既可根据各国法律和国际条约的规定，也可以基于当事人之间的约定，当事人可以根据合同的性质所面临的风险不同，约定可予以索赔的具体事故。

索赔的事故不同，索赔的对象也不同，索赔的方法亦有不同的选择，当事人可以自行做出安排。

按照各国的法律和国际条约的规定，索赔申请必须在一定期限内提出，索赔才能有效。对于卖方而言，索赔期不宜太长，索赔期太长会加重自身的责任。因此，在国际贸易中为了避免争议，减少损失，双方应对索赔期限进行合理约定，索赔期限的长短应视商品的种类和特征、检验设施和条件、是否进行复验及复验的时间和地点以及有无质量保证期等因素而定。此外还应当对货物紧密跟踪，发生情况要及时通知，收到货物后在合同约定的复检时间内进行复检并尽早提出书面索赔。

还要注意索赔期与检验期的合理衔接，避免彼此出现脱节或者是矛盾。在订立有关易腐易生锈的特殊货物的检验与索赔条款时,宜把检验期限与索赔期限分开。例如:“买方必须于货物在提单所定目的港卸船后的当天(或3天内)经由××商检机构进行检验;对于装运货物的任何索赔,必须于货物在提单所定目的港卸船后7天内提出,并须提供上述商检机构出具的检验报告。”对于较易保管或不易腐蚀的普通物品,无需区分检验期限与索赔期限,可只约定索赔期限即可。其索赔期限的长短应视商品而定,如一般性货物以30~60天为宜。

第五节 合同条款示例

一、延迟交货及罚款 Delay in Delivery and Penalty

1. 除非是因为不可抗力的因素延误了买卖合同的交货期,卖方将按日历日,每延误一天向买方赔偿货物FOB总值的0.1%的价值,但其罚金总额不得超过合同总值的15%。

Unless the delivery date of the sales contract is delayed due to Force Majeure, the Seller shall indemnify the Buyer for 0.1% of the FOB value of the goods for each calendar day of delivery delay, but the total amount of penalty shall not exceed 15% of the total contract value.

2. 在一方合法终止本合同后,它将有权从违约方获得相当于合同价格20%的违约金,以此方式补偿其预估损失(包括商定的利润损失)。

Upon a party's lawful termination of this contract, it will be entitled to receive from the defaulting party liquidated damages equal to 20% of the contract price as compensation for its estimated losses (including agreed lost profits).

二、买方未履行按约定的时间支付价款的义务 Non-performance of the Buyer's Obligation to Pay the Price at the Agreed Time

如果买方未能在约定的时间内支付价款,卖方应向买方另定(指定一段时间长度)时间以便履行付款义务。如果买方在宽限期届满时未能支付价款,卖方有权解除合同。

If the Buyer fails to pay the price at the agreed time, the Seller shall fix to the Buyer an additional period of time (specify the length) for performance of payment. If the Buyer fails to pay the price at the expiration of the additional period, the Seller is entitled to terminate the contract.

如果买方未能在约定的时间支付价款,卖方在任何情况下均有权在不限制其可能拥有的任何其他权利的情况下,按未付款项的利率(在任何判决之前和之后)收取利息[指定] % 每年。

If the Buyer fails to pay the price at the agreed time, the Seller shall in any event be entitled, without limiting any other rights it may have, to charge interest on the unpaid amount (both before and after any judgment) at the rate of [specify] % per annum.

三、索赔 Claim

如果发现任何品质及/或数量与合同规定不符,买方应于货到目的港 60 天内向卖方提出索赔。索赔须同时提交经卖方同意的公正检验机构出具的检验报告。如果发现索赔内容属于保险公司、船公司及/或其他相关方面的责任,卖方将不承担该损失。如果其索赔的损失属于卖方的责任,卖方必须在收到索赔函件 20 天以内回复买方,并同时提出处理意见。[①]

If any quality and/or quantity is found to be inconsistent with the contract, claims should be filed by the Buyer within 60 days after arrival of the goods at the port of destination. Claim must be accompanied by survey reports of recognized publicsurveyors agreed by the Seller. In case the responsibility of the subject under the claim is found within responsibility of the insurance company, the shipping company and/or other parties concerned, the Seller will not entertain the loss. Should the responsibility be found to rest on the part of the Seller, the Seller shall send his reply to the Buyer together with his specific suggestion for settlement within 20 days after receiving of the claim.

第六节 本 章 小 结

事先通过违约责任条款,如违约金条款或定金罚则来明确承担违约责任的方式和数额,使当事人明确他们的权利与义务,以便发生争议时,能快速有效地解决

① 参见田运银主编:《国际贸易实务精讲》(第 7 版),中国海关出版社 2018 年版,第 270 页。

争议。

当事人要明确约定索赔的条件、方式、证据和索赔期,特别要注意检验期与索赔期的合理衔接,避免检验期和索赔期的脱节或矛盾的情况发生。

第十六章

争议解决条款法律风险防控

国际贸易合同的当事人往往在其书面合同中加入争议解决条款，事先约定“争议解决方式”的问题，以减少争议解决方式的不确定因素。当事人首先需要决定选择诉讼、仲裁还是调解作为解决争议的方式。传统上，诉讼是主要的争议解决方式。但因为仲裁具有中立、灵活、专业和高效等特点，近年来仲裁越来越多地被用作国际商事交往中解决国际商事争议的替代性争议解决方式。明确各种争议解决方式的优缺点，以及可能遭遇的法律风险，有助于企业简化争议解决程序，节省解决合同纠纷时的时间和成本。

第一节　争议解决条款涉及的主要法律规则

争议解决涉及的主要法律规则有：《民事诉讼法》、《仲裁法》、《人民调解法》、《全国人民调解工作规范》、《最高人民法院关于适用〈仲裁法〉若干问题的解释》、《最高人民法院关于适用〈民事诉讼法〉的解释（2022 年修正）》、《最高人民法院关于审理仲裁司法审查案件若干问题的规定》、《最高人民法院关于仲裁司法审查案件报核问题的有关规定》、《最高人民法院关于人民法院民事调解工作若干问题的规定》、《人民法院在线调解规则》、《全国法院涉外商事海事审判工作座谈会会议纪要》（2021 年）；[①]《承认与执行外国仲裁裁决公约》（《纽约公约》）、《联合国国

---

① 较早的时候曾有将最高人民法院的“会议纪要”作为司法解释使用的情况，但是 1997 年 7 月 1 日最高人民法院出台的《关于司法解释工作的若干规定》把司法解释分为“解释”“规定”“批复”三种形式，“会议纪要”便不得再作为司法解释了。最高人民法院 2019 年《关于印发〈全国法院民商事审判工作会议纪要〉的通知》（法〔2019〕254 号）指出，“三、准确把握《会议纪要》的应用范围，纪要不是司法解释，不能作为裁判依据进行援引。《会议纪要》发布后，人民法院尚未审结的一审、二审案件，在裁判文书‘本院认为’部分具体分析法律适用的理由时，可以根据《会议纪要》的相关规定进行说理”。

际贸易法委员会国际商事仲裁示范法》、《联合国国际贸易法委员会仲裁规则》、《协议选择法院公约》、《承认与执行外国民商事判决公约》、《联合国关于调解所产生的国际和解协议公约》、《联合国国际商事调解和调解所产生的国际和解协议示范法》;等等。

一、中国法律规则

(一)《民事诉讼法》

第266条 在中华人民共和国领域内进行涉外民事诉讼,适用本编规定。本编没有规定的,适用本法其他有关规定。

第267条 中华人民共和国缔结或者参加的国际条约同本法有不同规定的,适用该国际条约的规定,但中华人民共和国声明保留的条款除外。

第272条 因合同纠纷或者其他财产权益纠纷,对在中华人民共和国领域内没有住所的被告提起的诉讼,如果合同在中华人民共和国领域内签订或者履行,或者诉讼标的物在中华人民共和国领域内,或者被告在中华人民共和国领域内有可供扣押的财产,或者被告在中华人民共和国领域内设有代表机构,可以由合同签订地、合同履行地、诉讼标的物所在地、可供扣押财产所在地、侵权行为地或者代表机构住所地人民法院管辖。

第273条 因在中华人民共和国履行中外合资经营企业合同、中外合作经营企业合同、中外合作勘探开发自然资源合同发生纠纷提起的诉讼,由中华人民共和国人民法院管辖。

第278条 涉外经济贸易、运输和海事中发生的纠纷,当事人在合同中订有仲裁条款或者事后达成书面仲裁协议,提交中华人民共和国涉外仲裁机构或者其他仲裁机构仲裁的,当事人不得向人民法院起诉。

当事人在合同中没有订有仲裁条款或者事后没有达成书面仲裁协议的,可以向人民法院起诉。

第281条 对中华人民共和国涉外仲裁机构作出的裁决,被申请人提出证据证明仲裁裁决有下列情形之一的,经人民法院组成合议庭审查核实,裁定不予执行:

(一)当事人在合同中没有订有仲裁条款或者事后没有达成书面仲裁协议的;

(二)被申请人没有得到指定仲裁员或者进行仲裁程序的通知,或者由于其他不属于被申请人负责的原因未能陈述意见的;

(三)仲裁庭的组成或者仲裁的程序与仲裁规则不符的;

(四)裁决的事项不属于仲裁协议的范围或者仲裁机构无权仲裁的。人民法院认定执行该裁决违背社会公共利益的,裁定不予执行。

第282条　仲裁裁决被人民法院裁定不予执行的,当事人可以根据双方达成的书面仲裁协议重新申请仲裁,也可以向人民法院起诉。

第283条　根据中华人民共和国缔结或者参加的国际条约,或者按照互惠原则,人民法院和外国法院可以相互请求,代为送达文书、调查取证以及进行其他诉讼行为。

外国法院请求协助的事项有损于中华人民共和国的主权、安全或者社会公共利益的,人民法院不予执行。

第284条　请求和提供司法协助,应当依照中华人民共和国缔结或者参加的国际条约所规定的途径进行;没有条约关系的,通过外交途径进行。

外国驻中华人民共和国的使领馆可以向该国公民送达文书和调查取证,但不得违反中华人民共和国的法律,并不得采取强制措施。

除前款规定的情况外,未经中华人民共和国主管机关准许,任何外国机关或者个人不得在中华人民共和国领域内送达文书、调查取证。

(二)《仲裁法》

第16条　仲裁协议包括合同中订立的仲裁条款和以其他书面方式在纠纷发生前或者纠纷发生后达成的请求仲裁的协议。

仲裁协议应当具有下列内容:

(一)请求仲裁的意思表示;

(二)仲裁事项;

(三)选定的仲裁委员会。

第17条　有下列情形之一的,仲裁协议无效:

(一)约定的仲裁事项超出法律规定的仲裁范围的;

(二)无民事行为能力人或者限制民事行为能力人订立的仲裁协议;

(三)一方采取胁迫手段,迫使对方订立仲裁协议的。

第18条　仲裁协议对仲裁事项或者仲裁委员会没有约定或者约定不明确的,当事人可以补充协议;达不成补充协议的,仲裁协议无效。

第19条　仲裁协议独立存在,合同的变更、解除、终止或者无效,不影响仲裁协议的效力。

仲裁庭有权确认合同的效力。

第20条 当事人对仲裁协议的效力有异议的,可以请求仲裁委员会作出决定或者请求人民法院作出裁定。一方请求仲裁委员会作出决定,另一方请求人民法院作出裁定的,由人民法院裁定。

当事人对仲裁协议的效力有异议,应当在仲裁庭首次开庭前提出。

第67条 涉外仲裁委员会可以从具有法律、经济贸易、科学技术等专门知识的外籍人士中聘任仲裁员。

第68条 涉外仲裁的当事人申请证据保全的,涉外仲裁委员会应当将当事人的申请提交证据所在地的中级人民法院。

第69条 涉外仲裁的仲裁庭可以将开庭情况记入笔录,或者作出笔录要点,笔录要点可以由当事人和其他仲裁参与人签字或者盖章。

第70条 当事人提出证据证明涉外仲裁裁决有民事诉讼法第二百五十八条第一款规定的情形之一的,经人民法院组成合议庭审查核实,裁定撤销。

第71条 被申请人提出证据证明涉外仲裁裁决有民事诉讼法第二百五十八条第一款规定的情形之一的,经人民法院组成合议庭审查核实,裁定不予执行。

第72条 涉外仲裁委员会作出的发生法律效力的仲裁裁决,当事人请求执行的,如果被执行人或者其财产不在中华人民共和国领域内,应当由当事人直接向有管辖权的外国法院申请承认和执行。

第73条 涉外仲裁规则可以由中国国际商会依照本法和民事诉讼法的有关规定制定。

二、国际法律规则

(一)《承认与执行外国仲裁裁决公约》(《纽约公约》)

1958年联合国贸易法委员会通过的《纽约公约》是世界上关于外国仲裁裁决的承认与执行的最主要公约。

1. 申请承认与执行外国仲裁裁决应提供的文件

《纽约公约》第4条统一规定了申请承认与执行外国仲裁裁决应提供的文件:申请承认和执行裁决的当事人应当提供:经正式认证的裁决正本或经正式证明的副本;仲裁协议正本或经正式证明的副本。如果上述裁决或协议不是用被请求承认或执行的国家的文字作成,则申请人应提供译文,该译文应由一个官方的或宣过誓的译员或外交或领事人员证明。

2. 拒绝承认与执行外国仲裁裁决的理由

根据《纽约公约》第5条，拒绝承认与执行外国仲裁裁决的理由可分为两类：

(1)须由被申请方当事人举证证明的理由，具体包括：

①仲裁协议当事人根据对他们适用的法律在当时是属于无行为能力，或根据当事人选定适用的法律，或没有这种选定时根据裁决作出地国法律，仲裁协议是无效的。

②对作为裁决执行对象的当事人未曾给予指定仲裁员或进行仲裁程序的适当通知，或作为裁决执行对象的当事人由于其他缘故未能提出申辩。

③裁决涉及仲裁协议所未曾提到的，或不包括在仲裁协议规定之内，或超出仲裁协议范围之外的争议。但如果关于仲裁协议范围内事项的决定可以同关于仲裁协议范围外事项的决定分开，则该部分决定仍可予以承认和执行。

④仲裁庭的组成或仲裁程序与当事人的协议不符，或在没有这种协议时与仲裁地法不符。

⑤裁决对当事人尚无约束力，或已由裁决作出地国或裁决所依据法律所属国的主管机关撤销或停止执行。

(2)法院依职权主动拒绝承认与执行的理由

①争议事项不具可仲裁性；

②承认与执行裁决违反法院地国的公共秩序。

3. 承认与执行的程序

根据《纽约公约》第3条的规定，执行仲裁裁决的程序规则依被申请执行地国的法律。各缔约国在承认或执行外国仲裁裁决时，不得比承认和执行国内仲裁裁决附加更为苛刻的条件或者收取过多的费用。

《纽约公约》已有169个成员。[①] 中国于1986年加入《纽约公约》，该公约已于1987年4月22日对中国生效，中国涉外仲裁裁决在公约其他成员境内的承认与执行无疑应按《纽约公约》办理。中国加入《纽约公约》时提出了互惠保留，即在互惠的基础上仅将《纽约公约》适用于对另一缔约国领土内作出的仲裁裁决的承认和执行。在被请求承认与执行地国是非《纽约公约》成员的情况下，如果中国与对方存在相互承认与执行仲裁裁决的双边条约或互惠关系，则中国涉外仲裁裁

① 具体成员参见 https://uncitral.un.org/zh/texts/arbitration/conventions/foreign_arbitral_awards/status2，最后访问日期：2022年4月12日。

决也可依有关的双边条约或互惠原则在对方得到承认与执行。[①]

(二)《联合国国际贸易法委员会国际商事仲裁示范法》

它是世界范围内仲裁法现代化的重要参考,英国、德国、南非等来自不同法系的代表国家都借鉴《联合国国际贸易法委员会国际商事仲裁示范法》完善了本国仲裁法律,示范法的起草和制定汇集了来自世界各主要法律制度的 50 多个国家和 10 多个国际组织的代表,具有广泛的代表性,[②]截至 2022 年 3 月 1 日,85 个国家共在 118 个法域通过了以示范法为基础的立法。[③]

(三)《联合国国际贸易法委员会仲裁规则》

它是联合国国际贸易法委员会起草的一套程序规则。当事人可约定仲裁按此规则进行。

该规则的初版制定于 1976 年,曾被用于解决多类争议,包括商事当事人间不涉及任何仲裁机构的争议,投资者和东道国间的争议,国与国间的争议及由仲裁机构管理的商事争议。2010 年,对该规则进行了修订,以适应其最初制定以来国际仲裁程序的变化。修订后的规则自 2010 年 8 月 15 日起生效。[④]

(四)《协议选择法院公约》

《协议选择法院公约》2005 年 6 月 30 日在海牙国际私法会议第 20 届会议上获得通过,这是海牙国际私法会议谋求在国际范围内统一民商事管辖权和外国法院判决的承认与执行制度的一个阶段性成果,公约于 2015 年 10 月 1 日生效。作为判决承认与执行领域的重要法律文书,公约有利于判决的全球性流动。[⑤] 公约对各国明示协议管辖权制度及其法院判决的承认与执行规则进行了协调,为尊重当事人的意思自治、保障争议由适当的法院管辖、增强司法的确定性和促进法院

---

① 参见李双元、欧福永:《国际私法》(第 6 版),北京大学出版社 2022 年版,第 520 页。

② 参见刘瑛、林舒婷:《借鉴〈联合国国际贸易法委员会国际商事仲裁示范法〉完善中国〈仲裁法〉》,载《太原师范学院学报(社会科学版)》2018 年第 3 期。

③ 《〈贸易法委员会国际商事仲裁示范法〉的缔约情况》,载 https://uncitral. un. org/zh/texts/arbitration/modellaw/commercial_arbitration/status,最后访问日期:2022 年 3 月 2 日。

④ 《联合国国际贸易法委员会仲裁规则》,载 https://www. hkiac. org/zh - hans/arbitration/rules - practice - notes/uncitral - arbitration - rules,最后访问日期:2022 年 3 月 2 日。

⑤ 参见何其生:《中国加入海牙〈选择法院协议公约〉的规则差异与考量》,载《武汉大学学报(哲学社会科学版)》2016 年第 4 期。

判决的跨国流动提供了统一的规则，有利于国际民商事活动者在诉讼与仲裁之间选择适当的纠纷解决方式。[①]

《协议选择法院公约》确立了在国际民商事管辖中排他性选择法院协议具有优先的效力，首先是被当事人选择的法院必须行使管辖权，不应以该争议应由另一国家的法院审理为由拒绝行使管辖权，即原则上排除了不方便法院原则的适用。同时，被选择法院所在国以外的缔约国法院应拒绝管辖或中止程序，除非：该协议按被选择法院国家的法律是无效的和不能生效的；按照受理案件的法院地法律一方当事人缺乏签订该协议的能力；承认该协议效力将导致明显的不公正，或者明显违背受理案件国家的公共秩序；基于当事人不可控制的特别原因，该协议不能合理地得到履行；被选择法院已决定不审理此案。

关于外国法院判决承认与执行，《协议选择法院公约》首先规定了缔约国承认和执行排他性选择法院协议所指定的其他缔约国法院所作判决的一般义务。然后，列举了可以拒绝承认或执行判决的一些例外情形。

截至 2021 年 3 月 3 日，共有 32 个国家批准该公约，中国于 2017 签署了该公约，但目前仍未批准。[②]

（五）《承认与执行外国民商事判决公约》

2019 年 7 月 2 日，海牙国际私法会议第 22 届外交大会通过了《承认与执行外国民商事判决公约》。截至 2021 年 10 月，只有 4 个国家签署公约，公约尚未生效。[③] 公约是全球首个全面确立民商事判决国际流通统一规则的国际文书，对国际民商事领域司法合作影响深远。公约共 4 章 32 条，主要包括以下内容。

第一，公约宗旨目的。序言阐明，公约旨在通过司法合作，有效提升全面的司法救济，促进以规则为基础的多边贸易和投资，以及人员流动；通过制订一套统一的核心规则，加强合作，从而促进判决的有效承认和执行，为判决的全球流通提供更大的可预见性和确定性。

第二，公约适用范围。公约适用于一缔约国法院作出的民商事判决在另一缔

---

① 肖永平：《批准〈选择法院协议公约〉的利弊分析及我国的对策》，载《武大国际法评论》2017 年第 5 期。

② 海牙国际私法协会官网：《〈选择法院协议公约〉的缔约情况》，载 https://www.hcch.net/en/instruments/conventions/status-table/? cid=98，最后访问日期：2022 年 3 月 2 日。

③ 载 https://www.hcch.net/en/instruments/conventions/status-table/? cid=137，最后访问日期：2021 年 10 月 26 日。

约国的承认与执行。但对税收、关税或行政事项、知识产权、隐私权、自然人的身份及法律能力、婚姻家庭继承、破产等各方分歧较大事项,公约予以排除适用。

第三,管辖权基础。第5条列举了可被承认与执行判决的管辖权基础,第6条明确了对不动产物权的专属管辖。同时,第7条还规定了可以拒绝承认执行的理由,包括侵害被告的正当答辩权、在被请求国通知被告的方式与被请求国有关文书送达的基本原则不符、判决是通过欺诈获得的、存在平行诉讼、违反被请求国公共政策等,以保障当事人合法权益、照顾被请求国关切。

第四,灵活安排。为最大限度促进合作,第15条规定在不违反不动产专属管辖的情况下,一国可根据国内法承认执行外国判决。同时为兼顾各方关切、鼓励各国加入公约,第18、19条允许一国声明公约不适用于特定事项、国家为诉讼一方当事人的案件等,第23条规定公约不影响缔约国在先或者在后缔结的其他条约。

(六)《联合国关于调解所产生的国际和解协议公约》

由于有关调解协议的可执行性问题尚未有统一的国际规则,故国际商事调解的发展受到一定程度的制约。为了促进国际商事调解的运用,联合国国际贸易法委员会2018年通过了《联合国关于调解所产生的国际和解协议公约》(又称《新加坡调解公约》),确立了关于援用和解协议的权利以及执行和解协议的统一法律框架。截至2021年10月,已有中国等55个国家签署,新加坡等8国批准了公约,① 公约于2020年9月12日正式生效。《联合国关于调解所产生的国际和解协议公约》与《国际商事调解和调解所产生的国际和解协议示范法》(2018年)是一致的。这一做法意在为各国提供灵活性,既能作为单独法规通过《联合国关于调解所产生的国际和解协议公约》或《国际商事调解和调解所产生的国际和解协议示范法》,也能作为调解方面综合法律框架的补充文书同时通过《联合国关于调解所产生的国际和解协议公约》和《国际商事调解和调解所产生的国际和解协议示范法》。

1. 适用范围

公约第1条规定,公约适用于调解所产生的、当事人为解决商事争议而以书

---

① 参见联合国国际贸易法委员会:《〈联合国关于调解所产生的国际和解协议公约〉的缔约情况》,载https://uncitral.un.org/zh/texts/mediation/conventions/international_settlement_agreements/status,最后访问日期:2022年3月2日。

面形式订立的国际和解协议。该协议在订立时由于以下原因而具有国际性:(1)和解协议至少有两方当事人在不同国家设有营业地;或者(2)和解协议各方当事人设有营业地的国家不是:①和解协议所规定的相当一部分义务履行地所在国;或者②与和解协议所涉事项关系最密切的国家。第1条还列出了不在公约范围之内的除外情况,即消费者为个人、家庭或家庭目的订立的和解协议,或与家庭、继承法或就业法有关的和解协议。可作为判决或仲裁裁决执行的和解协议也被排除在公约范围之外,以避免与现有和未来的公约重叠。

2. 一般原则和依赖和解协议的要求

公约第3条规定,本公约每一当事方应按照本国程序规则并根据本公约规定的条件执行和解协议。如果就一方当事人声称已由和解协议解决的事项发生争议,公约当事方应允许该当事人按照本国程序规则并根据本公约规定的条件援用和解协议,以证明该事项已得到解决。第4条规定了依赖和解协议的手续,即争议方应向主管机关提供由争议方签署的和解协议以及和解协议产生于调解的证据。主管机关可要求提供任何必要文件,以核实公约的要求已得到遵守。

3. 拒绝准予救济的理由

公约界定了法院可根据寻求救济所针对的当事人的请求拒绝准予救济的理由。这些理由可分为三大类,即与争议方、和解协议和调解程序有关的理由。

其第5条第1款规定,根据第4条寻求救济的公约缔约方的主管当局可应救济所针对的一方的请求拒绝给予救济,但前提是该方向主管当局提供以下证明:(1)和解协议一方当事人处于某种无行为能力状况。(2)所寻求依赖的和解协议:①根据当事人有效约定的和解协议的准据法,或者在没有就此指明任何法律的情况下,根据依第4条向其寻求救济的公约缔约方主管当局认为应予适用的法律,无效、失效或者无法履行;②根据和解协议条款,不具有约束力或者不是终局的;或者③随后被修改。(3)和解协议中的义务:①已经履行;或者②不清楚或者无法理解。(4)准予救济将有悖和解协议条款。(5)调解员严重违反适用于调解员或者调解的准则,若非此种违反,该当事人本不会订立和解协议。(6)调解员未向各方当事人披露可能对调解员公正性或者独立性产生正当怀疑的情形,并且此种未予披露对一方当事人有实质性影响或者不当影响,若非此种未予披露,该当事人本不会订立和解协议。

公约第5条还规定,法院可根据另外两个理由主动拒绝准予救济:涉及公共政策以及争议事项无法通过调解解决这一事实。其第7条规定,本公约不得剥夺任何利害关系方以寻求依赖和解协议的公约缔约方的法律或条约所允许的方式和范围内利用和解协议的任何权利。

4. 保留

公约第 8 条规定了保留条款。第一项保留允许公约当事方在声明的限度内，将其为一方当事人的和解协议或任何政府机构或代表政府机构行事的任何人为一方当事人的和解协议排除在公约的适用范围之外。第二项保留允许公约当事方声明仅在争议各方同意适用公约的情况下适用公约。

目前，我国《民事诉讼法》和《人民调解法》仅就法院调解和人民调解作出了规定，但商事调解缺乏基础性法律规范。商务部等有关部门正认真贯彻落实党中央、国务院关于多元化纠纷解决机制建设的有关决策部署，积极开展相关工作，推动商事调解立法工作。①

第二节　法律风险提示

一、国际商事仲裁的法律风险

国际商事仲裁至少具有以下几个特点：(1)它是一种用以解决国际商事争议的法律制度，从而区别于国内行政仲裁和国际公法上的仲裁。(2)它是一种民间的、非司法性争议解决方式，从而区别于国际民事诉讼。与国际民事诉讼相比，国际商事仲裁具有程序安排的自主性(当事人可选择仲裁机构、仲裁员、仲裁规则、仲裁地点和适用的法律等)、灵活性和程序的经济性(一般是一裁终局)、保密性等特点或优点。(3)它是由当事人选定的中立第三方担任仲裁员或公断人来实现对争议的解决，从而区别于双方当事人之间的直接和解。(4)它主要是通过中立第三方作出有强制性的法律约束力的裁决来解决提交的争议，从而又与一般的调解相区别。

但国际商事仲裁也存在一些需完善的问题和风险，如仲裁庭权力的有限性、非强制性，对仲裁员进行监督的机制不完善，仲裁协议无效，仲裁裁决可能被撤销或不予执行，等等。

---

① 参见中华人民共和国商务部：《关于政协十三届全国委员会第四次会议第 4712 号(政治法律类 348 号)提案答复的函》，载 http://tfs.mofcom.gov.cn/article/rdzx/202111/20211103220770.shtml，最后访问日期：2022 年 3 月 2 日。

(一)仲裁条款约定不明而无效的风险

仲裁条款约定不明主要是指:仲裁事项或仲裁员委任方式不明、约定多个仲裁机构、仲裁机构名称书写错误等。约定不明会导致仲裁条款不利于己方利益维护甚至面临被认定无效或者仲裁裁决被拒绝承认与执行的风险。如我国《仲裁法》第 18 条规定,仲裁协议对仲裁事项或者仲裁委员会没有约定或者约定不明确的,当事人可以补充协议;达不成补充协议的,仲裁协议无效。

(二)仲裁裁决被异议和撤销的风险

虽然大多数国家的仲裁立法没有赋予当事人就仲裁裁决的法律或事实上的问题提起完全上诉的权利,但相当多的国家都允许当事人通过另一条途径向法院提出申诉。这一途径通称为裁决的异议程序。如果裁决被撤销,其将失去法律效力。如果裁决未被撤销,法院依法要求仲裁庭重新审理或由法院直接审理,那么作出的裁决或判决将取代原裁决。对裁决的异议一般是向裁决作出地国法院提出,至于管辖法院的级别则由各国国内法自行规定。

1. 对仲裁裁决提出异议的时间和理由

仲裁裁决作出后,如果裁决作出地国法律允许对裁决持有异议的当事人提出撤销裁决的申请,则对当事人可提出撤销裁决申请的时间多有限制,以免当事人有意拖延时间,影响裁决的承认和执行。总的来看,国外法律对可提出异议的时限都规定得较短,从 28 天(1996 年英国《仲裁法》第 70 条第 3 款)到 3 个月(1998 年德国《民事诉讼法典》第 1059 条第 3 款、联合国《国际商事仲裁示范法》第 34 条第 3 款)不等。中国《仲裁法》第 59 条规定,当事人申请撤销裁决的,应当自收到裁决书之日起 6 个月内提出。

对仲裁裁决提出异议的理由在各国法律中一般都有明确规定,但各国规定的理由不尽相同。总的来看,主要有以下四类。

(1)裁决本身的问题。提出异议的当事人可能主张裁决在法律适用和事实认定上有错误,但这种异议在大多数国家是得不到支持的。因为依照大多数国家仲裁法的规定,当事人只能就程序问题对裁决提出异议。另外,当事人还可能基于裁决不符合法定的形式或内容要求的问题提出异议,如裁决中未署明当事人和仲裁员的姓名或仲裁机构的名称,或者没有附具裁决理由等。实践中,法院在审查此类异议理由时多作严格解释,不轻易采纳以否定裁决。

(2)管辖权问题。如果仲裁庭在完全没有管辖权的情况下,或在部分无管辖权如仲裁庭超越其权限就仲裁协议范围以外的争议事项进行管辖并作出裁决,当事人可以就裁决的效力提出异议。

(3)其他仲裁程序问题。这主要包括:仲裁庭的组成是否适当;仲裁程序是否符合当事人仲裁协议中的约定;是否给予当事人以适当的开庭和听审通知;是否给予当事人平等对待;是否给予双方当事人充分和适当的机会进行申辩;等等。

(4)公共政策问题。

2. 中国的涉外仲裁裁决异议和撤销制度

(1)中国涉外仲裁裁决的异议和撤销

2017 年《最高人民法院关于审理仲裁司法审查案件若干问题的规定》第 17 条规定,人民法院对申请执行我国内地仲裁机构作出的非涉外仲裁裁决案件的审查,适用《民事诉讼法》第 237 条(2021 年修正后为第 244 条)的规定。人民法院对申请执行我国内地仲裁机构作出的涉外仲裁裁决案件的审查,适用《民事诉讼法》第 274 条(2021 年修正后为第 281 条)的规定。可见,我国对内国的涉外仲裁裁决和内国的国内仲裁裁决实行不同的异议制度,即对涉外仲裁裁决实行形式审查制,对国内仲裁裁决实行实质审查制。

我国《仲裁法》第 70 条规定,当事人提出证据证明涉外仲裁裁决有民事诉讼法第 258 条(2021 年修正后为第 281 条)第 1 款规定的情形之一的,经人民法院组成合议庭审查核实,裁定撤销。《民事诉讼法》第 281 条第 1 款的规定如下:①当事人在合同中没有订有仲裁条款或者事后没有达成书面仲裁协议的;②被申请人没有得到指定仲裁员或者进行仲裁程序的通知,或者由于其他不属于被申请人负责的原因未能陈述意见的;③仲裁庭的组成或者仲裁的程序与仲裁规则不符的;④裁决的事项不属于仲裁协议的范围或者仲裁机构无权仲裁的。《仲裁法》第 9 条规定,仲裁裁决被人民法院依法裁定撤销或不予执行后,当事人可以重新达成仲裁协议申请仲裁,也可以向人民法院提起诉讼。

《仲裁法》第 61 条规定,人民法院受理撤销裁决的申请后,认为可以由仲裁庭重新仲裁的,通知仲裁庭在一定期限内重新仲裁,并裁定中止撤销程序。仲裁庭拒绝重新仲裁的,人民法院应当裁定恢复撤销程序。2006 年《最高人民法院关于适用〈中华人民共和国仲裁法〉若干问题的解释》第 21 条规定:“当事人申请撤销国内仲裁裁决的案件属于下列情形之一的,人民法院可以依照仲裁法第六十一条的规定通知仲裁庭在一定期限内重新仲裁:(一)仲裁裁决所根据的证据是伪造的;(二)对方当事人隐瞒了足以影响公正裁决的证据的。人民法院应当在通知中说明要求重新仲裁的具体理由。"其第23条规定,当事人对重新仲裁裁决不服的,可以在重新仲裁裁决书送达之日起6个月内依据《仲裁法》第58条规定向人民法院申请撤销。

2021年最高人民法院《全国法院涉外商事海事审判工作座谈会会议纪要》第104条【重新仲裁的适用】指出:申请人申请撤销仲裁裁决,人民法院经审查认为存在应予撤销的情形,但可以通过重新仲裁予以弥补的,人民法院可以通知仲裁庭重新仲裁。人民法院决定由仲裁庭重新仲裁的,通知仲裁庭在一定期限内重新仲裁并在通知中说明要求重新仲裁的具体理由,同时裁定中止撤销程序。仲裁庭在人民法院指定的期限内开始重新仲裁的,人民法院应当裁定终结撤销程序。仲裁庭拒绝重新仲裁或者在人民法院指定期限内未开始重新仲裁的,人民法院应当裁定恢复撤销程序。

2017年《最高人民法院关于审理仲裁司法审查案件若干问题的规定》第19条规定,人民法院受理仲裁司法审查案件后,作出裁定前,申请人请求撤回申请的,裁定准许。其第20条规定,人民法院在仲裁司法审查案件中作出的裁定,除不予受理、驳回申请、管辖权异议的裁定外,一经送达即发生法律效力。当事人申请复议、提出上诉或者申请再审的,人民法院不予受理,但法律和司法解释另有规定的除外。

(2)撤销我国涉外仲裁裁决的报核制度

2017年《最高人民法院关于仲裁司法审查案件报核问题的有关规定》第2条第1款为涉外涉港澳台仲裁司法审查案件建立了报核制度:各中级人民法院或者专门人民法院办理涉外涉港澳台仲裁司法审查案件,经审查拟认定不予执行或者撤销我国内地仲裁机构的仲裁裁决的,应当向本辖区所属高级人民法院报核;高级人民法院经审查拟同意的,应当向最高人民法院报核。待最高人民法院审核后,方可依最高人民法院的审核意见作出裁定。

2015年中国法院分别审结申请撤销涉外和涉港澳台仲裁裁决案件59件和24件,经最高人民法院复函同意后裁定撤销的涉港仲裁裁决案件1件,通知重新仲裁的案件2件。[①] 根据《最高人民法院商事仲裁司法审查年度报告(2019年)》,2019年,全国法院审结撤裁类案件11029件,其中637件被撤销或部分撤销,撤裁

---

① 参见中国仲裁法学研究会:《中国国际商事仲裁年度报告(2015)》,第18页。

率约为5.8%,较2018年撤销裁决的案件数量714件,同比降低10.8%;最高人民法院2019年审结的下级法院报核的201件各类案件中,114件支持报请法院的处理意见,占比为57%;65件不同意报请法院的处理意见,占比为32%;3件部分变更报请处理意见,占比为1.49%;另有19件以其他方式结案(因不符合报核条件或者需要补充查明事实而退回高级法院),占比为9%。最高人民法院通过复函明确对报核案件的处理思路,有效发挥了统一裁判尺度的作用。①

(三)仲裁裁决得不到承认与执行的风险

即使通过仲裁程序获得了仲裁裁决,但是仲裁裁决仍有可能面临得不到承认与执行的风险。各国对于拒绝承认与执行仲裁裁决的事由的规定有所不同,因此即使是依有效的仲裁程序规则作出的仲裁裁决,在需要执行地国也可能得不到承认与执行,也将失去其意义。《纽约公约》目前也只有169个成员,而且《纽约公约》第5条也规定了拒绝承认与执行外国仲裁裁决的事由(包括仲裁协议无效、仲裁程序不公和不具有可仲裁性以及与被申请国的公共秩序相违背等)。

二、国际民商事诉讼的法律风险

(一)因法院选择不明确带来的风险

因法院选择不明确而产生争议,例如约定到"当地法院"诉讼,指代不清;又或者没有约定管辖的法院。因为诉讼是解决国际商事纠纷的重要的有强制力的方式,纠纷发生之后若无约定仲裁,一般而言是提交诉讼解决。在涉外案件中,所涉法院往往不止一个,各国的法律对于确定法院管辖权的原则又不同,如果管辖法院无法确定,还会产生管辖权的积极和消极冲突问题,增大纠纷的复杂性和解决纠纷的成本。

(二)违反级别管辖和专属管辖导致管辖权约定无效的风险

各国法律往往都根据其国内实际情况制定了级别管辖和专属管辖的规则,如我国《民事诉讼法》第19条规定,中级人民法院管辖下列第一审民事案件:(1)重大涉外案件;(2)在本辖区有重大影响的案件;(3)最高人民法院确定由中级人民法院管辖的案件。第34条规定,下列案件,由本条规定的人民法院专属管辖:

---

① 参见李双元、欧福永:《国际私法》(第5版),北京大学出版社2018年版,第494~497页。

(1)因不动产纠纷提起的诉讼,由不动产所在地人民法院管辖;(2)因港口作业中发生纠纷提起的诉讼,由港口所在地人民法院管辖;(3)因继承遗产纠纷提起的诉讼,由被继承人死亡时住所地或者主要遗产所在地人民法院管辖。第273条规定:"因在中华人民共和国履行中外合资经营企业合同、中外合作经营企业合同、中外合作勘探开发自然资源合同发生纠纷提起的诉讼,由中华人民共和国人民法院管辖。"第35条规定:"合同或者其他财产权益纠纷的当事人可以书面协议选择被告住所地、合同履行地、合同签订地、原告住所地、标的物所在地等与争议有实际联系的地点的人民法院管辖,但不得违反本法对级别管辖和专属管辖的规定。"双方在合同中选择了管辖的法院,但是这种约定可能因为违反级别管辖和专属管辖而无效。但是,对于我国专属管辖的涉外案件,当事人可以约定仲裁,2022年修正的《最高人民法院关于适用〈中华人民共和国民事诉讼法〉的解释》第529条规定,涉外合同或者其他财产权益纠纷的当事人,可以书面协议选择被告住所地、合同履行地、合同签订地、原告住所地、标的物所在地、侵权行为地等与争议有实际联系地点的外国法院管辖。根据《民事诉讼法》第34条和第273条规定,属于中华人民共和国法院专属管辖的案件,当事人不得协议选择外国法院管辖,但协议选择仲裁的除外。

(三)诉讼判决执行困难的风险

在全球范围内尚未形成较为统一的承认与执行外国法院判决的机制。一般认为判决的承认与执行涉及一国的司法主权,因此在不同法系国家之间,尤其是未签订相关事项的双边协定或没有互惠做法的国家之间,法院判决可能被拒绝执行,这仍是当事人选择以诉讼方式解决涉外纠纷需要面对的一大风险。

截至2022年9月底,我国已同法国、波兰、蒙古国、比利时、罗马尼亚、意大利、西班牙、俄罗斯、土耳其、古巴、泰国、埃及、保加利亚、白俄罗斯、哈萨克斯坦、乌克兰、匈牙利、希腊、塞浦路斯、摩洛哥、吉尔吉斯斯坦、塔吉克斯坦、新加坡、乌兹别克斯坦、越南、老挝、突尼斯、立陶宛、阿根廷、韩国、阿联酋、朝鲜、科威特、秘鲁和巴西以及阿尔及利亚、波斯尼亚、黑塞哥维那、埃塞俄比亚和伊朗等国家签订了40份民(商)事或者民(商)刑事司法协助协定,除与比利时签订的协定尚未生效以外,其他均已生效。①

---

① 中华人民共和国条约数据库:http://treaty. mfa. gov. cn,最后访问日期:2022年10月1日。

2017年,在南宁召开的第二届中国—东盟大法官论坛上,中国与东盟国家就区域内国际司法协助等问题在《南宁声明》中达成了8项共识。根据该声明的第七项:"尚未缔结有关外国民商事判决承认和执行国际条约的国家,在承认与执行对方国家民商事判决的司法程序中,如对方国家的法院不存在以互惠为理由拒绝承认和执行本国民商事判决的先例,在本国国内法允许的范围内,即可推定与对方国家之间存在互惠关系"。该声明意味着中国和东盟国家之间在民商事判决的承认和执行领域形成了"推定互惠"的共识。但《南宁声明》不是国际条约,其对各国没有法律拘束力,并且在亚洲范围内并未出现互惠立法取消的趋势,多数亚洲国家的立法中都保留了互惠的规定。在这种情况下,立法机关不会轻易取消互惠。[①] 2019年《关于人民法院进一步为"一带一路"建设提供司法服务和保障的意见》第24条提出,采取推定互惠的司法态度,以点带面不断推动国际商事法庭判决的相互承认与执行。

我国《民事诉讼法》第283条规定了根据互惠原则承认与执行外国判决。在司法实践方面,我国采用的是事实互惠的审查标准。自1994年至2017年以来,在民商事领域(不包括外国离婚判决),我国法院承认和执行过的较具代表性的外国法院判决共8例,其中涉及的国家和地区有意大利(2003)、法国(2005)、德国(2013)、波兰(2014)、土耳其(2014)、新加坡(2016)和美国加州(2017)及阿联酋(2017年)。[②] 在这8个案件中,对于德国、新加坡和美国加州法院判决的承认和执行,主要依据的是事实互惠。此外,在这一时期,我国法院拒绝承认和执行的外国法院判决有18例。其中涉及的国家和地区有:日本、德国、白俄罗斯、法国、以色列、英国、澳大利亚、美国亚利桑那州、美国特拉华州、乌兹别克斯坦、马来西亚、乍得、韩国、意大利和美国宾夕法尼亚州。其中,我国法院以不存在条约关系和互惠关系为由拒绝的外国法院判决有11例,而与白俄罗斯、法国、乌兹别克斯坦和意大利这些有双边条约的国家,通常是由于程序不当的原因而拒绝承认和执行。在与不存在条约关系的国家之间,不存在互惠关系是最为主要的拒绝理由,只有2010年的胡克拉床垫和软垫家具厂有限公司申请承认及执行德国奥芬堡州法院

---

① 参见王雅菡:《外国法院判决承认与执行中的互惠》,武汉大学2018年博士学位论文,第153~154页。

② 申请人李某明与被申请人田某申请承认和执行外国法院民事判决案,宁夏回族自治区银川市中级人民法院(2017)宁01协外认1号民事裁定书。

判决案，我国法院以判决书的送达方式不符合我国法律规定为由予以拒绝。[①] 2013 年至 2022 年 6 月，全国法院共审结申请承认与执行外国法院民商事判决案件 7313 件，涉及 40 余个国家。其中 2018 ~ 2020 年我国法院共受理申请承认与执行外国法院民商事判决案件 1301 件，审结 1226 件，其中予以承认和执行的 1142 件，涉及 30 余个国家。

在 1999 ~ 2017 年，其他国家或地区法院承认和执行我国法院的 8 个判决中，其中 3 个（韩国、德国和以色列）是以存在互惠的保证或有互惠的可能承认或执行的，5 个是（美国的密苏里州和加州、新加坡、荷兰和英国）根据普通法或国内法的规定审查后承认或执行的，而且美国、新加坡、荷兰和英国是在不要求互惠的情况下对我国法院判决的承认或执行。后来，还有一些国家承认并执行了我国法院判决，例如 2017 年 12 月，澳大利亚维多利亚省最高法院在 Liu v. Ma（[2017] VSC 810）案中，依照普通法承认并执行了江苏省南通市崇川区人民法院的金钱判决，开启了澳大利亚法院承认和执行中国法院金钱判决的先例；在 2016 年，新西兰上诉法院执行了福州市中级人民法院一审、福建省高级人民法院二审和最高人民法院再审的商事判决；2019 年 11 月，加拿大不列颠哥伦比亚省上诉法院作出裁决（Li v. Wei，2019 BCCA 114[Can LII][38679]），承认并执行了河北省唐山市中级人民法院的金钱判决。2020 年 1 月，英属维尔京群岛高等法院作出裁决（Industrial Bank Financial Leasing Co Ltd v. Xing Libing，BVIHC [COM] 0032 of 2018），首次承认了中国最高人民法院的商事判决。在 2003 年和 2015 年，日本以不存在互惠为依据拒绝承认与执行我国法院的 2 个判决。[②]

三、国际商事调解的法律风险

（一）经调解后达成的协议得不到承认的风险

各国对于调解协议的效力规定不同，一般而言，调解之后达成的协议不具有强制执行力，不履行调解协议的当事人并不会受到法律制裁。在中国，经受诉法院或仲裁机构审查批准或有关法庭制作并经当事人签收的调解书对当事人有法律上的强制执行力。并且，即使是在承认调解后的协议具有强制执行力的国家，

---

① 参见王雅菡：《外国法院判决承认与执行中的互惠》，武汉大学 2018 年博士学位论文，第 159 ~ 160 页。

② 王雅菡：《外国法院判决承认与执行中的互惠》，武汉大学 2018 年博士学位论文，第 152、248 ~ 251 页。

仍有可能因为缺乏统一的国际法承认与执行框架,外国也拒绝承认与执行一项当事人达成的调解协议。

(二)各国调解制度不同导致调解难以进行的风险

调解的适用不如诉讼和仲裁那样广泛,各国对于调解制度的认识不同,在调解制度不发达的国家,存在调解制度和机制不完善的情况。这样不仅会影响调解协议的效力认定,还会与当事人诉诸调解解决争议所要达成的法律效果的预期不同,导致难以通过调解方式有效解决争议。

第三节　仲裁条款约定不明的案情回顾及风险防控

一、仲裁条款约定不明的典型案例

甲国A公司和乙国B公司达成协定,并在合同中达成了争议解决条款:"(1)本协定适用甲国法律;(2)对于任何因本协议引起或与之相关的所有争议,各方应首先友好协商解决。无法协商解决的,则双方同意将此类纠纷最终提交位于乙国内的国际仲裁机构S,根据其仲裁规则在甲国G地仲裁。仲裁裁决为终局裁决,对双方均有约束力。"后A公司与B公司以及甲国的C公司达成补充协议,三方同意在甲国C公司收购乙国B公司后,A公司与B公司达成的协议下的权利与义务一同转让至C公司。后双方就合同履行产生纠纷,C公司遂将此争议提交至S国际仲裁机构仲裁。A公司对S仲裁机构的管辖权予以质疑。

本案的主要争议点是,仲裁条款的有效性的准据法认定问题。因为在本案中,若适用甲国法,存在如下问题:首先,根据甲国法的规定不允许像S这样的外国仲裁机构管理在甲国的仲裁;其次,因为该争议双方属于同一国家,该争议纯属国内争议,但是根据乙国法律则没有此种无效的法定情形。B公司主张因为选择了S仲裁机构及其仲裁规则,意味着仲裁条款的效力认定问题应当适用乙国法律,在G地仲裁仅仅意味着在G地进行仲裁程序,并没有明确约定G地为仲裁地。而A公司则主张,条款明确约定了在G地仲裁,意味着选定了仲裁地,应当适用仲裁地所在国甲国的法律。本案对于约定"G地仲裁"的含义未予明确,造成了法律适用上的困难,并且直接影响到了仲裁协议的有效性。

最终法院作出认定:认为合同约定在"G地仲裁",就是意味着双方当事人选定了 G 地为仲裁地,应当适用 G 地所在地的甲国法律对仲裁协议的效力做出认定。根据甲国的法律,认定仲裁条款无效。

二、仲裁条款约定不明的法律风险解析

仲裁条款如何约定十分重要,仲裁条款约定不明不仅可能影响到仲裁程序的进行,更有甚者,将直接导致仲裁条款无效,或是在获得仲裁裁决之后被拒绝承认与执行。各国对于仲裁协议无效的情形有不同的规定,因此有可能导致在 A 国有效的仲裁条款,在 B 国被认定为无效,而无效的仲裁条款通常是拒绝承认与执行外国仲裁裁决的事由。如《纽约公约》第 5 条第 1 款甲项规定:"第二条所称协定之当事人依对其适用之法律有某种无行为能力情形者,或该项协定依当事人作为协定准据之法律系属无效,或未指明以何法律为准时,依裁决地所在国法律系属无效者,拒绝予承认及执行。"

针对实践中仲裁协议对仲裁机构约定不明的各种情形,2006 年《最高人民法院关于适用〈中华人民共和国仲裁法〉若干问题的解释》第 3 ~ 7 条做了比较详尽的规定:其一,仲裁协议约定的仲裁机构名称不够准确,但能够确定具体的仲裁机构的,应当认定选定了仲裁机构。其二,仲裁协议仅约定纠纷适用的仲裁规则的,视为未约定仲裁机构,但当事人达成补充协议或者按照约定的仲裁规则能够确定仲裁机构的除外。其三,仲裁协议约定两个以上仲裁机构的,当事人可以协议选择其中的一个仲裁机构申请仲裁;当事人不能就仲裁机构选择达成一致的,仲裁协议无效。其四,仲裁协议约定由某地的仲裁机构仲裁且该地仅有一个仲裁机构的,该仲裁机构视为约定的仲裁机构。该地有两个以上仲裁机构的,当事人可以协议选择其中的一个仲裁机构申请仲裁;当事人不能就仲裁机构选择达成一致的,仲裁协议无效。其五,当事人约定争议可以向仲裁机构申请仲裁也可以向人民法院起诉的,仲裁协议无效。但一方向仲裁机构申请仲裁,另一方未在仲裁庭首次开庭前提出异议的除外。

2021 年最高人民法院《全国法院涉外商事海事审判工作座谈会会议纪要》第 93 条【仲裁协议效力的认定】指出:根据《最高人民法院关于适用〈中华人民共和国仲裁法〉若干问题的解释》第 3 条的规定,人民法院在审查仲裁协议是否约定了明确的仲裁机构时,应当按照有利于仲裁协议有效的原则予以认定。

三、仲裁条款约定不明的风险防控措施

(一)起草仲裁协议时的注意事项

总的来说,仲裁条款的起草应当具体明确,约定其需要包含的要素,同时还要注意仲裁条款准据法所属国法律的规定。具体而言,需要我们在制定仲裁条款时注意以下几点。

第一,当事人须明确、合意表示提交商事仲裁的意思(若规定既可提交仲裁又可提起诉讼,那么仲裁协议可能被视为无效);

第二,仲裁标的具有可仲裁性。一般来说,与财产所有权相关的争议均可提交仲裁解决,而与人的身份相关的争议,例如劳动、婚姻、继承等争议就不能通过仲裁方式解决;

第三,仲裁协议的内容合法,该内容不得与其准据法所属国的社会公共利益或法律、法规中的强制性规定相违背;

第四,仲裁协议的内容一般应包括以下几个方面:仲裁合意、仲裁事项、仲裁地点、仲裁机构和仲裁规则以及裁决的效力。

为了便于双方当事人在合同中订立合格的仲裁条款,通过仲裁方式解决他们之间发生的争议,许多常设仲裁机构或其他有关机构多拟定了示范仲裁条款,以备当事人采用。详见本章10节。

(二)国际上著名的国际商事仲裁机构

由英国伦敦玛丽女王大学和美国伟凯律师事务所(White & Case)组织开展的国际仲裁调查项目,是目前深受国际仲裁业界关注和认可的一项系统性调查活动。2021年双方发布了第五次关于国际仲裁的综合性调查报告《2021年国际仲裁调查:让仲裁适应变动中的世界》(*2021 International Arbitration Survey: Adapting arbitration to a changing world*)。报告显示,国际商会国际仲裁院(57%)、新加坡国际仲裁中心(49%)、中国香港国际仲裁中心(44%)、伦敦国际仲裁中心(39%)和中国国际经济贸易仲裁委员会(17%)被评为排名前五最受青睐的仲裁机构。在全球90多个备选席位中,伦敦(54%)、新加坡(54%)、中国香港(50%)、巴黎(35%)和日内瓦(13%)再次荣登最受欢迎仲裁地的前五位。在仲裁地的选择方面,中国内地城市正逐步进入视野,有12%的受访者选择北京、8%的受访者选择上海、2%~4%的受访者选择深圳作为仲裁地。下面介绍国际上几

个著名的国际商事仲裁机构。

（1）中国国际经济贸易仲裁委员会（China International Economic and Trade Arbitration Commission，CIETAC，网址：http://www.cietac.org）。它又称中国国际商会仲裁院（The Court of Arbitration of China Chamber of International Commerce，CCOIC Court of Arbitration），是中国国际贸易促进委员会（中国国际商会）属下的一个具有世界影响力的常设仲裁机构，成立于1956年，总部设在北京。中国国际经济贸易仲裁委员会及其分会/仲裁中心是一个统一的仲裁委员会，适用相同的《仲裁规则》和《仲裁员名册》。此外，除传统的商事仲裁服务外，它还提供多元争议解决服务，包括域名争议解决、网上仲裁、调解、投资争端解决、建设工程争议评审等。它现在适用中国国际商会2015年修订的《中国国际经济贸易仲裁委员会仲裁规则》、2015年《中国国际经济贸易仲裁委员会网上仲裁规则》以及2017年《中国国际经济贸易仲裁委员会国际投资争端解决规则（试行）》。中国国际商会还于2003年制定了《金融争议仲裁规则》，并于2015年进行了修订。2015年《中国国际经济贸易仲裁委员会仲裁规则》第3条规定：仲裁委员会受理下列争议案件：国际的或涉外的争议案件；涉及香港特别行政区、澳门特别行政区或台湾地区的争议案件；国内争议案件。《仲裁员名册》中有1441名仲裁员，均为国内外仲裁或其他行业的知名专家。其中，外籍及港澳台仲裁员408名，分别来自65个国家和地区。

（2）中国香港国际仲裁中心（Hong Kong International Arbitration Centre，HKIAC，网址：http://www.hkiac.org）。该中心成立于1985年，是根据香港公司法注册的非营利性公司，是为配合亚洲地区对仲裁服务的需要而设立的。中心的仲裁事务分为本地仲裁和国际仲裁，均适用2018年生效的《香港国际仲裁中心机构仲裁规则》。此外还制定了2014年《香港国际仲裁中心本地仲裁规则》（适用于临时仲裁）、1993年《香港国际仲裁中心证券仲裁规则》、2002年《香港国际仲裁中心电子交易仲裁规则》、1992年《香港国际仲裁中心简易形式仲裁规则》和2015年《香港国际仲裁中心国际仲裁管理程序》以及2000年《香港国际仲裁中心小额和书面审理程序》。

（3）国际商会国际仲裁院（International Court of Arbitration of theInternational-Chamber of Commerce，ICC International Court of Arbitration，网址：https://iccwbo.org/dispute－resolution－services/arbitration/）。该院成立于1923年，隶属于国际商会，总部设在法国巴黎。该院的宗旨在于通过处理国际性商事争议，促进国际经济贸易的合作与发展。我国已于1994年加入国际商会。该院在国际上具有

广泛的影响,其完善的国际商事仲裁规则日益为东西方国家的许多商人在商事仲裁中采用。它备有具备广泛代表意义的国际性的仲裁员名单。该院现在适用的是 2021 年生效的《国际商会仲裁规则》和 2014 年生效的《国际商会调解规则》。

(4)新加坡国际仲裁中心(Singapore International Arbitration Centre. 网址:http://www.siac.org-sg)。为了改善新加坡的法制体系并加快解决商事争议的速度,1986 年新加坡加入了 1958 年《承认及执行外国仲裁裁决公约》,并于 1990 年成立了新加坡国际仲裁中心。中心的宗旨是为国际和国内的商事和海事仲裁和调解提供服务,促进仲裁和调解广泛使用于解决商事争议,并培养一批熟悉国际仲裁法律和实践的仲裁员和专家。中心目前适用 2016 年生效的《新加坡国际仲裁中心仲裁规则》和 2017 年生效的《新加坡国际仲裁中心投资仲裁规则》。

(5)英国伦敦国际仲裁院(London Court of International Arbitration, LCIA, 网址:http://www.lcia.org)。该院成立于 1892 年,是英国伦敦国际商会管辖的一个常设仲裁机构,在国际社会享有很高声望。目前仲裁院按照 2020 年生效的《伦敦国际仲裁院仲裁规则》和 2012 年生效的《伦敦国际仲裁院调解规则》主持有关的程序。1996 年英国颁布了新的《仲裁法》,对仲裁作了许多支持性的规定,在很大程度上限制或削弱了法院对仲裁的干预或监督权。

(6)瑞典斯德哥尔摩商会仲裁院(Arbitration Institute of the Stockholm Chamber of Commerce, The SCC Institute,网址:http://www.secinstitute.com)。该院成立于 1917 年,总部设在瑞典斯德哥尔摩,隶属于斯德哥尔摩商会。该院的地位和组织是独立的,主要解决工商和航运方面的争议。仲裁院目前适用 2017 年生效的《斯德哥尔摩商会仲裁院快速仲裁规则》、《斯德哥尔摩商会仲裁院仲裁规则》以及 2014 年生效的《斯德哥尔摩商会仲裁院调解规则》与 2021 年《斯德哥尔摩商会仲裁院快速争议评估规则》。此外,它还允许依当事人的约定,根据《联合国国际贸易法委员会仲裁规则》及其他仲裁规则审理案件,并制定了 2010 年《〈联合国国际贸易法委员会仲裁规则〉下的 SCC 案件管理程序》。加之瑞典对于外国仲裁裁决的承认与执行的态度是很宽容的,而且瑞典毫无保留地加入了许多有关仲裁的国际公约,所以它的裁决在国外易得到承认与执行。

(7)美国仲裁协会(American Arbitration Association, AAA,网址:http://www.adr.org)。该协会成立于 1926 年,总部设在纽约,并在美国的主要城市设有分支机构,主要受理国内一般商事案件,兼受理美国同外国当事人之间的商事争议。对于国际争议,它目前适用的是 2021 年 3 月 1 日修改并生效的《国际争议解决程序》(包括独立的调解和仲裁规则)。

值得注意的是,根据1996年《国务院办公厅关于贯彻实施〈中华人民共和国仲裁法〉需要明确的几个问题的通知》第3条,根据《仲裁法》新组建的仲裁委员会在当事人自愿选择的情况下,也有权受理涉外仲裁案件。目前,中国其他受案量较多的仲裁机构有北京仲裁委员会/北京国际仲裁中心(英文缩写BAC)、深圳国际仲裁院(又名华南国际经济贸易仲裁委员会、深圳仲裁委员会,英文简称SCIA)、广州仲裁委员会、上海仲裁委员会、上海国际经济贸易仲裁委员会(又名上海国际仲裁中心)、武汉仲裁委员会、青岛仲裁委员会、北海仲裁委员会/北海国际仲裁院等。特别值得一提的是,北京仲裁委员会/北京国际仲裁中心在国内仲裁机构中率先制定了《仲裁员聘用管理办法》和《提高仲裁效率规定》及一系列办案规范,在国内首先制定了单独的《调解规则》并设置《调解员名册》和实行仲裁员暂不列入名册制度,推动仲裁收费制度改革,在费用收取方面率先实行仲裁员报酬与机构费用相分离制度,制定了《关于采用小时费率计收仲裁员报酬的操作指引》,已迅速成长为在国内享有广泛声誉、在国际上亦有一定地位和影响的仲裁机构。2012年,深圳市政府引入法定机构管理模式,对深圳国际仲裁院制定了政府规章《深圳国际仲裁院管理规定(试行)》,这是中国第一个对仲裁机构进行的专门立法;立法的核心内容是确立以国际化、专业化理事会为核心的法人治理结构。深圳国际仲裁院持续创新业务规则:率先规定可以受理东道国与外国投资者之间的投资仲裁案件,率先制定《关于适用〈联合国国际贸易法委员会仲裁规则〉的程序指引》,率先探索"选择性复裁机制"。2021年1月,上海出台全国首个主流仲裁机构退出事业单位体制的改革方案——《上海仲裁委员会深化改革总体方案》,明确改革后的上海仲裁委员会退出事业单位序列,注销事业编制,成为由市政府组建、由市司法局登记管理、面向市场提供仲裁服务的非营利法人。同年8月,改革任务基本完成,新一届委员会由15名境内外仲裁专家组成。初步建立起国际化的现代法人治理结构,实行决策权、执行权、监督权相互分离、有效制衡的治理机制。

(三)选择国际仲裁机构时应考虑的主要因素

仲裁可分为机构仲裁和临时仲裁。机构仲裁由仲裁机构管理。通常,仲裁程序按当事人选择的、由选定的机构制定的仲裁规则进行。这些规则规定了程序的特点,涵盖始于提交仲裁通知直至作出裁决的整个过程。临时仲裁完全由仲裁员和当事人安排。当事人自己必须在仲裁庭的管理下设想和推进仲裁程序。当事人可选用现成的仲裁规则(如《联合国贸易法委员会仲裁规则》),或针对特定案件自己定制一套规则。根据 Queen Mary University 和 Pricewaterhouse Coopers 2008 年的调查,86% 的裁决源于机构仲裁,临时仲裁裁决只占 14% 。①

从我国 1994 年《仲裁法》第 16 条的规定来看,我国并不采用临时仲裁。2022 年修正的《最高人民法院关于适用〈中华人民共和国民事诉讼法〉的解释》第 543 条规定,对临时仲裁庭在中华人民共和国领域外作出的仲裁裁决,一方当事人向人民法院申请承认和执行的,人民法院应当依照《民事诉讼法》第 290 条规定处理。最高人民法院 2017 年《关于为自由贸易试验区建设提供司法保障的意见》第 9 条指出,“在自贸试验区内注册的企业相互之间约定在内地特定地点、按照特定仲裁规则、由特定人员对有关争议进行仲裁的,可以认定该仲裁协议有效”。该条规定意味着在我国自贸试验区内初步认可临时仲裁。2017 年 3 月,珠海市横琴新区管委会和珠海仲裁委员会发布了《横琴自由贸易试验区临时仲裁规则》,标志着临时仲裁在中国境内的真正落地。

在选择机构仲裁时,应考虑的主要因素如下。

1. 是否有利于赢得官司。这方面可能涉及的因素包括仲裁机构的仲裁员的法律和文化背景及工作语言,证人的日常职业训练、思维习惯等客观条件等。

2. 费用。亚洲的仲裁机构如 HKIAC,SIAC 和 CIETEC 的仲裁费用相对低廉,而欧洲的仲裁机构如 SCC,ICC 等费用很高。另外,选择地理上离双方都较近的仲裁机构可以降低仲裁成本。②

3. 效率。为了迅速了结官司,避免耗时耗力,应尽量选择程序较简单、效率高的仲裁机构。在这方面,中国内地的 CIETEC 和 BAC 等占有优势。

4. 语言。在合同中双方一般选择英语为仲裁的工作语言。因此,应考虑仲裁机构所在国的语言,以及仲裁员的第一或第二语言。一般而言,新加坡和中国香港的仲裁员和律师都会用汉英两种语言工作。③

---

① 载 https://www.hkiac.org/zh-hans/arbitration/what-is-arbitration,最后访问日期:2022 年 4 月 13 日。

② 关于几个国际上著名仲裁机构费用的比较,参见《国际商事仲裁机构比较》,载君泽君律师事务所官网 2018 年 10 月 30 日,http://www.junzejun.com/Publications/163358adec6b58-5.html;牛磊、刘震:《一文解读国际商事仲裁收费模式》,载 https://www.pkulaw.com/lawfirmarticles/6965325b0781f57d201df4e9591c65f4bdfb.html,最后访问日期:2022 年 4 月 15 日。

③ 参见《国际商务谈判中选择仲裁机构和适用法律指导书》,载 https://wenku.baidu.com/view/95d0e2511837f111f18583d049649b6649d709f4.html,最后访问日期:2022 年 4 月 12 日。

将以上因素综合考虑,我们在此按优先顺序对上述仲裁机作如下推荐,见表16-1。

表16-1 推荐的仲裁机构

优先顺序	仲裁机构名称	优先要素
第一	CIETAC	好处:(1)更容易找到中国的仲裁员。(2)在语言和思维方式上更容易沟通,我方律师的观点对中国的仲裁员更容易产生影响。(3)地理上的便利可降低仲裁的成本。 外方不接受时,我们可进行相应说服工作:(1)中国的有关法律与国际规则一致;中国是1958年《纽约公约》的缔约国。(2)CIETAC的仲裁员来自世界各地,且在公正和效率上享有很好的声誉,在2021年英国伦敦玛丽女王大学和美国伟凯律师事务所发布的第五次关于国际仲裁的综合性调查报告《2021年国际仲裁调查:让仲裁适应变动中的世界》显示,它被评为排名前五最受青睐的仲裁机构。(3)程序快捷,费用低廉。
第二	HKIAC	好处:(1)容易找到会双语的仲裁员,有利于沟通。(2)地理上方便,节约成本。 外方有时也不接受HKIAC,主要是因为中国香港回归后,许多人对香港地位认识不清而引起。我们可以通过以下理由说服对方:(1)中国香港政治经济地位和法律体系仍然保持独立。对于英美国家的合作者要特别强调香港法与英美法不仅在历史渊源上而且在现行法律上都是一脉相承的。(2)中国香港是一个发达的国际经济中心,像HKIAC一样,其法律服务机构也是世界一流的。其仲裁员来自世界各地,享有良好声誉。(3)程序快捷,费用相对低廉。
第三	SIAC	好处:(1)容易找到会双语的仲裁员,有利于沟通。(2)地理上方便,节约成本。(3)程序快捷,费用低廉。外方特别是英美国家的公司都容易接受SIAC。 对于不愿意接受的外方,我们可以通过以下理由说服:(1)对英美国家的公司,要指出新加坡的法律体系与它们的一致性;特别是它们的仲裁法及仲裁规则与贸易法委员会的示范法及1958年的《纽约公约》是完全一致的。(2)新加坡的中立地位对其仲裁员的中立和公平性会产生积极影响。(3)和中国香港一样,其法律服务机构的水平很高。(4)程序快捷,费用相对低廉。
第四	SCC	在国际上权威性高。由于中立国的历史原因,容易被绝大多数国家接受。费用较高。
第五	ICC	权威性和国际性很高,但是费用昂贵。
第六	LCIA	仲裁规则与贸易法委员会的示范规则一致。但由于费用昂贵,虽然具有广泛的国际性,但它并非经常选的仲裁机构。一般情况下,只把它作为备选机构。

因此,如果中国企业在交易谈判中处于有利地位,可以根据需要主张选用境内的仲裁机构,例如中国国际经济贸易仲裁委员会、北京仲裁委员会/北京国际仲裁中心、①深圳国际仲裁院、②上海仲裁委员会、③上海国际经济贸易仲裁委员会(上海国际仲裁中心)、④广州仲裁委员会⑤等仲裁机构。部分仲裁机构受案数量见表 16 - 2。

表 16 - 2　部分仲裁机构受案数量

单位:件

年份	ICC	CIETAC		HKIAC	SIAC	SCC	LCIA	BAC	
		国际	国内					国际	国内
2020	946	739	2876	318	1080	213	444	215	5402
2019	869	617	2716	308	479	175	406	163	6569
2018	842	522	2440	521	402	152	317	88	4784
2017	810	476	1822	532	452	200	285	77	3350
2016	966	483	1698	262	343	199	303	69	2943
2015	801	437	1531	271	271	181	326	52	2892

(四)选择国际仲裁的仲裁员时应考虑的主要因素和对候选仲裁员的面试

1. 选择国际仲裁的仲裁员时应考虑的主要因素

在国内仲裁中,选择仲裁员时要考虑仲裁员的专业能力、职业素养、处理相关

① 北京仲裁委员会/北京国际仲裁中心 2021 年受理案件 7737 件,其中国际商事案件 249 件,案件当事人涉及境外 25 个国家或地区,争议金额突破 1000 亿元人民币。目前,627 名仲裁员来自 27 个不同的国家和地区,其中港台地区的仲裁员 27 名,外籍仲裁员 135 名。

② 深圳国际仲裁院 2021 年受理案件 7036 件,其中国际商事案件 345 件,案件当事人涉及境外 25 个国家或地区。2022 年启用的新一届仲裁员共 1549 名,来自全球 114 个国家和地区,其中中国内地(大陆)981 人,中国香港特区 149 人,中国澳门特区 18 人,中国台湾地区 17 人,外国 384 人。

③ 上海仲裁委员会 2021 年受理案件 6017 件,第七届上海仲裁委员会是由 15 名境内外法律、经济贸易专家和知名人士组成。新一届仲裁员共 1784 名,其中来自港澳台及外籍仲裁员近 400 名,分别来自 111 个国家和地区,可以使用 42 种语言进行仲裁,覆盖东盟和区域全面经济伙伴关系协定所有国家,"一带一路"沿线国家 77 个。

④ 上海国际仲裁中心 2021 年受理 1752 件仲裁案件,其中涉外案件 149 件。《仲裁员名册》共有仲裁员 965 名,分别来自 74 个国家和地区,其中中国内地仲裁员 604 名,占比 62.59%;外籍及港澳台地区仲裁员 361 名,占比 37.41%。

⑤ 广州仲裁委员会 2021 年共受理传统案件 20096 件,受理涉外、涉港澳台案件 466 件。聘任的第六届 2004 名仲裁员中,境外人士占比达到 8% 以上。

仲裁案件的经验、业内声誉、知名度、中立性、独立性、相关领域背景知识、对程序的管理能力、对类似法律问题的观点、是否有办案时间、当事人或代理律师对仲裁员了解的程度等。在国际仲裁中,除了要考虑国内仲裁的所有因素外还要考虑仲裁员国籍、经常居住地和开庭地点的距离,仲裁员与当事人的文化差异、在所选定的仲裁机构中的办案经验和对仲裁规则的熟悉程度、对相关法律的了解程度和对仲裁语言的掌握程度等。在语言和国籍方面,如果仲裁员的国籍是中国,对我们的好处一方面是心理上的,另一方面,本国的仲裁员可能对本国人的思维方式比较了解,有利于争议的解决。

根据 2018 年中国香港国际仲裁中心的仲裁员指定实务指引,在指定仲裁员时,HKIAC 会考虑广泛的因素。这些因素包括但不限于以下各项:(1)任何经当事人各方约定的仲裁员资格;(2)任何当事人所提议的仲裁员资格或人选;(3)当事人各方、其代理律师及边裁(如适用)的身份;(4)当事人各方的国籍;(5)仲裁员人选的国籍;(6)仲裁员人选的住所地;(7)仲裁员人选是否有时间处理案件;(8)仲裁员人选提议的收费金额;(9)争议性质与复杂程度;(10)争议涉及的金额;(11)相关合同的管辖法律;(12)仲裁地;(13)仲裁语言以及相关合同的语言;(14)仲裁员人选此前在 HKIAC 案件中获得指定的次数;以及(15)HKIAC 此前与仲裁员人选工作的经验以及任何当事人的反馈。

2. 对候选仲裁员的面试①

原则上,一方当事人及其代理人的确不应该在仲裁程序中单方接触仲裁员,仲裁员也应该对此有所警觉,避免、拒绝在一方不在场的情况下,与另一方进行单方交流。然而,有个例外是:一方当事人在选任仲裁员前,可以为了选任仲裁员的目的而单方面与仲裁员候选人进行交流。依据国际律师协会制定的《国际仲裁当事人代理指引》(以下简称《代理指引》)第 8 条的规定,一方当事人之代理人可与备选的或已经任命的仲裁员或首席仲裁员进行交流以判断他/她的专长、经验、能力、时间安排、意愿及可能存在的利益冲突。在与备选的当事人提名之仲裁员或首席仲裁员交流时,其交流内容可包括对争议的概括性描述,但“一方当事人之代理人不得要求备选的当事人提名之仲裁员对争议的实体问题发表意见”。

根据《代理指引》中所列对第 7、8 条的评论,面试仲裁员时,针对以下话题的

① 参见陈希佳、张诗芸:《如何选任仲裁员——国际仲裁致胜关键之一》,载 https://weibo.com/ttarticle/p/show? id=2309404541163083530340,最后访问日期:2022 年 4 月 13 日。

讨论是合适的:(1)备选仲裁员的发表物,包括书籍、文章、会议发言稿或参会情况;(2)备选仲裁员及其所在或所拥有的律师事务所或工作组织所从事的可能让人对备选仲裁员独立性或中立性提出合理怀疑的活动;(3)对争议的一般性质的描述;(4)仲裁协议的条款,尤其是对于仲裁地、语言、适用法律及仲裁规则的约定;(5)各方当事人、当事人之代理人、证人、专家及利益相关方的身份;以及(6)仲裁程序的预计时间表及总体安排。

此外,英国特许仲裁学会(Chartered Institute of Arbitrators)也制定了一份《国际仲裁实务指南:面试仲裁员候选人》(以下简称《面试指南》),其中第 2 条提到面试仲裁员候选人时,代理人应在事先交换的议程中清楚列出要讨论的问题,并事先就议程达成一致。在任何情况下,面试的内容应限制在:(1)以往在国际仲裁的经验以及对于仲裁程序一般性事务的态度;(2)在该争议事项上的专业性;(3)是否有时间处理仲裁案件,包括程序的预计时间表以及预计的开庭时间和时长;和/或(4)在非机构/临时(ad hoc)仲裁中,仲裁员候选人的合理费用和其他与委任有关的条款,但须为可适用的规则或法律所允许。《面试指南》第 3 条也提到,在任何情况下,都不应该在面试时与仲裁员讨论导致争议发生的具体事实或情况、当事人的立场和争点,以及仲裁员候选人对于上述事实、情况、立场、主张的观点。

第四节 仲裁裁决被撤销的案情回顾及风险防控

一、仲裁裁决被撤销的典型案例

中国 A 公司与美国 B 公司于 2003 年 7 月 4 日和 10 月 10 日分别签订了编号为 XYE30××××88、XYE30××××98 的两份英文销售合同,该两份合同第 14 条均为仲裁条款,内容均是:"All disputes in connection with this Contract or the execution thereof shall be settled by negotiation between two parties. If no settlement can be reached, the case in dispute shall then be submitted for arbitration in the country of defendant in accordance with the arbitration regulations of the arbitration organization of the defendant country. The decision made by the arbitration organization shall be taken as final and binding upon both parties. The arbitration expenses shall be borne by the losing party unless otherwise awarded by the arbitration organization." 后因合同纠纷,美国 B 公司于 2006 年 8 月 1 日向中国××仲裁委员会申请仲裁。A 公司于 2006 年 8 月 11 日提出仲裁管辖异议书。××仲裁委员会于 2006 年 10

月16日作出决定书，认为编号为XYE30××××88、XYE30××××98的两份英文销售合同中的仲裁条款可译为："凡因本合同引起的或与本合同有关的任何争议，如协商不能解决，应根据被告（被申请人）所在国（地）的仲裁机构的规则在被告（被申请人）所在国（地）进行仲裁。仲裁裁决是终局的，对双方均有约束力。除非仲裁机构另有判决（裁决），仲裁费用由败诉方承担。"决定书还认为：仲裁被申请人A公司营业场所及工商注册登记地均在中国××市，仲裁被申请人住所地只有一个仲裁委员会，即××仲裁委员会，根据该案仲裁条款能够确定具体的仲裁机构。××仲裁委员会据此驳回A公司的仲裁异议。××仲裁委员会于2007年5月作出裁决。后A公司向××市中级人民法院申请撤销仲裁裁决。

在本案的审理过程中，申请人A公司认为"country"一词是指国家，仲裁协议约定在被告所在国的仲裁机构进行仲裁，属于约定不明，双方又未达成补充协议，故该仲裁协议无效。被申请人美国B公司则认为"country"一词包括国家、地区、乡村三种含义，仲裁协议可理解为约定在被告所在地的仲裁机构进行仲裁，××仲裁委员会有管辖权。对此，××市中级人民法院认为，英文"country"一词的通常含义是指"国家"，而不包括一国内的行政区域。"被告所在地"系有特定法律含义的词组，对被申请人认为可以将"country of defendant"理解为"被告所在地"的意见，不予采信。双方在仲裁协议中约定"提交被告所在国的仲裁机构仲裁"，而仲裁被申请人A公司所在国即我国境内有很多家仲裁机构。该协议未选定仲裁机构，双方又未达成补充协议，属于《仲裁法》第18条规定的约定不明的情况，该仲裁协议无效。依无效仲裁协议作出的仲裁裁决，应当依法撤销。故××仲裁委员会作出的裁决应予撤销。××省高级人民法院经审查，拟同意××市中级人民法院撤销（2006）××裁字第279号裁决。最高人民法院经研究认为，本案所涉仲裁条款应认定无效。

二、仲裁裁决被撤销的风险解析

如本章第二节所述，相当多的国家都允许当事人对仲裁裁决提出异议。如果裁决因此被撤销，其将失去法律效力。对仲裁裁决提出异议和撤销的理由主要有四类：（1）裁决本身的问题。（2）管辖权问题。（3）其他仲裁程序问题。（4）公共政策问题。在上述案件中，就是因为××仲裁委员会被认定没有管辖权使得其裁决被撤销。

三、仲裁裁决被撤销的防控措施

为了防止仲裁裁决被撤销，需要根据仲裁裁决的撤销理由有针对性地采取预防措施,例如签订有效的仲裁协议;约定信誉高的仲裁机构,选择水平高的仲裁员,仲裁程序要遵守仲裁地的仲裁法和约定的仲裁规则,根据当事人选择的实体法或其他合适的法律、公平与善良原则,作出高质量的裁决;仲裁程序不要违反程序公正和公共秩序;裁决不要超出仲裁协议约定的事项;等等。

第五节　仲裁裁决得不到承认与执行的案情回顾及风险防控

一、仲裁裁决得不到执行的典型案例

甲国A公司和乙国B公司签订合同,在履行过程中,因合作不愉快,双方均决定终止合同。因对合同终止后的事项达不成协议,双方将此提交给甲国一仲裁机构进行仲裁,裁决由B公司协助A公司办理作为出资财产的房屋的过户登记,以此抵债。因B公司未履行裁决,A公司向其所在地的H法院申请确认仲裁并执行。后法院审理发现,作为B公司营业地的房屋系违章建筑,B公司并不拥有合法产权,并不能办理过户手续,因此该裁决不能执行。

二、仲裁裁决得不到执行的风险解析

国际商事仲裁裁决的承认与执行一般分两种情况:一是本国国际商事仲裁裁决在本国的承认与执行;二是本国国际商事仲裁裁决在外国的承认与执行,以及外国国际商事仲裁裁决在本国的承认与执行。前一种情况为本国仲裁裁决的承认与执行,后一种情况则为外国仲裁裁决的承认与执行。

1. 本国仲裁裁决的承认与执行

本国仲裁裁决,即具有本国国籍的仲裁裁决,除包括本国非涉外仲裁裁决外,还包括本国的国际商事仲裁裁决。许多国家对本国非涉外仲裁裁决和本国国际商事仲裁裁决在本国的承认与执行适用完全相同的条件和程序。

从各国的仲裁立法和实践看,申请承认和执行本国仲裁裁决的程序一般为:

首先,由一方当事人向有管辖权的法院提出执行申请。

其次,法院收到执行申请书后即对仲裁裁决进行形式审查。法院对本国仲裁裁决一般进行形式审查;少数国家对本国仲裁裁决还作更严格的审查,如裁决中认定的事实是否正确、适用的法律是否适当。经审查,如果裁决有一项或几项不符合法律规定,法院即驳回当事人的执行申请,裁定不予执行。

最后，法院经审查认定裁决符合有关法律规定的，即裁定承认其效力；需要执行的，则发给执行令，由本国法院依照本国民事诉讼法中规定的程序像执行本国法院判决一样予以强制执行。

2. 外国仲裁裁决的承认与执行

承认与执行外国仲裁裁决的依据为有关的国际条约和互惠原则。目前，涉及外国仲裁裁决的承认与执行的国际条约中较具影响的主要有：全球性国际条约：1958 年《纽约公约》、1965 年《华盛顿公约》、1961 年《关于国际商事仲裁的欧洲公约》等；区域性国际条约：1975 年《美洲国家间关于国际商事仲裁的公约》等。

《纽约公约》第 4 条规定了申请承认与执行外国仲裁裁决应提供的文件；第 5 条规定了拒绝承认与执行外国仲裁裁决的理由。即使是得到了仲裁庭的支持，获得了有利于自己的仲裁裁决，也可能在被执行地国家被拒绝承认与执行，而且各国对于拒绝承认与执行外国仲裁裁决的立场、态度和具体的立法也有不同。一个仲裁裁决被拒绝承认与执行不仅使裁决本身失去了意义，也会使当事人利益得不到有效的保护。特别是当仅有一个可供执行的财产地时，仲裁裁决被拒绝执行将会使裁决变得毫无意义。

三、仲裁裁决得不到执行的防控措施

首先要注意的是，仲裁地所在的国家和仲裁裁决执行地所在的国家的法律对于拒绝承认与执行国际仲裁裁决的有关规定。对于同是《纽约公约》缔约国的双方当事人，还应当就《纽约公约》的相关内容做事先的了解，看对方所在国家是否在公约中提出了保留。

其次，对可能的执行地的法律事先做了解，仲裁条款的起草、仲裁程序的进行、仲裁裁决的作出等各个阶段都不应与相关法律规定相违背。这样才能尽可能地减少被拒绝承认与执行的风险。

第六节　法院选择不明确的案情回顾及风险防控

一、法院选择不明确的典型案例

甲国 A 船行与乙国 B 公司通过电传签订了一份租船合同，约定由 A 船行承运 B 公司的一批钢材，装货港为乙国 K 港口，卸货港为甲国 H 港口。船在抵达 K

港口后,B 公司以船舶不适航为由拒绝装货。为此与 A 船行发生争议,合同中并无争议解决条款,没有约定以何种方式在何地解决争议。A 船行认为,船舶从 G 地出发驶往 K 港口,G 地至 K 港口就是本次租船合同的预备航次,预备航次的开始即是合同的开始,因此 G 地是本次租船合同的履行地。A 船行据此在 G 地法院提起诉讼。B 公司提出管辖权异议,认为只有 K 港口和 H 港口才是合同的履行地,其所在地的法院才具有管辖权。

二、法院选择不明确的风险解析

各国对确定法院管辖权的规定存在差异,大多数的国家都允许当事人进行协议管辖,因此有必要事先在争议解决条款中约定管辖法院,赋予其"管辖权"。不可用"当地法院""相关法院"等含混不清的词语,这样不仅带来了法院管辖权的冲突,不利于当事人有效解决争议,还会给当事人带来额外的风险和增加纠纷的复杂性。

三、法律选择不明确的防控措施

协议需明确写明到何国何地法院进行诉讼,例如约定由某一方当事人的营业地或住所地法院管辖,这样一旦发生争议将根据所选法院所属国的管辖权规则对法院级别进行选择,而不必写明具体由哪一级法院管辖,以避免可能发生因为违反了该国的级别管辖和专属管辖的规定而导致约定无效的风险。此外,还需要综合考虑相关国家的国际私法、送达程序规则、判决执行规则等因素。

第七节　违反级别管辖和专属管辖导致约定无效的案情回顾及风险防控

一、违反级别管辖和专属管辖导致约定无效的典型案例

甲国 A 公司和乙国 B 公司在乙国 H 地签订钢材购销合同,合同约定,双方以 FOB 价格条件成交,在乙国 K 地交货。后双方又达成补充协议:"(1)合同履行中如出现争议,由 H 地 ×× 法院管辖;(2)合同的履行及争议的处理,应按照甲国法律进行。"后两者发生争议,B 公司向 H 地 ×× 法院提起诉讼。最终法院认定,协

议管辖的内容违反了乙国法律关于级别管辖的规定和“集中管辖”[①]的规定，因而导致该协议管辖的约定无效。因此 H 地 ×× 法院对本案无管辖权。

二、违反级别管辖和专属管辖导致约定无效的风险解析

各国对管辖法院赋予当事人有限的选择权，一般以不违反级别管辖和专属管辖为限。专属管辖是各国出于本国利益的考虑，将某些重要事项涉诉的管辖权严格控制在本国法院，这是法律的强制性规定。一旦违反了级别管辖和专属管辖的规定，将直接导致选择法院的协议无效。

三、违反级别管辖和专属管辖导致约定无效的防控措施

对可能选择的法院所属国家法律中有关级别管辖和专属管辖的规定做一个事先的了解和认识，或者在合同中进行适当的模糊处理，如约定将案件提交到某国有管辖权的法院进行处理。避免因违反级别管辖和专属管辖的规定导致约定无效。

第八节　判决执行困难的案情回顾及风险防控

一、判决执行困难的典型案例

一甲国人 A 在乙国 H 地法院申请承认甲国 K 地的法院判决的效力，并予以执行。乙国 H 地法院认为，甲乙两国之间没有缔结或者参加相互承认和执行法院判决、裁定的国际条约，亦未建立相应的互惠关系。据此法院裁定：驳回申请人 A 的请求。

二、判决执行困难的风险解析

一国法院的判决带有强烈的司法属性，承认并执行他国法院的判决往往涉及对是否会侵犯本国司法主权的考量，因此各国在这一问题上并没有达成统一的立场，没有像承认与执行仲裁裁决的《纽约公约》那样的国际公约，在全球范围内尚未形成统一的承认与执行外国法院判决的规则。目前，一国法院判决能否执行取

---

① 集中管辖，是指将以往分散由各基层人民法院、中级人民法院管辖的涉外民商事件集中交由少数受案较多、审判力量较强的中级人民法院和基层人民法院管辖。

决于两国之间的国家关系、是否有双边的司法互助协定或互惠做法。因此,当事人在起草争议解决条款和进行诉讼之前要考虑到这些因素,以免造成不必要的成本和时间的损失。

三、判决执行困难的防控措施

这需要对执行判决地的法律做一个了解,了解判决作出国与执行地国家之间是否有关司法互助协定以及是否共同加入了相关的国际公约或多边协定。

另外,如果没有司法互助协定或共同参加的国际公约,则需要考虑双方国家间的关系,在双方国家之间是否已经形成了互惠做法。一些关系亲密的普通法系国家,即使没有双边协定,也同样可以无障碍地进行判决的承认与执行(如美加之间),因此还需要了解有关国家是否有判决相互执行的先例,了解实践情况与有关国家的立场,避免判决被拒绝承认与执行。

第九节　调解协议得不到执行的案情回顾及风险防控

一、调解协议得不到执行的典型案例

甲国A公司与乙国B公司签订协议,由A公司投资B公司在乙国获得了特许经营许可的某一项目,并在协议中约定:“因本合同引起或者与本合同有关的任何争议,当事人应当首先根据最新修订的国际商会调解规则将争议提交调解程序。”后双方在履行协议的过程中产生纠纷,B公司经济状况出现危机,难以继续经营,遂就项目有关事宜向A公司提请调解,在调解员的主持下双方达成了和解,在原合同的基础上作出修改,签订了一份补充协议(以调解协议方式)。将合作方式改变为由A公司派遣技术人员和管理人员与B公司共同经营B公司在乙国获得的特许经营许可项目,后B公司拒绝履行新协议中向A公司提供某些服务的义务。A公司以新协议为基础向B公司所在地法院提起诉讼。法院认为,根据乙国法律,在这个项目所涉及的产业内,并不允许以任何形式与外国资本合作经营,因此经调解达成的补充协议无效。并且,根据乙国法律,经调解后达成的任何和解协议并不具有强制执行力,而仍然属于当事人合意达成的协议。

二、调解协议得不到执行的风险解析

调解是在私下进行的,因此各方对程序有较大的控制权。通过这种程序,各

方可以更好地相互了解,并可能找到具有创造性的解决方案。与冗长的诉讼程序相比,调解可节省时间和成本,并且有助于维护双方之间的商事关系。最近,人们对调解作为一种国际争端解决方法的兴趣不断提升。因此,联合国大会于 2018 年 12 月通过了《新加坡调解公约》。公约的生效提供了一种实际执行调解和解协议的方法,因此,国际合同的当事人可以认真考虑加入"调解条款",而不仅仅是管辖权或仲裁条款,争取使用调解方式解决国际商事争议。即使如此,对于在非缔约国内(公约目前只有 8 个成员)经调解达成的调解协议,或是在《新加坡调解公约》生效前达成的调解协议,仍将面对经调解所达成的调解协议不被认可和执行的风险。

三、调解协议得不到执行的防控措施

首先,了解执行调解协议的国家对于调解的立法和司法实践,明确调解协议是否能获得强制执行效力。否则一旦不被遵守,又不具有强制执行力,达成的调解协议将毫无意义,还可能浪费了因进行调解而支出的各种费用和时间成本,增加了企业负担。

其次,如果企业倾向于通过调解解决争议,则可以在起草争议解决条款时设计一个"多层次争端解决条款"或"多步骤争端解决替代条款"。将调解和仲裁或诉讼一起使用。如凡因本合同引起的或与本合同有关的任何争议,当事人应当首先根据最新修订的国际商会调解规则将争议提交调解程序。如果在提出调解请求后 45 天内,或在当事人书面约定的期限内,争议仍未按照上述规则得到解决,在超出提交调解的期限后,应提交中国国际经济贸易仲裁委员会,依据申请仲裁时该会现行有效的仲裁规则,由一名或多名仲裁员在北京进行仲裁。这样一来既保留通过调解高效、快速解决纠纷的可能性,又避免了一旦调解协议不被执行后无法通过其他方式解决争议的困境。

第十节　合同条款示例

一、示范仲裁条款

(一)中国国际经济贸易仲裁委员会示范仲裁条款

凡因本合同引起的或与本合同有关的任何争议,均应提交中国国际经济贸易

仲裁委员会,按照申请仲裁时该会现行有效的仲裁规则进行仲裁。仲裁裁决是终局的,对双方均有约束力。

Any dispute arising from or in connection with this Contract shall be submitted to China International Economic and Trade Arbitration Commission(CIETAC)for arbitration which shall be conducted in accordance with the CIETAC's arbitration rules in effect at the time of applying for arbitration. The arbitration award is final and binding upon both parties.

(二)中国香港国际仲裁中心机构仲裁示范仲裁条款

根据《香港国际仲裁中心机构仲裁规则》管理的机构仲裁:合同当事人若希望将未来产生的任何争议提交到《香港国际仲裁中心机构仲裁规则》下的仲裁解决的,可在合同中加入以下仲裁条款:

"凡因本合同所引起的或与之相关的任何争议、纠纷、分歧或索赔,包括合同的存在、效力、解释、履行、违反或终止,或因本合同引起的或与之相关的任何非合同性争议,均应提交由香港国际仲裁中心管理的机构仲裁,并按照提交仲裁通知时有效的《香港国际仲裁中心机构仲裁规则》最终解决。

*本仲裁条款适用的法律为……(香港法)

仲裁地应为……(香港)

**仲裁员人数为……名(一名或三名)。仲裁程序应按照(选择语言)进行。"

Arbitration under the HKIAC Administered Arbitration Rules

Parties to a contract who wish to have any future disputes referred to arbitration under the HKIAC Administered Arbitration Rules may insert in the contract an arbitration clause in the following form:

"*Any dispute, controversy, difference or claim arising out of or relating to this contract, including the existence, validity, interpretation, performance, breach or termination thereof or any dispute regarding non - contractual obligations arising out of or relating to it shall be referred to and finally resolved by arbitration administered by the Hong Kong International Arbitration Centre (HKIAC) under the HKIAC Administered Arbitration Rules in force when the Notice of Arbitration is submitted.*

The law of this arbitration clause shall be... (Hong Kong law). *

The seat of arbitration shall be... (*Hong Kong*).

The number of arbitrators shall be... (*one or three*). *The arbitration proceedings shall be conducted in ...* (*insert language*). " **

(三)新加坡国际仲裁中心示范仲裁条款

SIAC 示范条款

在起草国际合同时,我们建议合同中包括以下仲裁条款:

因本合同引起的或与本合同有关的任何争议,包括与本合同的存在、有效性或终止有关的任何问题,应提交新加坡国际仲裁中心("SIAC")根据当时有效的新加坡国际仲裁中心仲裁规则("SIAC 规则")管理的仲裁,并最终通过仲裁解决。该规则被视为通过引用纳入本条款。

仲裁地应为[新加坡]。*

仲裁庭应由____名** 仲裁员组成。

仲裁的语言应为________。

适用法律

双方还应约定适用法律条款。建议采取以下措施:

本合同受________的法律管辖***

---

* 当事人应当指定自己选择的仲裁地。如果双方希望选择新加坡的替代仲裁地,请将"[新加坡]"替换为选择的城市和国家(例如"[城市,国家]")。

** 写明一个奇数,或者是 1 个,或者是 3 个。

*** 陈述国家或管辖权。

SIAC MODEL CLAUSE

In drawing up international contracts, we recommend that parties include the following arbitration clause:

Any dispute arising out of or in connection with this contract, including any question regarding its existence, validity or termination, shall be referred to and finally resolved by arbitration administered by the Singapore International Arbitration Centre ("SIAC") in accordance with the Arbitration Rules of the Singapore International

Arbitration Centre ("SIAC Rules") for the time being in force, which rules are deemed to be incorporated by reference in this clause.

The seat of the arbitration shall be [Singapore]. *

The Tribunal shall consist of ———** arbitrator(s).

The language of the arbitration shall be ____________.

APPLICABLE LAW

Parties should also include an applicable law clause. The following is recommended:

This contract is governed by the laws of ____________. ***

---

* *Parties should specify the seat of arbitration of their choice. If the parties wish to select an alternative seat to Singapore, please replace "[Singapore]" with the city and country of choice (e. g. , "[City, Country]").*

** *State an odd number. Either state one, or state three.*

*** *State the country or jurisdiction.*

(四)北京仲裁委员会示范仲裁条款

因本合同引起的或与本合同有关的任何争议,均提请北京仲裁委员会按照该会现行仲裁规则进行仲裁。仲裁地在北京,仲裁裁决是终局的,对双方均有约束力。

All disputes arising from or in connection with this contract shall be submitted to Beijing Arbitration Commission for arbitration in accordance with its rules of arbitration in effect at the time of applying for arbitration. The seat of arbitration shall be Beijing. The arbitral award is final and binding upon both parties.

(五)深圳国际仲裁院示范仲裁条款

1.通用仲裁条款

凡因本合同引起的或与本合同有关的任何争议,均应提交深圳国际仲裁院仲裁。

Any dispute arising from or in connection with this contract shall be submitted to the Shenzhen Court of International Arbitration (the SCIA) for arbitration.

2."选择性复裁程序"仲裁条款

凡因本合同引起的或与本合同有关的任何争议,均应提交深圳国际仲裁院仲裁。任何一方有权就仲裁庭作出的裁决向该院提请复裁并由复裁庭作出终局裁决。仲裁地为________。(请填写不禁止复裁的国家或法域)

The SCIA Guidelines for the Optional Appellate Arbitration Procedure may include the following model clause to a contract:

Any dispute arising from or in connection with this contract shall be submitted to the Shenzhen Court of International Arbitration (the SCIA) for arbitration. The parties grant each other the right to appeal to the SCIA against the award or awards rendered by the arbitral tribunal. The appellate tribunal renders the final award. The place of arbitration shall be【　　】. (State the country or jurisdiction where the Appellate Arbitration is not prohibited)

3."调解 + 仲裁"方式

凡因本合同所引起的或与本合同有关的任何争议,各方同意提交深圳国际仲裁院调解中心进行调解。调解成功的,各方同意将和解协议提交深圳国际仲裁院,请求依照仲裁规则根据和解协议的内容制作成裁决书。一方当事人不愿调解或调解不成的,应提交深圳国际仲裁院进行仲裁。

"Mediation + Arbitration"

Any dispute arising from or in connection with this Contract shall be submitted to the Shenzhen Court of International Arbitration (the SCIA) Mediation Centre for mediation. If the mediation is successful, the parties agree to submit the settlement agreement to the SCIA to request that an arbitral award be rendered in accordance with the Arbitration Rules and based on the terms of the settlement agreement. If any party is unwilling to mediate or the mediation fails, the dispute shall be referred to the SCIA for arbitration.

4."和解 + 仲裁"方式

双方同意,任何一方均有权将本和解协议提交深圳国际仲裁院,请求依照仲裁规则按照和解协议的内容作出裁决。仲裁裁决是终局的,对双方当事人均有约束力。

"Reconciliation + Arbitration"

Both parties agree that either party has the right to submit this settlement agreement to the Shenzhen Court of International Arbitration (the SCIA) to request that an arbitral award be rendered in accordance with the Arbitration Rules and based on the terms of the settlement agreement. The arbitration award is final and binding on both parties.

(六)上海仲裁委员会示范仲裁条款

凡因本合同引起的或与本合同有关的任何争议,均应提交上海仲裁委员会按照该会仲裁规则进行仲裁。仲裁裁决是终局的,对双方当事人均有约束力。

Any dispute arising from or in connection with this Contract shall be submitted to Shanghai Arbitration Commission for arbitration which shall be conducted in accordance with the Commission's arbitration rules. The arbitral award is final and binding upon both parties.

(七)广州仲裁委员会示范仲裁条款

凡因本合同引起的或与本合同有关的任何争议,均提请广州仲裁委员会按照该会现行仲裁规则进行仲裁。仲裁裁决是终局的,对双方均有约束力。

Any dispute arising from or in connection with this contract shall be submitted to Guangzhou Arbitration Commission for arbitration in accordance with its current arbitration rules. The arbitration award is final and binding on both parties.

二、协议管辖示范条款

下面以海南省第一涉外民商事法庭在参考国际商事仲裁、新加坡国际商事法庭等示范条款的基础上,制定的《海南第一涉外民商事法庭协议管辖示范条款》为例加以说明。该示范条款通过中英文版本发布,以便推广适用。

海南第一涉外民商事法庭协议管辖示范条款

凡因本合同引起的或与本合同有关的任何争议,均应不可撤销且排他地提交中华人民共和国海南第一涉外民商事法庭进行诉讼,诉讼程序适用中华人民共和国民事诉讼法的规定。

1. 各方确认其司法送达地址分别为:

A. ________________

B. ________________

2. 经双方协商一致，解决争议的准据法为：

A. 中华人民共和国法律；

B. ________国法律；

C. ________（国际公约）。

协议管辖示范条款的说明

1. 协议管辖范围仅限于涉外合同纠纷，且不得违背中华人民共和国民事诉讼程序中有关专属管辖、级别管辖的强制性规定。

2. 建议协议方明确选择排他性管辖，有利于海牙协议选择法院公约框架下司法裁判文书的域外承认与执行。

3. 准据法的选择，仅指实体法选择，不包括程序法。

4. 本示范条款仅具有参考作用。

Model Clauses

Any dispute arising from or in connection with this contract shall be exclusively and irrevocably submitted to Hainan First Foreign – Related Civil and Commercial Tribunal for litigation following the Chinese Civil Procedure Law.

1. All parties confirm that the address of service for litigation should be：

A. ________

B. ________

2. All parties agree on that the Applicable Law for the dispute settlement shall be：

A. Chinese Law.

B. ________Law（Foreign Law）.

C. ________ Convention（International Convention）.

Notice of the Model Clauses

1. The model clauses are only applied to foreign – related contract disputes, and shall not violate mandatory exclusive jurisdiction and hierarchical jurisdiction rules stipulated in Chinese Civil Procedure Law.

2. Parties should be aware that exclusive jurisdiction is highly recommended to avail themselves of the extraterritorial judgment recognition and enforcement framework provided by the Hague Convention on Choice of Court Agreements.

3. Applicable Law only refers to substantive law, procedure law is not included.

4. The model clauses are for reference purposes only.

三、示范调解条款

本合同之各方当事人均愿将因本合同引起的或与本合同有关的任何争议,提交中国国际贸易促进委员会/中国国际商会调解中心,按照申请调解时该中心现行有效的调解规则进行调解。经调解后如达成和解协议,各方都要认真履行该和解协议所载之各项内容。

Each of the parties to this contract wishes to submit any dispute arising out of or relating to this contract to the China Council for the Promotion of International Trade/International Chamber of Commerce Mediation Center, in accordance with the Mediation Rules in force at the time of the application for mediation. If a settlement agreement is reached after conciliation, the parties shall be obliged to fulfill in good faith all the elements contained in the settlement agreement.

如果在提出调解请求后 45 天内,或在当事人书面约定的期限内,争议仍未按照上述规则得到解决,在超出提交调解的期限后,将争议提交中国国际经济贸易仲裁委员会,按照申请仲裁时该会现行有效的仲裁规则进行仲裁。仲裁裁决是终局的,对双方均有约束力。

If the dispute is not settled in accordance with the above rules within 45 days of the request for conciliation or within the period specified by the parties in writing, after the time limit for submission to conciliation has expired, the dispute is submitted to the China International Economic and Trade Arbitration Commission (CIETAC) for arbitration which shall be conducted in accordance with the CIETAC's arbitration rules in effect at the time of applying for arbitration. The arbitration award shall be final and binding on the parties.

第十一节　本章小结

因为许多国际合同的当事人熟悉本国相关的法律规则、具有使用本国语言和地点的便利,更愿意在本国进行诉讼。但是,这对于国际诉讼的当事人来说,未必总是切实可行和合理的。如果争议的另一方当事人居住在外国,而其大部分资产也在该外国,那么原告一般要经过漫长而昂贵的国际送达程序和执行判决的过程。在此过程中,需要耗费大量的时间和金钱,还有可能面临法院判决被拒绝承认与执行的风险。事实上,在国际贸易中,合同当事人很少选择诉讼作为争议解决方式,因为无论选择买方所在国还是卖方所在国法院管辖,对另一方可能都是不公平的,很难就此达成一致。①

对于国际商事争议的解决,我们可以更多地考虑仲裁以及其他的替代性纠纷解决方式(Alternative Dispute Resolution,ADR),鉴于国际仲裁的高效便捷性、公信力和执行力强等优点,在国际贸易合同中一般选择国际仲裁。仲裁地点和仲裁机构由当事人自行约定,一定要明确仲裁地点和仲裁机构名称。仲裁条款可参照规范的示范仲裁条款进行拟定。一旦发生争议,可先行咨询企业所在地的商业企业管理协会的法律部门、律师事务所等专业服务机构,详细了解仲裁规则及可行性后再决定如何化解矛盾,解决争议。

在《新加坡调解公约》通过之后,缔约国当事人之间通过灵活、高效的调解程序获得一份具有执行力的调解协议同样也值得考虑。

---

① 参见张淑珍、王燕:《企业常用合同范本——国际货物买卖合同》,北京大学出版社2013年版,第207页。

第十七章

法律适用条款法律风险防控

国际贸易属于跨国或跨地区交易，买卖双方一旦因合同履行发生争议又无法通过协商解决时，必然会涉及在哪个国家或地区解决、具体采取哪种争议解决方式以及解决争议时适用什么法律法规的问题。法律适用条款是指依据什么法律规则解释合同或者解决因合同而起的争议的条款。如果国际货物买卖合同中没有约定适用的法律，在诉讼或仲裁中双方争议的解决具体适用什么法律一般就要通过国际私法冲突规范来确定。争议应适用的法律被称为准据法，这是国际私法学特有的学理概念，是能够最终确定争议双方权利义务关系的法律。合同准据法（涉外合同适用的法律）是指由冲突规范所指引的适用于涉外合同关系的特定国家或地区的法律。由于各国法律规定不同，甚至相反，使同一争议在不同地域解决时可能适用不同的法律，最终导致争议处理结果的不同。如果在签订买卖合同时，就将合同应予适用的法律确定下来，对于双方当事人而言，可以预测合同争议可能的处理结果，使争议最终结果能够符合当事人的预期，从而达到一种比较公平的利益平衡。因此，在国际货物买卖合同中，法律适用条款是很重要的条款。

虽然预先在合同中约定法律适用对双方当事人而言是相对公平的一种方式，但该条款也会因为双方议价地位不同而有利于某一方，决定着当事人解决争议付出成本的大小、解决速度的快慢，甚至输赢成败。实践中，一些外贸企业在订立国际货物买卖合同时，只关注涉及双方权利义务的实质性条款，对于法律适用条款不甚重视。有时候合同的磋商是通过电子邮件相互要约承诺，没有正式的合同文本，法律适用条款的有无并不会影响合同的成立。有时候合同文本是外方提供的事前拟定好的格式条款，谈判时主要关注价格、数量、交货时间、付款等相关事宜，或者是鉴于交易中的弱势地位，完全不利于己方的法律适用条款被保留下来，对此，企业应格外注意。[①]

第一节　合同法律适用条款涉及的主要法律规则

涉及涉外合同法律适用的主要法律规则有：《民法典》《涉外民事关系法律适用法》《最高人民法院关于适用〈涉外民事关系法律适用法〉若干问题的解释》；《联合国国际货物销售合同公约》《国际商事合同通则》；等等。

一、中国法律规则

（一）《民法典》

第 467 条　本法或者其他法律没有明文规定的合同，适用本编通则的规定，并可以参照适用本编或者其他法律最相类似合同的规定。

在中华人民共和国境内履行的中外合资经营企业合同、中外合作经营企业合同、中外合作勘探开发自然资源合同，适用中华人民共和国法律。

（二）《涉外民事关系法律适用法》

该法是我国国际私法的重要组成部分。国外国际私法的立法成文化、法典化的趋势十分明显。改革开放以来，中国的涉外民事关系法律适用立法取得了很大的成绩，也存在一些不足和缺陷。2010 年 10 月全国人大常委会通过的《涉外民事关系法律适用法》是中华人民共和国涉外立法史上的里程碑，具有十分重要的意义。该法包括 8 章 52 条：一般规定、民事主体、婚姻家庭、继承、物权、债权、知识产权和附则。

第 41 条　当事人可以协议选择合同适用的法律。当事人没有选择的，适用履行义务最能体现该合同特征的一方当事人经常居所地法律或者其他与该合同有最密切联系的法律。

第 42 条　消费者合同，适用消费者经常居所地法律；消费者选择适用商品、服务提供地法律或者经营者在消费者经常居所地没有从事相关经营活动的，适用商品、服务提供地法律。

---

① 参见张淑珍、王燕：《企业常用合同范本——国际货物买卖合同》，北京大学出版社 2013 年版，第 203 页。

(三)《最高人民法院关于适用〈涉外民事关系法律适用法〉若干问题的解释(一)》

为正确贯彻执行《涉外民事关系法律适用法》,统一裁判思路,最高人民法院在广泛调研、充分论证的基础上出台了相应的司法解释,该司法解释于2012年12月经最高人民法院审判委员会讨论通过,并于2013年1月7日公布实施,共21条。

二、国际法律规则

(一)《联合国国际货物销售合同公约》

第1条 (1)本公约适用于营业地在不同国家的当事人之间所订立的货物销售合同:

(a)如果这些国家是缔约国;或

(b)如果国际私法规则导致适用某一缔约国的法律。

(2)当事人营业地在不同国家的事实,如果从合同或从订立合同前任何时候或订立合同时,当事人之间的任何交易或当事人透露的情报均看不出,应不予考虑。

(3)在确定本公约的适用时,当事人的国籍和当事人或合同的民事或商业性质,应不予考虑。

第2条 本公约不适用于以下的销售:

(a)购供私人、家人或家庭使用的货物的销售,除非卖方在订立合同前任何时候或订立合同时不知道而且没有理由知道这些货物是购供任何这种使用;

(b)经由拍卖的销售;

(c)根据法律执行令状或其他令状的销售;

(d)公债、股票、投资证券、流通票据或货币的销售;

(e)船舶、船只、气垫船或飞机的销售;

(f)电力的销售。

第3条 (1)供应尚待制造或生产的货物的合同应视为销售合同,除非订购货物的当事人保证供应这种制造或生产所需的大部分重要材料。

(2)本公约不适用于供应货物一方的绝大部分义务在于供应劳力或其他服务的合同。

第 4 条　本公约只适用于销售合同的订立和卖方和买方因此种合同而产生的权利和义务。特别是,本公约除非另有明文规定,与以下事项无关:

(a)合同的效力,或其任何条款的效力,或任何惯例的效力;

(b)合同对所售货物所有权可能产生的影响。

第 5 条　本公约不适用于卖方对于货物对任何人所造成的死亡或伤害的责任。

第 6 条　双方当事人可以不适用本公约,或在第十二条的条件下,减损本公约的任何规定或改变其效力。

(二)《国际商事合同通则》(2016)

序言(通则的目的)

通则旨在为国际商事合同制定一般规则。

当事人约定其合同受通则管辖时,应适用通则。

当事人约定其合同受法律的一般原则、商人习惯法或类似规范管辖时,可适用通则。

当事人未选择任何法律管辖其合同时,可适用通则。

通则可用于解释或补充国际统一法文件。

通则可用于解释或补充国内法。

通则可用作国内和国际立法的范本。

第 1.4 条(强制性规则)

本通则的任何规定均不应限制根据有关国际私法规则所导致的对强制性规则的适用,不论这些强制性规则是源于一国的、国际的还是超国家的。

第 1.5 条(当事人的排除或修改)

除通则另有规定外,当事人可以排除通则的适用或减损或改变通则任何条款的效力。

第 4.8 条(补充空缺条款)　(1)如果合同当事人各方就一项确定其权利和义务的重要条款未达成一致,应补充一项于相关情况下适当的条款。(2)在决定何为适当条款时,除其他因素外,应考虑以下因素:(a)各方当事人的意思;(b)合同的性质和宗旨;(c)诚实信用和公平交易原则;(d)合理性。

第二节 法律风险提示

国际上,合同准据法的确定一般原则是:(1)依据当事人意思自治原则确定合同的准据法,即以当事人约定适用的法律为准。在国际货物贸易中,双方当事人可以自行约定适用的法律或不适用的法律、适用的某些法律条款或不适用的某些法律条款。(2)如果当事人没有约定合同适用的法律,如双方营业地均位于《联合国国际货物销售合同公约》缔约国,[①]则适用公约的规定。否则,一般适用最密切联系原则确定合同的准据法,即适用与合同有最直接、最真实联系的国家或地区的法律。

一、未约定法律适用条款的风险

由于当事人的疏忽,一些合同没有法律适用的约定。在这种情况下,双方在解决实体争议之前对法律适用问题就会产生争议,不利于实体争议的解决。

二、法律适用条款约定不完整或有瑕疵的风险

很多合同对法律适用的约定都比较简单,例如"本合同适用某国法律或者某国际公约,在前述法律或公约没有规定时适用某法律"。法律适用约定不完整或有瑕疵可能会使该条款归于无效,或者因操作起来困难、花费多而给企业带来额外的负担。主要有以下几种情形。

第一,当事人选择了与合同没有客观联系的法律,而争议解决地的法律又要求当事人选择的法律必须与合同有客观联系,法律选择条款可能归于无效。

第二,合同双方对于某一合同关系选择适用其他法律而排除了法院地国的强制性规则对该合同关系的直接适用,或者适用当事人选择的法律的结果违反法院地国的公序良俗,也可能造成法律选择条款的无效。

第三,合同双方在约定法律适用条款时如果采用默示方式,而争议解决机构所在国的法律对于法律选择的形式要求是明示的,可能会导致法律适用条款无效而无法得到适用。

---

① 公约的成员,参见本书附录2。

三、不熟悉所约定适用的法律的风险

不熟悉或不够重视所约定适用的法律，将导致企业对自身违约成本没有合理的预期。中方企业一般不会仔细关注合同约定适用的法律的基本规则，导致对自身违约后果以及对方违约时可以采用的救济措施没有合理的预期，使自己处于权益受损的风险之中。

有时交易双方为了“公平”起见，选择双方都很陌生的法律，在争议解决程序中，外国法的查明有可能需要由当事人负责，如果当事人无法提供其选择适用的准据法，那么该法律就不能得到适用。①

第三节 法律适用条款所涉风险案情回顾及风险防控

一、法律适用条款所涉风险的典型案例

中国内地 A 公司与中国香港 B 公司达成一项钢材买卖合同，合同中约定，“与本合同有关的或为履行合同而产生的一切争议应当提交位于中国北京的××仲裁委员会仲裁，适用《联合国国际货物销售合同公约》。仲裁对双方有最终约束力”。后在交易过程中银行以 B 公司交付的单据中存在不符点为由而拒付货款，双方因此产生争议，B 公司因此向中国××仲裁委员会提交仲裁申请。在该案中双方就卖方提交的单据中存在不符点这一事实是否构成根本违约展开辩论。被申请人 A 公司援引了英国法院的判例来支持自己的观点，根据英国的相关规定，一旦卖方提交的单据因为存在不符点被银行正常拒付，买方就可以获得豁免，没有接收货物的义务。A 公司同时抗辩，《联合国国际货物销售合同公约》对于这一事实并未存在明确规定，主张援引《联合国国际货物销售合同公约》第 7 条第 2 款，根据合同适用的法律来作为裁判该问题的依据。

仲裁庭没有支持被申请人 A 公司的主张，认为，关于卖方因议付单据存在不

---

① 我国《涉外民事关系法律适用法》第 10 条第 1 款规定，当事人选择适用外国法律的，应当提供该国法律。我国《最高人民法院关于适用〈中华人民共和国涉外民事关系法律适用法〉若干问题的解释(一)》第 15 条第 2 款规定，当事人应当提供外国法律，其在人民法院指定的合理期限内无正当理由未提供该外国法律的，可以认定为不能查明外国法律。在这种情况下，如果当事人不熟悉自己所选择适用的法律，就算对法律适用条款进行了有效选择，也不一定能得到适用。《涉外民事关系法律适用法》第 10 条第 2 款规定，不能查明外国法律或者该国法律没有规定的，适用中华人民共和国法律。

符点被银行拒付后如何寻求救济,《联合国国际货物销售合同公约》没有具体规定,根据《联合国国际货物销售合同公约》第 9 条第(2)款的规定:“除非另有协议,双方当事人应视为已默示地同意对他们的合同或合同的订立适用双方当事人已知道或理应知道的惯例,而这种惯例,在国际贸易上,已为有关特定贸易所涉同类合同的当事人所广泛知道并为他们所经常遵守。”被申请人 A 所援引的英国判例不仅在英国国内存在争议,美国、中国香港等其他国家和地区对同样的问题也有不同的认定,因此该判例不能构成一个国际贸易领域里被广泛知道并遵守的惯例。根据《联合国国际货物销售合同公约》第 7 条第(2)款的规定,应当按照公约所依据的一般原则来解决,因此,公约中的诚实信用原则应当优先适用,卖方提交银行的信用证下议付单据存在瑕疵,但是提供的货物没有品质问题时,并不构成足以使买方拒收货物、解除合同的根本违约,买方应当依据公约中的诚信原则接受货物并通过有效途径支付货款。①

二、法律适用条款所涉风险解析

由于各个国家或地区的法律法规不尽相同,使同一争议在不同地域解决时可能适用不同的法律法规,最终可能会导致争议处理结果截然不同。因此,为了增强双方权利义务和争议解决的可预期性,当事人最好在合同中预先约定法律适用条款。如前所述,法律适用条款所涉风险主要包括:未约定法律适用条款的风险、法律适用条款约定不完整或有瑕疵的风险、不熟悉所约定适用的法律的风险。在当事人未行使选择法律的权利,或者法律选择无效时,许多国家依最密切联系原则确定合同的准据法。

(一)确定最密切联系的方法

1. 大陆法系国家确定最密切联系的方法

在大陆法系国家,一般利用特征履行说又称特征债务说(doctrine of characteristic obligation)来认定何地与合同最密切联系。这一学说要求法院根据何方的履行最能体现合同的特性而确定合同应适用的法律,它是为了克服“合同适用与其有最密切联系的法律”这种较为空泛的规则所带来的法律适用上不稳定和不可预

---

① 本案例参见张淑珍、王燕:《企业常用合同范本——国际货物买卖合同》,北京大学出版社 2013 年版,第 216 ~ 218 页。此处进行了适当改编。

见而诞生的。特征履行说现在虽已为越来越多的国内、国际立法所采用,但仍存在两大争论:对于如何判定合同一方的履行行为特征履行,一是主张凡非支付金钱、价款、对价的一方的履行行为特征履行,二是主张从社会的、经济的和法律的角度去综合判定合同债务中何方的履行行为最具实质意义。我们认为,凡在性质上足以使此种合同区别于其他各种合同从而使它特定化起来的一方的履行行为特征履行。因此,前两种观点并不是完全对立的,而是互为补充的。

2. 英美法系国家确定最密切联系的方法

英美法系国家通常运用利益分析、合同要素分析等方法判定何为最密切联系。法官在审理一起国际合同纠纷时,往往根据案件的具体情况分析合同与哪一国家有最密切联系。

(1)进行"量"的分析。一般地,法官首先会确定合同的如下基本要素总量:①谈判地;②缔结地;③履行地;④标的物所在地;⑤当事人的住所地(营业地或惯常居所地);⑥当事人的国籍;⑦形式特点;⑧使用的术语;⑨使用的文字;⑩约定的支付价金的货币;⑪经济、社会意义;⑫司法管辖权的合意或仲裁地的选择;等等。然后,法官会分析这些合同要素在有关国家中的分布情况。如果在数量上集中在一个国家或地区即为最密切联系地。当然,如果合同要素相对均衡地处于两个或两个以上国家,那么仅仅依靠量的分析不足以确定与合同有最密切联系的国家。

(2)进行"质"的分析。"质"的分析通常采用两种方式进行,即一般分析和特殊分析。一般分析是指对合同诸要素进行一般的、抽象的分析。首先,排除对确定最密切联系地位较弱的合同要素。例如,合同所使用的文字和合同所约定的支付价金的货币。其次,关注地位较强的合同要素,如合同中的法院选择条款。最后,考察地位会因合同种类不同而发生变化的合同要素,这就要进行特殊分析。特殊分析是指对不同种类的国际合同和不同特点的合同争议,对合同要素所作的具体分析。例如,在国际货物买卖合同中,当事人双方营业地对于确定最密切联系国家并不起决定性作用,但是在国际保险合同中,保险人的营业地常常是颇具分量的合同要素,因为保险的经营活动通常在其营业地进行。

合同要素分析法是一个综合分析方法,通过对合同各种因素进行"量"与"质"的综合分析,确定合同的"重心",进而确定合同的准据法。这种方法的优点是:法官可以根据不同案件的不同情况,对合同与哪一个国家存在最密切联系进行客观分析,有助于保证法律适用结果的合理性。这种方法的缺点是:不同的法官,由于观念、学识和经验的不同,即使面对情节相同的案件,也可能选择不同国家的法律,这就导致法律适用的不确定性。

(二)中国关于涉外合同法律适用的理论和实践

1. 涉外合同的概念

在中国,涉外合同是指合同关系中含有外国因素的合同。根据 2012 年制定、2020 年修正的《最高人民法院关于适用〈涉外民事关系法律适用法〉若干问题的解释(一)》(以下简称《解释(一)》)第 1 条规定,一般地说来,涉外合同应是指在合同关系的主体、客体或者内容这三个因素中至少有一个因素与外国有关的合同。此外,根据中国《民事诉讼法》的规定以及最高人民法院 1989 年《全国沿海地区涉外、涉港澳经济审判工作座谈会纪要》,对于发生在境外的中国没有管辖权的经济纠纷案件,除涉及不动产物权的纠纷外,只要双方当事人有书面协议,约定到中国法院进行诉讼的,法院便取得对该项诉讼的管辖权,适用《民事诉讼法》中"涉外民事诉讼程序的特别规定"。1999 年《海事诉讼特别程序法》第 8 条也有类似规定。在这种情况下,尽管合同关系与中国未必有实质性的联系,但对中国来说,也是一种涉外合同,即由中国法院行使司法管辖权的涉外合同。

2. 当事人意思自治原则是涉外合同法律适用的首要原则

根据我国《涉外民事关系法律适用法》第 41 条的规定,当事人可以协议选择合同适用的法律。这说明,我国把当事人意思自治原则作为合同法律适用的首要原则。但在具体运用上,具有自己的特点。

(1)关于法律选择的方式。2010 年《涉外民事关系法律适用法》第 3 条规定:当事人依照法律规定可以明示选择涉外民事关系适用的法律。2020 年修正的《解释(一)》第 6 条第 2 款规定,各方当事人援引相同国家的法律且未提出法律适用异议的,人民法院可以认定当事人已经就涉外民事关系适用的法律做出了选择。

(2)关于法律选择的时间和范围。根据 2020 年修正的《解释(一)》第 6 条第 1 款的规定,当事人在一审法庭辩论终结前协议选择或者变更选择适用的法律的,人民法院应予准许。其第 5 条规定,一方当事人以双方协议选择的法律与系争的涉外民事关系没有实际联系为由主张选择无效的,人民法院不予支持。《解释(一)》第 7 条规定,当事人在合同中援引尚未对中华人民共和国生效的国际条约的,人民法院可以根据该国际条约的内容确定当事人之间的权利义务,但违反中华人民共和国社会公共利益或中华人民共和国法律、行政法规强制性规定的除外。2010 年《涉外民事关系法律适用法》第 9 条规定:涉外民事关系适用的外国法律,不包括该国的法律适用法。从而排除了反致。

值得注意的是,2022 年《最高人民法院关于支持和保障全面深化前海深港现代服务业合作区改革开放的意见》第 7 条规定,支持前海法院申请授权试点探索域外法适用机制,在不违反我国法律基本原则或者不损害国家主权、安全和社会公共利益的前提下,允许在前海合作区注册的港资、澳资、台资及外商投资企业协议选择域外法解决合同纠纷,或者适用国际条约、国际惯例和国际商事规则化解纠纷。

(3)不适用意思自治的例外方面。根据我国《民法典》第 467 条第 2 款(原《合同法》第 126 条)的规定,在中华人民共和国境内履行的中外合资经营企业合同、中外合作经营企业合同、中外合作勘探开发自然资源合同,适用中华人民共和国法律。

我国《涉外民事关系法律适用法》第 42 条规定,消费者合同,适用消费者经常居所地法律;消费者选择适用商品、服务提供地法律或者经营者在消费者经常居所地没有从事相关经营活动的,适用商品、服务提供地法律。

(4)对于"合同争议"的范围,依据 2007 年《最高人民法院关于审理涉外民事或商事合同纠纷案件法律适用若干问题的规定》(已被废止)第 2 条规定,本规定所称合同争议包括合同的订立、合同的效力、合同的履行、合同的变更和转让、合同的终止以及违约责任等争议。

(5)关于合同形式问题。我国《民法典》第 469 条规定,当事人订立合同,可以采用书面形式、口头形式或者其他形式。我国加入的 1980 年《联合国国际货物销售合同公约》第 11 条规定,销售合同无须以书面订立或书面证明,在形式方面也不受任何其他条件的限制,销售合同可以用包括人证在内的任何方法证明。(中国已经于 2013 年 8 月 1 日有效撤回对《联合国国际货物销售合同公约》所作的书面形式保留声明)。因此,合同双方当事人的营业地均在缔约国内,且双方并未排除公约的适用,应适用公约的规定。当一方的营业地不在缔约国内的当事人签订国际货物买卖合同,或者双方营业地都在缔约国内但约定排除公约适用时,由于我国没有对涉外合同形式的法律适用作出规定,根据国际上的普遍做法,对合同的形式当事人或法院可选择适用合同缔结地法或者合同准据法。如果准据法为我国法,则双方间订立合同的形式不限于书面形式。

(6)关于缔约能力,依我国《涉外民事关系法律适用法》第 12 条的规定,作为自然人的涉外合同当事人的缔约能力原则上应适用当事人经常居所地法律,但行为地法认为有行为能力的也应认为有行为能力。依我国《涉外民事关系法律适用法》第 14 条的规定(法人及其分支机构的民事权利能力、民事行为能力、组织机构、股东权利义务等事项,适用登记地法律。法人的主营业地与登记地不一致的,可以适用主营业地法律),作为法人的涉外合同当事人的缔约能力原则上应适用登记地法律或主营业地法律。

3. 当事人未选择法律时最密切联系原则的适用

2010 年《涉外民事关系法律适用法》第 41 条规定,当事人可以协议选择合同适用的法律。当事人没有选择的,适用履行义务最能体现该合同特征的一方当事人经常居所地法律或者其他与该合同有最密切联系的法律。

为了给法院提供一个最密切联系的标准,我国采纳了国际社会通行的"特征履行说"。2007 年《最高人民法院关于审理涉外民事或商事合同纠纷案件法律适用若干问题的规定》(虽已被废止,但是仍有参考价值)第 5 条规定,人民法院根据最密切联系原则确定合同争议应适用的法律时,应根据合同的特殊性质,以及某一方当事人履行的义务最能体现合同的本质特性等因素,确定与合同有最密切联系的国家或者地区的法律作为合同的准据法。(1) 买卖合同,适用合同订立时卖方住所地法;如果合同是在买方住所地谈判并订立的,或者合同明确规定卖方须在买方住所地履行交货义务的,适用买方住所地法。(2) 来料加工、来件装配以及其他各种加工承揽合同,适用加工承揽人住所地法。(3) 成套设备供应合同,适用设备安装地法。(4) 不动产买卖、租赁或者抵押合同,适用不动产所在地法。(5) 动产租赁合同,适用出租人住所地法。(6) 动产质押合同,适用质权人住所地法。(7) 借款合同,适用贷款人住所地法。(8) 保险合同,适用保险人住所地法。(9) 融资租赁合同,适用承租人住所地法。(10) 建设工程合同,适用建设工程所在地法。(11) 仓储、保管合同,适用仓储、保管人住所地法。(12) 保证合同,适用保证人住所地法。(13) 委托合同,适用受托人住所地法。(14) 债券的发行、销售和转让合同,分别适用债券发行地法、债券销售地法和债券转让地法。(15) 拍卖合同,适用拍卖举行地法。(16) 行纪合同,适用行纪人住所地法。(17) 居间合同,适用居间人住所地法。如果上述合同明显与另一国家或者地区有更密切联系的,适用该另一国家或者地区的法律。

2019 年《关于人民法院进一步为"一带一路"建设提供司法服务和保障的意见》第 15 条提出,充分尊重当事人依法选择适用法律的权利,在适用最密切联系原则确定准据法时,应立足于请求权基础的识别、冲突规范和连接点的确定,充分说明确定准据法的理由，加强确定准据法的说理。

4. 国际条约和国际惯例的适用

我国《民法通则》第 142 条、《海商法》第 26 条、《民用航空法》第 184 条及《票据法》第 95 条等都规定，对相关的涉外民商事关系指定应适用中国法律时，如中国缔结或者参加的国际条约同中华人民共和国民事法律有不同规定的，适用国际条约的规定（中华人民共和国声明保留的条款除外）；中华人民共和国法律和中华人民共和国缔结或参加的国际条约未作规定的，可以适用国际惯例。

2019 年《关于人民法院进一步为“一带一路”建设提供司法服务和保障的意见》第 18 条提出，积极适用对我国生效的国际条约，尊重国际惯例和国际商事规则，推动形成和完善区域性及全球性商事法律规则。

对此，以下几点应予注意：第一，涉外合同适用中国法作准据法的有以下三种情况：一是某些种类的合同必须适用中国法律（如前面讲到的三种外商投资企业合同）；二是合同当事人合意选择了中国法；三是根据“最密切联系原则”，法院认为中国是与合同有最密切联系的国家，因而应适用中国法。第二，这里所指的国际条约与国际惯例，从学理解释上讲，均应理解为实体法条约或惯例。

三、法律适用条款所涉风险防控

（一）未约定法律适用条款的风险防控

第一，法律选择条款尽可能明示，最好是书面约定。由于双方当事人选择的准据法对合同的某些事项可能未作出规定，因此，在优先适用的法律之外，再行约定一个补充适用的法律，以弥补优先适用法律中的空白，提高争议解决的效率。

第二，在合同商定过程中尽可能约定适用中国的法律，如果无法达成一致意见，可以约定适用相关国际公约。尽量避免适用不熟悉的外国法律，以防止因不熟悉该外国法律导致不利结果的产生。

第三，为了使合同双方权益平衡，如果约定在我国境内仲裁，可以约定适用对方所在国法律；反之亦然。也可以约定合同相关争议在第三国或地区仲裁，适用当地法律。另外，还需要考虑选定的仲裁庭或管辖法院所在国法律的相关规定是否支持当事人双方的约定，能否达到当事人预期的争议解决结果。

（二）法律适用条款约定不完整或有瑕疵的风险防控

第一，应尽量选择适用与合同的签订和履行有关联的国家的法律。

第二,熟悉所选择适用的法律规定或请专业人士进行把关,确保合同条款的合法性。

第三,无论是从合同条款的效力而言还是从合同及证据的保存而言,合同均应以书面签订为宜。

第四,国际贸易合同一般采用英语作为合同语言,这就要求我们企业的外贸业务员具有一定的外语基础。对于合同条款的表述要做到严谨、规范。

(三)不熟悉所约定适用法律的风险防控

如果确有必要适用外国法律,则必须寻求熟悉该国法律的专业人员针对所选择的法律的规定制定相应的风险防控措施;并且做好相关法条的搜集准备工作,以便在争议解决程序中能够及时有效地提供。

第四节　合同条款示例

除非另有约定,本合同适用《联合国国际货物销售合同公约》,并在《联合国国际货物销售合同公约》没有规定的情况下适用中国法。

Unless otherwise agreed, this contract shall be governed by the United Nations Convention on Contracts for the International Sale of Goods(CISG),and in case of those matters not stipulated in CISG, Chinese Law shall be applied.

第五节　本章小结

法律适用对于合同纠纷解决具有非常重要的影响。选择不熟悉的法律可能带来无法控制的隐患和风险。在国际货物贸易中一般可以约定适用与合同相关的国家或地区的法律。在我方处于优势地位的情况下,企业应选择己方熟悉且有利于保护己方利益的法律。如双方势均力敌或对方处于强势地位,也应均衡双方利益商定各条款。比如在合同语言上做出让步,但在法律适用上坚持对己方有利的法律等。在合同约定前应咨询并参考法律专业人士的意见。这样无论是对合同的理解发生分歧抑或产生纠纷时,都可以争取朝着有利于己方的方向发展。

第十八章

其他条款法律风险防控

除了前面阐述的合同条款以外,合同中还存在一些其他条款。由于合同的性质不同或是因为当事人的特别约定,它们对于合同的成立与生效、合同的履行也十分重要,也会给企业带来不同的风险,同样也是合同的重要组成部分。本章将阐述约定合同文本语言条款、交易方式带来的特定风险条款。

第一节　其他条款涉及的主要法律规则

合同其他条款适用的主要法律规则有:《民法典》;《国际商事合同通则》;等等。

一、中国法律规则

《民法典》

第 142 条　有相对人的意思表示的解释,应当按照所使用的词句,结合相关条款、行为的性质和目的、习惯以及诚信原则,确定意思表示的含义。

无相对人的意思表示的解释,不能完全拘泥于所使用的词句,而应当结合相关条款、行为的性质和目的、习惯以及诚信原则,确定行为人的真实意思。

第 466 条　当事人对合同条款的理解有争议的,应当依据本法第一百四十二条第一款的规定,确定争议条款的含义。

合同文本采用两种以上文字订立并约定具有同等效力的,对各文本使用的词句推定具有相同含义。各文本使用的词句不一致的,应当根据合同的相关条款、性质、目的以及诚信原则等予以解释。

二、国际法律规则

《国际商事合同通则》(2016)

第4.7条(语言差异) 如果合同文本以两种或两种以上具有同等效力的文字起草,若各文本之间存在差异,应优先依据合同最初起草的文本予以解释。

第二节 法律风险提示

一、约定合同文本语言条款

当事人可能对于合同文字进行特别约定,不同语言文字之间天然地存在文义上的差异。对于同一种语言文字书写的合同条文,当事人、法官或者仲裁员都可能有不同的理解和解释,两种或两种以上文字书写的合同出现歧义和争议的可能性就更大了。由于我国经济实力的增强,我国外贸企业在国际贸易中掌握了更多的话语权,很多买卖合同都使用英文和中文两种语言拟定,为了避免两种合同语言对同一问题的表述出现歧义理解、而双方又各执一词的情形,保证合同的统一执行,应当在买卖合同中作出明确约定,当两种语言出现不一致时,应以哪种语言为准。如果对于合同没有约定作准的语言,可能会发生在谈判中达成的原意与合同文本表达出来的意思不一致甚至相违背的情形。即使是约定了作准的语言,也可能会因为各方当事人对一个词语、词组或条款文义上的不同理解而造成其对缔约意图的误解,增加合同履行的风险与解决纠纷的成本。

二、对合同的成立进行特别约定的条款

各国法律通常对合同成立的时间、地点作了一般规定,但是由于合同本身的性质不同或是当事人基于特别的考虑,会对此作出特别约定。合同成立的时间、地点对于之后纠纷的解决具有重要影响,如在当事人没有明确约定的情况下,合同签订地是在确定管辖法院或法律适用时会被考虑的一个因素。

三、交易方式带来的特定风险条款

不同的交易方式会给企业带来不同性质的风险,因此有必要根据合同选择的不同交易方式制定特定的风险预防条款。例如,以独家经销的方式进行交易,包

销商与供货人之间的关系更为密切,供货人十分依赖包销商在其市场上的经营能力、包销商的信誉等因素。包销商的经营能力不足会给供货人打开出口国市场造成障碍,包销商的信誉不良则可能给经销的产品和供货人的声誉造成影响。包销商还可能凭借自己多年来独家专营所形成的特殊地位,反过来制约供货商,如在价格和其他条件上讨价还价,为自己谋取利益。因此供货人可以根据交易的特殊性质对合同进行特别的约定。

第三节　因合同文本理解差异带来纠纷案情回顾及风险防控

一、因合同文本理解差异带来纠纷的典型案例

甲国 A 公司与乙国 B 公司签订了两份英文销售合同,两份合同第 14 条均为仲裁条款,约定的仲裁地条款是"arbitration in the country of defendant"。事后双方发生合同纠纷,B 公司将合同纠纷提交至甲国 A 公司所在地的仲裁机构进行仲裁。双方就"country of defendant"这一短语的解释产生了争议。若将其解释为被告(被申请人)所在国,被告所在国有多个仲裁机构,按照甲国法律属于没有对仲裁机构选择达成一致意见,可能导致仲裁协议无效。而 B 公司则认为"country"一词应当包括"国家、地区、乡村"三种含义,约定"country of defendant"就是确定了在甲国 A 公司所在地特定的行政区域内的唯一仲裁机构,是明确选择了仲裁机构的。最后,法院裁定"country"按照通常含义应指"国家",而不包括一国内的行政区域。"被告所在地"系有特定法律含义的词组,对 B 公司认为可以将"country of defendant"理解为"被告所在地"的意见,不予采信。① 在本案中,因为双方当事人对于合同中的一个词语的不同理解,导致了争议的产生。

二、因合同文本理解差异带来纠纷风险解析

当事人由于使用的语言文字的不同而带来的对合同主要条款理解上的差异,将会直接影响到合同的履行,或是合同争议的解决。特别是双方约定采用一方当事人使用的官方语言文字而不是英文或者其他区域性的通用语言文字时,这种语言上的沟壑将更加明显,风险也会更大。即使是双方都采用英文,也会在翻译和传达时产生误差。

---

① 参见李双元、欧福永:《国际私法教学案例》(第 2 版),北京大学出版社 2012 年版,第 411 页。

三、因合同文本理解差异带来纠纷风险防控

当事人尽量约定使用同一种语言文字,如果需要翻译,应当就合同中的主要条款的词义做进一步交涉沟通,明确订立的合同条款的具体含义。也可以在合同中共同使用双方当事人官方的或者是惯常的语言文字,并约定其中一种作准的语言文字,这样尽管可能增加了成本,但是可以降低风险,预防风险的发生。

第四节　特殊交易方式所涉风险案情回顾及风险防控

一、特殊交易方式所涉风险的典型案例

甲国A公司与乙国B公司签订经销合同。合同约定:B公司半年以内向A公司订购该产品3000件,总值30万美元。A公司根据订单分批交货,支付条件是货到目的地后15天内验收,验收后10天内付款,收货人为C公司。签约后,A公司根据订单发了第一批货物1000件,价值10万美元,货到目的地后数月A公司仍未收到货款。A公司要求B公司付清货款或退回货物,但B公司一直未予答复,后A公司将该争议提交仲裁。

在仲裁庭审理过程中,B公司称,他只是代理C公司购进货物并由C公司销售,B公司与C公司之间有代理协议。而且A、B、C三方曾口头约定,由C公司收到货后支付人民币给B公司,B公司换成美元给A公司,后来由于该产品销量不好,C公司未向B公司支付人民币,B公司也无法向A公司支付美元。

二、特殊交易方式所涉风险解析

国际贸易的方式多种多样,例如独家经销、独家代理、对销、来料加工等加工贸易,寄售、展销以及混合贸易等。不同类型的国际贸易方式会给当事方带来特定类型的风险。以独家经销方式进行的交易,供货人可能遭遇包销商基于长期的独家经营所产生的特殊地位所制约的风险。以代理方式进行的交易,代理人是与相对人签订合同的当事方,代理人只是代表委托人签订合同,收受货物,如果委托人一环出现问题,将会直接影响相对人,相对人寻求救济会因为此三方关系与跨国交易变得十分复杂。一般的合同条款往往难以调整此等特殊风险,这样就会给此类交易带来不确定性,增大纠纷的风险。

三、特殊交易方式所涉风险防控

当事人应当根据交易的特定类型，明确交易可能发生的特殊风险，将此类风险在合同中予以一一协商和明晰。对独家经销而言需要谨慎选择包销商以及签订一个时间长度合适的独家经销合同；对与存在代理关系的当事方进行交易时，最好找到“躲”在代理人后面的被代理人（委托人），在知道对方存在代理关系的情况下，对代理人与被代理人做尽职调查，明确被代理人的履约能力、信誉以及与代理人之间的关系等。一般地，在不知道对方存在代理关系的情况下，可以向被代理人追责，也可以选择由代理人承担责任。实践中，找“躲”在后面的被代理人往往比较麻烦，这时就需要代理人有一定的履约能力和赔付能力，否则损害将难以得到救济。因此，对代理人的尽职调查也是有必要的。

第五节　合同条款示例

1. 本合同用中英文两种文字写成，两种文字具有同等效力。如出现不一致之处，应以中文为准。

This contract is drawn in both Chinese and English languages as well, each of which shall be equally authentic. In case the two versions are inconsistent, the Chinese version shall prevail.

2. 本合同自双方或双方法定代表人或其授权代表人签字并加盖单位公章或合同专用章之日起生效。有效期为____年，自________年____月____日至________年____月____日。

This contract shall take effect from the date on which both parties or the legal representatives of the parties or their authorized representatives sign and affix the official seal of the unit or the special seal of the contract. The validity period is years, from ________ (y－m－d) to ________(y－m－d).

3. 出口代理协议

Export Agency Agreement

(1)A 代理 B 办理相关货物的出口、结汇等事项。对于第一笔生意，B 按其收购合同的人民币总价值的____%向 A 支付出口代理手续费。

Party A represents Party B in handling the export and fo reign exchange settlement of relevant goods. For the first business, Party B pays Party A an export agency fee of ____% of the total RMB value of the acquisition contract.

(2)相关出口业务的一切风险和费用概由 B 承担。

Party B shall bear all the risks and expenses of the relevant export business.

(3)出口收汇以后,A 按银行结汇水单上的人民币净值扣除约定的代理手续费、地方税以及其他 A 已经或将要垫付的税费以后,将余款全部支付给 B。如果 B 不能出具相关的增值税发票,A 还须在结汇货款中额外扣除____% 增值税应税税额以备代缴。A 在相关货物的出口手续办理完毕、相关出口退税单据齐全以后,及时协助 B 办理出口退税申请手续。

After the foreign exchange is received, Party A will pay the balance to Party B according to the net value of RMB in the bank statement after deducting the agreed agency fee, local tax and other taxes and fees that Party A has paid or will pay in advance. If Party B is unable to issue the relevant VAT invoice, Party A shall deduct an additional ____% VAT taxable amount from the settlement funds for payment. Party A shall promptly assist Party B in applying for export tax refund after the export procedures of the relevant goods are completed and the relevant export tax refund documents are completed.

(4)A 可以应 B 要求,代理其办理有关货物的出口手续,如与外国买方签约、衔接支付,代办出口通关、装运手续等,但其费用概由 B 承担。

Party A may, at Party B's request, handle the export formalities of the goods on its behalf, such as signing contracts with foreign buyers, connecting payments, handling export customs clearance and shipment formalities, etc., but Party B shall bear all the costs.

(5)B 不得违反国家规定出口违禁货物,不得走私,不得错报货物名称,不得高报、低报、漏报或瞒报出口货物的数量和价值。否则由此产生的一切法律后果概由 B 承担。

Party B shall not export prohibited goods in violation of state regulations, no smuggling, no misstatement of the name of the goods, no overstatement, understatement, omission or concealment of the quantity and value of the exported goods. Otherwise, Party B shall bear all the legal consequences arising therefrom.

(6)A、B 双方如有未尽事宜,可经双方协商以后再做补充协议。本协议一式两份,有效期为____年,经签字盖章以后立即生效。[①]

If A and B have any unresolved matters, they can make a supplementary agreement after mutual consultation. This agreement is in duplicate, valid for ____ year, and will come into effect immediately after it is signed and sealed.

第六节 本章小结

合同的基本条款是合同的“树干”“树根”,而其他条款则是“树枝”“树叶”,同样也是一份完整合同的重要组成部分。它们不仅关系到合同的顺利履行,也会因为其带来的风险而导致合同关系消灭。因此,对于这些其他条款我们也不应当忽视。

关于合同语言文字的选择,应当尽可能地采用统一的语言,这样可以使合同条款明确具体,有效地防范风险发生。同时,应当就合同中的主要条款部分的语义予以协商明确。

最后,因为交易方式的不同,当事人可能面临因特定交易方式带来的特殊风险,需要当事人根据特定风险“量身定制”一些风险预防条款。

① 协议的中文部分转引自田运银主编:《国际贸易实务精讲》(第7版),中国海关出版社2018年版,第342页。

附录1

国际货物买卖合同范本①

Model Contract for International Sales of Goods

合同号 Contract Number：

合同签订地点 Place of Signing of Contract：

合同签订时间 Date of Signing of Contract：

买方 Buyer：

住所 Domicile：

联系人（姓名、职务）Contact Person（surname and first name, position）：

联系地址 Contact Address：

电话 Tel：

传真 Fax：

电子邮箱 E-mail：

卖方 Seller：

住所 Domicile：

联系人（姓名、职务）Contact Person（surname and first name, position）：

联系地址 Contact Address：

电话 Tel：

---

① 本合同范本大部分条款转引自张淑珍、王燕编著的《企业常用合同范本——国际货物买卖合同》（北京大学出版社2013年版，第230～241页）一书，同时本书作了一些补充和修改。它仅供当事人起草合同时参考，当事人需要根据具体情况进行补充或修改。

传真 Fax：

电子邮箱 E－mail：

本国际货物买卖合同（下称“本合同”）由以下买卖双方于________年____月____日签署：

This International Contract For the Sales of Goods（hereinafter referred to as “this Contract”）is signed in ________，on ____（date）by and between：

买方：×××××××××公司，一家按（国家名称）法律组建成立并续存、住所在__________的公司；

The Buyer：×××××××××Co.，Ltd.，a company incorporated and existing under （name of country） law and domiciled in ________；

卖方：×××××××××公司，一家按（国家名称）法律组建成立并续存、住所在__________的公司。

The Seller：×××××××××Co.，Ltd.，a company incorporated and existing under（name of country）law and domiciled in ______.

（买方和卖方单称“一方”，合称“各方”。）

（The Buyer and The Seller are called“party” individually and “parties” collectively.）

卖方银行账号信息 Information about Seller' account：

账户名 Account Name：

账户 Account. No.：

银行国际代码 SWIFT code：

收款银行 Bank：

地址 Address：

兹经买卖双方同意，由买方购进，卖方出售下列货物，并按下列条款签订本合同：

This Contract is made by and between the Buyer and the Seller；whereby the Buyer agrees to buy and the Seller agrees to sell the following mentioned goods on the terms and conditions stated below：

1. 货物描述:货物品名,制造工厂,生产国别,包装及唛头 Commodity & Descriptions: Name of Commodity, Manufactures, Country of Origin, Packing terms and Shipping Marks	2. 数量 Quantity	3. 单价 Unit Price (USD)	4. 总值 Total Amount (USD)	5. 装运期限 Time of Shipment
		FOB(纽约)或 CFR(上海)或 CIF(上海)或 FOB (Newyork) or CFR(Shanghai) or CIF(Shanghai)		
总计 TOTAL:		/		/
	总数量及每项允许溢短装____% Delivery tolerance ____% more or less allowed on each size and total quantity	价格调整 Price Adjustment		不允许部分装运 Partial shipment is not allowed 不允许转船 Transshipment is not allowed

6. 品质条款 Quality

规格,毛重,净重,尺寸,等级,品质标准

Specifications, Gross Weight, Net Weight, Dimensions, Grade, Standard of Quality

7. 所有权转移 Transfer of Property

卖方必须将本合同约定的货物交付给买方,第三方不得提出任何权利或要求。

如果在订立本合同时已将第三方对货物的权利或请求权通知买方,且买方同意以这种权利或请求权为条件收取货物,则卖方不应根据本条承担责任。

The Seller must deliver to the Buyer the Goods specified in this contract free from any right or claim of a third person.

The Seller shall not be liable under this Article if the existence of right or claim of a third person on the Goods was notified to the Buyer at the time of the conclusion of this contract and the Buyer agreed to take the Goods subject to such right or claim.

8. 知识产权条款 Intellectual Property Terms

8.1 知识产权保留 Intellectual Property Rights Reservation

卖方保留所有文件及其中所含所有信息或以其他方式披露给买方的信息之工业产权和版权，尤其包括说明、设计图纸、图纸、计算公式和样品/模型。即使一件产品或一项服务是基于买方的规格提供的，或者买方以其他方式提供了支持，其使用权完全且仅仅归属于卖方。未经卖方事先明确书面同意，这些文件和信息不得传递给任何第三方，不得超出协议使用。

The Supplier shall retain the industrial property rights and copyrights with regard to all documents, especially illustrations, design drawings, drawings, calculations and templates/models ("the documents") and all pieces of information on these documents or made available to the Buyer in any other manner ("the information"). Even if a supply or service is based on the Buyer's specification or the Buyer contributes to it in any other manner, the rights of use shall be attributed fully and exclusively to the Supplier. The documents and information must not be passed on to any third party or put to any use beyond the concrete agreement without the prior express written consent of the Supplier.

8.2 赔偿——侵犯知识产权的索赔

Indemnification—Intellectual Property Rights Infringement claims

如果产生了(a)终审判决；或(b)卖方有理由认为商品侵犯了他人的知识产权，那么，卖方可以自行作出如下选择，(i)自行获取相关知识产权授权，以使买方能够继续使用商品的权利，(ii)对相关商品进行替换或者修改，以避免侵权，或(iii)在退回原始商品后，将商品购买价格的合理部分退还给客户。

上述列出了在侵犯知识产权的索赔情况下卖方所有的责任以及买方的唯一补救。

In case (a) a non-appealable judgment; or (b) the Commodity is believed by Seller to infringe such claim, Seller may, at its option, (i) procure the right for the Buyer to continue to use the Commodity, (ii) replace or modify the Commodity to avoid infringement, or (iii) refund to the customer a reasonable portion of the Commodity purchase price upon the return of the original Commodity.

The above states Seller's entire obligation and liability, and the Buyer's sole remedy in the event of a claim of infringement.

8.3 免责 Exemption

如果发生由买方来样引起的侵犯第三者工业产权的事件,概由买方负责,与卖方无关。

In the event of an infringement of the industrial property rights of a third party caused by the buyer's sample, the buyer is solely responsible and has nothing to do with the seller.

9. 装运口岸 Port of Loading:

10. 目的口岸 Port of Destination:

11. 付款条件 Terms of Payment

买方于________ 前,通过在中国的________银行开立以卖方为受益人的不可撤销的即期信用证。该信用证凭本合同第 12 条规定的单据在开证行付款。

The Buyer shall, before ________ through ____ bank of China, open an irrevocable Letter of Credit in favor of the Seller payable at sight at the issuing bank against presentation of documents in Clause 12 of this Contract.

12. 单据 Documents

卖方应将下列单据提交付款银行议付货款。

The Seller shall present the following documents to the paying bank for negotiation.

各项单据均须使用与本合同相一致的文字,以便买方审核查对。

To facilitate the Buyer to check up, all documents should be made in a version identical to that used in this contract.

12.1 提单:填写由信用证的议付行指示的空白抬头、空白背书的全套已装船的清洁提单。(如本合同为 FOB 价格条件时,提单应注明“运费到付”字样,如本合同为 CFR 或 CIF 价格条件时,提单应注明“运费已付”字样)

Bill of Lading: Complete set of Clean On Board Shipped Bill of Lading made out to order and blank endorsed to the negotiating bank of the relevant Letter of Credit (marked “freight collect”, if the price in this Contract is based on FOB; marked “freight prepaid” if the price in this Contract is based on CFR or CIF).

12.2 发票:注明合同号、唛头、载货船名及信用证号。

Invoice: indicating contract No., shipping marks, name of carrying vessel, number of the Letter of Credit.

12.3 装箱单及/或重量单:注明合同号及唛头,并逐件注明毛重、净重和货号。

Packing list and/or weight memo: indicating contract No. , shipping marks, article number, gross and net weights of each package.

12.4 制造工厂的品质及数量/重量证明书。

Certificates of Quality and Quantity/Weight of the contracted goods issued by the manufacturer.

数量/重量证明书应按货号列明数量/重量和总数量/重量。

Certificate of Quantity/weight should list the quantity/weight and total quantity/weight according to the article number.

12.5 按本合同第14条规定的装运通知传真副本。

Copy of fax advising shipment according to Clause14 of this Contract.

13. 装运条款 Terms of Shipments

A. FOB 价格的装运条件 Terms of Shipments(FOB):

装运本合同货物的船只,由买方租订舱位。卖方负担货物的一切费用和风险到货物在装运港装运上船为止。

For the goods ordered in this Contract, the carrying vessel shall be arranged by the Buyer. The Seller shall bear all the charges and risks until the goods are on board the carrying vessel at the loading port.

(1)卖方必须在合同规定的装运日期30天前,将合同号码、货物名称、数量、装运口岸及预计货物运达装运口岸日期,以传真通知买方安排舱位,并同时通知买方在装运港的船舶代理。倘在规定期内买方未接到前述通知,即作为卖方同意在合同规定期内任何日期交货,并由买方主动租订舱位。

The Seller shall advise the Buyer by fax, and simultaneously advise the Buyer's shipping agent at the loading port, 30 days before the contracted time of shipment, of the Contract No. , name of commodity, quantity, loading port and expected date of arrival of the goods at the loading port, enabling the Buyer to arrange for shipping space. Absence of such advice within the time specified above shall be considered as Seller's readiness to deliver the goods on any date within the time of shipment contracted and the Buyer shall arrange for shipping space accordingly.

(2)买方应在船只受载期12天前将船只、预计受载日期、装载数量、合同号码、船舶代理人,以传真通知卖方。卖方应联系船舶代理人配合船期装船。如买方因故需要变更船只或更改船期时,买方或船舶代理人应及时通知卖方。

The Buyer shall advise the Seller by fax, 12 days before the expected loading date, of name of vessel, the estimated laydays, quantity to be loaded, Contract No. and shipping agent. The Seller shall then arrange with the shipping agent for loading accordingly. In case of necessity for substitution of vessel or alteration of shipping schedule, the Buyer or the shipping agent shall duly advise the Seller to the same effect.

(3)买方所租船只按期到达装运口岸后,如卖方不能按时备货装船,买方因而遭受的一切损失包括空舱费、滞期费及/或罚款等由卖方负担。如船只不能于船舶代理人所确定的受载期内到达,在港口免费堆存期满后第16天起发生的仓库租费、保险费由买方负担,但卖方仍负有载货船只到达装运口岸后立即将货物装船之义务并负担费用及风险。前述各种损失均凭原始单据核实支付。

In the event of the Seller's failure in effecting shipment upon arrival of the vessel at the loading port, all losses, including dead freight, demurrage and/or fines etc., thus incurred, shall be for Seller's account. If the vessel fails to arrive at the loading port within the laydays previously declared by the shipping agent, the storage charges and insurance premium from the 16th day after expiration of the free storage time at the port shall be borne by the Buyer. However, the Seller shall be still under the obligation to load the goods on board the carrying vessel immediately after her arrival at the loading port, at their own expenses and risks. The expenses and losses mentioned above shall be reimbursed against original receipts or invoices.

B. CFR或CIF价格的装运条件 Terms of Shipments (CFR or CIF)

卖方负责将本合同所列货物由装运口岸运到目的口岸,中途不得转船。

The Seller shall undertake to ship the contracted goods from the port of loading to the port of destination, with no transshipment allowed.

(1)卖方应在不迟于装运前30日,以传真通知买方装运船只的船名、船籍、船龄和其他有关该船的详细情况,以及每次装运货物的合同号。经买方对船只确认接受后,卖方才可装运。但买方不能无理拖延上述确认,买方应在接到通知后5个工作日内作出确认,否则即视为该船只已被确认。

The Seller shall, not later than 30 days before the time of shipment, inform the

Buyer by Fax of the name, nationality, age and other details of the carrying vessel as well as the contract number of each shipment. The shipment shall not be effected without the confirmation from the Buyer with respect to the acceptability of the vessel, provided that Buyer shall not unreasonably withhold such confirmation. Buyer shall confirm the vessel by fax within 5 working days after receiving the notification, otherwise the vessel shall be regarded as confirmed.

(2)卖方所租船只应适航和适货,租船时应慎重、认真地选择承运人及船只。买方不接受非船东保赔协会成员船只。卖方指定船舶的国籍不得违反买方所在国承诺的国际义务。

The carrying vessel chartered by Seller shall be seaworthy and cargoworthy. Seller shall be obliged to act prudently and conscientiously when selecting the vessel and the carrier when chartering such vessel. Buyer is justified in not accepting vessels chartered by Seller that are not members of the P&I CLUB. The nationality of the vessel nominated by Seller shall not be in conflict with the international commitments undertaken by the country where Buyer is located.

(3)卖方所租船只船龄不得超过15年。对超过15年船龄的船只其超龄额外保险费由卖方负担。买方不接受超过20年船龄的船只。

The age of the carrying vessel chartered by Seller shall not exceed 15 years, and the extra overage insurance premium thus incurred shall be borne by Seller. Vessel more than 20 years of age in no event be acceptable to Buyer.

(4)卖方应和载运货物的船只保持密切联系,并以最快方式通知买方船只在途中发生的一切事故,卖方应对未及时通知买方而造成买方的一切损失负责赔偿。

Seller shall maintain close contact with the carrying vessel and shall notify Buyer by fastest means of communication about all accidents that may occur while the carrying vessel is on route. Seller shall assume full responsibility and shall compensate Buyer for all losses incurred for its failure to give timely advice or notification to Buyer.

14. 装运通知 Shipping Advice

卖方应在货物装船后____个小时内(填入24或48或72)将合同号、品名、件数、毛重、净重、发票金额、载货船名及装船日期以传真(传真号:__________)通知买方。

The Seller shall, upon completion of loading, advise the Buyer within (fill in 24 or 48 or 72) hours by fax (fax No. ____) of the Contract No., name of commodity, number of packages, gross and net weights, invoice value, name of vessel and loading date.

15. 卸货条款 Discharging Term

按照卸货港惯常速度快速卸货,不计滞期费或速遣费。

Discharging rate on discharging port is as per CQD (customary quick despatch).

16. 保险 Insurance

A. FOB 或 CFR 价格的保险 Insurance (FOB or CFR)

买方应负责按__________规则按发票金额的 110% 投保。但卖方应按本合同第 14 条通知买方。如卖方未能及时通知买方,买方因而遭受的一切损失全由卖方承担。

Insurance shall be procured by Buyer, in accordance with the insurance regulations of ____ for 110% of the invoice value against _________. For this purpose the Sellers shall advise the Buyers according to Clause 14 of this Contract. In the event the Sellers' failure to send the above advice, the Sellers shall be held responsible for all the losses thus sustained by the Buyers.

B. CIF 价格的保险 Insurance(CIF)

卖方应遵照________规则按发票金额的 110% 投保________险。

Insurance shall be procured by Seller in accordance with the insurance regulations of for 110% of the invoice value against ________.

C. 附加险应包括:

Additional insurance shall include:

17. 检验 Inspection

17.1 制造商(装运港检验机构)检验

Inspection by manufacturer(inspection organization on loading port)

卖方应在货物装运前向买方出具制造商(装运港检验机构)根据本合同的规定标准对货物的品质、规格、数量、重量、包装、安全、卫生或健康要求签发的检验报告。上述检验报告应构成卖方要求付款时出具的单据之一。

The Seller shall, before the time of shipment, provide the inspection reports signed by the manufacturers(inspection organization on loading port) on the quality, specification, quantity, weight, packaging and requirements for safety and sanitation/hygiene of the goods in accordance with the standards stipulated in this Contract. The aforesaid inspection reports shall be an integral part of the documents to be presented for payment.

17.2 到货检验 Inspection upon arrival

买方有权在货物到达(卸货港)后向检验机构申请检验货物。检验机构是:中华人民共和国(填入相应地名,如北京等)出入境检验检疫局。

Buyer shall have the right to apply to the inspection organization for the inspection of the goods after the arrival of the goods(the port of discharge). The Inspection organization is ________ Exit – Entry Inspection and Quarantine Bureau of the People's Republic of China.

17. 3 最终检验 Final Inspection

卸货港的检验证书如与制造商或装货港的检验证书有冲突,则__________检验证书具有最终效力。

Inspection certificate issued by __________ shall be final in case there are any conflicts between the certificate issued at loading port and issued by manufacturer or inspection organization on loading port.

18. 保密条款 Confidentiality Terms

18.1 本合同订立前以及在本合同期间,一方("披露方")曾经或者可能不时向对方("接受方")披露该方的保密资料。在本合同期限内以及随后____年间,接受方必须:

From time to time prior to and during the term of this Contract, one Party ("Disclosing Party") has disclosed or may disclose Confidential Information to the other Party ("Receiving Party"). The Receiving Party shall, during the term of this Contract and for ____ years thereafter:

(a)对保密资料进行保密;

(a) maintain the confidentiality of Confidential Information;

(b)不为除合同明确规定的目的之外的其他目的使用保密资料;

(b) not to use Confidential Information for any purpose other than those specifically set out in this Contract;

18.2　上述第____条的条款对以下信息不适用:

The provisions of Article ____above shall not apply to information that:

(a)接受方有在披露方向其披露前存在的书面记录证明其已经掌握;

(a)can be shown to be known by the Receiving Party by written records made prior to disclosure by the Disclosing Party;

(b)并非由于接受方违反本合同而已经或者在将来进入公共领域;或者

(b)is or becomes public knowledge otherwise than through the Receiving Party's breach of this Contract; or

(c)接受方从对该信息无保密义务的第三方获得。

(c)was obtained by the Receiving Party from a third party having no obligation of confidentiality with respect to such information.

18.3　本合同终止后(或经披露方随时提出要求),接受方应:(1)向对方归还(或经对方要求销毁)包含对方保密资料的所有材料(包括其复印件),并且(2)在对方提出此项要求后十日内向对方书面保证已经归还或销毁上述材料。

Upon the termination of this Contract, [or in any event upon the Disclosing Party's request at any time], the Receiving Party shall (i) return to the other Party, or at the disclosing Party's direction destroy, all materials (including any copies thereof) embodying the other Party's Confidential Information and (ii) certify in writing to the other Party, within ten days following the other Party's request, that all of such materials have been returned or destroyed.

19. 合同转让、变更和解除条款 Transfer, Change and Termination of Contract

19.1　合同转让 Transfer of Contract

除合同中另有规定外或经双方协商同意外,本合同所规定双方的任何权利和义务,任何一方在未经征得另一方书面同意之前,不得转让给第三者。任何转让,未经另一方书面明确同意,均属无效。

Except as otherwise provided in the contract or agreed by both parties, any rights and obligations of the parties as provided in this contract shall not be transferred to a third party without the prior written consent of the other party. Any transfer without the express written consent of the other party is void.

19.2　合同变更条款 Change of Contract

对本合同条款的任何变更、修改或增减,须经双方协商同意后由授权代表签署书面文件，作为本合同的组成部分并具有同等效力。

Any change, modification or addition or subtraction to the terms of this contract shall be signed by the authorized representative upon mutual agreement and shall be deemed to be an integral part of this contract and shall have the same effect.

19.3 合同解除条款 Termination of contract

(1)除非另有规定，本合同在下述任一情况下终止：

(1) Unless otherwise specified, this contract is terminated in any of the following circumstances:

(a)通过双方的共同书面协议；

(a) By mutual written agreement between the parties;

(b)如果另一方完全因其责任在合同规定的时间期限内未履行其义务，程度严重，并且在收到未违约方的书面协议后____日内未能消除违约影响或采取补救措施，在此种情况下，非违约方在给另一方作出书面通知后可以终止合同。

(b) If the other party fails to perform its obligations within the time limit stipulated in the contract due to its responsibilities, and to the extent that it fails to eliminate the effects of breach of contract or take remedial measures within ____ days after receiving the written agreement of the non - defaulting party, in this event, the non - defaulting party may terminate the contract upon written notice to the other party.

(2)合同终止不影响当事人的任何权利，包括但不限于其对因合同终止而遭受的直接损害要求赔偿的权利。

(2) Termination of the contract does not affect any right of the contracting party, including but not limited to the right to claim compensation for direct damages incurred in connection with the termination of the contract.

20. 不可抗力 Force Majeure

合同当事人一方因战争、洪水、火灾、地震、雪灾、旱灾、冰雹、飓风、暴乱、罢工、政府禁令或其他该方当事人无法控制、并在签订本合同时不能合理预见、不可避免或无法克服的事件造成其无法履行或迟延履行全部或部分合同义务的，该合同当事人应免责。但是，因主张免责的合同一方应向另一方尽快通知该阻碍及其影响，并应在事件发生后不迟于15天，向另一方发送由主管机关或当地商会出具的关于发生不可抗力事件的证明文件。

Neither party shall be liable for failure or delay to perform all or any of his Contract obligations due to war, flood, fire, earthquake, snowstorm, drought, hailstorm, hurricane, civil commotion, strike, government prohibition or any other events that are beyond the control of the affected party and could not reasonably be expected at the time of conclusion of this Contract or have been avoided or overcome by such party. However, the party seeking relief shall give a notice to the other party of such impediment and its effects on his ability to perform as soon as possible and a certificate or a document of the occurrence of the Force Majeure event issued by the relative authority or the local chamber of commerce shall be sent to the other party not later than 15 days after its occurrence.

21. 情势变更(艰难情势)Change of Circumstances(Hardship)

如果在订立本合同之后,发生了双方均未预料到的事件,并从根本上改变了本合同的平衡,从而使一方当事人在履行合同义务方面负担过重(艰难情势),则该方当事人有权要求修改本合同,条件是:

(1)受影响的一方在订立本合同时不能合理地考虑到这些事件;

(2)事件不在受影响一方的控制之内;

(3)根据本合同,事件的风险不是受影响一方必须承担的风险;

(4)每一方应本着诚意认真考虑另一方为维护双方关系而提出的任何修订建议。

如果缔约双方未能在一个月内就所要求的修订达成一致,缔约一方可诉诸本合同中的争议解决程序。仲裁庭有权对本合同作出它认为在有关情况下公正和公平的任何修订,或按其确定的日期和条件终止本合同。

If, however, after the time of conclusion of this contract, events occur which have not been contemplated by the Parties and which fundamentally alter the equilibrium of the present contract, thereby placing an excessive burden on one of the Parties in the performance of its contractual obligations (hardship), that party shall be entitled to request revision of this contract provided that:

(1)The events could not reasonably have been taken into account by the affected party at the time of conclusion of this contract;

(2)The events are beyond the control of the affected party;

(3)The risk of the events is not one which, according to this contract, the affected Party should be required to bear;

(4) Each party shall in good faith consider any proposed revision seriously put forward by the other party in the interests of the relationship between the Parties.

If the Contracting Parties fail to agree on the requested amendments within one month, one of the Contracting Parties may resort to the dispute settlement procedure contained in this Contract. The arbitral tribunal shall have the power to make any amendment to this contract which it considers just and equitable in the circumstances, or to terminate this contract on a date and subject to conditions to be determined.

22. 延迟交货及罚款 Delay in Delivery and Penalty

除本合同第 20 条的不可抗力事件使卖方不能如期交货外，延期交货的罚款率为每 10 天合同金额的 1%，不足 10 天的部分按 1% 计算，最多不超过合同金额的 5%。卖方延期交货超过 30 天，买方有权解除合同。如果买方不宣布解除合同，则卖方除承担上述罚款外，还应赔偿其延期交付给买方造成的全部损失。

Should the Seller fail to effect delivery on time as stipulated in this Contract owing to causes other than Force Majeure as provided for in Clause 20 of this Contract, a delay penalty should be charged at the rate of 1 % of the total contract value for every 10 days, odd days less than 10 days should be countered as 10 days, total penalty shall not exceed 5% of the total value. If the Seller's delay in delivery is over 30 days, the Buyer is entitled to terminating the contract. In case the Buyer chooses not to terminate the contract, the Seller shall compensate the Buyer for all losses due to the delay other than the delay penalty.

23. 买方未履行按约定的时间支付价款的义务

Non – performance of the Buyer's obligation to pay the price at the agreed time

如果买方未能在约定的时间内支付价款，卖方应向买方另定(指定一段时间长度)时间以便履行付款义务。如果买方在宽限期届满时未能支付价款，卖方有权解除合同。

If the Buyer fails to pay the price at the agreed time, the Seller shall fix to the Buyer an additional period of time of (specify the length) for performance of payment. If the Buyer fails to pay the price at the expiration of the additional period, the Seller is entitled to terminate the contract.

如果买方未能在约定的时间支付价款，卖方在任何情况下均有权在不限制其可能拥有的任何其他权利的情况下，按未付款项的利率(在任何判决之前和之后)

收取利息[指定]%每年。

If the Buyer fails to pay the price at the agreed time, the Seller shall in any event be entitled, without limiting any other rights it may have, to charge interest on the outstanding amount (both before and after any judgment) at the rate of [specify] % per annum.

24. 索赔 Claims

24.1 如果货物的品质、规格、数量、重量、包装及对安全、卫生或健康的要求不符合本合同的规定,买方有权凭本合同第17.2条规定的检验机构签发的检验证书在货物到达最终目的地之后及时向卖方提出索赔,并列明索赔理由,只要该日不超过货物到达________卸货港、车站________、机场之日后90日。

Should the quality, specifications, quantity, weight, packing and requirements for safety, sanitation or hygiene of the goods be found not in conformity with the stipulations of this Contract, the Buyer shall have the right to lodge claims against Seller based on the Inspection Certificate issued by the inspection organization provided in Clause 17.2 of this Contract and itemize the reasons for the claims from the date of arrival of the goods at the final destination, provided that such date shall not exceed 90 days from the date of arrival of the goods at the ________ port of unloading, ________ railway station, ________ airport.

24.2 卖方在收到本合同第17.2条规定的检验机构出具的检验证书后,应当于此后20日内答复买方的索赔要求。如果卖方未在上述期限内作出答复,则买方的索赔要求被视为接受。

Seller shall reply to Buyer's claim not later than 20 days after receipt of the inspection certificate issued by the inspection organization providedin Clause 17.2 of this Contract and the claims shall be regarded as having been accepted if Seller fails to reply within the above – mentioned time limit.

24.3 如果卖方声称货物的数量和质量问题是由于卖方不负责任的原因造成,如属于保险公司及/或船公司的责任,卖方应承担举证责任。因索赔所发生的一切费用(包括检验费用)均由卖方负担。适用FOB价格条件时,如重量短缺,买方有权同时索赔短重部分的运费。

Seller shall take the burden of proof for his allegation that discrepancy of quantity and quality is due to some reason to which seller shall not be responsible, such as circumstances where the insurer/carrier shall be responsible. All costs including survey cost shall be born by the Seller in case of claim. Under FOB terms, the Buyer is entitled to the overpaid freight accordingly in case of shortage.

25. 通知 Notices

任何通知应以书面形式,并应有专人送交、传真发送或航空快件寄送,专人送交时视为已给予通知;如以传真发送,则发送之日第二天视为已给予通知;如航空快件寄送,则另一方当事人在本合同抬头列明的地点收到信件时,通知视为送达。

Any notice to be given hereunder shall be in writing and shall be hand delivered, transmitted by facsimile or sent by express airmail,and shall be deemed to have been given when so hand – delivered, or if transmitted by facsimile, one day after the date of such facsimile so transmitted, or if sent by express airmail when received by the other party at the addresses specified at the head of this Contract.

26. 法律的适用 Applicable Law

除非另有约定,本合同适用《联合国国际货物销售合同公约》,并在《联合国国际货物销售合同公约》没有规定的情况下适用中国法。

Unless otherwise agreed, this contract shall be governed by the United Nations Convention on Contracts for the International Sale of Goods (CISG), and in case of those matters not stipulated in CISG, Chinese Law shall be applied.

27. 仲裁 Arbitration

一切因本合同所引起的或与本合同有关的争议,应首先由双方通过友好方式协商解决。如经协商不能得到解决时,应提交中国国际经济贸易仲裁委员会/北京仲裁委员会(北京国际仲裁中心)【两个仲裁委员会选择其一】,按照申请仲裁时该会现行有效的仲裁规则进行仲裁。仲裁裁决为终局裁决,对双方均有约束力。仲裁费用除仲裁委员会另有决定外,由败诉一方负担。

All disputes arising from or in connection with this Contract shall first be settled through amiable negotiation. Should no settlement be reached through negotiation, the case in dispute shall then be submitted for arbitration to the China International Economic and Trade Arbitration Commission/ Beijing Arbitration Commission (Beijing International Arbitration Center)【Choosing one of the two arbitration committees】in accordance with its arbitration rules in effect at the time of applying for arbitration. The arbitration award is final and binding upon both parties. The fees for arbitration shall be born by the losing party unless otherwise awarded.

28. 其他 Miscellaneous

28.1 除非合同另有规定,本合同条款的解释适用于国际商会《国际贸易术语解释通则 2020》和国际商会《跟单信用证统一惯例》(UCP 600)。

Unless otherwise specified in the contract, the interpretation of the terms of this contract shall apply to the ICC Incoterms® 2020 and the ICC Uniform Customs and Practice for Documentary Credits (UCP 600).

28.2 所有的附件和补充协议构成本合同不可缺少的一部分。

All the annexes and the supplementary agreements shall form an integral part of this Contract.

28.3 本合同中所有"(不)超过""内""前""后"所指日期或时间均包含本数。

All the date or time referred to by "(not) exceed" or "(no) more than" or "within" or "before" or "after" in this Contract shall include the figure itself.

28.4 本合同用中文和英文书就,两种语言具有同等效力;如出现不一致之处,应以中文为准。

This Contract is drawn in Chinese and English as well, the two versions are equally authentic. In case the two versions are inconsistent, the Chinese version shall prevail.

28.5 生效日期 Date of effectiveness

本合同正本一式____份,双方各持____份,自双方法定代表人或授权代表签字、双方盖章后生效。

This Contract is in ____ original copies and with ____for each party, shall become effective from the date it has been duly signed by both parties' legal representatives or authorized representatives and sealed by both parties.

买方:(盖章)____________

Buyer:(Seal)____________

授权代表:(签字)____________

Authorized Representative:(Signature)____________

卖方:(盖章)____________

Seller:(Seal)____________

授权代表:(签字)____________

Authorized Representative:(Signature)____________

附录2

《联合国国际货物销售合同公约》缔约国①

阿尔巴尼亚	喀麦隆	厄瓜多尔	圭亚那	列支敦士登	秘鲁	瑞典
阿根廷	加拿大	埃及	洪都拉斯	立陶宛	波兰	瑞士
亚美尼亚	智利	萨尔瓦多	匈牙利	卢森堡	韩国	叙利亚
澳大利亚	中国	爱沙尼亚	冰岛	马达加斯加	摩尔多瓦共和国	奥地利
哥伦比亚	斐济	伊拉克	毛里塔尼亚	罗马尼亚	土耳其	阿塞拜疆
刚果	芬兰	以色列	墨西哥	俄罗斯	乌干达	巴林
哥斯达黎加	法国	意大利	蒙古	圣文森特和格林纳丁斯	乌克兰	白俄罗斯
克罗地亚	加蓬	日本	黑山	圣马力诺	美国	比利时
古巴	格鲁吉亚	吉尔吉斯斯坦	荷兰	塞尔维亚	乌拉圭	贝宁
塞浦路斯	德国	拉脱维亚	葡萄牙	新加坡	乌兹别克斯坦	波斯尼亚和黑塞哥维那
捷克	老挝	新西兰	斯洛伐克	巴西	朝鲜	希腊
黎巴嫩	北马其顿共和国	斯洛文尼亚	越南	保加利亚	丹麦	危地马拉
莱索托	挪威	西班牙	赞比亚	布隆迪	多米尼加	几内亚
利比里亚	巴拉圭	巴勒斯坦国				

① 截至2022年4月15日，该公约缔约方的共包括94个成员，参见 https://uncitral.un.org/zh/texts/salegoods/conventions/sale_of_goods/cisg/status，最后访问日期：2022年4月15日。

主要参考文献和推荐阅读书目

一、著作

1. 武亮、赵永秀主编:《国际贸易风险防范》(图解版),人民邮电出版社2016年版。

2. 张淑珍、王燕:《企业常用合同范本——国际货物买卖合同》,北京大学出版社2013年版。

3. 田运银主编:《国际贸易实务精讲》(第7版),中国海关出版社2018年版。

4. 田运银主编:《国际贸易单证精讲》(第4版),中国海关出版社2015年版。

5. 黎孝先、王健主编:《国际贸易实务》(第7版),对外经济贸易大学出版社2020年版。

6. 姚新超:《国际货物运输与保险》(第5版),对外经济贸易大学出版社2020年版。

7. 姚新超:《国际贸易惯例与规则实务》(第5版),对外经济贸易大学出版社2021年版。

8. 黎孝先:《进出口合同条款与案例分析》,对外经济贸易大学出版社2003年版。

9. 王玉清、赵承璧主编:《国际技术贸易》(第4版),对外经济贸易大学出版社2013年版。

10. 刘耀威主编:《进出口商品的检验与检疫》(第4版),对外经济贸易大学出版社2017年版。

11. 卓小苏主编:《国际贸易风险与防范》,中国纺织出版社2007年版。

12. 陈晓峰编:《企业国际贸易:法律风险管理与防范策略》,法律出版社2009年版。

13. 中国国际商会/国际商会中国国家委员会译:《国际贸易术语解释通则2020》,对外经济贸易大学出版社2020年版。

14. 张玉卿主编:《国际统一私法协会国际商事合同通则》(2016)(英汉对照),中国商务出版社2019年版。

15. 韩世远:《合同法总论》(第4版),法律出版社2018年版。

16. 崔建远主编:《合同法》(第7版),法律出版社2021年版。

17. 刘颖:《电子银行风险法律问题研究》,法律出版社2016年版。

18. 李莉莎:《第三方电子支付法律问题研究》,法律出版社2014年版。

19. 张诗伟主编:《离岸公司法:理论、制度与实务》,法律出版社2004年版。

20. 徐红菊:《国际知识产权法学:条文释义、理论与案例》,知识产权出版社2021年版。

21. 李双元、欧福永主编:《国际私法》(第6版),北京大学出版社2022年版。

22. 李双元、欧福永主编:《国际私法教学案例》(第2版),北京大学出版社2012年版。

23. 国际经济法编写组:《国际经济法》,高等教育出版社 2016 年版。
24. 王传丽主编:《国际贸易法》(第 3 版),中国政法大学出版社 2021 年版。
25. 苏宗祥、徐捷:《国际结算》(第 7 版),中国金融出版社 2020 年版。
26. 易露霞等主编:《国际贸易实务双语教程》(第 5 版),清华大学出版社 2021 年版。
27. 王相国:《鏖战英文合同:英文合同的翻译与起草》,中国法制出版社 2018 年版。
28. 姜作利:《国际商法(双语版)》(第 4 版),法律出版社 2020 年版。
29. 高旭军:《〈联合国国际货物销售合同公约〉适用评释》,中国人民大学出版社 2017 年版。
30. 中国国际经济贸易仲裁委员会主编:《涉"一带一路"国家仲裁案例选编》,法律出版社 2019 年版。
31. 中国国际经济贸易仲裁委员会编:《〈联合国国际货物销售合同公约〉在中国仲裁的适用》,法律出版社 2021 年版。
32. 深圳国际仲裁院、中国国际仲裁研究院编:《〈联合国国际货物销售合同公约〉典型仲裁案例选编》,北京大学出版社 2020 年版。
33. 中华全国律师协会编:《涉外法律服务优秀案例》,北京大学出版社 2021 年版。
34. 中华全国律师协会编:《涉外案例精选》,法律出版社 2018 年版。
35. 张晓君主编:《最高人民法院公报(涉外)案例精析》,厦门大学出版社 2019 年版。
36. 赵秀文:《国际商事仲裁法原理与案例教程》,法律出版社 2010 年版。
37. 宋连斌主编:《仲裁法》,武汉大学出版社 2010 年版。
38. 刘晓红、袁发强主编:《国际商事仲裁》,北京大学出版社 2010 年版。
39. 刘晓红、袁发强主编:《国际商事仲裁法案例教程》,北京大学出版社 2018 年版。
40. 陈治东、沈伟:《商事仲裁法:国际视野和中国实践》(上、下),上海交通大学出版社 2020 年版。
41. 中国国际经济贸易仲裁委员会主编:《中国国际商事仲裁年度报告(2020 ~ 2021)》,法律出版社 2021 年版。
42. 北京仲裁委员会/北京国际仲裁中心:《中国商事争议解决年度观察(2021)》,中国法制出版社 2021 年版。
43. 范愉:《非诉讼程序(ADR)教程》(第 4 版),中国人民大学出版社 2020 年版。
44. 王钢:《国际商事调解规则研究》,中国社会科学出版社 2019 年版。
45. [美] 加里 · B. 博恩:《国际仲裁:法律与实践》,白麟、陈福勇、李汀洁译,商务印书馆 2015 年版。
46. [德]埃卡特 · J. 布鲁德:《国际商事合同通则——逐条评论》,王欣等译,法律出版社 2021 年版。
47. [美]卡拉 · 希比:《国际商务合同》(第 4 版),倪晓宁、刘楠译,中国人民大学出版社

2012 年版。

二、期刊论文

1. 阎之大、伍海波、赵贺:《国际贸易保险实务与法院案例简析》,载《贸易金融》2019 年 7 月刊。
2. 朱燕芳:《从一则案例看出口商采用 D/P 远期托收的风险及启示》,载《对外经贸实务》2017 年第 4 期。
3. 陈晓梅:《从两则案例探讨出口企业电汇收余款的风险及其防范》,载《对外经贸实务》2013 年第 7 期。
4. 龚柏华:《国际商事合同不可抗力条款对“新冠肺炎”疫情适用法律分析》,载《上海对外经贸大学学报》2020 年第 2 期。
5. 王雅菡:《外国法院判决承认与执行中的互惠》,武汉大学 2018 年博士学位论文。
6. 冯丽静:《我国国际货物贸易合同法律风险分析与防范》,内蒙古大学 2014 年硕士学位论文。
7. 肖永平:《批准〈选择法院协议公约〉的利弊分析及我国的对策》,载《武大国际法评论》2017 年第 5 期。
8. 何其生:《中国加入海牙〈选择法院协议公约〉的规则差异与考量》,载《武汉大学学报(哲学社会科学版)》2016 年第 4 期。
9. 刘瑛、林舒婷:《借鉴〈联合国国际贸易法委员会国际商事仲裁示范法〉完善中国〈仲裁法〉》,载《太原师范学院学报(社会科学版)》2018 年第 3 期。
10. 韩世远:《不可抗力、情事变更与合同解除》,载《法律适用》2014 年第 11 期。
11. 杨良宜:《新型冠状病毒疫情与国际商业合同下的不可抗力》,载 https://www.sohu.com/a/429895998_120677543,最后访问日期:2020 年 12 月 26 日。
12. 景云峰、欧阳劲松等:《新海关时代出入境检验检疫合规实务系列——特辑(一):防疫物资出口海关监管与涉检案件的罪与罚》,载北大法宝 2020 年 5 月 9 日,https://www.pkulaw.com/lawfirmarticles/23847b5112b5788456500b282bbde507bdfb.html。
13. 欧福永:《企业复工复产中的国际贸易法律风险防范》,载 http://www.legaldaily.com.cn/zt/content/202004/19/content_8173867.htm,最后访问日期:2020 年 12 月 26 日。
14. 陈希佳、张诗芸:《如何选任仲裁员——国际仲裁致胜关键之一》,载 https://weibo.com/ttarticle/p/show?id=2309404541163083530340,最后访问日期:2022 年 4 月 13 日。
15. 张辉、周国勇主编:《欧洲各国不可抗力、艰难情势和情势变更等制度研究报告》,载最高人民法院国际商事法庭,http://cicc.court.gov.cn/html/1/218/347/329/378/1645.html,最后访问日期:2022 年 4 月 16 日。

第一版后记

本指南的编写得益于国内外出版的有关外贸法律与实务的参考书所载明的翔实资料，课程组根据编写需要借鉴了许多相关的资料，特别是有关国际贸易法律风险防范的著作文献，在此，本指南未能一一注明，特此一并感谢！同时，课程组也进行了实地调查及采访了从事外贸的一线工作人员，选择典型的现实案件编写案例。

本指南是中国国际贸易促进委员会长沙委员会的立项项目“企业国际货物销售合同风险防范指南”的结题成果。项目研发得到了湖南师范大学及湖南师范大学法学院的大力支持，我会与湖南师范大学法学院在外贸法律理论与实践领域进行了精诚合作和深入研究。湖南师范大学副校长蒋新苗教授、湖南师范大学法学院院长肖北庚教授、副院长欧福永教授、朱雅妮博士对此项目给予了热情帮助和指导。课题组在此由衷地表示感谢！

本指南的撰稿人员有陈科、郑远民、张伟华、周艺津、姜妍、王伊莎、胡瑶、何奎、段昱晨、陈格格、孙素香、黄强、王子月、易星、范迎、谢玥和欧阳婧。

本指南的初衷是希冀企业外贸人员在参与国际贸易合同签订过程中，通过随手翻阅，能够知晓法律知识，规避风险点，从而顺利完成国际贸易。由于前期资料收集和筛选工作繁重，历经时间较长，加之初次尝试表格模式，在编写体例上难免存在一些问题，敬请法律行业广大同仁及社会各界不吝赐教。但愿此指南能裨益于社会。

《国际货物销售合同法律风险防控指南》编委会

2016 年 11 月

第二版后记

在新型冠状病毒肺炎疫情的影响下，全球贸易低迷，全球范围贸易摩擦加剧，世界经济下行风险增大，中国外贸发展面临的外部环境更加严峻复杂，合同签订和履行的风险也随之加大。本指南的编写是在第一版指南的基础上，根据国内法和国际规则的变化以及从应对疫情的角度作出的新研究，本指南对第一版指南进行了很大篇幅的修订和补充。本指南的编写也得益于国内外出版的有关外贸法律与实务的参考书所载明的翔实资料，课题组根据编写需要借鉴了许多相关的资料，特别是有关国际贸易法律风险防范的著作文献，本指南因故未能在文中一一注明，在此对第一版的作者和参考文献的作者一并表示衷心的感谢！同时，课程组也实地调研了长沙市企业的外贸出口风控管理及合同签订情况并选取了典型的案例进行了编写。

本指南旨在帮助企业外贸人员在参与国际货物贸易合同签订和履行过程中，通过随手翻阅，能够知晓法律知识，规避风险点，从而顺利完成国际贸易。需要指出的是，本指南仅供一般参考，明示不对任何依赖本指南的任何内容而采取或不采取行动所导致的后果承担责任。

本指南是在2019年长沙市贸促会的立项项目“企业国际货物贸易合同风险防控指南”的结题成果的基础上大幅修改而成。在本指南即将付梓之际，课题组感谢长沙市人民政府、市贸促会和湖南师范大学法学院领导的信任与支持！感谢法律出版社领导和许睿编辑的大力支持，使本指南这么快与读者见面！感谢湖南师范大学法学院研究生张霄骁、刘一帆、古颖、陈思怡、邱琬瑜、刘天健、曾诗淇和肖玲云同学，她们对书稿进行了校对。

本指南撰写分工如下：导论：欧福永；第1～4章：欧福永、胡杨；第5～6章：陈科、黄蔚萌；第7～8章：张伟华、黄蔚萌、马玉婷；第9～10章：姜妍、罗依凯、张婷；第11～12章：张沙莎、罗依凯、唐圣；第13～14章：王伊莎、蔡林君、刘雨卿；第15章：欧福永、张伟华、蔡林君；第16章：欧福永、欧昌佳、蔡林君；第17章：欧福永、蔡林君、吴伊能;第 18 章: 欧昌佳、蔡林君;主要参考文献和推荐阅读书目与附录:欧福永。全书由主编欧福永和陈科统稿定稿,张伟华协助主编做了一些统稿工作。

本指南虽经反复斟酌推敲,多次琢磨删改,终因时间仓促和作者水平有限,难免存在谬误与不足,敬请广大读者、法律同仁不吝赐教。

《国际货物销售合同法律风险防控指南》课题组

2022 年 10 月